21世纪高职高专教学改革规划教材·会计类

会计电算化实务

姜明霞　胡生夕　主　编
孟　坤　刘　蕾　副主编

Kuaiji Diansuanhua Shiwu

东北财经大学出版社
Dongbei University of Finance & Economics Press

大连

图书在版编目（CIP）数据

会计电算化实务／姜明霞，胡生夕主编.—大连：东北财经
大学出版社，2014.2
（21世纪高职高专教学改革规划教材·会计类）
ISBN 978-7-5654-1444-2

Ⅰ.会… Ⅱ.①姜… ②胡… Ⅲ.会计电算化-高等职业教育
-教材 Ⅳ.F232

中国版本图书馆 CIP 数据核字（2014）第 023549 号

东北财经大学出版社出版
（大连市黑石礁尖山街217号　邮政编码　116025）
教学支持：（0411）84710309
营销部：（0411）84710711
总编室：（0411）84710523
网　　址：http：//www.dufep.cn
读者信箱：dufep＠dufe.edu.cn

大连永盛印业有限公司印刷　　　　　　东北财经大学出版社发行

幅面尺寸：185mm×260mm　　　字数：569千字　　　印张：24 1/4
2014年2月第1版　　　　　　　　　　　　2014年2月第1次印刷

责任编辑：张旭凤　李栋　包利华　　　　责任校对：众　校
封面设计：冀贵收　　　　　　　　　　　版式设计：钟福建

ISBN 978-7-5654-1444-2
定价：39.00元

前　言

为适应职业教育工学结合一体化课程改革的需要，更好地培养应用型会计人才和企业信息化管理人才，立足区域经济，贴近服务对象，满足高等职业教育教学的实际需要，在总结会计电算化专业教学实践经验的基础上，结合我们为适应新形式下高等职业教育教学改革所做的一些探索，我们与企业专家共同编写了《会计电算化实务》一书。

本教材以"用友 ERP-U872"为蓝本，在对制造企业财务部门相关岗位主要工作任务进行分析的基础上，结合教学规律编写而成。本教材由导论和八个学习情境构成，具体内容包括：会计电算化概述、系统管理、企业应用平台与基础设置、总账系统、UFO 报表系统、固定资产系统、薪资管理系统、应收款管理系统和应付款管理系统。

本教材由石家庄信息工程职业学院姜明霞、胡生夕任主编，石家庄信息工程职业学院孟坤、刘蕾任副主编。石家庄信息工程职业学院马静、靳添婷，石家庄职业技术学院李晔，河北工程大学张红梅，河北天然气有限责任公司薛翠有，中国移动通信集团设计院有限公司河北分公司姜建里，石家庄市冠瑞恩财务顾问有限公司张冬青，用友新道科技有限公司河北区秦黎刚，石家庄德勤财务咨询有限公司石俊旺参编。具体分工如下：姜明霞编写导论；姜明霞、薛翠有编写学习情境一；胡生夕、秦黎刚编写学习情境二；孟坤、张冬青编写学习情境三；李晔、胡生夕编写学习情境四；刘蕾、姜建里编写学习情境五；张红梅、姜明霞编写学习情境六；马静、石俊旺编写学习情境七；靳添婷、薛翠有编写学习情境八。全书由姜明霞负责总纂和审核。

虽然在编写过程中我们付出了很多努力，进行了一些探索，但由于水平有限，书中难免有错漏之处，敬请广大读者批评指正。

编　者
2014 年 1 月

目 录

导 论　会计电算化概述

随着计算机技术的飞速发展，信息处理领域已发生革命性的变化，在会计领域，将计算机技术用于会计工作已成为历史的必然，会计电算化已成为现代会计发展的必然趋势。

一、会计电算化的含义

会计电算化是指由专业人员编制会计软件，由会计人员及有关的操作人员运行这类软件，指挥计算机代替人工来完成会计工作的一系列活动。在处理会计信息的过程中，计算机不仅能利用其高速准确的计算功能完成会计核算工作，更重要的是，在合理设计的程序指挥下，计算机能有效实现原先由会计人员人工完成的计算、分析和判断工作，大大提高了会计工作的效率和准确性。可以这样说，会计电算化的过程就是一个用计算机替代人工记账、算账、报账，并部分完成对会计信息的分析、判断和决策的过程，这也就是通常意义上所说的狭义的会计电算化。

目前，会计电算化已成为一门融会计学、管理学、电子计算机技术、信息技术为一体的交叉学科，与计算机技术在会计工作中的应用有关的主要工作都成为了会计电算化的重要内容，比如会计电算化人才的培训、会计电算化制度的建立、会计电算化档案管理等等，这也就是通常意义上所说的广义的会计电算化。

二、会计电算化的发展概况

将计算机技术真正应用于会计领域的尝试，开始于 1954 年美国通用电气公司利用计算机进行职工工资的计算，随后西方一些先进国家也开始了计算机在会计工作中的应用。20 世纪 50 年代中期，计算机在会计领域的应用仅限于工资核算、材料核算、现金收支等单项业务的数据处理，处理方式完全模仿手工操作，目的只是为了减轻会计人员的劳动强度、提高工作效率。20 世纪 70 年代以后，随着计算机技术的迅猛发展，计算机网络技术、数据库管理系统的应用给会计电算化开辟了广阔的空间，使其呈现出普及化的趋势。当今世界，西方发达国家已将计算机应用于会计核算、会计管理以及会计预测和决策领域，并取得了显著的经济效益。

我国的会计电算化工作始于 1979 年，当时是由国家财政部拨款 500 万元，支持并参与了长春第一汽车制造厂的会计电算化试点工作。1981 年 8 月，在财政部、原第一机械工业部和中国会计学会的支持下，中国人民大学和长春第一汽车制造厂在长春市召开了"财务、会计、成本应用电子计算机问题讨论会"，正式把计算机在会计中的应用定名为"会计电算化"。随着 20 世纪 80 年代计算机在全国各个领域的应用、推广和普及，我国的会计电算化事业也快速发展起来。概括起来，我国会计电算化的发展主要经历了以下几个阶段：

1. 缓慢发展阶段（1983 年以前）

这一阶段由于会计电算化人员缺乏，计算机硬件比较昂贵，软件汉化不理想，我国会计电算化工作主要还是进行理论研究和实验准备工作，因此发展比较缓慢。

2. 自发发展阶段（1983—1988 年）

自 1983 年下半年起，在全国掀起了一股应用计算机的热潮，微型计算机在国民经济各个领域得到了广泛的应用，财会部门应用计算机进行业务处理引起了人们的关注。但是，由于应用计算机的经验不足，理论准备与人才培训不够，管理水平跟不上，造成在会计电算化过程中出现了许多低水平重复开发现象，浪费了许多人力、物力和财力。

3. 有组织有计划发展阶段（1989 年至今）

自 1989 年起，国家财政部、地方各级财政部门和主管部门加强了对会计电算化的管理，制定了会计软件的开发标准。我国相继出现了许多以开发经营会计核算软件为主的专业公司，逐步形成了会计软件产业。商品化会计软件市场逐渐成熟，很多单位都认识到开展会计电算化的重要性，纷纷购买或自行开发了会计软件，建立了会计电算化系统。

三、会计电算化系统的构成

会计电算化系统已从核算型系统发展成了管理型系统，它涵盖供、产、销、人、财、物以及决策分析等企业经济活动的各个领域，功能不断完善，子系统不断扩展，基本上满足了各行各业会计核算和管理的要求。但是，由于企业性质、行业特点以及会计核算和管理需求的不同，各企业会计电算化系统所包括的内容也不尽相同，其子系统的划分各有差异，但大致都应包括：账务处理、职工薪酬核算、固定资产核算、成本核算、存货核算、应收及应付款、采购与销售核算、会计报表、财务分析等子系统。工业企业会计电算化系统的构成如图 1 所示。

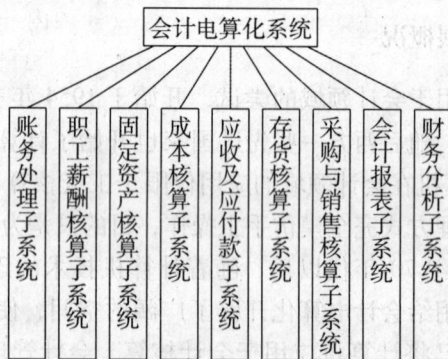

图 1　会计电算化系统构成

下面介绍各子系统的主要功能。

1. 账务处理子系统

账务处理子系统以凭证为原始数据，通过凭证输入和处理，完成记账和结账工作，生成日记账、总账和除各子系统生成的明细账之外的全部明细账。大部分账务处理子系统还具有银行对账、出纳管理和往来账管理的功能，少部分账务处理子系统还具备部门核算和项目核算功能。

2. 职工薪酬核算子系统

职工薪酬核算子系统以职工个人的原始工资数据为基础，完成：职工工资的计算；工资费用的汇总和分配；计算个人所得税；查询、统计和打印各种工资表；自动编制工资费用分配转账凭证，并传递给账务处理子系统。

3. 固定资产核算子系统

固定资产核算子系统可实现固定资产卡片管理、固定资产增减变动核算、折旧的计提与分配工作，自动编制机制转账凭证并传递给账务处理子系统。

4. 成本核算子系统

成本核算子系统是根据会计核算和管理的要求，计算全部生产费用支出和产品的总成本与单位成本，自动编制机制转账凭证并传递给账务处理子系统，并将产品成本信息传递给存货核算子系统。

5. 应收及应付款子系统

应收及应付款子系统完成各应收账款和应付账款的登记、冲销工作，并对其进行动态分析，生成相应的明细账、账龄分析表以及其他各种汇总表和分析表。

6. 存货核算子系统

存货核算子系统可以及时、准确地反映存货的收发结存情况，根据各部门、各产品领用材料情况自动进行费用分配，根据产成品的出入库情况自动进行会计核算，并自动编制机制转账凭证，传递给账务处理子系统。

7. 采购与销售核算子系统

采购与销售核算子系统一般与存货中的原材料、产成品核算和应收、应付款的管理相关，可实现对采购和销售完整流程的管理，并可对价格和信用进行实时监控。

8. 会计报表子系统

会计报表子系统主要是根据会计核算数据（如账务处理子系统产生的总账及明细账等数据），完成各种会计报表的编制与汇总工作，生成各种内部、外部报表及汇总报表，根据报表数据生成各种分析图等。

9. 财务分析子系统

财务分析子系统是能够利用会计核算数据进行会计管理和分析的子系统。一般说来可以完成比率分析、结构分析、对比分析、趋势分析等。

四、会计电算化系统中各子系统间的联系

在会计电算化系统中，会计的整体功能是通过各个子系统局部功能加以实现的，各个子系统一方面要对各自的原始凭证进行处理，输出满足特定管理要求的报表资料，同时要汇总原始数据，编制出记账凭证，传输到其他子系统中。目前一个完整的会计电算化系统内各个子系统间数据传递的方式大体有集中传递式、账务处理中心式和直接传递式三种。下面仅对账务处理中心式这一数据传递的方式进行介绍。

账务处理中心式是指各子系统对原始凭证进行汇总、处理后，编制出记账凭证直接传递到账务处理子系统，账务处理子系统对涉及成本、费用的凭证进行汇总后，传递到成本子系统。采用这种方式，相应地要求有关科目按产品设明细科目，以便可以方便地汇集直

接费用。如图2所示。

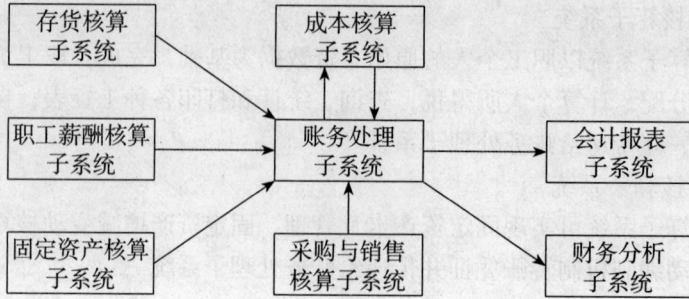

图2 子系统间数据传递关系——账务处理中心式

学习情境一　　　系统管理

❖【职业能力目标】

专业能力：

运用系统管理模块完成企业核算账套的建立、修改、备份和恢复等的操作；能够进行操作员的设置，并根据企业岗位分工和岗位职责完成操作员权限的设置；对用友 ERP-U872 系统使用中出现的系统运行问题进行简单维护。

职业核心能力：

能根据学习情境的设计需要查阅有关资料，具有团队合作精神，能完成初始建账工作。

❖【本情境结构图】

本情境结构图如图 1-1 所示。

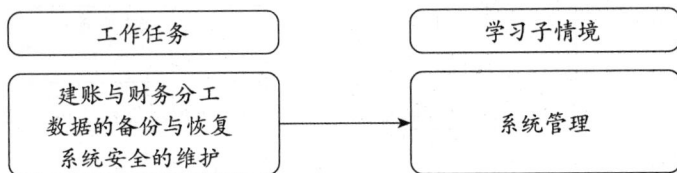

图 1-1　学习情境一结构图

❖【引例】

某高职会计电算化专业学生小孙大学毕业后被招聘到河北新华有限责任公司从事会计核算工作，正好赶上公司进行用友 ERP-U872 系统实施，由于上学时小孙学习过用友软件，因此领导安排他帮助会计主管完成电算化账套的建立工作。小孙告诉会计主管，软件操作应从系统管理模块开始，你知道这是为什么吗？

❖【引例分析】

用友 ERP-U8 应用系统由多个子系统组成，在一体化管理应用模式下，系统为各子系统提供了一个公共平台来对整个系统的公共任务进行统一管理，这个公共平台即为系统管理模块。系统管理不仅为各个子系统提供公共的账套、年度账以及其他相关的基础数据，还对各子系统的操作员及其权限分配进行统一设置。

系统管理模块的主要功能包括以下几个部分：

1. 账套管理

账套就是运行财务软件为企业建立的一套账簿文件的总称。每一家企业（或核算部门）的数据在系统内部都体现为一个账套。在用友 ERP-U8 应用系统中，可以分别为多个企业

（或企业内部多个独立核算的部门）建账，且各账套数据之间相互独立，互不影响。

账套的管理包括账套的建立、修改、引入、输出、删除等。

2. 年度账管理

年度账是账套中存放的企业不同年度的会计数据。账套和年度账的主要区别是：账套是年度账的上级，账套是由年度账组成的。有账套就有年度账，一个账套可以有多个年度的年度账。

年度账的管理包括年度账的建立、引入、输出和结转上年数据，清空年度数据等。

3. 权限管理

权限管理主要是指对操作员及其操作权限的集中管理。此功能一方面可以避免与业务无关的人员进入系统，另一方面又能协调各子系统的操作管理，保障操作流程的顺畅和会计数据的安全。

权限管理包括定义角色、设置用户和设置功能权限等。

4. 安全管理

安全管理是指系统提供的一套保证系统运行和数据存储安全的保障机制。主要包括设置数据自动备份、清除异常任务、升级数据库以及实时监控等。

［工作过程与岗位对照］

系统管理的工作过程与岗位对照图如图1-2所示。

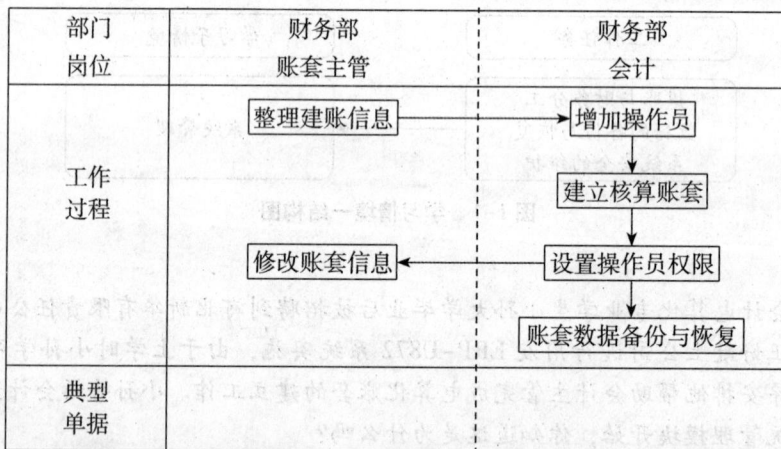

部门 岗位	财务部 账套主管	财务部 会计
工作 过程	整理建账信息 →	增加操作员
		↓
		建立核算账套
		↓
	修改账套信息 ←	设置操作员权限
		↓
		账套数据备份与恢复
典型 单据		

图1-2 系统管理的工作过程与岗位对照图

任务一 增加操作员

［任务名称］

设置河北新华有限责任公司核算账套的操作员。

[任务内容]

企业财务部门共有四人：账套主管王志强（01）、会计李明轩（02）和张东明（03）以及出纳孙丹丹（04）。

[任务要求]

完成企业账套操作员的设置。

[知识链接]

对于操作员，用友软件中包括角色和用户两个不同的概念。

角色是指在企业管理中拥有某一类职能的组织，这个角色组织可以是实际的部门，可以是由拥有同一类职能的人构成的虚拟组织。例如：实际工作中最常见的会计和出纳两个角色（他们可以是一个部门的人员，也可以不是一个部门但工作职能是一样的角色统称）。我们在设置角色后，可以定义角色的权限，如果用户被归属于此角色，那么该用户相应地具有该角色的权限。

用户是指有权登录系统，对应用系统进行操作的人员，即通常意义上的"操作员"。每次注册登录应用系统，都要进行用户身份的合法性检查，只有设置了具体的用户之后，才能进行相关的操作。

[工作示范]

1. 系统管理的启动与注册

操作步骤：

（1）启动计算机后，单击"开始"/"程序"/"用友 ERP－U8720"/"系统服务"/"系统管理"，进入"用友 ERP－U8〖系统管理〗"窗口。如图 1-3 所示。

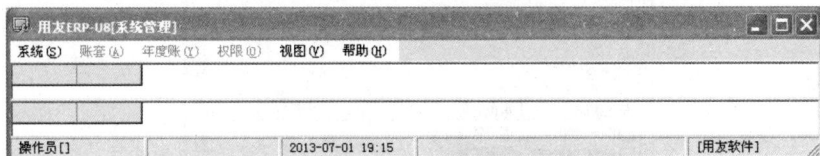

图 1-3　系统管理

（2）单击"系统"/"注册"，打开"登录"对话框。如图 1-4 所示。

（3）"操作员"文本框显示用友 ERP－U8 默认的系统管理员"admin"，密码默认为空，点击"确定"后完成注册。

2. 增加操作员

操作步骤：

（1）以系统管理员的身份进入系统管理后，在系统管理界面单击"权限/用户"，进

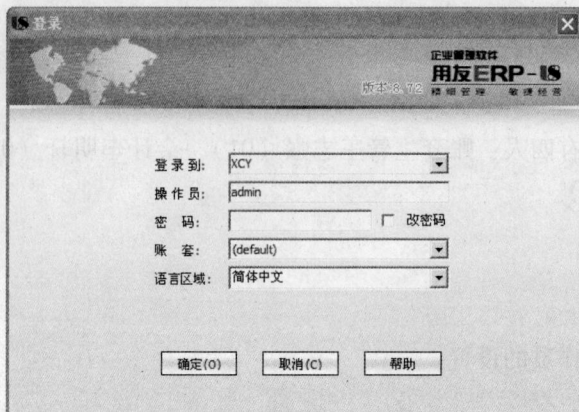

图 1-4　系统管理登录

入"用户管理"界面。如图 1-5 所示。

图 1-5　用户管理

（2）单击"增加"按钮，打开"操作员详细情况"对话框，输入编号"01"、姓名"王志强"、口令"01"、确认口令"01"、所属部门"财务部"，在所属角色中勾选"账套主管"，单击"增加"按钮保存此用户信息。重复上面的操作步骤继续增加其他用户。如图 1-6 所示。

图 1-6　操作员详细情况

栏目说明：

①编号：必须输入项，不能输入数字之外的非法字符，不能与系统内已存在的编号重复。

②姓名：必须输入项，不能输入数字、字母、汉字之外的非法字符。

③口令：为该操作员进行系统登录时使用的口令，可为空，为保密起见，输入时以"＊"显示。

特别提示：

①角色设置可比照用户设置进行。

②用户和角色的设置可以不分先后顺序，但对于自动传递权限来说，应该首先设置角色，然后分配权限，最后进行用户的设置。

（3）若要修改用户信息，在"用户管理"对话框中，先单击选中要修改的用户，再单击"修改"按钮，进入"操作员详细情况"对话框进行修改，并点击"确定"按钮保存。

特别提示：

①编号不能修改。若要修改编号，只能删除该用户后再重新输入。

②已启用的用户只能修改口令、所属部门、E-mail、手机号和所属角色等信息。

③如需暂时停止使用该用户，可以单击"注销当前用户"按钮，之后该按钮变为"启用当前用户"。

（4）若要删除用户信息，在"用户管理"对话框中，先单击选中要删除的用户，再单击"删除"按钮，系统提示确认删除用户信息，选择"是"。

特别提示：

①要想删除已定义角色的用户，需先删除用户的角色信息。

②已启用的用户不能删除。

任务二　建立核算账套

［任务名称］

建立河北新华有限责任公司核算账套。

［任务内容］

河北新华有限责任公司（简称新华公司）成立于2008年5月，2013年7月正式启用账套，账套号111，结账时间为每月最后一个自然日。新华公司位于石家庄市新华区友谊大街99号，是一家主要生产电子设备和通讯器材的工业企业，法人代表陈志，邮政编码为050000，税号为050011330228890。该企业遵循新会计制度设置科目，选择人民币（RMB）为记账本位币，有外币业务，进行经济业务处理时，需要对存货、客户和供应商进行分类。建账时会计科目编码级次为4-2-2-2，客户分类编码级次为2-2，供应商分类编码级次为2-2，存货分类编码级次为1-2-2，部门编码级次为1-2，地区分类编码级次为2-2，结算方式编码级次为1-2，收发类别编码级次为1-2，其他编码项目保持不变，数据精度保持系统默认设置。

[任务要求]

完成企业核算账套的建立。

[工作示范]

操作步骤：

（1）以系统管理员的身份进入系统管理后，在系统管理界面单击"账套/建立"，打开"创建账套"对话框。

（2）在"账套信息"对话框中输入账套信息：账套号为"111"，账套名称为"河北新华有限责任公司"，启用会计期为"2013年7月"。如图1-7所示。

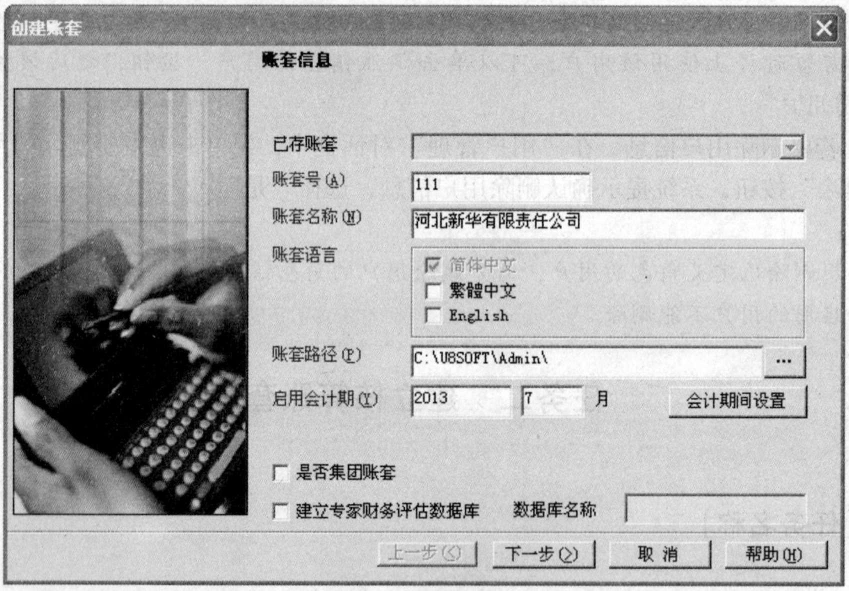

图1-7 账套信息

栏目说明：

①已存账套：系统将已存在的账套以下拉列表的形式显示，用户只能查看，通过查看确定企业准备新建的账套号是否可用。

②账套号：必须输入项，用来输入新建账套的编号，取值范围为001～999，一般998、999为系统演示账套，用户尽量不要选用。

③账套名称：必须输入项，用来输入新建账套的名称，一般为企业（或内部独立核算单位）名称，不能超过40个字符。

④账套路径：用来确定新建账套所要被保存的位置，用户可手动修改。

⑤启用会计期：必须输入项，用来输入新建账套将被启用的时间，系统默认为计算机的系统时间。

（3）单击"下一步"按钮，进入"单位信息"对话框，输入单位信息。如图1-8所示。

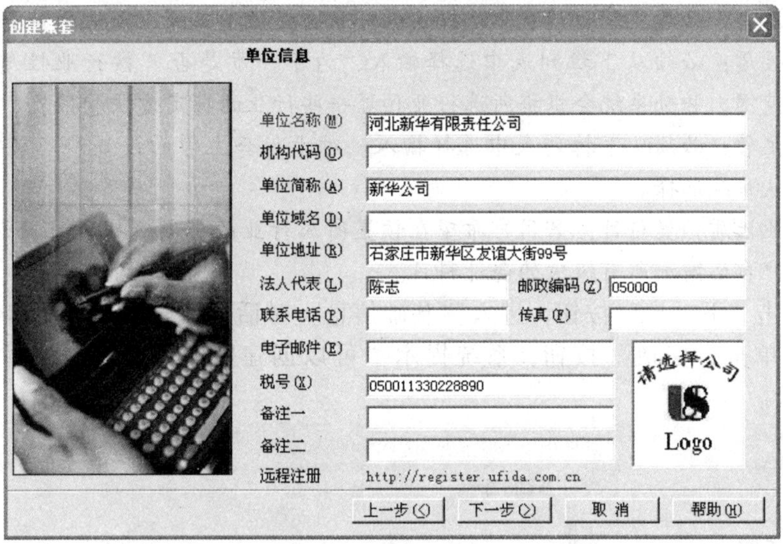

图1-8 单位信息

栏目说明：

①单位名称：必须输入项，是用户的单位的全称。单位全称只有在打印发票时使用，其余情况全部使用简称。

②单位简称：用户单位的简称，最好输入。

③其他项目属于任选项。

（4）单击"下一步"按钮，进入"核算类型"对话框，输入单位基本核算信息。如图1-9所示。

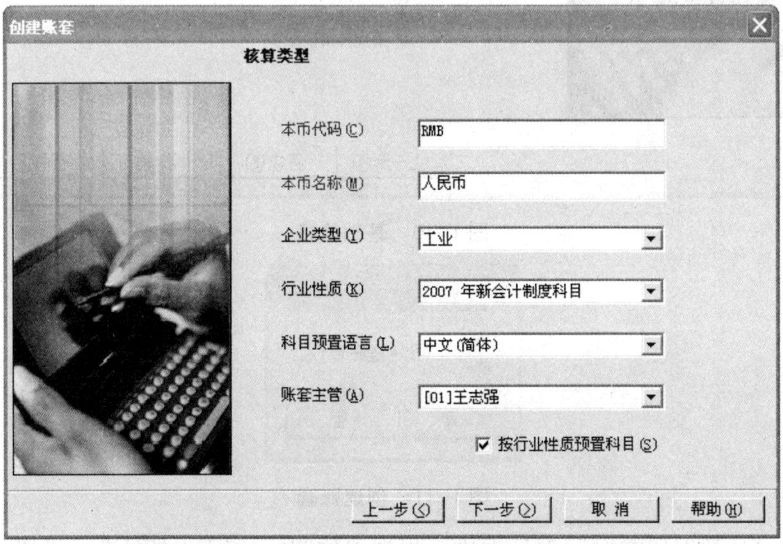

图1-9 核算类型

栏目说明：

①本币代码：必须输入项，用来输入新建账套所用的记账本位币的代码。

②本币名称：必须输入项，用来输入新建账套所用的记账本位币的名称。

③企业类型：必须从下拉列表中选择输入。系统提供了工业、商业两种类型。

④行业性质：必须从下拉列表中选择输入，为下一步是否"按行业性质预置科目"确定了科目范围，并且系统会根据所选行业预置一些行业的特定方法和报表。

⑤账套主管：必须从下拉列表中选择输入。对于账套主管的设置和定义将在后面详述，此处默认系统选择。

⑥按行业性质预置科目：若用户希望在预置所属行业的标准一级科目，则选中该项；否则，由用户自己增加所有级次的会计科目。

（5）单击"下一步"按钮，进入"基础信息"对话框，输入单位基础信息。如图1-10所示。单击"完成"按钮，系统提示"可以创建账套了么?"，选择"是"。如图1-11所示。

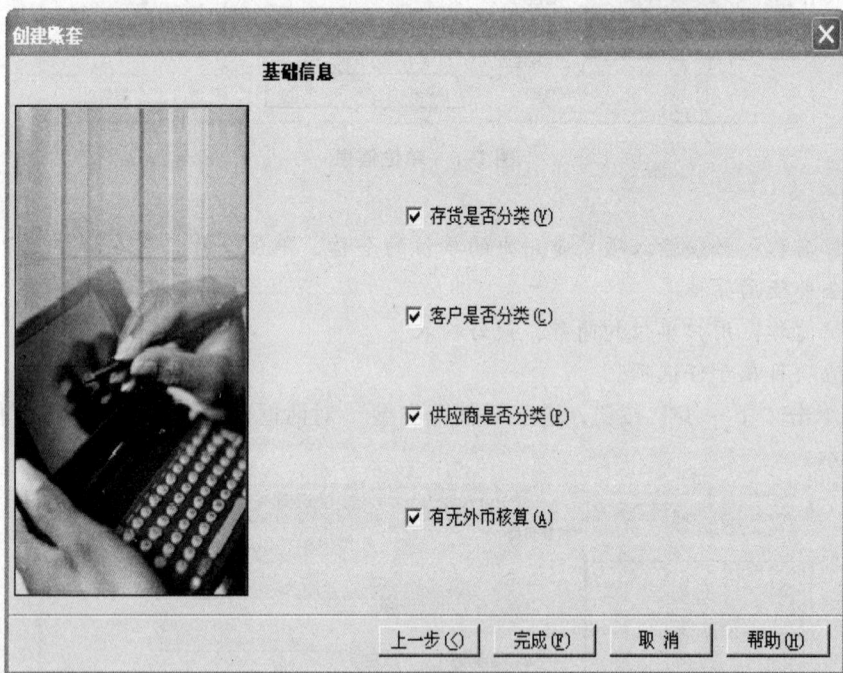

图1-10 基础信息

图1-11 创建账套

（6）在"分类编码方案"对话框中，根据单位制定的编码方案进行设置。如图1-12所示。单击"确定"按钮，并关闭该对话框。

编码方案

项目	最大级数	最大长度	单级最大长度	第1级	第2级	第3级	第4级	第5级	第6级	第7级	第8级	第9级
科目编码级次	9	15	9		2	2	2					
客户分类编码级次	5	12	9	2	2							
供应商分类编码级次	5	12	9	2	2							
存货分类编码级次	8	12	9	1	2	2						
部门编码级次	5	12	9	1								
地区分类编码级次	5	12	9	1								
费用项目分类	5	12	9	1								
结算方式编码级次	2	3	3	1	2							
货位编码级次	8	20	9	2	3	4						
收发类别编码级次	3	5	5	1	2							
项目设备	8	30	9	2	2							
责任中心分类档案	5	30	9	2	2							
项目要素分类档案	6	30	9	2	2							
客户权限组级次	5	12	9	2	3	4						

确定(O)　　取消(C)　　帮助(F)

图 1-12　编码方案

（7）在"数据精度定义"对话框中，根据单位要求确定所有的小数位。此处采用系统默认。如图 1-13 所示。单击"确定"按钮。新账套创建成功后系统会提示进行"系统启用"的设置。如图 1-14 所示。此处单击"否"，暂不进行系统启用。系统会自动提示"需要进入企业应用平台进行业务操作"，如图 1-15 所示，单击"确定"退出。

数据精度

请按您单位的需要认真填写

存货数量小数位	2
存货体积小数位	2
存货重量小数位	2
存货单价小数位	2
开票单价小数位	2
件数小数位	2
换算率小数位	2
税率小数位	2

确定(O)　　取消(C)　　帮助(F)

图 1-13　数据精度

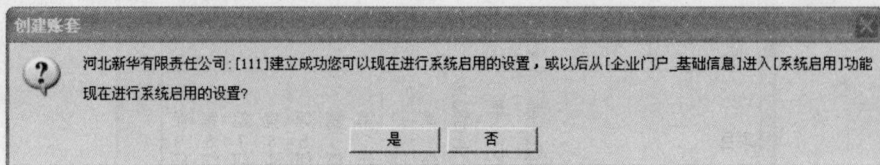

图1-14 系统启用提示

图1-15 系统管理提示

特别提示：

在上述"创建账套成功"界面，单击"是"可以立即进行系统启用的设置，也可以单击"否"先结束建账过程，之后在企业应用平台中的基础设置中再进行设置。

任务三 设置操作员权限

[任务名称]

设置河北新华有限责任公司核算账套的操作员权限。

[任务内容]

河北新华有限责任公司财务部分工如下：（1）账套主管王志强负责企业财务核算全面工作，具有系统所有模块的全部权限。（2）会计李明轩负责总账系统的使用，具有"公用目录设置"和"总账"模块的全部权限。（3）会计张东明负责往来核算、工资管理和资产管理工作，具有"公共单据"、"公用目录设置"、"应收款管理"、"应付款管理"、"固定资产"、"薪资管理"、"计件工资"模块的全部权限。（4）出纳孙丹丹负责货币资金的管理，具有"总账—凭证—出纳签字"的权限和"总账—出纳"的全部权限。

[任务要求]

根据河北新华有限责任公司的财务分工正确设置操作员权限。

[工作示范]

操作步骤：

（1）以系统管理员的身份进入系统管理后，在系统管理界面单击"权限/权限"。打开"操作员权限"界面。

（2）设置账套主管。在"操作员权限"界面，从左侧的操作员列表中选择操作员"王志强"，从右上角的账套下拉列表中选择账套"［111］河北新华有限责任公司"，确保"账套主管"复选框呈选中状态。如图1-16所示。

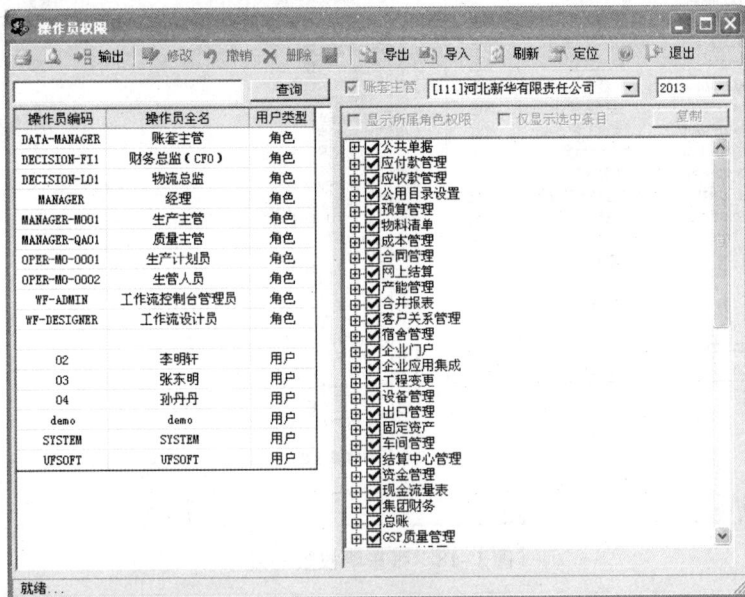

图1-16　王志强权限设置

（3）增加或修改操作员权限。在"操作员权限"界面里，从左侧的操作员列表中选择操作员"李明轩"，从右上角的账套下拉列表中选择账套"［111］河北新华有限责任公司"，单击"修改"按钮，选中"公用目录设置"、"总账"，单击"保存"按钮。如图1-17所示。

图1-17　李明轩权限设置

（4）重复上述操作，授予操作员张东明和孙丹丹相应的权限。如图1-18、图1-19所示。

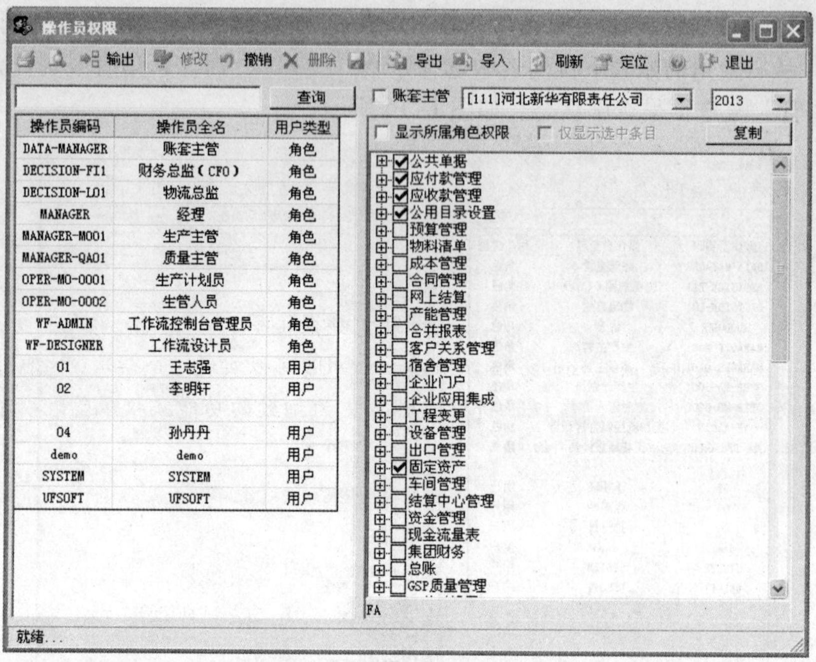

图1-18 张东明权限设置

图1-19 孙丹丹权限设置

特别提示：

①只有以系统管理员（admin）的身份注册才能设置账套主管。如果以账套主管的身份注册，只能分配所辖账套子系统的操作权限。

②一个账套可以有多个账套主管。

③在"系统管理"模块中分配的权限只是功能级权限，数据级权限和金额级权限的分配需在"企业应用平台"中进行，且这两种权限的分配必须在系统管理的功能级权限分配之后才能进行。

[知识链接]

随着经济的发展，用户对管理要求不断变化、提高，越来越多的信息都表明权限管理必须向更细、更深的方向发展。用友ERP-U8提供集中权限管理，除了提供用户对各模块操作的权限之外，还相应提供了金额的权限管理和对于数据的字段级和记录级的控制，不同的组合方式将为企业的控制提供有效的方法。用友ERP-U8可以实现三个层次的权限管理。

第一，功能级权限管理，该权限将提供划分更为细致的功能级权限管理功能，包括各功能模块相关业务的查看和分配权限。

第二，数据级权限管理，该权限可以通过两个方面进行权限控制：一个是字段级权限控制，另一个是记录级权限控制。

第三，金额级权限管理，该权限主要用于完善内部金额控制，实现对具体金额数量划分级别，对不同岗位和职位的操作员进行金额级别控制，限制他们制单时可以使用的金额数量，不涉及内部系统控制的不在管理范围内。

任务四　账套数据的备份与恢复

[任务名称]

对河北新华有限责任公司账套数据进行备份与恢复。

[任务内容]

每周末河北新华有限责任公司账套进行自动数据备份，每月结账后将当月账套进行手工数据备份，并根据工作需要将备份数据恢复到用友系统中。

[任务要求]

正确设置账套自动备份计划，会进行账套手工备份与恢复。

[工作示范]

1. 设置自动备份计划
操作步骤：
（1）以系统管理员和账套主管的身份进入系统管理后，单击"系统/设置备份计划"，打开"备份计划设置"界面。

（2）单击"增加"按钮，打开"备份计划详细情况"对话框，输入具体的备份计划信息，如图 1-20 所示。

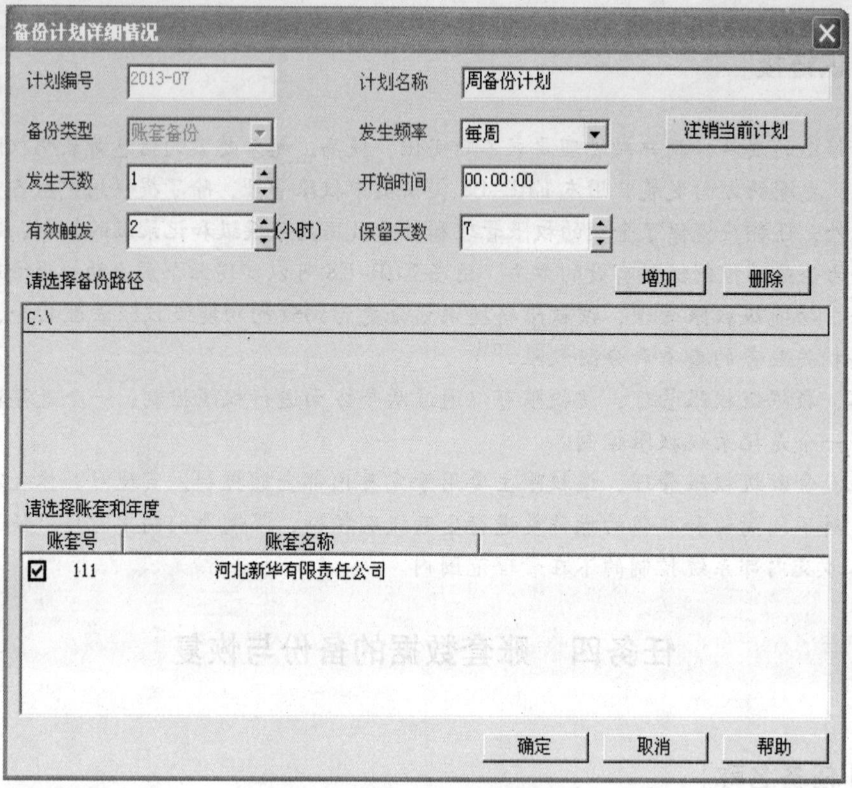

图 1-20　备份计划详细情况

2. 手工进行账套备份

操作步骤：

（1）以系统管理员身份注册进入系统管理后，在系统管理界面单击"账套/输出"。打开"账套输出"对话框。

（2）从"账套号"下拉列表中选择需要输出的账套"［111］河北新华有限责任公司"，单击"确认"按钮，如图 1-21 所示，系统自动将账套内的数据进行拷贝。

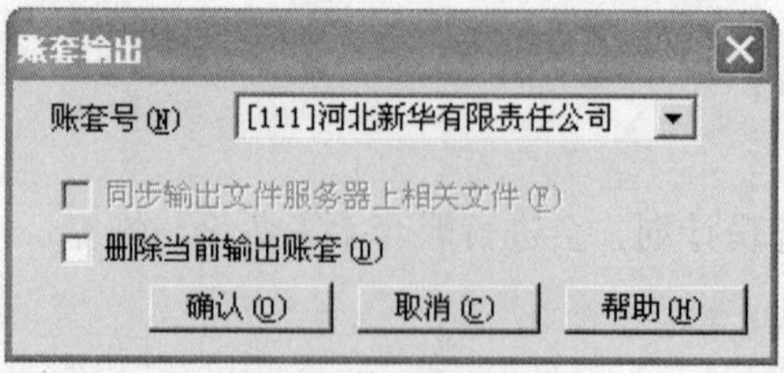

图 1-21　账套输出

（3）数据拷贝完毕后，系统弹出"请选择账套备份路径"对话框，如图 1-22 所示。在该对话框的下拉列表中选择用于存放账套数据备份的驱动器所在目录并双击打开，单击"确定"按钮，系统提示账套备份成功。如图 1-23 所示。

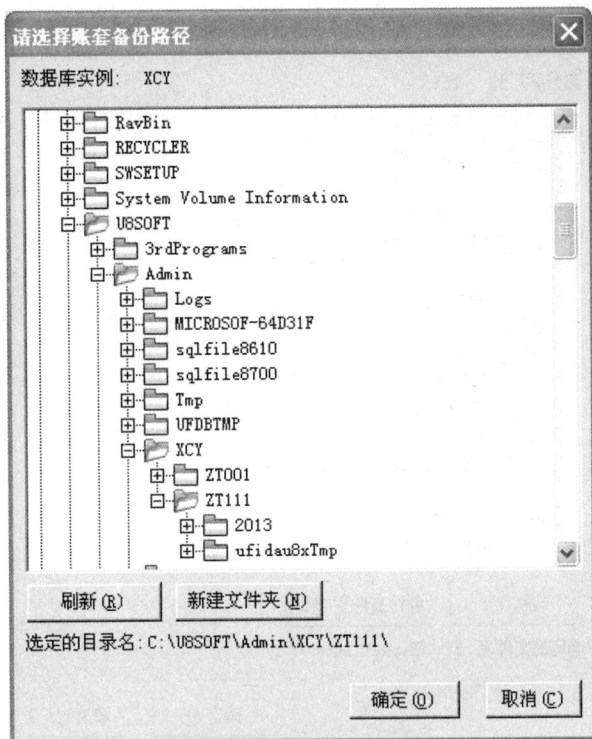

图1-22 选择账套备份路径

图1-23 输出成功提示

特别提示：

①只有系统管理员（admin）才有权进行账套的输出。

②若要删除账套，在图1-21中，将"删除当前输出账套"复选框同时选中，在输出完成后系统将弹出"真要删除该账套吗？"，单击"是"后系统将账套数据从用友ERP-U8应用系统中删除。

3. 账套数据的恢复

操作步骤：

（1）以系统管理员身份注册进入系统管理后，在系统管理界面单击"账套/引入"，打开"请选择账套备份文件"对话框。

（2）选择要引入的账套数据备份文件后单击"确定"按钮，如图1-24所示。弹出系统提示信息，如图1-25所示，单击"确定"按钮后选择账套引入目录。

（3）如果欲引入账套的账套号与系统内已有的账套号重复，系统将弹出提示信息，如图1-26所示。单击"否"，取消账套引入操作；单击"是"，开始引入账套，稍后系统提示"账套引入成功！"，如图1-27所示。

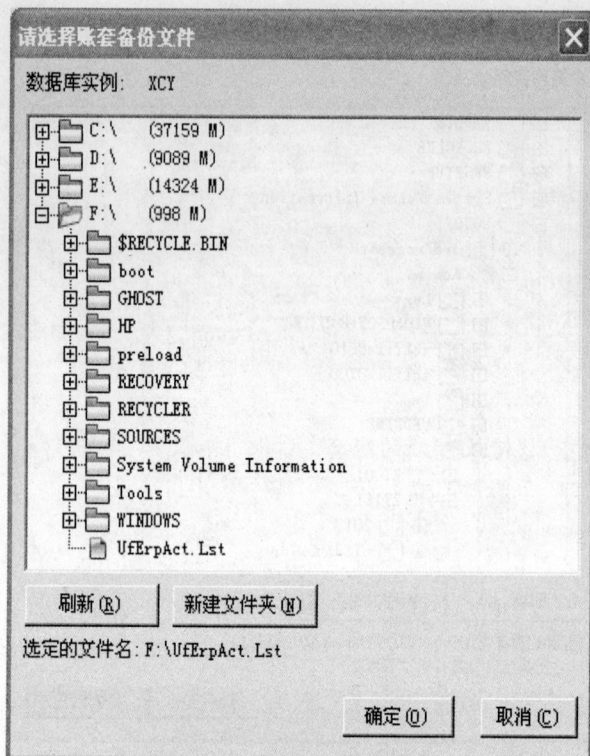

图 1-24 选择账套备份文件

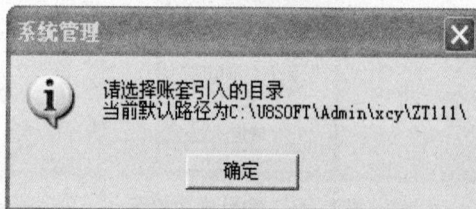

图 1-25 系统管理提示

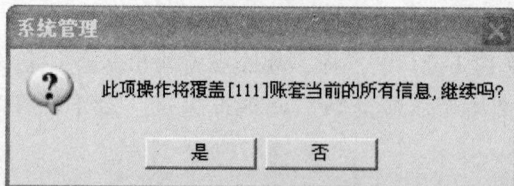

图 1-26 系统管理提示

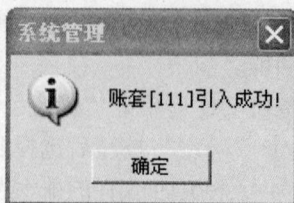

图 1-27 引入成功提示

[知识拓展]

1. 修改账套

用户可以通过系统提供的修改账套功能，查看和修改账套信息。只有账套主管可以修改其具有权限的年度账套中的信息，系统管理员无权修改账套。

以账套主管的身份注册，选择相应的账套，进入系统管理，单击"账套/修改"打开"修改账套"窗口，该窗口显示内容与"创建账套"窗口显示内容一致，只是部分数据不能修改。账套主管可根据企业的实际情况，对允许修改的数据进行修改。

需要特别注意的是：

①只有账套主管才有权修改相应的账套。

②账套一旦建立，账套号、账套路径、记账本位币、企业类型、行业性质等项目便不能修改。

2. 年度账的管理

年度账的管理由账套主管负责，包括年度账套的建立、引入、输出、结转上年数据和清空年度数据等。

年度账的建立是在已有上一年度账套的基础上，通过年度账建立，在每个会计期间结束时自动将上一年度账的基本档案信息结转到新的年度账中。

年度账的引入和输出与账套的引入和输出的含义基本一致，都是对数据的恢复与备份，所不同的是年度账操作中的引入和输出的对象是账套中的某一年度的年度账，而账套操作中的引入和输出的对象是整个账套。

结转上一年度数据是指在年末启用新年度账时，将上一年度中的相关账户的余额及其他信息结转到新年度账中，以保证会计核算的连续性。

当某年度账中错误太多，或用户不希望将上一年度的余额或其他信息全部转下一年度时，可以使用清空年度数据功能。"清空"并不是将年度账中的数据全部清除，而是要保留一些信息的，如基础信息、系统预置的科目报表等。

本情境主要概念

角色 用户 账套 年度账

情境总结

系统管理模块的主要功能：账套管理、年度账管理、权限管理、安全管理。本学习情境主要介绍了账套的建立、修改、备份、恢复以及操作员的设置和操作员级别权限的分配。

重点难点

重点：账套的建立、用户的增加、操作员权限设置。

难点：操作员权限设置。

同步测试

（一）单项选择题

1. （   ）有权在系统中建立企业账套。

A. 企业老总 B. 系统管理员 C. 账套主管 D. 财务总监

2. ( )有权在系统中修改企业账套。

A. 企业老总 B. 系统管理员 C. 账套主管 D. 财务总监

3. 下列账套信息不能修改的是( )。

A. 单位简称 B. 账套名称 C. 单位名称 D. 企业类型

4. 对账套的管理，系统管理员无权进行的是( )。

A. 创建账套 B. 修改账套 C. 引入账套 D. 删除账套

5. 清空年度数据是指( )。

A. 将年度账数据全部删除 B. 将年度账的发生额删除，只保留余额

C. 将账套数据全部删除 D. 保留一些信息，如基础设置等

（二）多项选择题

1. 系统管理员可以进行的操作有( )。

A. 创建账套 B. 修改账套 C. 增加用户 D. 进行系统启用

2. 账套主管可以进行的操作有( )。

A. 创建账套 B. 修改账套 C. 增加用户 D. 进行系统启用

3. 账套创建过程中，基础信息设置中包括的分类信息有( )。

A. 地区分类 B. 客户分类 C. 存货分类 D. 部门分类

4. 账套创建过程中必须输入的项目有( )。

A. 账套名称 B. 单位名称 C. 单位简称 D. 本币名称

5. 用户的设置包括( )等内容。

A. 编号 B. 姓名 C. 密码 D. 权限

（三）判断题

1. 系统管理模块只有系统管理员才可以登录，其他人都无权登录。 （ ）

2. 一个账套只能设置一个账套主管。 （ ）

3. 单位名称是区分系统内不同账套的唯一标志。 （ ）

4. 账套主管自动拥有所辖账套所有模块的操作权限。 （ ）

5. 账套输出和年度账输出的内容完全一样。 （ ）

本情境综合实训

【实训要求】

本次实训内容涉及系统管理员和账套主管两个工作岗位，采用学生分组训练的形式，每组四人，选举产生组长，组长分派组员岗位，阐明岗位分工及职责。

【情境引例】

1. 石家庄正道轮胎有限公司财务人员信息一览表（见表1-1）

表1-1 正道轮胎有限公司财务人员信息一览表

操作员编号	操作员姓名	操作员编号	操作员姓名
111	王强	114	田田
112	李华	115	陈立
113	朱军	116	张亮

2. 公司核算信息如下：

（1）账套信息。账套号：888，账套名称："石家庄正道轮胎有限公司"，采用默认的账套路径，启用会计日期：2013年7月1日，结账日期：每月的最后一天。

（2）单位信息。名称："石家庄正道轮胎有限公司"，简称："正道轮胎"，税号：31002345678，法人代表：刘军强。

（3）核算类型。记账本位币为人民币（RMB）、企业类型为工业、行业性质为 2007 年新会计准则、账套主管为王强、要求按行业性质预置科目。

（4）基础信息。该企业有外币核算、需要对存货、客户、供应商进行分类。

（5）分类编码方案见表 1-2，其他默认。

表 1-2　　　　　　　　　　　　　　　分类编码方案

项目名称	编码级次	项目名称	编码级次
科目编码级次	4222	部门编码级次	12
客户编码级次	23	结算方式编码级次	12
供应商分类编码级次	23	存货分类编码	223

（6）数据精度。存货数量小数为 2，所有单价小数为 4。

3. 财务部岗位分工如下：

牛娟，担任系统管理员，负责系统维护工作。

王强，担任账套主管，负责各项初始设置工作，负责总账系统的月末结账、报表管理及财务分析工作，具有总账系统所有的权限。

李华，担任会计主管，负责总账系统的凭证审核、记账、期末自动转账，拥有总账系统中"总账-凭证的凭证处理、凭证审核、凭证查询、打印凭证、科目汇总"、"总账-账表"查询、"总账-期末的转账设置、转账生成"等权限。

朱军，担任总账会计，负责凭证的填制工作，拥有总账系统中"总账-凭证的凭证处理、查询凭证、打印凭证、科目汇总、常用凭证、凭证整理"、"总账-账表"等权限。

田田，担任出纳，负责库存现金和银行存款管理工作。具有"总账-凭证处理、查询凭证、打印凭证、凭证出纳签字"权限，和"总账-出纳"的全部权限。

陈立，担任薪酬核算会计，负责工资核算的全面工作。

张亮，担任财产物资核算会计，负责固定资产核算的全面工作。

【工作任务】

1. 系统管理员建立账套、增加操作员并进行权限设置。

2. 账套主管对账套信息进行修改。

学习情境二 企业应用平台与基础设置

✿【职业能力目标】

专业能力：

运用企业应用平台模块完成企业基本信息、基础档案和数据权限的设置操作；能够进行数据精度、编码方案和各子模块启用的设置，能够进行部门、职员、存货、客户、供应商等分类或档案的设置，能够进行会计科目和凭证类别的设置，能够进行存货计量单位和项目目录设置；能够在"用友 ERP-U872 企业"应用平台进行数据权限设置。

职业核心能力：

能根据学习情境的设计需要查阅有关资料、相关案例，明白企业应用平台的设计理念，在团队合作基础上，完成企业基本信息、基础档案和数据权限设置工作。

✿【本情境结构图】

本情境结构图如图 2-1 所示。

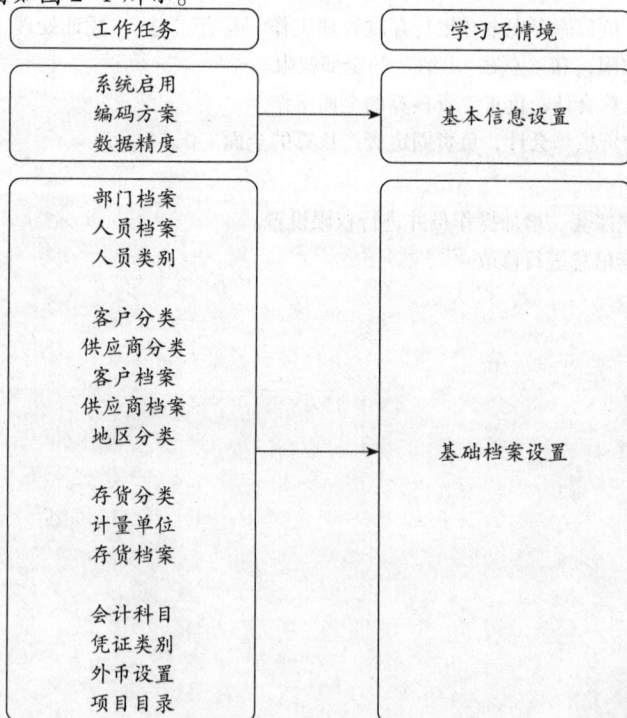

工作任务	学习子情境
系统启用 编码方案 数据精度	基本信息设置
部门档案 人员档案 人员类别 客户分类 供应商分类 客户档案 供应商档案 地区分类 存货分类 计量单位 存货档案 会计科目 凭证类别 外币设置 项目目录	基础档案设置

图 2-1 学习情境二结构图

学习子情境一　基本信息设置

【引例】

小孙协助河北新华有限责任公司的会计主管王志强完成了企业电算化账套的建立工作。公司核算账套名称为：河北新华有限责任公司；财务部门共有四人：会计主管王志强（01）、会计李明轩（02）和张东明（03）以及出纳孙丹丹（04）。小孙将这四个人的信息都输入系统作为账套的操作员并对每个人的操作权限按照工作分工进行了认真详细的授权。

U872 系统中有了公司的核算账套后，下一步小孙建议会计主管应该进行企业应用平台的相关操作了。你知道其中的道理吗？

【引例分析】

用友 ERP-U872 系统的企业应用平台中包括：基础设置、业务处理、系统维护。基础设置包括：基本信息、基础档案、业务参数、个人参数、单据设置、档案设置、变更管理。每个功能包含了几个不同的子功能，这些功能是基于企业实际筹备、注册、运营整个过程的考虑而设置的。本教材中，"学习情境二——企业应用平台与基础设置"重点讲解基本信息和基础档案。其他几项功能会在本教材后续内容中或《ERP 供应链管理系统》教材的各个情境中介绍。

公司的成立基于公司主管部门或股东间对公司经营范围的确定和宏观的规划，在此基础上确定公司生产经营模式、设置哪些部门、招聘何种员工、股东出资比例等，然后拟定公司名称，按照以下步骤完成公司的注册登记：

1. 工商局核定公司名称。
2. 银行开设临时存款结算账户办理入资并到会计事务所办理验资报告。
3. 工商局办理工商营业执照。
4. 质量技术监督局办理组织机构代码证。
5. 税务局办理税务登记证（国税和地税）。
6. 银行办理银行开户许可证，开立基本户。

基于公司成立运营的实际角度考量，会计电算化系统由若干子系统组成。企业核算涉及哪个子系统，就可以将其启用。用友 ERP-U872 的企业应用平台模块的主要功能包括：基础设置、业务工作和系统服务。本情境主要介绍的是基础设置，基础设置包括：基本信息、基础档案、业务参数、个人参数、单据设置、档案设置和变更管理。

按照基本信息、基础档案、业务参数、个人参数、单据设置、档案设置和变更管理顺序进行相关操作设置是最便捷、高效、准确的。

总账子系统是会计电算化系统中的核心子系统。一般情况下，需要启用此子系统才能进行其他系统的设置和操作。若暂时不使用某个子系统，以后可以在企业应用平台的基本信息——系统启用中完成。

㊀［工作过程与岗位对照］

基本信息设置工作过程与岗位对照图如图 2-2 所示。

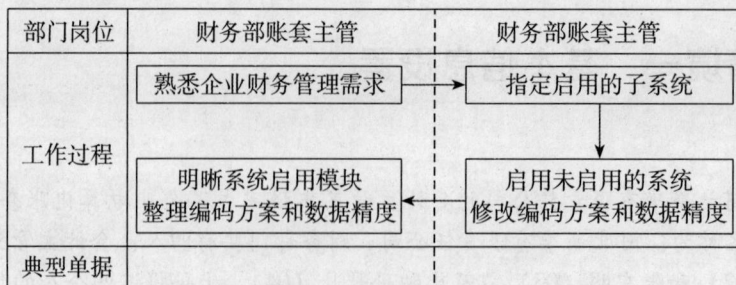

图2-2 基本信息设置工作过程与岗位对照图

[任务名称]

启用河北新华有限责任公司总账系统并对费用项目分类的编码方案修改为"1 2 3 结构",将换算率小数位修改为3位。

[任务内容]

新华有限责任公司使用了总账系统,费用项目分类的编码方案为"1 2 3 结构",换算率小数位为3位。

[任务要求]

完成企业总账系统启用和费用项目分类编码方案及换算率小数位数据精度设置。

[知识链接]

一个新账套建立后,在进行核算之前要对一些子系统公用的基础信息进行设置,一般可以根据企业的实际情况及业务要求,先简单明了地整理出一份基础资料,再按软件的系统要求录入计算机系统中,以便顺利完成初始的建账工作。

一般情况下,会计电算化系统中都包含了众多的子系统,这些子系统中存在很多的共性(如基础档案),用户(操作员)既可以单独注册进入某个子系统,也可在启用其他子系统前进行集中设置,结果都是各个功能模块共享。既可以节省时间,也充分体现数据共享和系统集成的优势。

1. 系统启用

在用友软件中,企业最基本的基础档案设置必须在总账系统启用后才能进行。所以,首先要启用总账系统。

2. 编码方案

为了便于对经济业务数据进行分级核算、统计和管理,系统对会计科目、部门、结算方式、客户分类、供应商分类、地区、存货分类等进行编码。

　　编码方案是设置编码的级次方案。编码级次和各级编码长度的设置，决定了企业如何对经济业务数据进行分级核算、统计和管理。编码通常采用的是群码方案，这是一种分段组合编码，每一段的位数固定。编码规则是指分类编码共分几段，每段有几位。一级至最底层的段数称为级次，每级或每段的编码位数称为级长。编码总级长为各级编码级长的总和。

　　3. 数据精度

　　数据精度是指定义数据的小数位数。由于各个用户对数量、单价等核算精度要求不同，为了适应这些不同需求，系统提供自定义数据精度的功能。进行数据精度定义，有助于系统在数据处理过程中对数据的小数位数进行取舍，从而保证数据处理的一贯性。数据精度定义包括：存货数量小数位、存货体积小数位、存货重量小数位、存货单价小数位、开票单价小数位、件数小数位、换算率小数位、税率小数位。用户可以根据本企业核算要求进行精度的设置。

［工作示范］

　　1. 总账系统的启动

　　操作步骤：

　　（1）启动计算机后，单击"开始"／"程序"／"用友 ERP-U8720"／"企业应用平台"／"基础设置"／"基本信息"／"系统启用"，进入"用友 ERP-U8〖系统启用〗"窗口。系统管理启用界面，如图 2-3 所示。

系统编码	系统名称	启用会计期间	启用自然日期	启用人
□ GL	总账			
□ AR	应收款管理			
□ AP	应付款管理			
□ FA	固定资产			
□ NE	网上报销			
□ NB	网上银行			
□ WH	报账中心			
□ SC	出纳管理			
□ CA	成本管理			
□ PM	项目管理			
□ BM	预算管理			
□ FM	资金管理			
□ CS	客户关系管理			
□ SR	服务管理			
□ CM	合同管理			
□ PA	售前分析			
□ SA	销售管理			

图 2-3　系统启用界面

　　（2）单击"总账"左侧的复选框，打开"日历"定义的窗口。如图 2-4 和图 2-5 所示。

图 2-4 系统启用时间设置

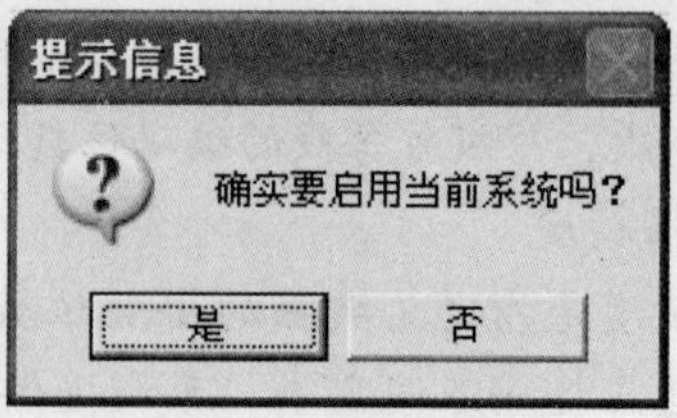

图 2-5 确认系统启用

（3）修改日历窗口日期为 2013 年 7 月 1 日，点击"确定"，打开提示信息窗口，再次单击"是"按钮，确定启用当前系统，完成总账系统启用，如图 2-6 所示。

图 2-6 系统启用时间设置

（4）单击"系统启用"窗口的"退出"按钮。

2. 修改费用项目分类的编码方案

操作步骤：

单击"基本信息"/"编码方案"，进入"用友 ERP-U8〖编码方案〗"修改窗口，将光标定在费用项目分类现有编码方案的最后一个数字之后，输入数字"3"，单击"确定"按钮，再单击"取消"按钮，完成编码方案设置的操作，如图 2-7 所示。

思考：科目编码方案为"4-2-2-2 结构"，你理解它的含义吗？

请用此编码方案给如下会计科目编码：

管理费用——办公费（通信费）

　　　　——办公费（文印费）

　　　　——会议费

　　　　——差旅费

3. 修改换算率小数位为 3 位

操作步骤：

双击"基本信息"/"数据精度"，进入"用友 ERP-U8〖数据精度〗"修改窗口。

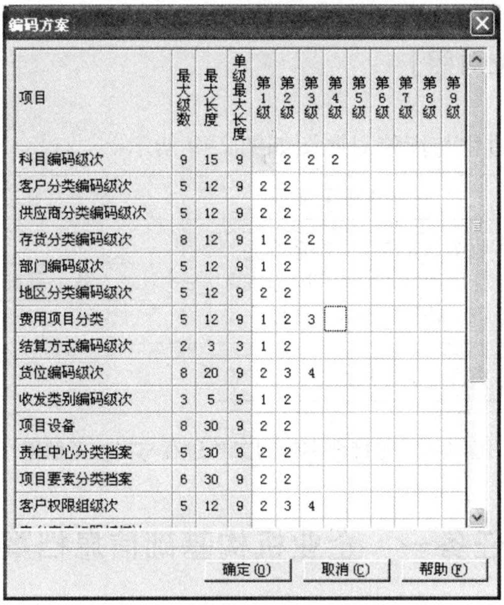

编码方案

项目	最大级数	最大长度	单级最大长度	第1级	第2级	第3级	第4级	第5级	第6级	第7级	第8级	第9级
科目编码级次	9	15	9		2	2	2					
客户分类编码级次	5	12	9	2	2							
供应商分类编码级次	5	12	9	2	2							
存货分类编码级次	8	12	9	1	2	2						
部门编码级次	5	12	9	1	2							
地区分类编码级次	5	12	9	2	2							
费用项目分类	5	12	9	1	2	3						
结算方式编码级次	2	3	3	1	2							
货位编码级次	8	20	9	2	3	4						
收发类别编码级次	3	5	5	1	2							
项目设备	8	30	9	2	2							
责任中心分类档案	5	30	9	2	2							
项目要素分类档案	6	30	9	2	2							
客户权限组级次	5	12	9	2	3	4						

图 2-7　编码方案

将换算率小数位 2 修改为 3，如图 2-8 所示。

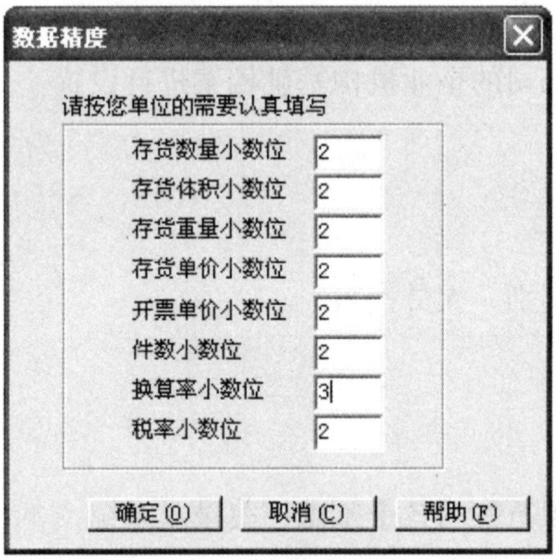

图 2-8　数据精度

学习子情境二　基础档案设置

【引例】

小孙协助王志强完成了企业电算化账套的建立、系统启用、编码方案及数据精度的设置之后，建议王志强进入企业应用平台进行基础档案的设置。

【引例分析】

用友 ERP-U872 企业应用平台中的基础档案包括：企业机构基础信息档案、往来单位基础信息档案、存货基础信息档案、财务基础信息档案四部分。这些基础信息档案是基于企业实际运营考虑而设置的，对整个企业运作和财务核算具有非常重要的作用，缺一不可。

⊖ [工作过程与岗位对照]

基础档案设置工作过程与岗位对照图如图2-9所示。

部门岗位	财务部账套主管	财务部账套主管
工作过程	收集企业机构、往来单位、存货和财务的所有财务核算和管理需求的信息 →	录入各个基础档案的信息
典型单据	整理好的各基础档案手工表	

图2-9 基础档案设置工作过程与岗位对照图

任务一 企业机构基础信息档案

📖 [任务名称]

对河北新华有限责任公司的企业机构基础档案进行设置。

@ [任务内容]

设置部门档案、人员类别、人员档案。

@ [任务要求]

根据企业实际情况将规范好的各个基础档案录入系统。

⚙ [知识链接]

企业机构基础信息档案包括：部门档案、人员类别、人员档案。

1. 部门档案

会计核算中，通常将数据按树形结构的部门逐级进行分类和汇总。部门指各公司单位下辖的具有分别进行财务核算和业务管理要求的单位，各个单位都设置了与企业财务核算和管理有关的部门。

部门档案是设置会计科目辅助核算项目中部门核算的部门名称的资料，以及进行个人往来核算职员所属部门名称的资料。

部门档案需要按照事先定义好的部门编码级次原则输入部门编号和信息，主要包括：部门编码、部门名称、负责人、部门属性、电话、地址等信息。

负责人一项通常在输入完职员档案后返回部门档案设置窗口修改补充设置完成即可。

2. 人员类别

人员类别与工资费用的分配、分摊有关，工资费用的分配及分摊是薪资管理系统的重要功能；人员类别设置的目的是为公司分摊生成凭证设置相应的入账科目做准备，不同的入账科目需要设置不同的人员类别。

人员类别是人员档案中的必选项目，故需要在人员档案建立之前设置。

3. 人员档案

人员档案主要用于记录本企业职员的个人信息资料，设置人员档案可以方便地进行个人往来核算和管理等操作。有些企业对职员没有核算和管理要求，可以不设职员档案。

因为职员归属于部门，所以在设置人员档案时，应先设置好部门档案后才能增加相应的职员信息。

除了固定资产和成本核算两个子系统，其他子系统都可以使用人员档案。

［工作示范］

1. 录入部门档案（见表2-1）

表2-1　　　　　　　　　　　　　　　录入部门档案

部门编码	部门名称	部门编码	部门名称
1	管理部门	3	销售部
101	财务部	4	生产部门
102	办公室	401	组装车间
2	供应部	402	调试车间

操作步骤：

（1）以账套主管王志强身份进入"企业应用平台"/"基础信息"/"基础档案"/"机构人员"/"部门档案"，打开"部门档案"窗口。

（2）单击"部门档案"窗口上方的"增加"按钮。

（3）依次录入部门编码、部门名称。如图2-10所示。

栏目说明：

①部门编码：必须输入项，不能输入数字之外的非法字符，不能与系统内已存在的部门编码重复。

②部门名称：必须输入项。

③负责人：在人员档案录入前，此栏无法输入或选择，在随后录入完人员档案后，再重新打开部门档案窗口，采用"修改"方式，参照选择部门负责人。

④部门属性、部门类型、电话、传真、邮政编码、地址、电子邮件、信用额度、信用等级、信用天数根据企业实际填列即可。

项目①、②为必须输入项，项目③、④为可选择输入项。

（4）单击"保存"按钮保存。

（5）录入完成后的部门档案按照层级结构依次排列在"部门档案"窗口的左侧。如图2-11所示。

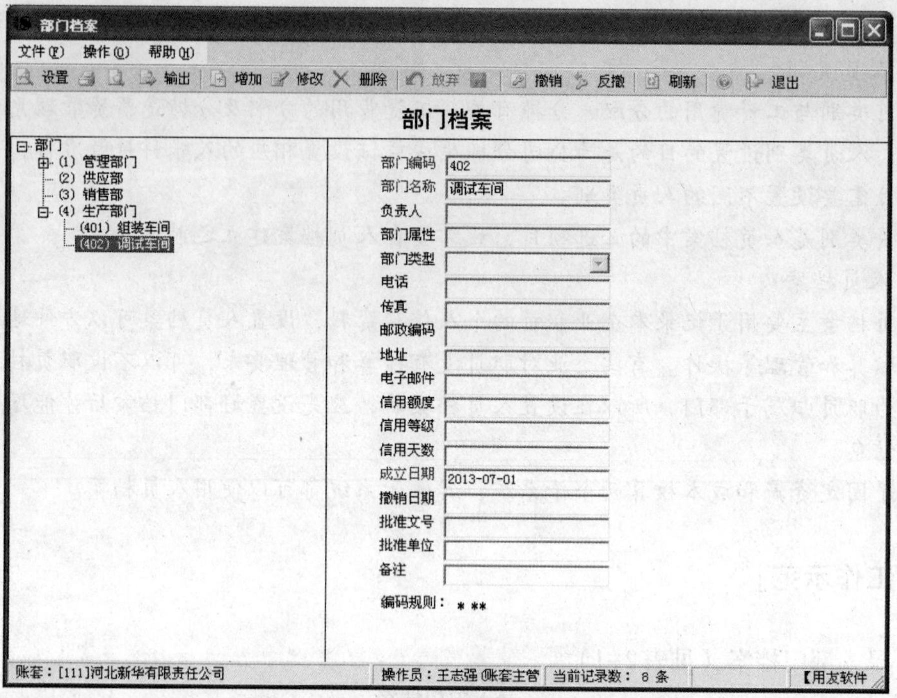

图 2-10　部门档案录入

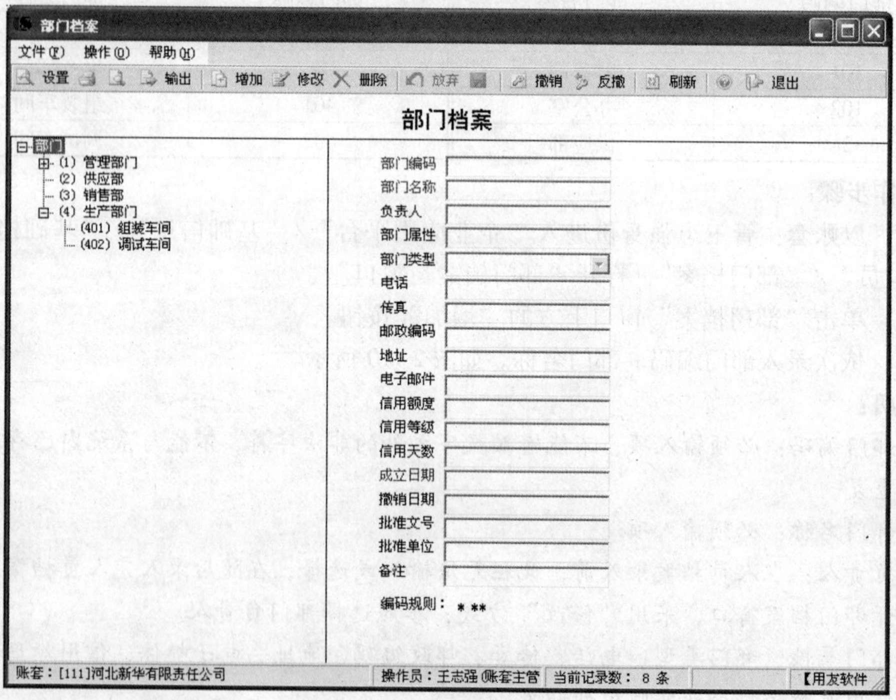

图 2-11　部门档案列表

特别提示：

① 录入的部门编码必须符合部门编码的规则即编码次级原则。

② 部门编码和名称是唯一对应关系。

2. 录入人员类别（见表2-2）

表2-2 录入人员类别

档案编码	档案名称	档案编码	档案名称
101	行政人员	103	销售人员
102	采购人员	104	生产人员

操作步骤：

（1）执行"基础档案/机构人员/人员类别"命令，打开"人员类别"窗口。如图2-12所示。

图2-12 人员类别

（2）单击选择"在职人员"，单击"增加"按钮，打开"增加档案项"窗口。如图2-13所示。

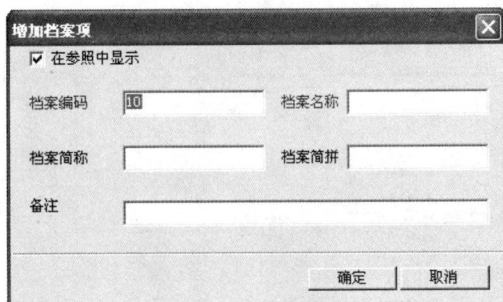

图2-13 增加档案项

（3）在"增加档案项"窗口中，输入相应的人员类别数据。如图2-14所示。

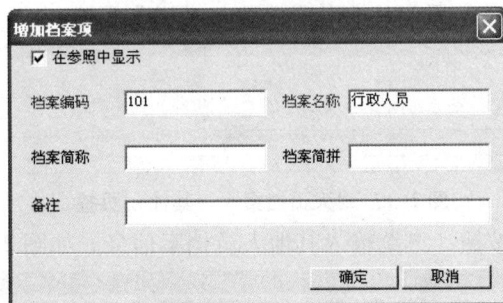

图2-14 人员类别

（4）单击"确定"按钮，继续输入其他人员类别信息。如图2-15所示。

图2-15 人员类别列表

3. 录入人员档案（见表2-3）

表2-3　　　　　　　　　　　　录入人员档案

人员编码	人员姓名	人员类别	行政部门	性别	是否为业务员	是否为操作员	对应操作员编码
101	王志强	行政人员	财务部	男	否	是	01
102	李明轩	行政人员	财务部	男	否	是	02
103	张东明	行政人员	财务部	男	否	是	03
104	孙丹丹	行政人员	财务部	女	是	是	04
105	李明刚	行政人员	办公室	男	是	否	
201	王思燕	采购人员	供应部	女	是	否	
301	李振东	销售人员	销售部	男	是	否	
401	吴启天	生产人员	组装车间	男	否	否	
402	张诚	生产人员	调试车间	男	否	否	

操作步骤：

（1）执行"基础档案/机构人员/人员档案"命令，打开"人员档案"窗口。

（2）单击选择"财务部"，单击"增加"按钮。

（3）在"人员档案"窗口中，选择或输入人员编码、人员姓名、人员类别、行政部门、性别、是否业务员、是否操作员对应操作编码等。如图2-16、图2-17所示。

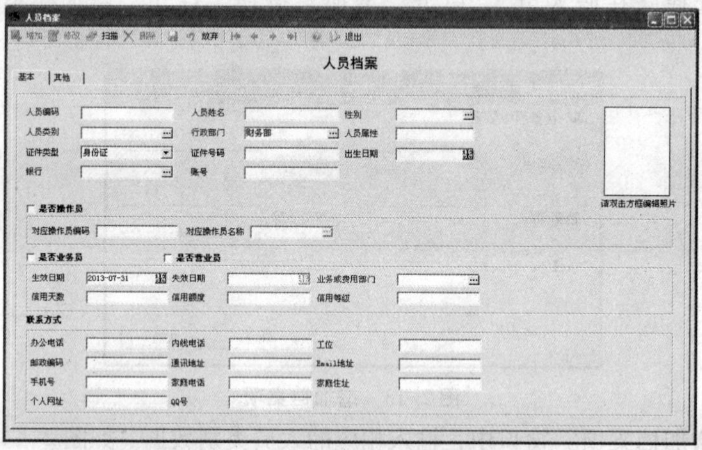

图2-16　"人员档案——基本"页签

图2-17　"人员档案——其他"页签

（4）单击"保存"按钮，继续输入其他人员档案信息。如图2-18所示。

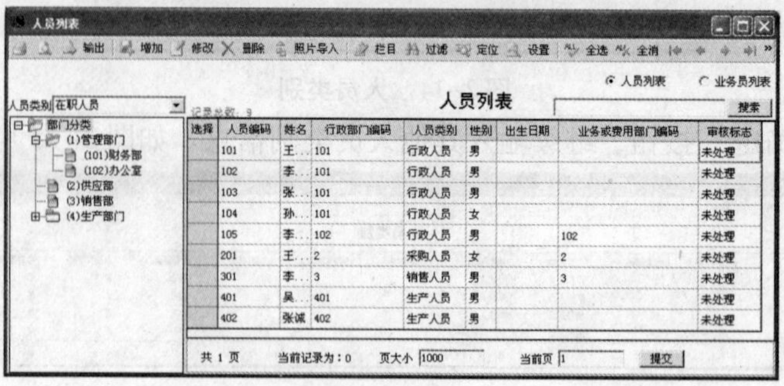

图2-18　"人员档案——保存"页签

特别提示：

假如点击参照按钮显示不出所需的信息，如行政部门、人员类别等，只要删除当前窗口默认的错误信息，再单击参照按钮，即可选择自己需要的信息。

任务二 往来单位基础信息档案

[任务名称]

对河北新华有限责任公司的往来单位基础信息档案进行设置。

[任务内容]

设置地区分类、供应商分类、客户分类、供应商档案、客户档案。

[任务要求]

根据企业实际情况将规范好的各个基础档案录入系统。

[知识链接]

往来单位基础信息档案包括：地区分类、供应商分类、客户分类、供应商档案、客户档案。

1. 地区分类

从宏观角度说，不同地区人们的消费水平、物价水平等有很大差异，企业为了更好地管理客户和供应商，往往对客户和供应商所属的地区进行相应的分类，方便对业务数据进行统计分析，也便于制定不同政策和策略。

地区分类设置主要有两项：地区分类编码和地区分类名称。

2. 客户分类/供应商分类

企业的往来客户和供应商比较多时，可以通过建立客户和供应商分类体系来完成对其的分类管理。这样做，有利于对客户和供应商相关业务数据的统计与分析。具体分类可以以地区、客户和供应商的信誉度等作为依据。

一旦建立了客户或供应商分类，就必须将客户档案和供应商档案设置在最末级的客户和供应商分类下。只有先设置客户分类和供应商分类，才能进行客户和供应商档案的设置。如果企业没有对客户和供应商进行分类管理的要求，则可以直接设置客户和供应商档案，而不必再设置客户和供应商分类。

客户分类包括客户类别编码和客户名称两项，供应商分类包括供应商类别编码和供应商名称两项。

3. 客户档案

对每一个被划定为属于客户往来往来核算的会计科目，都要建立相应的客户档案。建立客户档案是为了企业的销售管理、库存管理、应收款管理服务的。客户详细信息输入客户档案卡片中后，系统会自动生成客户档案列表。

客户档案信息主要包括客户编码、客户名称、所属分类、所属地区分类、发展日期、联系人、电话、邮政编码、开户银行、银行账号、专营业务员名称、分管部门名称等内容。

4. 供应商档案

对每一个被定义为供应商往来核算的会计科目，都要建立相应的供应商档案。建立供应商档案是为了企业的采购管理、库存管理以及应付款管理服务的。

在填制采购入库单、采购发票和进行采购结算、应付款结算和有关供应单位统计时，都会用到供应商档案。

供应商档案信息主要包括供应商编码、供应商名称、所属分类、所属地区分类、发展日期、联系人、电话、邮政编码、开户银行、银行账号、专营业务员名称、分管部门名称等内容。

在供应商档案卡片中的"其他"页签不同于客户档案卡片管理的内容，区别如下：

（1）单价是否含税。单价是否含税是指所购货物的单价中是否含有税金，单价可以是含税价，也可以是不含税价。

（2）对应条形码。对应条形码用于存货的条形码管理。若存货条形码中有供应商信息，则需要在对应的供应商中输入对应的编码信息。

[工作示范]

1. 录入地区分类（见表2-4）

表2-4　　　　　　　　　　　　　录入地区分类

分类编码	分类名称	分类编码	分类名称
01	东北地区	03	华南地区
02	华北地区	04	中西部地区

操作步骤：

（1）以账套主管王志强的身份进入"企业应用平台"/"基础信息"/"基础档案"/"客商信息"/"地区分类"，打开"地区分类"窗口。

（2）单击"地区分类"窗口上方的"增加"按钮。

（3）依次录入地区分类编码01和地区名称：东北地区。如图2-19所示。

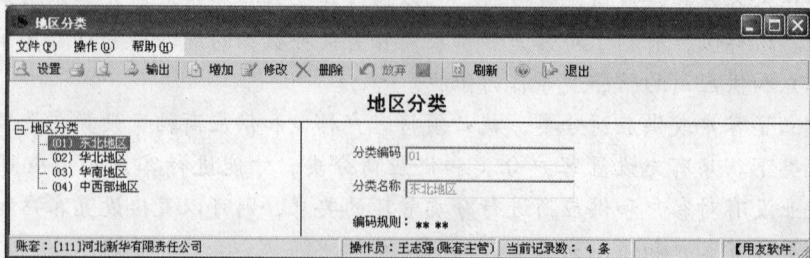

图2-19　地区分类录入

特别提示：

①录入的地区编码必须符合地区编码的规则。

②地区编码和名称是唯一对应关系。

（4）单击"保存"按钮。

（5）录入完成后的地区分类按照层级结构依次排列在"地区分类"窗口的左侧。如图2-20所示。

图2-20　地区分类列表

2. 录入供应商分类（见表2-5）

表2-5　　　　　　　　　　　　　　录入供应商分类

分类编码	分类名称	分类编码	分类名称
01	原料供应商	02	成品供应商

操作步骤：

（1）执行"基础档案/客商信息/供应商分类"命令，打开"供应商分类"窗口。

（2）单击"增加"按钮，增加供应商分类。

（3）录入分类编码"01"和名称"原料供应商"。如图2-21所示。

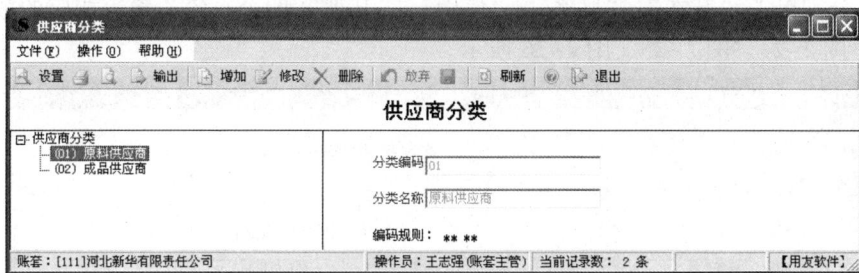

图2-21　供应商分类

（4）单击"保存"按钮，继续输入成品供应商分类信息。

3. 录入客户分类（见表2-6）

表2-6　　　　　　　　　　　　　　录入客户分类

分类编码	分类名称	分类编码	分类名称
01	批发客户	0102	中小客户
0101	大客户	02	零售客户

操作步骤：

（1）执行"基础档案/客商信息/客户分类"命令，打开"客户分类"窗口。

（2）单击"增加"按钮，增加客户分类。

（3）录入分类编码和名称，单击"保存"按钮，以此类推，输入其他客户分类信息。如图2-22所示。

图 2-22　客户分类

特别提示：

在建立账套时，如果选择了"客户分类"，必须在此进行客户分类录入，否则不能输入客户档案。

同理，供应商分类亦如此。

4. 录入供应商档案（见表 2-7）

表 2-7　　　　　　　　　　　　　　录入供应商档案

编码	名　称	简称	所属分类	所属地区	地　址
0101	沈阳强盛有限公司	强盛	01	01	沈阳市青年大街 116 号
0201	石家庄东成有限公司	东成	02	02	石家庄市中山路 118 号

操作步骤：

（1）执行"基础档案/客商信息/供应商档案"命令，打开"供应商档案"窗口。

（2）单击"增加"按钮，打开"增加供应商档案"对话框。

（3）分别单击"基本"、"联系"、"信用"、"其他"四个页签，输入相应的数据。如图 2-23、图 2-24、图 2-25、图 2-26 所示。

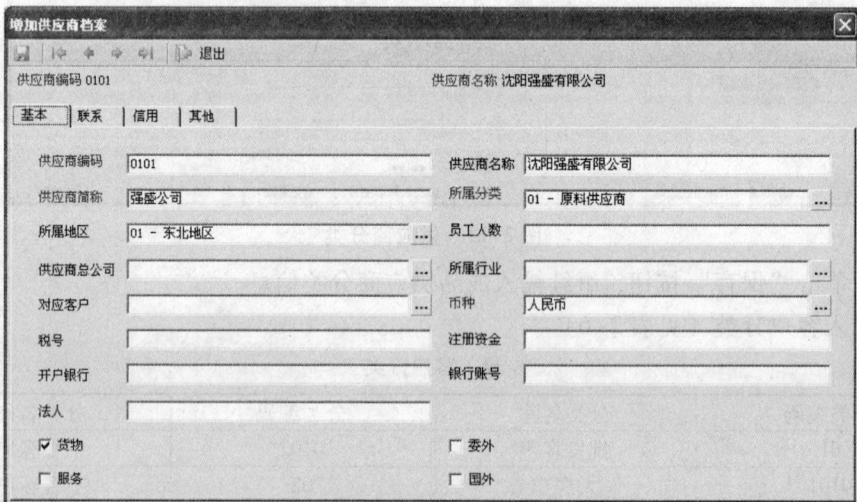

图 2-23　"供应商档案——基本"页签

栏目说明：

① "基本"页签中，带红" ＊ "的项目为必填项。

② "基本"页签中，供应商编码可用数字或字符表示，最多可输入 20 位数字或字母。

③ "基本"页签中，供应商简称可用汉字或英文字母表示，最多可输入 30 个汉字或

60个字符。供应商简称与后面的开票单位相同。

④ "基本"页签中，所属分类为供应商所属的类别，必须为末级类别。如果当前系统默认的类别不是用户需要的类别，要先删除当前类别，然后通过参照按钮选择输入所需类别即可。

⑤ "基本"页签中，客户名称是客户的全称。

⑥ "基本"页签中，所属地区码是为更好地管理供应商而设置的。

⑦ "基本"页签中，供应商总公司、所属行业、对应客户、注册资金、税号、法人、开户银行、银行账号、币种是更为详细的供应商信息。

⑧ "基本"页签中，货物、服务、委外、国外四个复选框，是为了更好地明确供应商为企业提供的是具体货物还是技术服务、委外加工业务或国外业务。

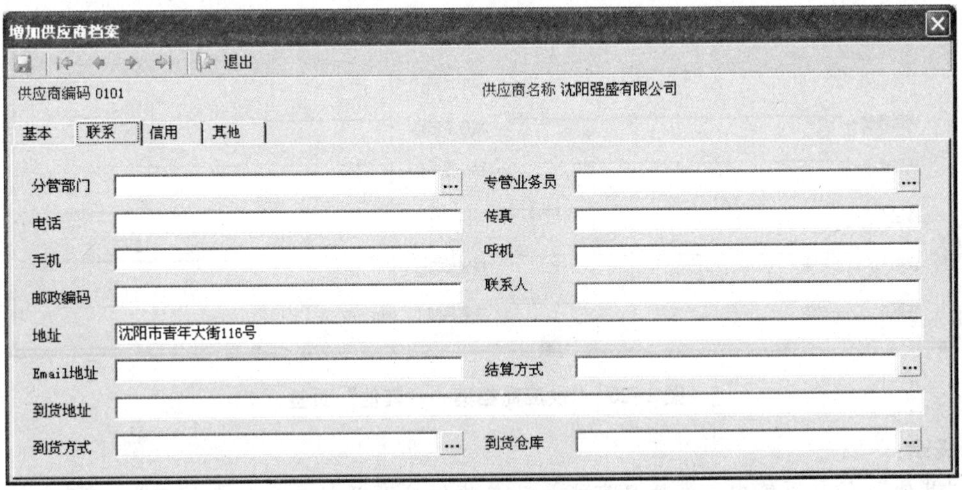

图2-24 "供应商档案——联系"页签

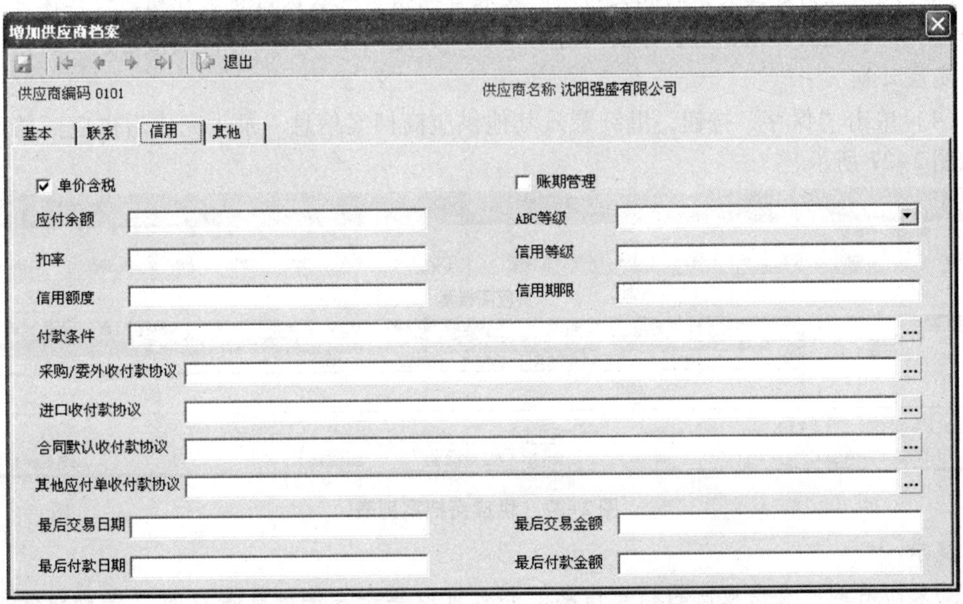

图2-25 "供应商档案——信用"页签

特别提示：

①日常实际工作中，单价可以含税也可以不含税。

②单价含税指所购货物即供应商提供的货物的单价是含税的单价。如果不选择此复选框，意味着所购货物单价不含税。

③很多企业对存货管理采用条形码形式。条形码中记录了存货的大量信息，如果存货条形码信息中有供应商信息，就需要在对应供应商中输入对应编码信息。这是从管理的需要出发而做的。

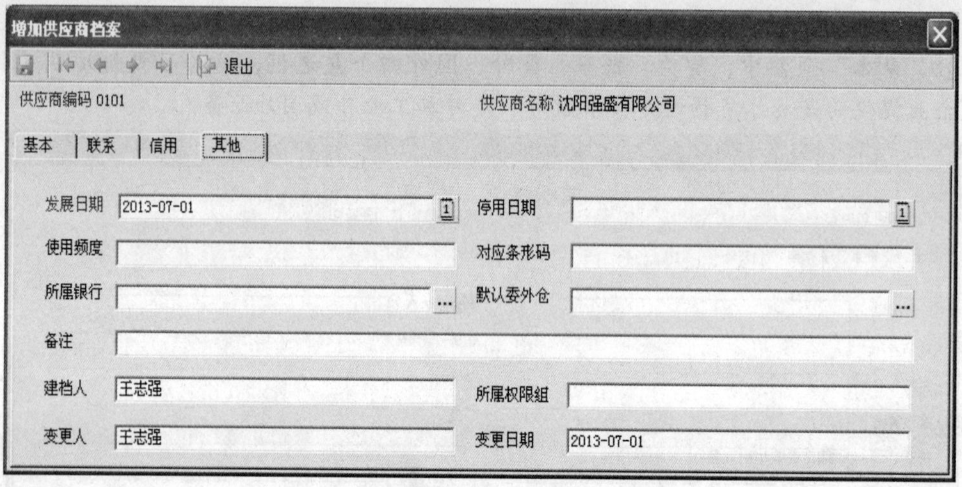

图2-26 "供应商档案——其他"页签

特别提示：

"其他"信息页签中，发展日期指企业与此供应商开始业务往来的日期，可以准确反映企业与此供应商建立关系的相关信息。发展日期项系统默认为登录日期，一旦保存不能再修改。如果发展日期错误，办法只有一个，那就是删除此供应商档案信息，重新录入并修改发展日期。

（4）单击"保存"按钮，继续录入其他供应商档案信息。录入完成后供应商档案列表如图2-27所示。

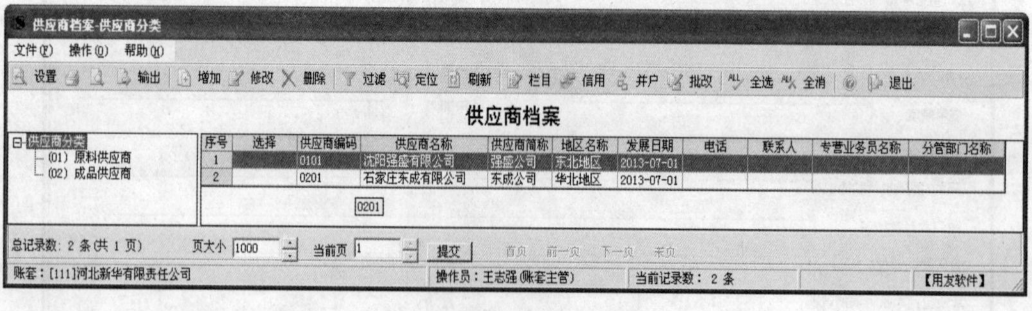

图2-27 供应商档案列表

特别提示：

如果想看到所有供应商的档案信息，那么可以单击左侧浏览窗口的"供应商分类"，所有录入系统中的供应商档案信息会以列表方式自动显示在右侧窗口。

5. 录入客户档案（见表2-8）

表2-8　　　　　　　　　　　　　　　　录入客户档案

编码	名　称	简称	所属分类	所属地区	开户银行	账号	地　址
0101	北京启明有限公司	启明	0101	02	工行光华路分理处	112589	北京市王府井大街266号
0102	上海亚圣股份公司	亚圣	0102	03	建行大沽路支行	255677	上海市大沽路333号

操作步骤：

（1）执行"基础档案/客商信息/客户档案"命令，打开"客户档案"窗口。

（2）单击"增加"按钮，打开"增加客户档案"对话框。

（3）分别单击"基本"、"联系"、"信用"、"其他"四个页签，输入相应的数据。如图2-28、图2-29、图2-30、图2-31所示。

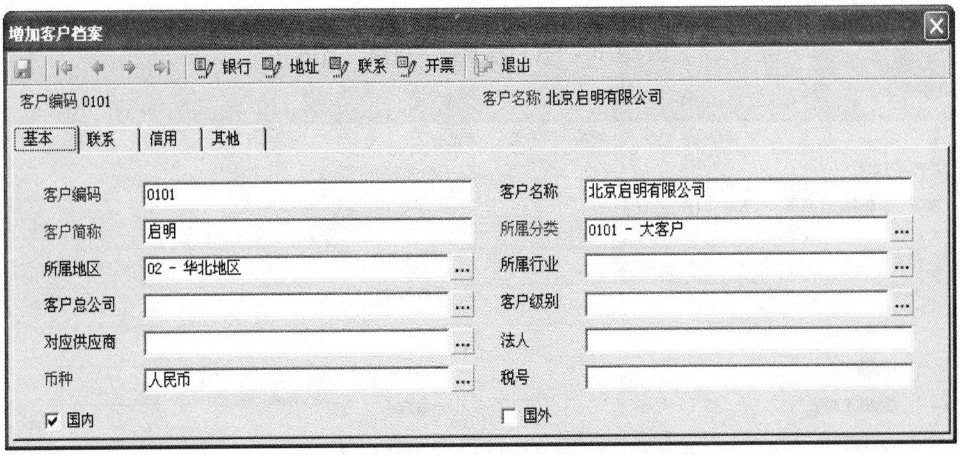

图2-28　"客户档案——基本"页签

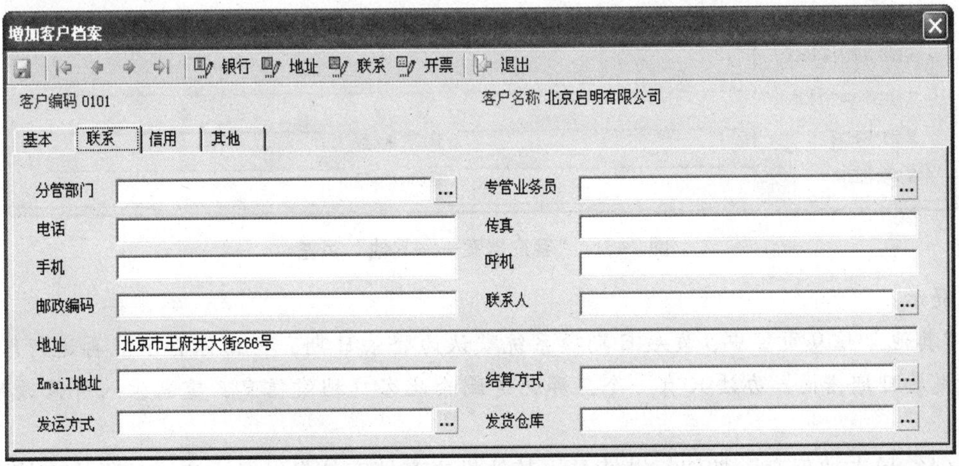

图2-29　"客户档案——联系"页签

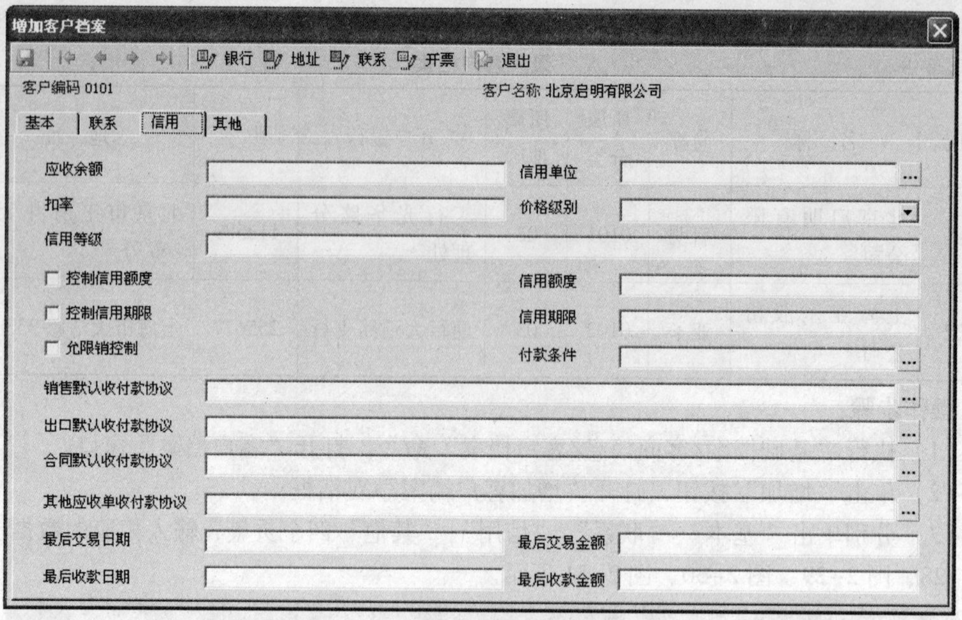

图 2-30 "客户档案——信用"页签

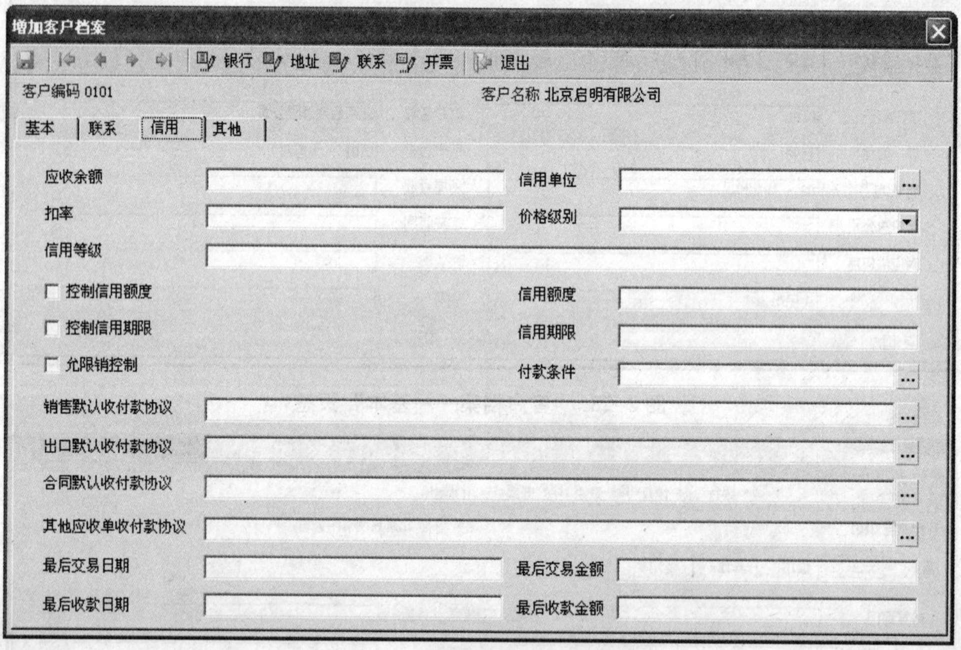

图 2-31 "客户档案——其他"页签

特别提示:

"其他"信息页签中,发展日期项系统默认为登录日期,一旦保存不能再进行修改。如果发展日期错误,办法只有一个,那就是删除此客户档案信息,重新录入并修改发展日期。

(4)单击"保存"按钮,继续录入其他供应商档案信息。录入完成后供应商档案列表如图 2-32 所示。

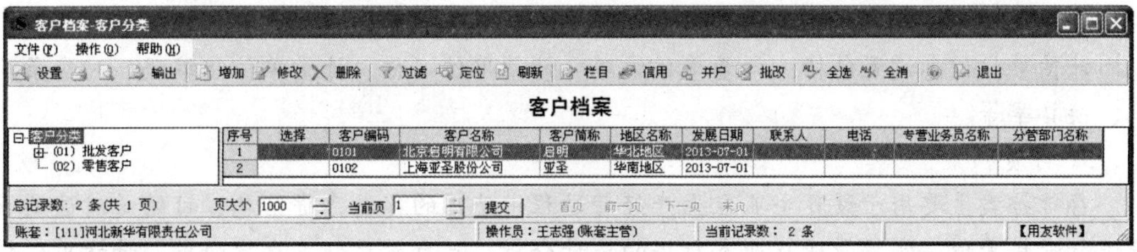

图2-32　客户档案列表

特别提示：

如果想看到所有供应商的档案信息，单击左侧浏览窗口的"客户分类"，所有录入系统中的客户档案信息会以列表的方式自动显示在右侧窗口。

任务三　存货基础信息档案

[任务名称]

对河北新华有限责任公司的存货基础信息档案进行设置。

[任务内容]

设置存货分类、计量单位、存货档案。

[任务要求]

根据企业实际情况将规范好的各个基础档案录入系统。

[知识链接]

存货基础信息档案包括：存货分类、计量单位、存货档案。

1. 存货分类

有些企业存货种类较多，管理起来很不方便，因此可以对存货进行分类管理，便于企业对相关业务数据进行统计分析。

存货分类时，通常按存货性质、用途或产地等方式进行分类。一旦建立了存货分类，就必须将存货档案设置在最末级的存货分类下，另外，存货都有计量单位，所以必须先录入存货分类和计量单位，再录入存货档案。

存货分类包括：存货分类编码、存货名称、所属分类等。

2. 计量单位

计量单位主要用于设置对应存货的计量单位组和计量单位信息。在进行计量单位设置时，要预先设置好计量单位组，再在计量单位组下增加具体的计量单位信息。

计量单位组设置包括：计量单位组编码、计量单位组名称、计量单位组类别。

计量单位信息设置包括：计量单位编码、计量单位名称、计量单位组编码、对应条形码、换算率等。

3. 存货档案

存货档案主要用于设置企业在生产经营过程中使用的各类存货信息，目的是对这些存货进行资料管理、实物管理及业务数据的统计分析。只有设置好了存货分类、计量单位信息时，才能编辑存货档案。

存货档案的编辑是在存货分类的最末级。存货档案包括：存货编码、存货名称、规格型号、计量单位组、税率、ABC分类、存货属性等。

［工作示范］

1. 设置存货分类（见表2-9）

表2-9   设置存货分类

分类编码	分类名称
1	原材料
2	产成品

操作步骤：

（1）以账套主管王志强的身份进入"企业应用平台"/"基础信息"/"基础档案"/"存货"/"存货分类"，打开"存货分类"窗口。

（2）单击"存货分类"窗口上方的"增加"按钮。

（3）依次录入存货分类编码、存货名称。如图2-33所示。

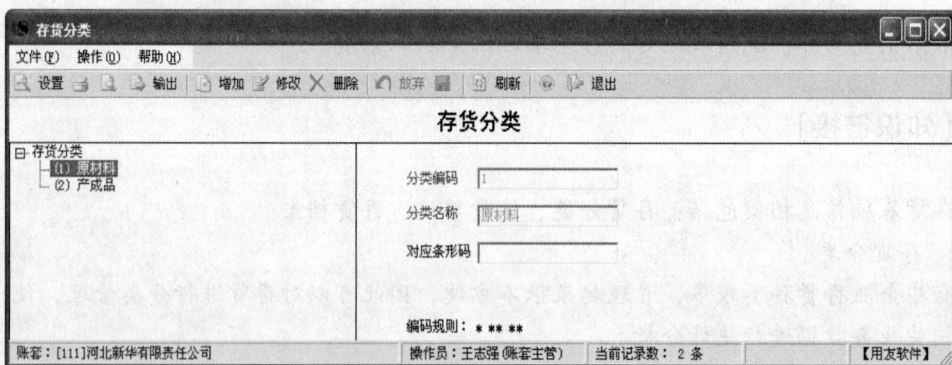

图2-33　存货分类录入

特别提示：

①录入的存货分类编码必须符合存货分类编码规则。

②存货分类编码和存货分类名称是唯一对应关系。

（4）单击"保存"按钮。

（5）录入其他存货分类，可单击左侧浏览窗口"存货分类"，存货分类列表将展示在左侧窗口。如图 2-34 所示。

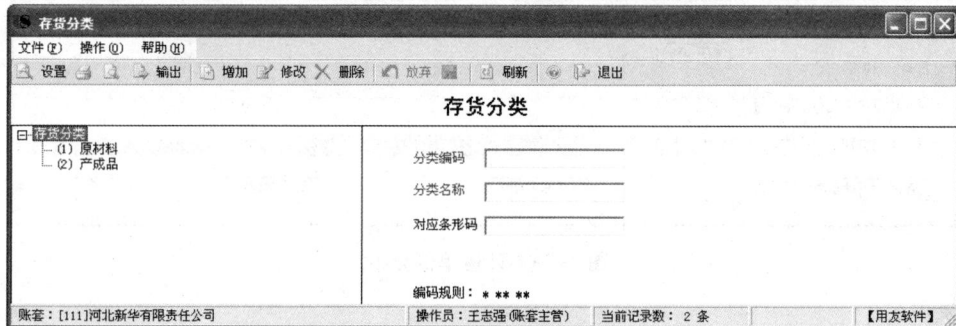

图 2-34　存货分类列表

2. 录入计量单位（见表 2-10）

表 2-10　　　　　　　　　　　　　　　　录入计量单位

	编码	1
计量单位组	名称	自然单位组
	类别	无换算率
	101	片
	102	平方厘米
	103	米
计量单位	104	台
	105	个
	106	架

操作步骤：

（1）执行"基础档案"/"存货"/"计量单位"命令，打开"计量单位"窗口。如图 2-35 所示。

图 2-35　计量单位

特别提示：

计量单位设置包括存货的计量单位组和计量单位信息。首先增加计量单位的分组内容，然后才能在该分组下增加其具体的计量单位内容。

（2）单击"分组"按钮，打开"计量单位组"窗口。

（3）单击"增加"按钮，录入计量单位分组信息。如图 2-36 所示。

图 2-36　计量单位分组

特别提示：

计量单位组分无换算、浮动换算和固定换算三种类别：

①无换算计量单位组：在该组下的所有计量单位都以单独形式存在，各计量单位之间不需要输入换算率，系统默认为主计量单位。

②浮动换算计量单位组：设置为浮动换算率时，可以选择的计量单位组中只能包含两个计量单位。

③固定换算计量单位组：设置为固定换算率时，可以选择的计量单位组中可以包含两个（不含两个）以上的计量单位，且每一个辅助计量单位对主计量单位的换算率不为空。

（4）单击"保存"按钮，单击"退出"按钮，返回"计量单位"窗口。

（5）单击"单位"按钮，打开"增加计量单位"窗口。

（6）单击"增加"按钮，依次录入编码及名称并依次"保存"，完成计量单位增加的设置。如图 2-37 所示。

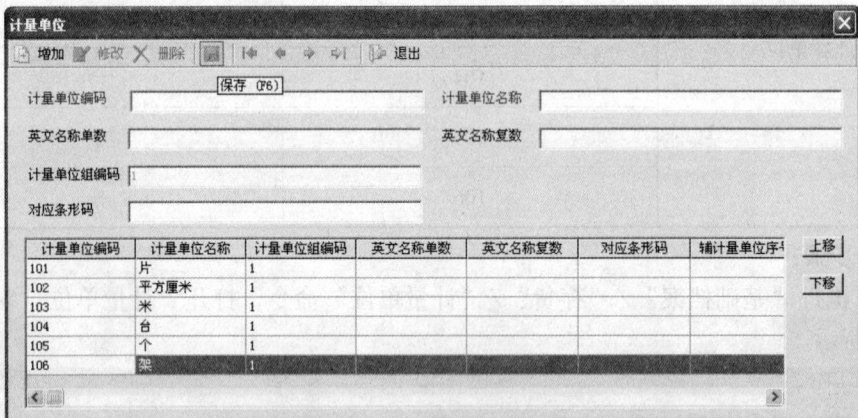

图 2-37　增加计量单位

（7）单击"退出"按钮，返回"计量单位"窗口。如图 2-38 所示。

图 2-38　返回"计量单位"窗口

3. 录入存货档案（见表2-11）

表2-11　　　　　　　　　　　　　　　录入存货档案

存货编码	存货名称	税率（%）	计量单位	存货属性
101	芯片	17	片	外购、生产耗用
102	pcb电路板	17	平方厘米	外购、生产耗用
103	线缆	17	米	外购、生产耗用
201	交换机	17	台	销售、自制
202	路由器	17	个	销售、自制
203	基站发射机	17	架	销售、自制

操作步骤：

（1）执行"基础档案/存货/存货档案"，打开"存货档案"设置窗口。如图2-39所示。

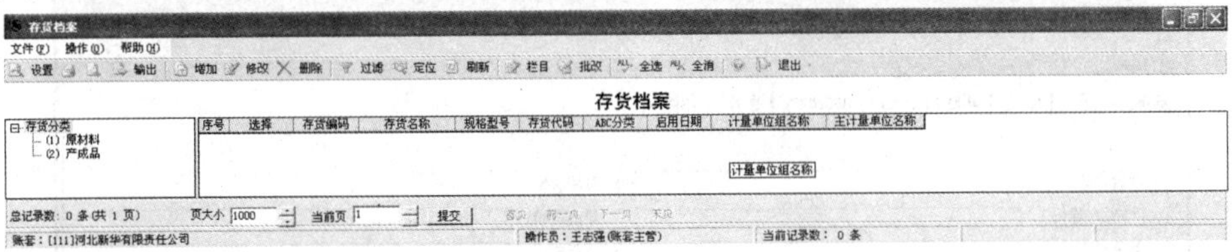

图2-39　存货档案

（2）单击"存货档案"设置窗口左边的"存货分类——原材料"，单击"增加"按钮，打开"增加存货档案"窗口，选择"基本"、"成本"、"控制"、"其他"、"计划"、"MPS/MRP"、"图片"、"附件"等页签，录入相关内容，完成存货档案的录入。如图2-40、图2-41、图2-42、图2-43、图2-44、图2-45、图2-46、图2-47所示。

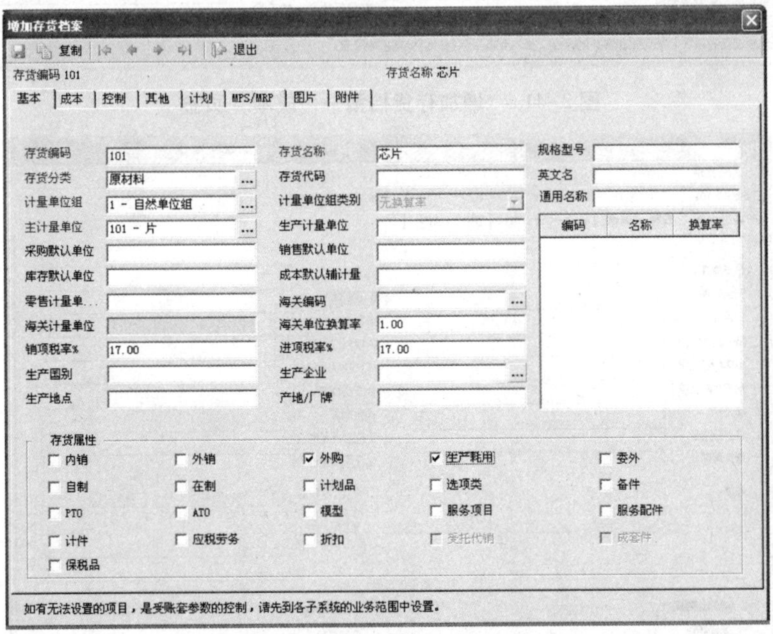

图2-40　"增加存货档案——基本"页签

特别提示：

①存货编码为必输项，最多可输入20位数字或字符。

②存货代码用数字或字符表示。

③存货名称为必输项，最多可输入 60 个字符或 30 个汉字。

④规格型号用数字或字符表示，最多可输入 60 个字符或数字。

⑤计量单位组和主计量单位是根据事先定义好的计量单位组进行选择，在自动带入计量单位组类别的同时，要对应选择本计量单位组下的计量单位。

⑥存货分类选择时，如果系统默认的不是用户需要的，要先删除当前存货类别，再参照选择需要的存货分类。

⑦税率为将来销售单据上某存货显示的销项税税率，系统默认为 17%。税率可以修改，也可以输入小数位，小数位满足账套建立时设置的数据精度规则。

⑧存货属性是表明存货的来源、状态及用途的，可以多选。

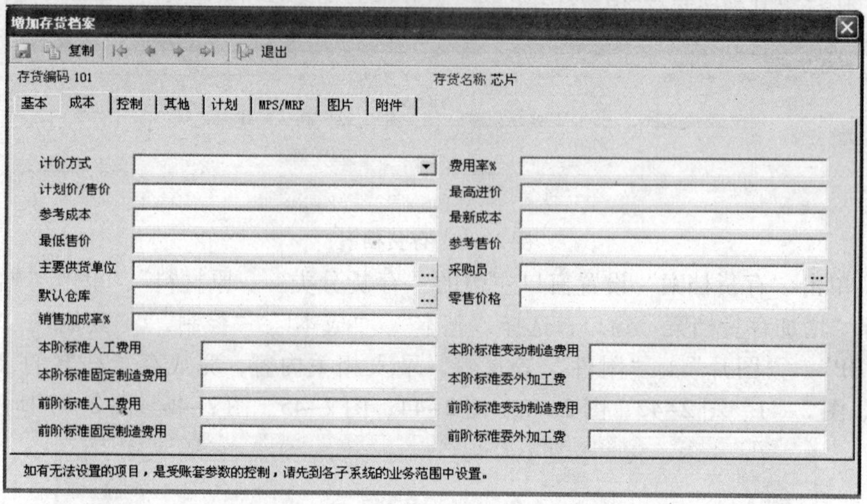

图 2-41　"增加存货档案——成本"页签

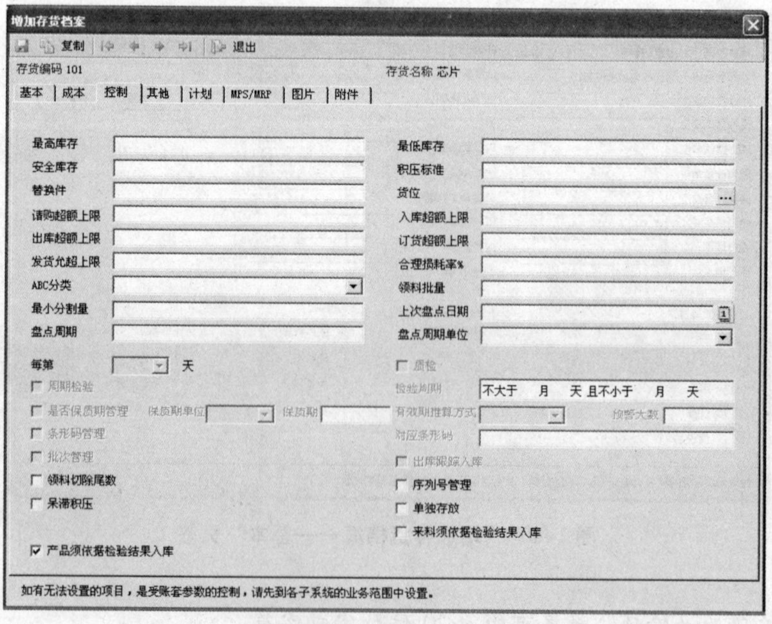

图 2-42　"增加存货档案——控制"页签

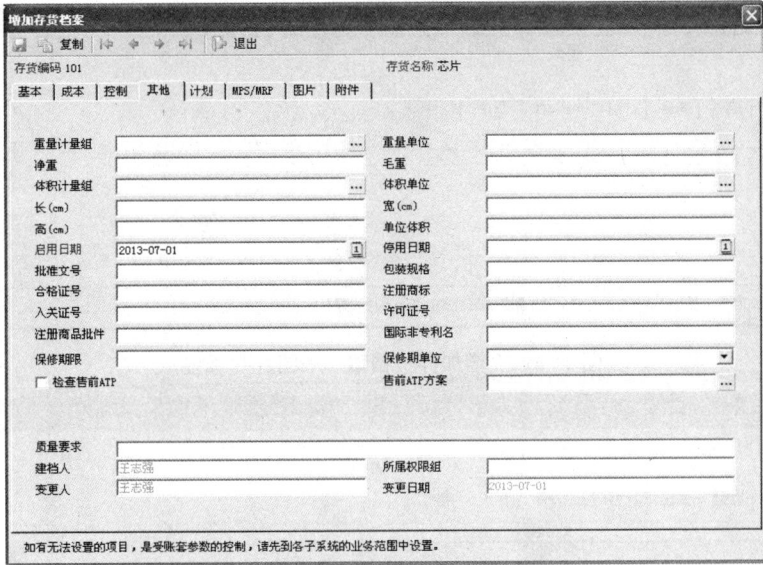

图2-43　"增加存货档案——其他"页签

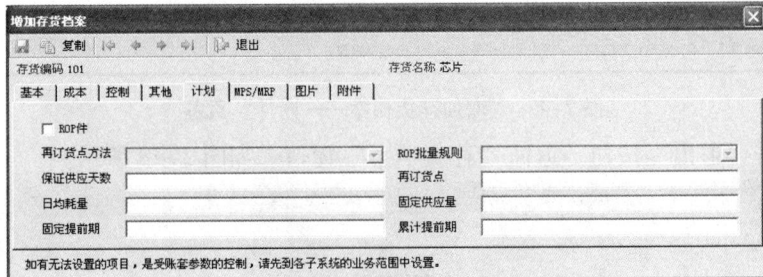

图2-44　"增加存货档案——计划"页签

图2-45　"增加存货档案—— MPS/MRP "页签

图 2-46 "增加存货档案——图片"页签

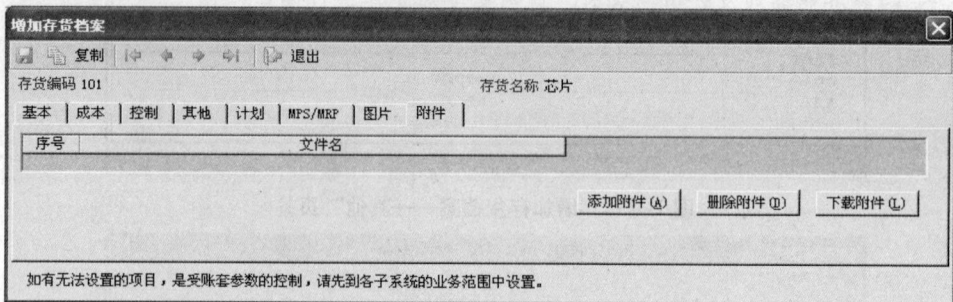

图 2-47 "增加存货档案——附件"页签

（3）单击"退出"按钮，返回"存货档案"窗口。如图 2-48 所示。

图 2-48 存货档案列表

任务四 财务基础信息档案

［任务名称］

对河北新华有限责任公司的财务基础信息档案进行设置。

［任务内容］

设置外币核算、会计科目、凭证类别、项目目录。

[任务要求]

根据企业实际情况将规范好的各个基础档案录入系统。

[知识链接]

财务基础信息档案包括：外币设置、会计科目设置、凭证类别设置、项目目录设置。

1. 外币设置

企业的经济业务涉及外币核算时，就有必要对汇率进行设置和管理。

外币设置包括：固定汇率或浮动汇率、折算方式、小数位数、币符、币名等。

2. 会计科目设置

会计科目是对企业具体经济业务涉及的会计对象进行分类核算的目录。会计科目是填制记账凭证、登记账簿、编制报表的基础。会计科目设置的完整与否，直接影响到会计工作的顺利与否。同时，会计科目设置的层级深度也直接会影响会计核算的详细、准确程度。

会计科目设置的内容包括：科目编码、科目名称、科目类型、账页格式、助记码、余额方向、有无外币核算、有无辅助核算及何种辅助核算、是否为日记账、是否为银行账等。

3. 凭证类别设置

凭证类别设置时，为了会计核算、管理、记账和汇总的方便，通常可以将会计凭证进行分类即凭证类别设置。

用友ERP-U872系统提供了四种分类方式："收付转"、"现银转"、"现收现付银收银付转"以及"自定义"，不同的分类方式对会计科目的限制不同，任何一种分类方式都不会影响企业记账结果。企业可以根据自己的实际情况，选择其中之一使用。

4. 项目目录设置

根据对企业项目核算和管理的要求，对企业的项目进行项目目录设置。将具有共同特征的一类项目定义成一个项目大类，一个项目大类下可以核算多个项目，甚至项目还可以再进行分级管理。

企业在实际业务处理中，会对多种类型的项目进行核算和管理，如生产成本、在建工程等。在对项目核算和管理前，要先在建立会计科目时将某个科目设置成项目核算科目，然后，再在项目目录设置界面定义项目大类、指定核算科目、定义项目分类、录入项目目录。

[工作示范]

1. 外币设置（见表2-12）

表2-12　　　　　　　　　　　　　外币设置

币符	币名	汇率方式	记账汇率
USD	美元	固定汇率	6.88565

操作步骤:

(1) 以账套主管王志强的身份进入"企业应用平台"/"基础信息"/"基础档案"/"财务"/"外币设置系统",打开"外币设置"窗口。

(2) 输入币符:USD;币名:美元;系统默认汇率小数位 5 位,最大误差 0.00001;折算方式选择第一种:"外币 * 汇率 = 本位币"。如图 2-49 所示。

图 2-49 外币设置

(3) 单击"确认"按钮。

(4) 选择固定汇率。

(5) 在中间窗口的记账汇率的一月份单元格输入 6.88565。如图 2-50 所示。

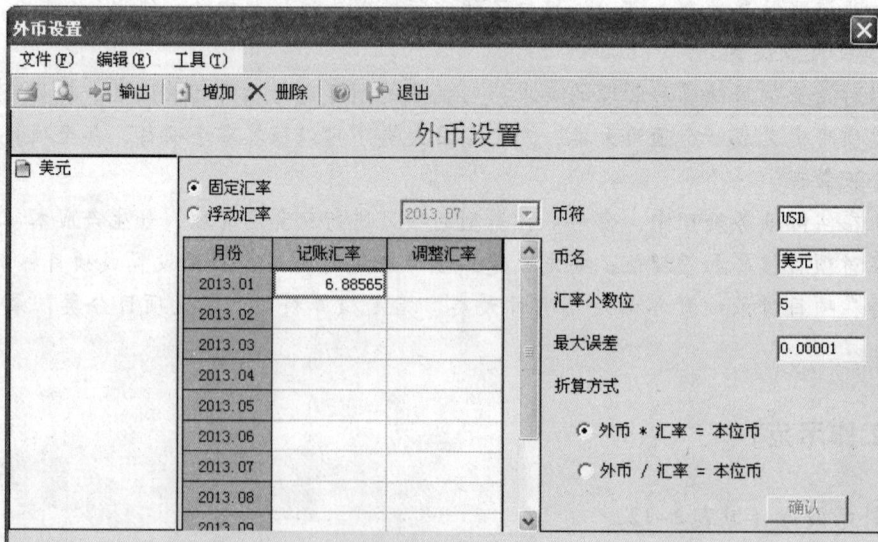

图 2-50 外币设置——记账汇率

(6) 单击"退出"按钮。

(7) 单击"是"按钮,退出"外币设置"窗口。

2. 会计科目设置

1）指定会计科目

指定"1001 库存现金"为现金总账科目，"1002 银行存款"为银行总账科目。

操作步骤：

（1）执行"基础档案"/"财务"/"会计科目"操作，打开"会计科目"窗口。

（2）在会计科目窗口，单击"编辑"菜单下的"指定科目"功能，如图 2-51 所示。

图 2-51　会计科目——指定科目

（3）打开"指定科目"窗口。

（4）选择左侧窗口"现金科目"，在"待选科目"栏选中"1001 库存现金"。

（5）单击">"按钮，如图 2-52 所示。

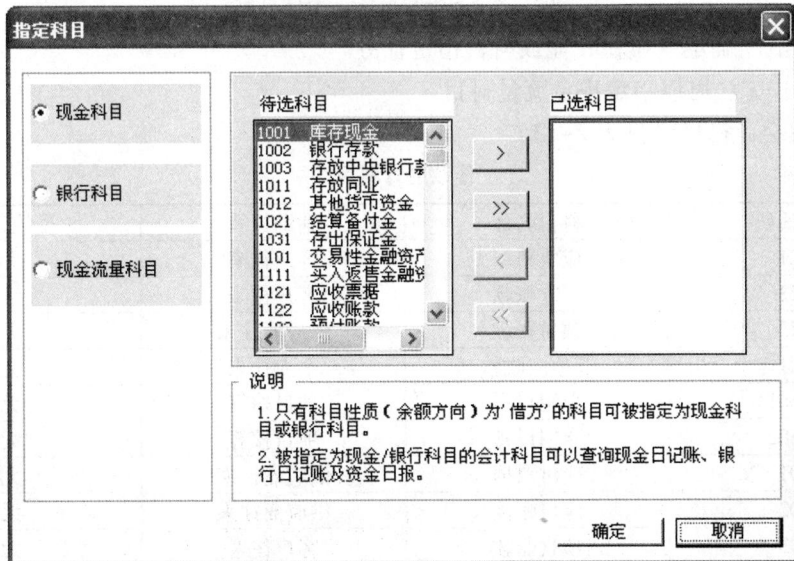

图 2-52　指定科目——现金科目

特别提示：

①指定科目是指定出纳的专管科目。

②只有指定科目后，才能执行后续的出纳签字功能；只有实现库存现金和银行存款管理的保密性，才能查看库存现金和银行存款日记账。

③指定"现金科目"和"银行科目"前，首先在建立"会计科目"窗口的库存现金和银行存款设置成"日记账"，即选中"日记账"左侧的复选框。

④指定现金流量科目后，填制凭证时系统会自动弹出输入现金流量项目的窗口。

（6）选择左侧窗口"银行科目"，在"待选科目"栏里选中"1002 银行存款"。

（7）单击">"按钮。如图2-53所示。

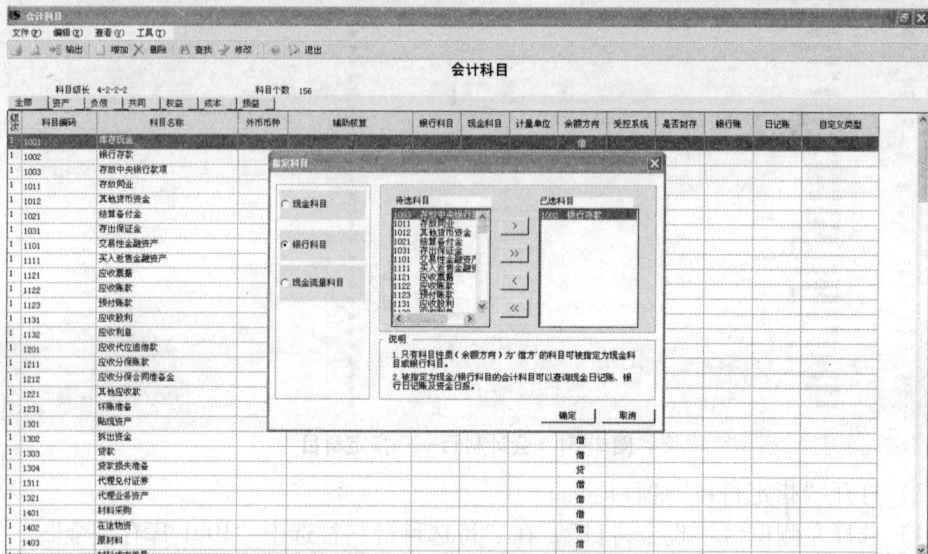

图2-53 指定科目——银行科目

（8）单击"确定"按钮，完成科目指定任务。

（9）同样方法可以指定现金流量科目。

2）修改会计科目（见表2-13）

表2-13　　　　　　　　　　　　　　**修改会计科目**

科目编码	科目名称	辅助核算	受控系统
1121	应收票据	客户往来	无
1122	应收账款	客户往来	无
1123	预付账款	供应商往来	无
1221	其他应收款	个人往来	无
160501	专用材料	项目核算	无
160502	专用设备	项目核算	无
2201	应付票据	供应商往来	无
2202	应付账款	供应商往来	无
2203	预收账款	客户往来	无

操作步骤：

（1）执行"基础档案/财务/会计科目"操作，打开"会计科目"窗口。

（2）在会计科目窗口，双击要修改的会计科目"1121 应收票据"。

（3）或选中"1121 应收票据"会计科目，单击"修改"按钮，进入"会计科目——修改"窗口。如图 2-54 所示。

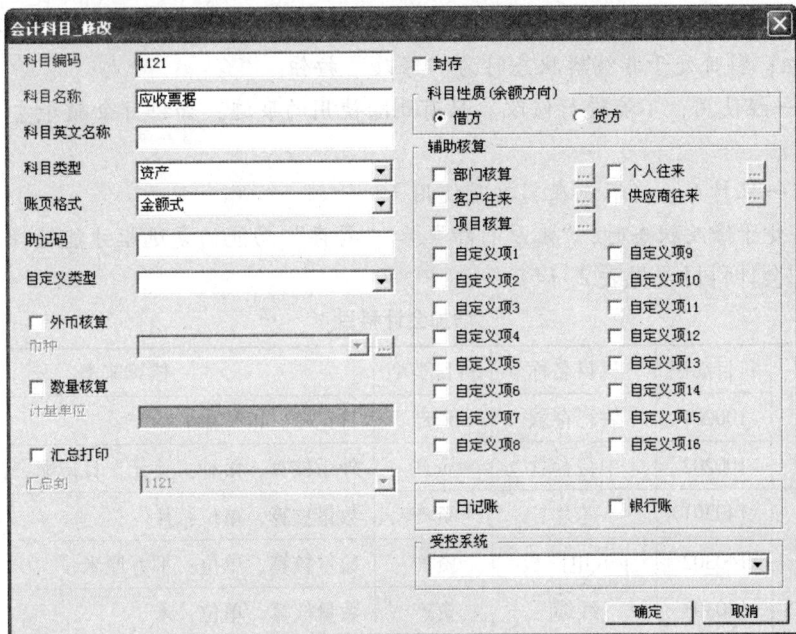

图 2-54　会计科目——修改

（4）选中窗口右侧辅助核算的"客户往来"复选框。

（5）取消窗口右下方受控系统"应收系统"，使得本栏目为空白。如图 2-55 所示。

图 2-55　会计科目——修改

（6）单击"确定"按钮，单击"返回"按钮，完成"1121 应收票据"科目的修改。

（7）按实训资料要求，修改其他会计科目的辅助核算项，并返回到"会计科目"窗口。

特别提示：

①修改会计科目窗口，"确定"和"修改"按钮为同一个，科目处于编辑状态时为"确定"按钮；科目处于非编辑状态时为"修改"按钮。

②科目一经使用，不能进行修改。只有删除使用的痕迹，如科目余额等才可进行科目的修改。

③科目一旦封存，将不能在制单时使用。

④科目处于修改状态时，"汇总打印"和"封存"功能的复选框才能选择。

3）增加会计科目（见表2-14）

表2-14 增加会计科目

上级科目	科目编码	科目名称	科目类型	核算账类
银行存款	100201	农行存款	资产	日记账，银行账
	100202	中行存款	资产	外币核算，币种：美元，日记账，银行账
原材料	140301	芯片	资产	数量核算，单位：片
	140302	pcb 电路板	资产	数量核算，单位：平方厘米
	140303	线缆	资产	数量核算，单位：米
库存商品	140501	交换机	资产	数量核算，单位：台
	140502	路由器	资产	数量核算，单位：个
	140503	基站发射机	资产	数量核算，单位：架
应付职工薪酬	221101	工资	负债	
	221102	职工福利	负债	
	221103	工会经费	负债	
	221104	职工教育经费	负债	
	221105	社会保险	负债	
	221106	住房公积金	负债	
制造费用	510101	折旧费	成本类	
	510102	工资及福利费	成本类	
	510109	其他费用	成本类	
主营业务收入	600101	交换机	损益	数量核算，单位：台
	600102	路由器	损益	数量核算，单位：个
	600103	基站发射机	损益	数量核算，单位：架
主营业务成本	640101	交换机	损益	数量核算，单位：台
	640102	路由器	损益	数量核算，单位：个
	640103	基站发射机	损益	数量核算，单位：架

上级科目	科目编码	科目名称	科目类型	核算账类
销售费用	660101	广告费	损益	
	660102	折旧费	损益	
	660103	工资及福利费	损益	
	660109	其他费用	损益	
管理费用	660201	水电费	损益	
	660202	办公费	损益	部门核算
	660203	差旅费	损益	部门核算
	660204	折旧费	损益	
	660205	工资	损益	
	660206	工会经费	损益	
	660209	其他费用	损益	

操作步骤：

（1）单击"基础设置"菜单，执行"基础档案"/"财务"/"会计科目"操作，打开"会计科目"窗口，系统自动显示已经预置好的所有会计科目。

（2）单击"增加"按钮，进入"新增会计科目"窗口。

（3）输入编码"100201"；输入科目"农行存款"；科目类型系统自动默认"资产"；账页格式选择"金额式"；选择"日记账"和"银行账"两个复选框；其他默认。如图2-56所示。

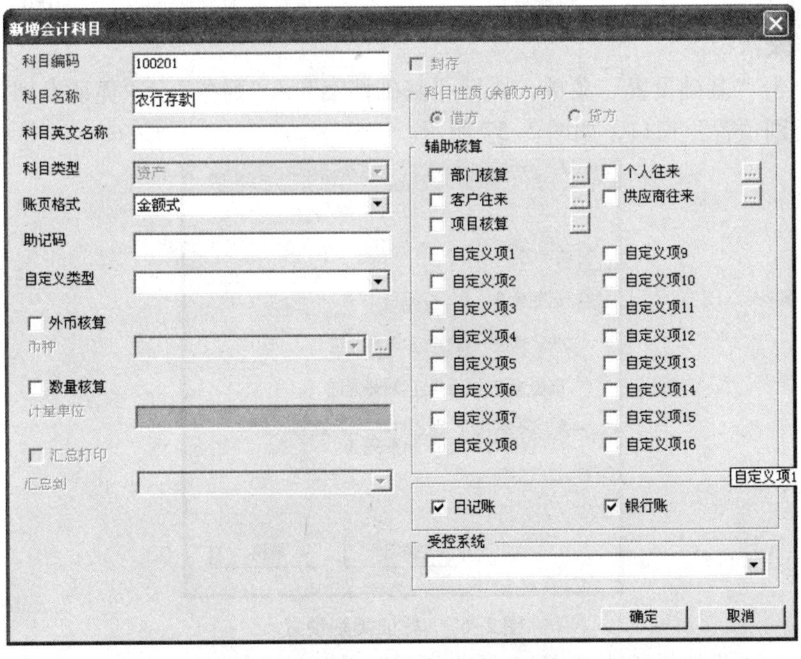

图2-56　新增会计科目

特别提示：

①会计科目编码长度及每段位数必须符合会计科目编码规则"4-2-2-2"结构。

②科目一经使用，不能再增设下级明细科目，只能增加同级科目。

③有外币核算科目，录入时要选择"外币核算"复选框并选择对应的币种。

④有数量核算的科目，录入时账页格式要选择"数量金额式"并选择"数量核算"复选框，同时输入计量单位。并选择对应的币种。

⑤有辅助核算项的科目，录入时要选择对应的辅助核算项，并注意是否受控于某系统。

⑥"主营业务收入"、"主营业务成本"和"库存商品"同时设为数量金额核算时，可以实现对"期末/定义转账凭证"的销售成本结转的定义和凭证生成；只设置"库存商品"科目为数量金额核算，则不能实现。

（4）单击"确定"按钮，完成"100201 农行存款"科目的增加。

（5）在"新增会计科目"窗口，单击"增加"按钮，增加其他会计科目并设置相应的辅助核算项。

（6）在"新增会计科目"窗口，单击"关闭"按钮，回到"会计科目"窗口，所有新增的会计科目都列示在"会计科目"窗口。

（7）单击"退出"按钮。

3. 凭证类别设置（见表 2-15）

表 2-15　　　　　　　　　　　　　　凭证类别设置

类别字	类别名称	限制类型	限制科目
收	收款凭证	借方必有	1001，1002
付	付款凭证	贷方必有	1001，1002
转	转账凭证	凭证必无	1001，1002

操作步骤：

（1）单击"基础设置"菜单，执行"基础档案"/"财务"/"凭证类别"操作，打开"凭证类别预置"窗口，如图 2-57 所示。

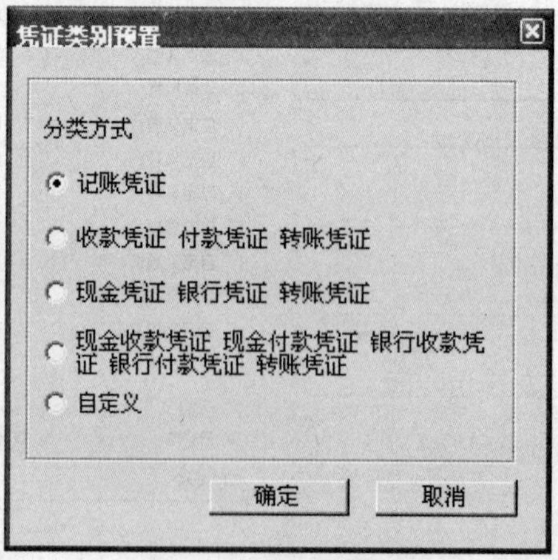

图 2-57　凭证类别预置

（2）单击"收款凭证 付款凭证 转账凭证"前的单选按钮。

（3）单击"确定"按钮，进入"凭证类别"窗口。如图2-58所示。

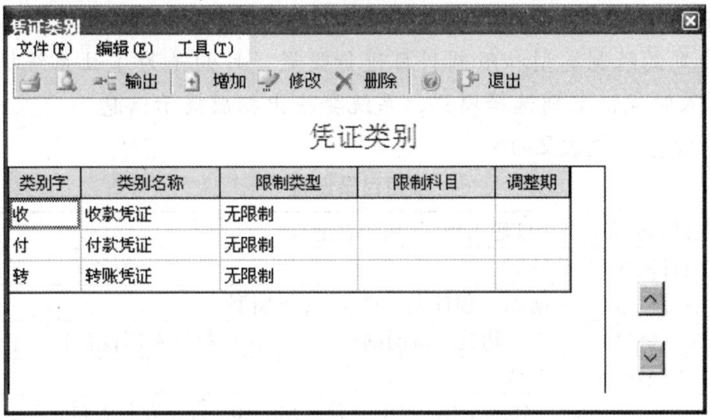

图2-58 凭证类别

（4）单击"修改"按钮，双击"限制类型"列的第一行右侧下三角按钮，选择"借方必有"；单击"限制科目"列第一行右侧的参照按钮，打开会计科目列表，从中选择"1001和1002"。如图2-59所示。

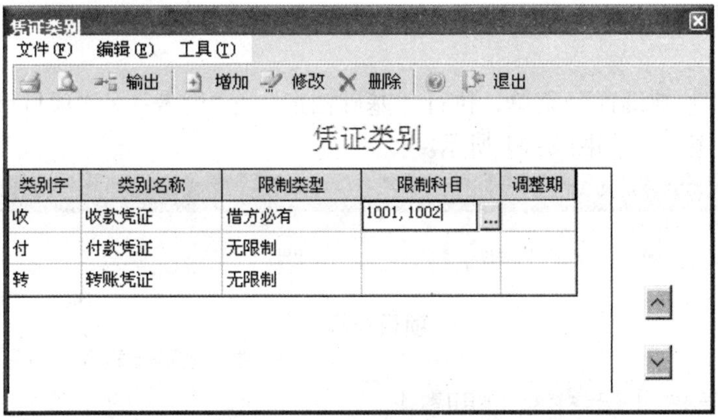

图2-59 凭证类别——收款凭证限制类型与科目设置

（5）依次设置付款凭证和转账凭证的限制类型和限制科目。如图2-60所示。

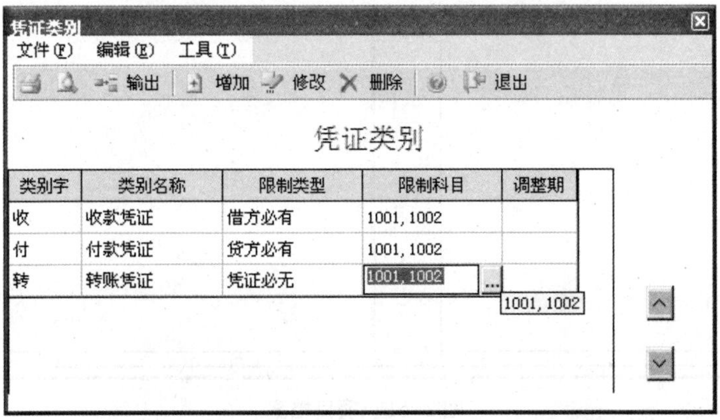

图2-60 凭证类别——限制类型与科目设置

（6）单击"退出"按钮，完成凭证类别设置。

特别提示：

① 凭证类别的限制科目既可以是一级科目，也可以是明细科目。

② 对凭证类别的限制类型和限制科目进行设置，目的是为了让系统提供自动纠错功能，一旦凭证录入时凭证类别选择错误，系统会给出相应提示信息。

4. 项目目录设置（见表 2-16）

表 2-16　　　　　　　　　　　　　　　　项目目录设置

项目大类	新项目大类名称	"自建工程"，属于普通项目
	项目级次	1-2
	项目栏目	增加"预计完工日期"，日期型
自建工程 项目档案	核算科目	工程物资下属明细科目（专用材料、专用设备）
	项目结构	默认
	项目分类定义	1 建筑工程；101 自建厂房；102 自建办公大楼； 2 设备安装
	项目目录	项目编号：01；项目名称：1 号厂房；是否结算：否； 所属分类码：101；预计完工日期：2014 年 6 月 28 日

项目目录设置包括四项具体操作步骤：定义项目大类、指定核算科目、定义项目分类、定义项目目录。

操作步骤：

（1）单击"基础设置"菜单，执行"基础档案"／"财务"／"项目目录"操作，打开"项目档案"窗口。如图 2-61 所示。

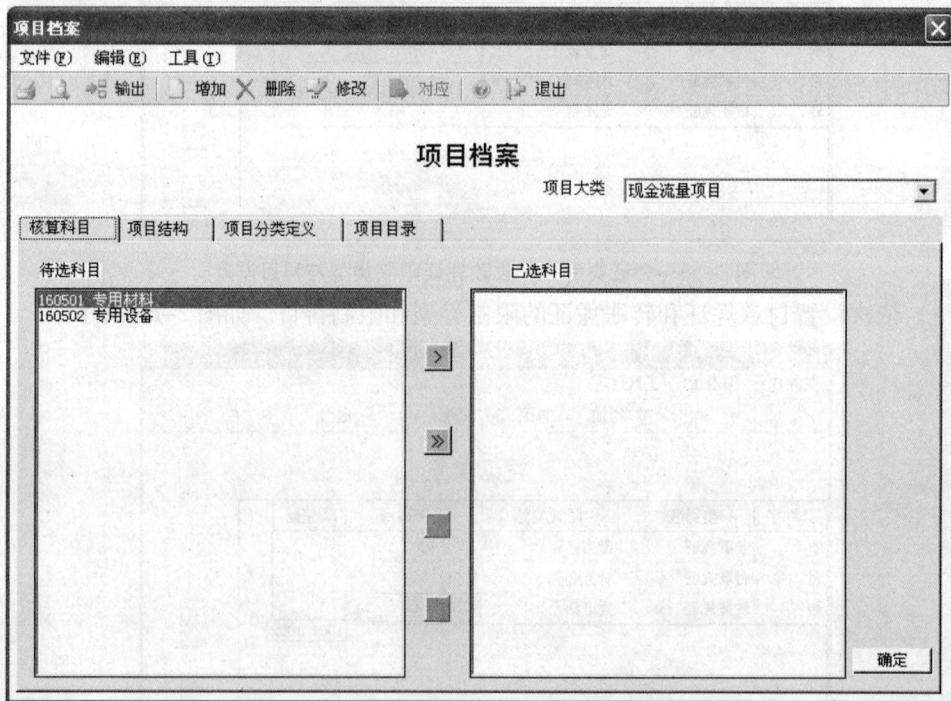

图 2-61　项目档案

（2）单击"增加"按钮，打开"项目大类定义_增加"窗口。

（3）录入新项目大类名称"自建工程"，选择"普通项目"。如图 2-62 所示。

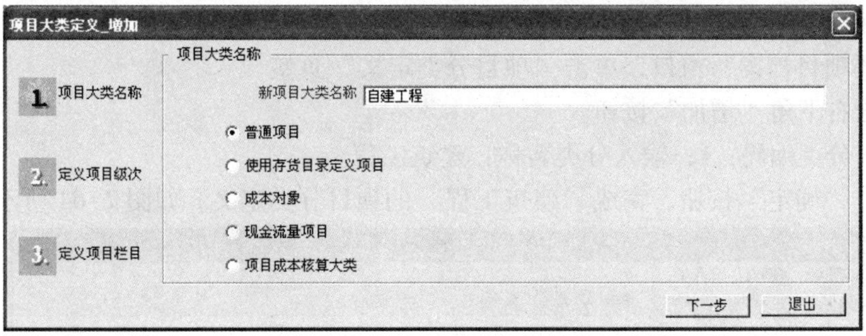

图 2-62 项目大类定义——增加

（4）单击"下一步"按钮，修改项目级次为1-2，其他设置为默认。

（5）单击"下一步"按钮，在项目栏目增加"预计完工日期"项，类型设为"日期型"，系统默认类型长度为10。

（6）单击"完成"按钮，返回"项目档案"窗口。

特别提示：

项目大类名称不用于会计科目名称，它是该类项目的一个总称。

（7）指定核算科目。

①在"项目档案"窗口，选择项目大类"自建工程"。

②单击"核算科目"页签。

③选择核算科目"专用材料"，单击">"按钮。

④选择核算科目"专用设备"，单击">"按钮。

⑤单击"确定"按钮，完成核算科目的指定。如图2-63所示。

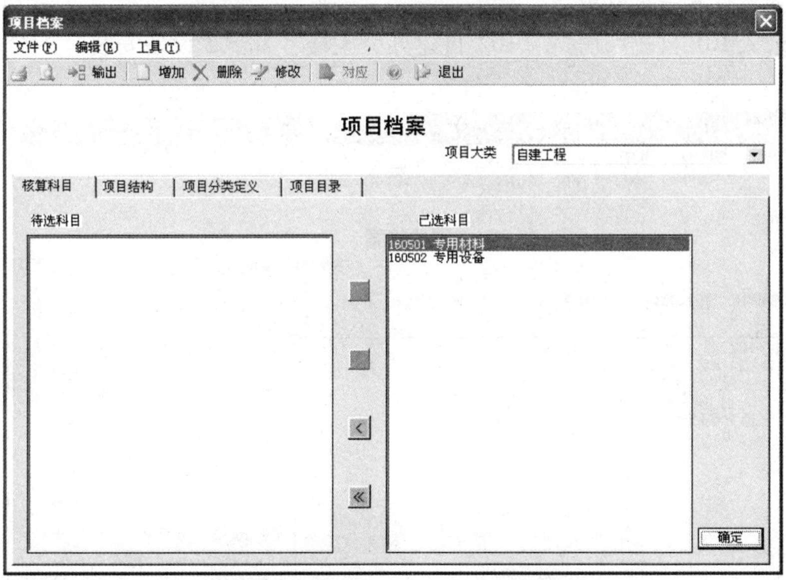

图 2-63 项目档案——指定核算科目

特别提示：

①一个项目大类可以指定多个核算科目。

②一个科目只能被一个项目大类所指定。

（8）定义项目分类。

①在"项目档案"窗口，单击"项目分类定义"页签。

②单击右下角"增加"按钮。

③输入分类编码：1；输入分类名称：建筑工程。

④单击"确定"按钮，完成"建筑工程"的项目分类定义。如图 2-64 所示。

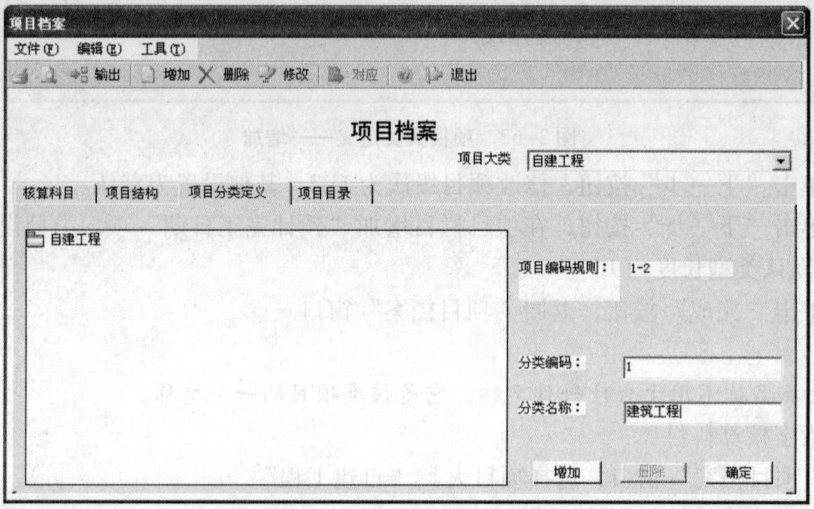

图 2-64　项目档案——项目分类定义

特别提示：

录入项目分类编码和分类名称后，单击"确定"按钮，而不是"增加"按钮，否则，录入的项目分类信息将被取消。

⑤依次录入 101 自建厂房"、"102 自建办公大楼"和"2 设备安装"的分类信息。如图 2-65 所示。

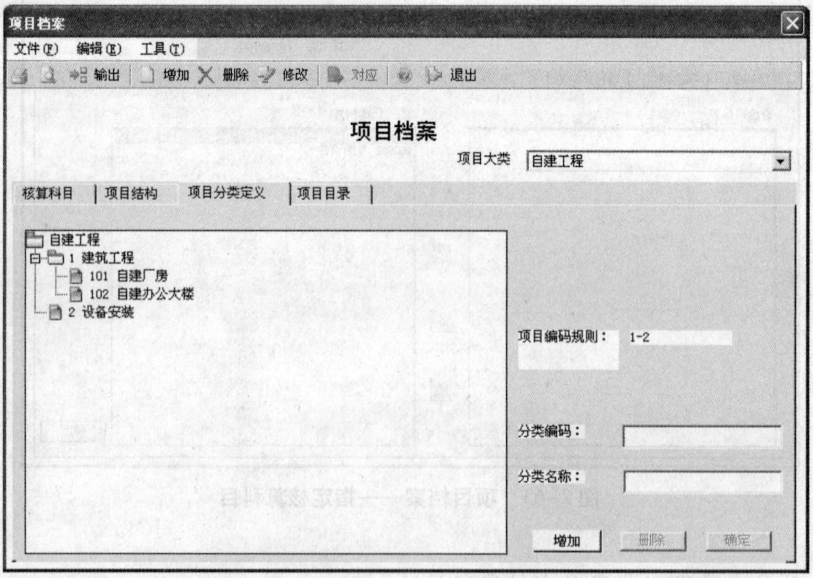

图 2-65　项目档案——项目分类列表

(9) 定义项目目录。

①在“项目档案”窗口，单击“项目目录”页签。

②单击右侧“维护”按钮，打开“项目目录维护”窗口。

③单击“增加”按钮。输入项目编号：01；输入项目名称：1 号厂房；选择所属分类码：101；是否结算：否；输入预计完工日期：2014 年 6 月 28 日。如图 2-66 所示。

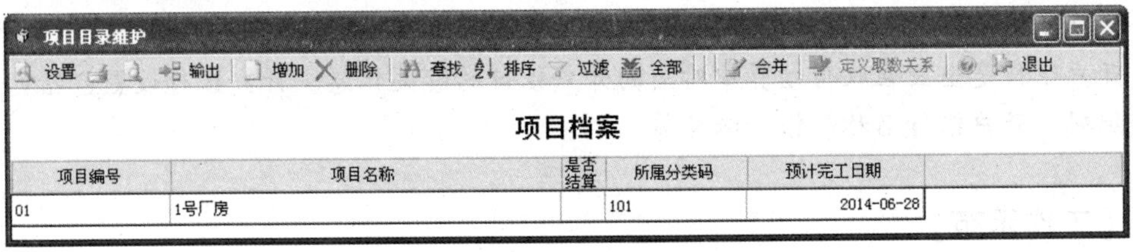

项目编号	项目名称	是否结算	所属分类码	预计完工日期
01	1号厂房		101	2014-06-28

图 2-66　项目档案——项目目录维护

特别提示：

是否结算列如果标识为“是”，则结算后的项目不能再使用。

④单击“退出”按钮，返回“项目档案”窗口。

⑤单击“退出”按钮。

任务五　收付结算基础信息档案

[任务名称]

对河北新华有限责任公司的收付结算基础信息档案进行设置。

[任务内容]

设置结算方式、付款条件、开户银行。

[任务要求]

根据企业实际情况将规范好的各个基础档案录入系统。

[知识链接]

收付结算基础信息档案包括：结算方式、付款条件、开户银行。

1. 结算方式

为了提高企业对账、企业与银行对账的效率，在基础档案设置时要进行银行结算方式的设置，这样可以建立和管理用户在经营活动中所涉及的结算方式。

结算方式包括：现金结算、支票结算、汇票结算、其他。

2. 付款条件

付款条件也可称为现金折扣，是企业为了鼓励客户早日偿还货款而允诺的在一定期限内给予的规定折扣优待。付款条件设置的作用是便于企业对经营过程中与往来核算单位协议规定的收、付款折扣优惠方法进行有效的管理。

付款条件包括：付款条件编码、付款条件名称、信用天数、优惠率等。

3. 开户银行

开户银行是企业在收付结算中对应的开户银行的有关信息。开户银行设置包括：开户银行编码、开户银行名称、银行账号等。

[工作示范]

录入结算方式见表 2-17：

表 2-17 录入结算方式

编码	名称	是否票据管理	编码	名称	是否票据管理
1	现金	否	3	银行汇票	否
2	支票	否	4	商业汇票	否
201	现金支票	否	5	电汇	否
202	转账支票	否	6	其他	否

操作步骤：

（1）以账套主管王志强的身份进入"企业应用平台"/"基础设置"/"基础档案"/"财务"/"收付结算"/"结算方式"，打开"结算方式"窗口。

（2）单击"增加"按钮，激活为可输入状态。

（3）输入结算方式编码：1；输入结算方式名称：现金；"是否票据管理"复选框不进行填选；对应票据类型：空白。如图 2-67 所示。

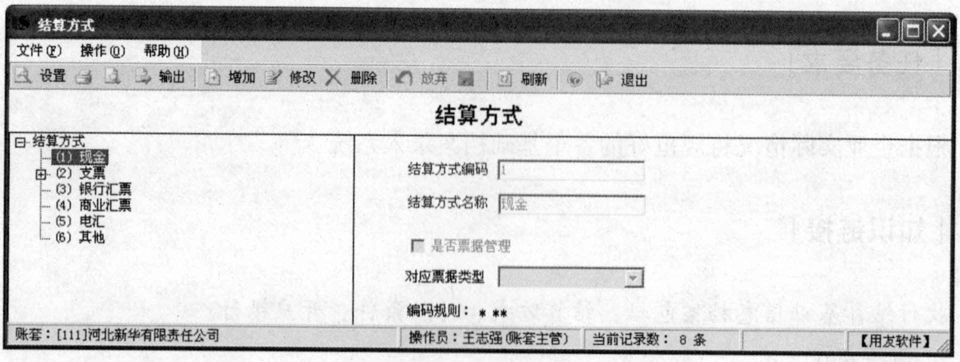

图 2-67 结算方式

（4）单击"保存"按钮。

（5）依次录入其他结算方式信息。如图 2-68 所示。

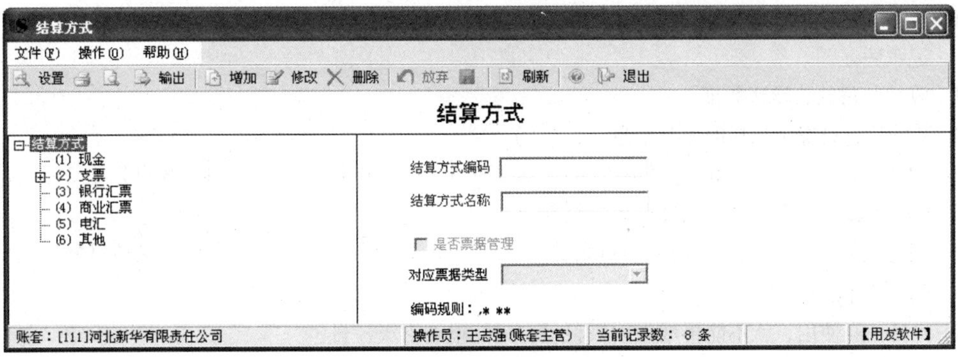

图2-68　结算方式树形结构列表

（6）单击"退出"按钮。

本情境主要概念

会计科目　凭证类别　计量单位组

情境总结

系统管理模块的主要功能：账套管理、年度账管理、权限管理、安全管理。本学习情境主要介绍了账套的建立、修改、备份、恢复以及操作员的设置和操作员权限的分配。

重点难点

重点：系统启用、基础档案设置。

难点：计量单位设置、项目目录设置。

同步测试

（一）单项选择题

1. 指定会计科目是指定（　　）专管科目。

A. 账套主管　　　　B. 出纳　　　　　　C. 系统管理员　　　　D. 会计

2. 科目编码中的（　　）科目编码必须符合现行的会计制度。

A. 二级　　　　　　B. 各级　　　　　　C. 明细　　　　　　　D. 一级

3. 设置记账凭证类别时，下列会计科目中，可作为收款凭证中"借方必有"科目的是（　　）。

A. 银行存款　　　　B. 持有至到期投资　C. 短期借款　　　　　D. 资本公积

4. 会计科目建立的顺序是（　　）。

A. 先建立明细科目再建立一级科目　　　　　　B. 先建立下级科目再建立上级科目

C. 先建立上级科目再建立下级科目　　　　　　D. 不分先后

5. 若科目编码级次定义为3-2-1，则下列不正确的科目编码描述是（　　）。

A. 102011　　　　　B. 102101　　　　　C. 1020101　　　　　D. 102110

（二）多项选择题

1. 往来辅助核算包括（　　）。

A. 部门往来　　　　B. 个人往来　　　　C. 供应商往来　　　　D. 客户往来

2. 在用友ERP-U872系统中，凭证类别的限制类型有（　　）。

A. 借方必有　　　　B. 贷方必无　　　　C. 贷方必有　　　　　D. 借方必无

3. 记账凭证进行分类时，系统提供的凭证分类方式有（　　）。

A. 现金收款、现金付款、银行收款、银行付款、转账凭证

B. 现金、银行、转账凭证

C. 记账凭证

D. 收款、付款、转账凭证

4. 基础信息设置中包括的分类信息有(　　)。

A. 地区分类　　　　B. 职员分类　　　　C. 存货分类　　　　D. 客户分类

5. 进行项目目录设置时，主要内容包括(　　)。

A. 指定核算科目　　B. 定义项目大类　　C. 定义项目目录　　D. 定义项目分类

（三）判断题

1. 科目一经使用，就不能再增设同级科目，只能增加下级科目。　　　　　　(　　)

2. 删除会计科目，应先删除上一级科目，然后再删除本级科目。　　　　　　(　　)

3. 指定会计科目是指定出纳专管的科目。指定会计科目后，才能执行出纳签字，也才能查看库存现金和银行存款日记账。　　　　　　　　　　　　　　　　　　　　　　　　(　　)

4. 业务量较少的单位，可以不进行凭证分类设置，即只设置"记账凭证"一种类型。(　　)

5. 输入期初余额时，上级科目的余额和累计发生数据需要手工输入。　　　　(　　)

6. 设置基础档案之前应首先确定基础档案的分类编码方案，基础档案的设置必须遵循分类编码方案中的级次和各级编码长度的设定。　　　　　　　　　　　　　　　　　　(　　)

7. 建立科目编码时，应先建立下级科目，再建立上级科目。　　　　　　　　(　　)

8. 企业基础信息设置既可以在公共管理模块中进行，也可以在进入各个子系统后进行设置，其结果都是由各个模块共享的。　　　　　　　　　　　　　　　　　　　　　　(　　)

9. "项目目录"功能中，标为已结算的项目不能再继续使用。　　　　　　　(　　)

10. 指定会计科目是指定会计的专管科目。　　　　　　　　　　　　　　　(　　)

本情境综合实训

【实训要求】

本次实训内容只涉及账套主管工作岗位，其具体工作又可分为企业机构基础信息档案设置、往来单位基础信息档案设置、存货基础信息档案设置、财务基础信息档案设置、结算方式基础信息档案设置。采用学生分组训练的形式，每组五人，选举产生组长，组长分派组员开展具体的岗位工作，阐明工作分工及职责。

【情境引例】

石家庄正道轮胎有限公司（简称"正道轮胎"）的账套主管王强启用总账系统，启用时间为2013年7月1日。

1. 公司组织机构、职员、往来单位、存货情况如下：

（1）组织机构及职员档案见表2-18。

表2-18　　　　　　　　　　　　　部门、职员档案一览表

部门	负责人	职员
综合部	刘军强	高贵
财务部	王　强	朱军、李华、田田、张亮、陈立
生产部		
一车间	王立辉	胡自强
二车间	高　超	张琳琳
采购部	邓　玲	刘鹏
销售部	温　升	高雅静
仓储部	周瑞雪	姚婧

（2）客户分类及明细见表2-19。

表2-19 客户分类明细表

客户名称	客户简称	所属分类
江苏中通贸易有限公司	中通贸易	外地客户
河北省社会科学研究院	河北省社科院	本地客户
石家庄新华工程有限公司	新华工程	本地客户

（3）供应商分类及明细表2-20。

表2-20 供应商分类明细表

供应商名称	供应商简称	所属分类
石家庄鑫鹏厂	石家庄鑫鹏	华北地区
广东金润有限公司	广东金润	华南地区
山西顺捷材料厂	山西顺捷	华北地区

（4）计量单位：台、个、包，均属于自然计量组，不需要换算。

（5）存货分类及明细见表2-21。

表2-21 存货分类明细表

存货编号/代码	存货名称	价格	计量单位	所属分类	存货属性
01	钢丝圈（YH型）	90.00	包	材料类	外购、生产耗用
02	内胎面（YH型）	23.50	个	材料类	外购、生产耗用
03	外胎面（YH型）	50.50	个	材料类	外购、生产耗用
04	叶轮（YH型）	10.00	个	材料类	外购、生产耗用
05	轴承（HRB6304型）	9.50	个	材料类	外购、生产耗用
06	轮辋（A型）	3.60	个	材料类	外购、生产耗用
07	钢丝圈（EH型）	217.00	包	材料类	外购、生产耗用
08	内胎面（EH型）	36.10	个	材料类	外购、生产耗用
09	外胎面（EH型）	97.35	个	材料类	外购、生产耗用
10	叶轮（EH型）	11.55	个	材料类	外购、生产耗用
11	轴承（HRB6308型）	26.40	个	材料类	外购、生产耗用
12	轮辋（C型）	8.20	个	材料类	外购、生产耗用
13	子午线轮胎（YH型）	550.50	台	成品类	自制、销售
14	子午线轮胎（EH型）	960.05	台	成品类	自制、销售

2. 公司外币及汇率、会计科目、凭证类别情况如下：

（1）外币及汇率设置要求：固定汇率、美元、汇率小数位 5 位、折算方式为外币×汇率、外币最大误差 0.00001、记账汇率 6.1556。

（2）会计科目设置一览表见表 2-22。

表 2-22　　　　　　　　　　　会计科目设置一览表

科目名称	辅助核算项	方向	币别/计量
库存现金（1001）	日记账	借	
人民币	日记账	借	
银行存款（1002）	银行账、日记账	借	
工行存款（100201）	银行日记	借	
中行存款（100202）	银行日记	借	美元
其他货币资金	银行日记	借	
汇票存款	银行日记	借	
应收账款（1122）	客户往来	借	
其他应收款（1221）	个人往来	借	
坏账准备（1231）		贷	
原材料（1403）		借	
生产用材料（140301）	项目核算		个
非生产用材料（140302）			
库存商品（1405）	项目核算	借	台
固定资产（1601）		借	
累计折旧（1602）		贷	
无形资产（1701）		借	
短期借款（2001）		贷	
应付账款（2202）	供应商往来	贷	
暂估应付款（220201）	供应商往来		
应付供应商（220202）	供应商往来		
应付职工薪酬（2211）		贷	
应付福利费（221102）		贷	
应交税费（2221）		贷	
应交增值税（222101）		贷	
进项税额（22210101）		借	
销项税额（22210105）		贷	
其他应付款（2241）		贷	
实收资本（股本）（4001）		贷	
利润分配（4104）		贷	
未分配利润（410405）		贷	
生产成本（5001）		借	
基本生产成本（500101）	项目核算	借	
直接材料（50010101）	项目核算	借	
直接人工（50010102）	项目核算	借	
制造费用（50010103）	项目核算	借	
其　他（50010104）	项目核算	借	

（3）进行指定科目的操作，现金流量科目可省略不做。

（4）凭证类别采用"收、付、转"形式，见表2-23。

表2-23　　　　　　　　　　　　　　　凭证类别表

凭证名称	限制类型	限制科目
收款凭证	借方必有	1001，1002
付款凭证	贷方必有	1001，1002
转账凭证	凭证必无	1001，1002

（5）正道轮胎要求系统自动归集成品的生产成本数据，以便在完工产品和在产品之间进行结转。其成本项目及核算科目见表2-24。

表2-24　　　　　　　　　　　　　　正道轮胎项目目录表

项目设置事项	设置内容
项目大类	生产成本
核算科目	基本生产成本（500101） 直接材料（50010101） 直接人工（50010102） 制造费用（50010103）
项目分类	1. 自制产品 2. 委外加工品
项目目录	101　　子午线轮胎 YH　　不结算　　所属分类　　1 102　　子午线轮胎 EH　　不结算　　所属分类　　1

（6）正道轮胎要求采用自动结转方式计算已售商品的成本。

（7）正道轮胎结算方式一览表见表2-25。

表2-25　　　　　　　　　　　　　正道轮胎结算方式一览表

结算方式	是否票据管理	结算方式	是否票据管理
现金	否	汇兑	否
支票		银行汇票	否
现金支票	是	电汇	否
转账支票	是	其他	否

【工作任务】

1. 账套主管根据资料设置部门档案、职员档案。

2. 账套主管根据资料设置客户分类、客户档案。

3. 账套主管根据资料设置供应商分类、供应商档案。

4. 账套主管根据资料设置计量单位分组、计量单位。

5. 账套主管根据资料设置存货分类、存货档案。

6. 账套主管根据资料设置外币及汇率。

7. 账套主管根据资料设置会计科目及辅助核算属性。

8. 账套主管指定出纳科目。

9. 账套主管设置凭证类别及限制科目。

10. 自行练习以上设置的修改、撤销（或删除）等操作。
11. 账套主管根据资料进行成本项目核算的设置。
12. 账套主管根据资料进行自动结转已售商品的成本的设置。
13. 账套主管根据资料设置结算方式和票据管理。

学习情境三　　　总账系统

❇【职业能力目标】

专业能力：

运用总账系统完成企业总账初始化设置、凭证处理、出纳管理、账表管理、期末处理等操作；能够根据财务制度和企业管理需求进行总账参数设置，按照企业岗位分工和岗位职责完成总账初始化设置和总账日常业务及期末业务，并能灵活处理各种业务中出现的问题。

职业核心能力：

能根据掌握的知识进行独立思考和学习，具有团队合作精神，顺利完成总账系统的各项工作。

❇【本情境结构图】

本情境结构图如图 3-1 所示。

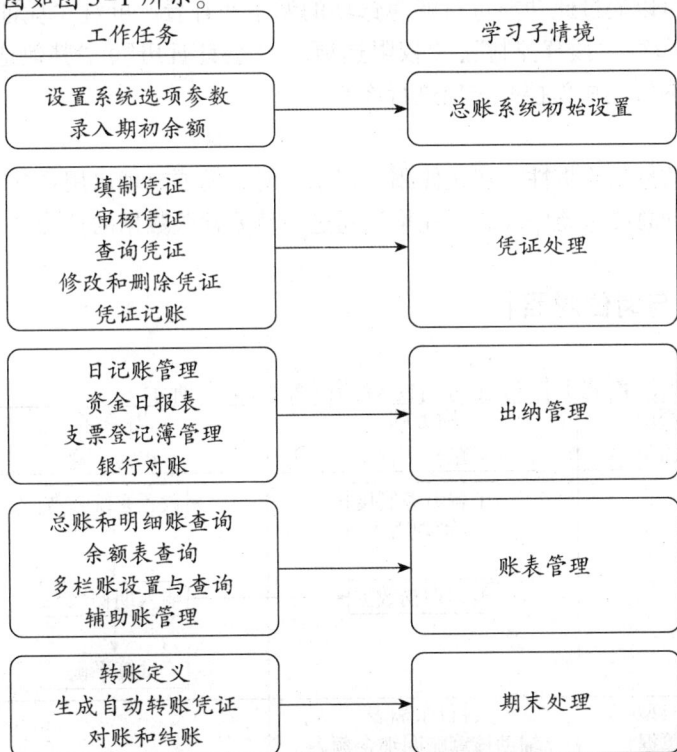

工作任务	学习子情境
设置系统选项参数 录入期初余额	总账系统初始设置
填制凭证 审核凭证 查询凭证 修改和删除凭证 凭证记账	凭证处理
日记账管理 资金日报表 支票登记簿管理 银行对账	出纳管理
总账和明细账查询 余额表查询 多栏账设置与查询 辅助账管理	账表管理
转账定义 生成自动转账凭证 对账和结账	期末处理

图 3-1　学习情境三结构图

学习子情境一　总账系统初始设置

【引例】

会计主管和小张完成了基础档案设置以后，大家都很高兴，会计主管说，基础信息有了我们就可以进行各个子系统的业务处理了。小张问会计主管："王主管，咱们公司财务制度是什么啊？我要学习一下。"会计主管笑了，说他正要带小张了解公司财务制度呢，小张在会计主管的指导下了解了公司的财务制度，然后协助财务部门将期初数据进行了整理。准备工作完成以后，会计主管进行了总账系统初始设置工作，你知道为什么在进行初始设置以前要了解公司财务制度吗？

【引例分析】

总账系统（即账务处理系统）是所有财务软件的核心部分，其他各功能子系统都是围绕总账系统展开的，所生成的凭证最终都传递给总账。总账系统的基本功能包括：系统初始化、凭证处理、出纳管理、账表管理和期末处理，总账系统除了完成日常处理常规性会计工作外，还能提供详尽的信息联查功能。

总账系统初始化是根据财务制度和管理需求设置系统选项参数、整理录入期初余额。

1. 系统参数

系统在建立新的账套后由于具体情况需要，或业务变更，发生一些账套信息与核算内容不符的情况，可以通过此功能进行账簿选项的调整和查看。可对"凭证选项"、"账簿选项"、"凭证打印"、"预算控制"、"权限选项"、"会计日历"、"其他选项"、"自定义项核算"八部分内容的操作控制选项进行修改。

2. 期初余额

为保证会计数据的连贯性，初次使用总账系统时，需要整理启用系统时间点的期初数据，并将其录入到总账系统中。录入完毕后通过试算来检验数据的正确性。

[工作过程与岗位对照]

总账系统初始设置的工作过程与岗位对照图如图 3-2 所示。

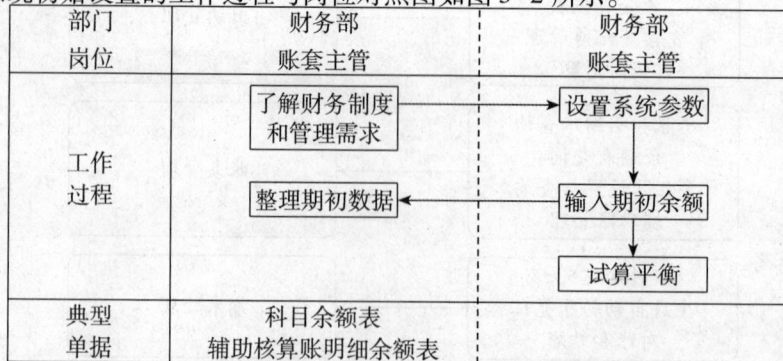

图 3-2　总账系统初始设置的工作过程与岗位对照图

任务一　设置系统参数

[任务名称]

设置河北新华有限责任公司核算账套中的总账系统参数。

[任务内容]

完成了基础档案以后，账套主管王志强登录总账系统，进行总账系统参数设置。

公司部分财务制度如下：

1. 加强原始凭证管理，做到制度化、规范化。原始凭证是公司发生的每项经营活动不可缺少的书面证明，是会计记录的主要依据。

2. 公司应根据审核无误的原始凭证编制记账凭证。记账凭证的内容必须具备：填制凭证的日期、凭证编号、经济业务摘要、会计科目、金额、所附原始凭证张数、填制凭证人员；复核人员签名或盖章，收款和付款凭证还应当由出纳人员签名或盖章。

3. 建立会计档案，包括对会计凭证、会计账簿、会计报表和其他会计资料都应建立档案，妥善保管。按《会计档案管理办法》的规定进行保管和销毁。凭证、账簿、报表打印要求按照规定进行打印（规定省略）。

4. 会计人员岗位分工明确，不得随意修改其他岗位的工作内容。会计人员因工作原因变动或离职，要做好交接手续，必须有监交人负责监交，交接人员及监交人员在交接清单上签字。

5. 严禁白条抵库和任意挪用现金，出纳人员必须每月结出库存现金日记账的账面余额，并与库存现金相核对，发现不符的要及时查明原因。财务管理中心经理对库存现金进行定期或不定期检查，以保证现金的安全和完整。

6. 出纳人员要随时掌握银行存款余额，不准签发空头支票，不准将银行账户出借给任何单位和个人办理结算或套取现金。在每月的月末要做好与银行的对账工作，并编制银行存款余额调节表，对未达账项进行分析，查找原因，并上报财务部门负责人。

根据公司财务制度和总账系统默认参数，会计主管王志强将总账系统参数设置为支票控制，不允许修改或废除他人填制的凭证，凭证审核控制到操作员，出纳凭证必须经由出纳签字，其他均按系统默认值进行设置。

[任务要求]

完成总账系统参数的设置。

[工作示范]

1. 总账系统参数设置

操作步骤：

（1）单击"开始"/"程序"/"用友 ERP-U872"/"企业应用平台"，操作员输入王志强的编号"01"，账套选择"111 河北新华有限责任公司"，操作日期为"2013-07-01"，确定进入"用友 ERP-U872 企业应用平台"窗口。如图 3-3 所示。

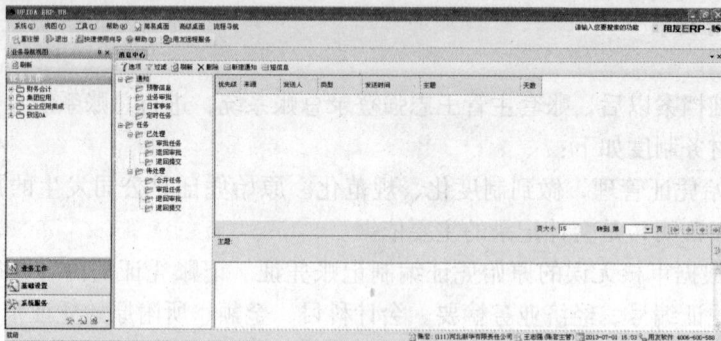

图 3-3　企业应用平台

（2）单击"财务会计"/"总账"/"设置"，然后双击"选项"，进入"选项"对话框，选中"凭证"页签，单击"编辑"按钮，选中"支票控制"复选框，其他按照系统默认值处理。如图 3-4 所示。

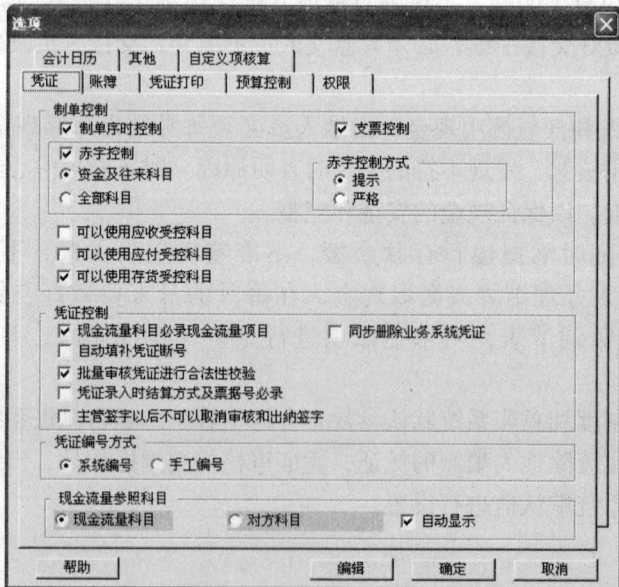

图 3-4　"凭证"页签

栏目说明：

①制单序时控制：此项和"系统编号"选项联用，制单时凭证编号必须按日期顺序排列，1 月 25 日编制 25 号凭证，则 1 月 26 日只能开始编制 26 号凭证，即制单序时，如

果有特殊需要可以将其改为不序时制单。

②支票控制：若选择此项，在制单时使用银行科目编制凭证时，系统针对票据管理的结算方式进行登记，如果录入支票号在支票登记簿中已存，系统提供登记支票报销的功能；否则，系统提供登记支票登记簿的功能。

③赤字控制：若选择了此项，在制单时，当"资金及往来科目"或"全部科目"的最新余额出现负数时，系统将予以提示。提供了"提示"、"严格"两种方式，可根据需要进行选择。

④可以使用应收受控科目：若科目为应收款管理系统的受控科目，为了防止重复制单，只允许应收系统使用此科目进行制单，总账系统是不能使用此科目制单的。所以如果希望在总账系统中也能使用这些科目填制凭证，则应选择此项。注意：总账和其他业务系统使用了受控科目会引起应收系统与总账对账不平。

⑤自动填补凭证断号：如果选择凭证编号方式为系统编号，则在新增凭证时，系统按凭证类别自动查询本月的第一个断号默认为本次新增凭证的凭证号。如无断号则为新号，与原编号规则一致。

⑥批量审核凭证进行合法性校验：批量审核凭证时针对凭证进行二次审核，提高凭证输入的正确率，合法性校验与保存凭证时的合法性校验相同。

⑦同步删除外部系统凭证：选中此项后，外部系统删除凭证时相应地将总账的凭证同步删除。否则，将总账凭证作废，不予删除。

（3）选中"权限"页签，然后选中"凭证审核控制到操作员"和"出纳凭证必须经由出纳签字"两个复选框，取消"允许修改、作废其他人填制的凭证"复选框，其他按照系统默认值处理，如图3-5所示。单击"确定"后完成参数设置。

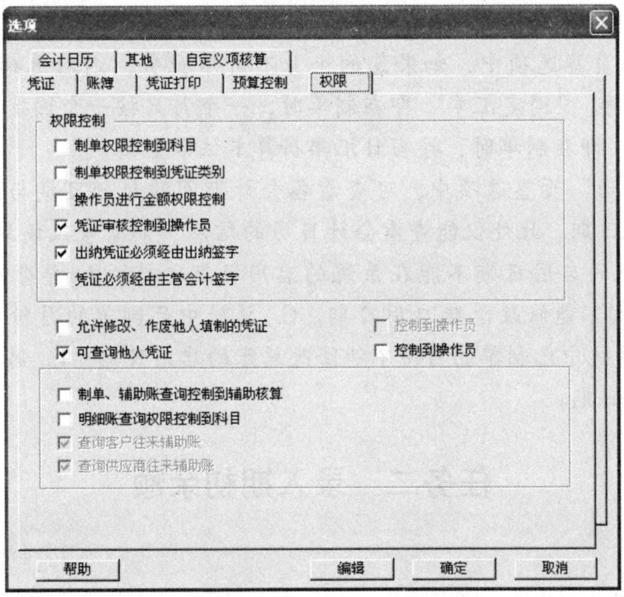

图3-5 "权限"页签

栏目说明：

①制单权限控制到科目：要在系统管理的"功能权限"中设置科目权限，再选择此项，

权限设置有效。选择此项，则在制单时，操作员只能使用具有相应制单权限的科目制单。

②允许修改、作废他人填制的凭证：若选择了此项，在制单时可修改或作废别人填制的凭证，否则不能修改。

③制单权限控制到凭证类别：要在系统管理的"功能权限"中设置凭证类别权限，再选择此项，权限设置有效。选择此项，则在制单时，只显示此操作员有权限的凭证类别。同时在凭证类别参照中按人员的权限过滤出有权限的凭证类别。

④操作员进行金额权限控制：选择此项，可以对不同级别的人员进行金额大小的控制，例如财务主管可以对 20 万元以上的经济业务制单，一般财务人员只能对 10 万元以下的经济业务制单，这样可以减少由于不必要的责任事故带来的经济损失。如为外部凭证或常用凭证调用生成，则处理与预算处理相同，不做金额控制。

⑤凭证审核控制到操作员：如只允许某操作员审核其本部门操作员填制的凭证，则应选择此选项。

⑥出纳凭证必须经由出纳签字：若要求现金、银行科目凭证必须由出纳人员核对签字后才能记账，则选择此选项。

⑦凭证必须经由主管会计签字：如要求所有凭证必须由主管签字后才能记账，则选择此选项。

⑧可查询他人凭证：如允许操作员查询他人凭证，则选择此选项。

⑨明细账查询权限控制到科目：这里是权限控制的开关，在系统管理中设置明细账查询权限，必须在总账系统选项中打开，才能起到控制作用。

⑩制单、辅助账查询控制到辅助核算：设置此项权限，制单时才能使用有辅助核算属性的科目录入分录，辅助账查询时只能查询有权限的辅助项内容。

特别提示：

①在"其他"页签选项中，如果您的企业有外币业务，则应选择相应的汇率方式：固定汇率、浮动汇率。"固定汇率"即在制单时，一个月只按一个固定的汇率折算本位币金额。"浮动汇率"即在制单时，按当日汇率折算本位币金额。

②在"会计日历"页签选项中，可查看各会计期间的起始日期与结束日期，以及启用会计年度和启用日期。此处仅能查看会计日历的信息，如需修改请到系统管理中进行。注意：A. 总账系统的启用日期不能在系统的启用日期之前。B. 总账中已录入期初余额（包括辅助期初）则不能修改总账启用日期。C. 总账中已制单的月份不能修改总账的启用日期。D. 其他系统中已制单的月份不能修改总账的启用日期。E. 第二年进入系统的不能修改总账的启用日期。

任务二　录入期初余额

[任务名称]

整理公司期初数据，录入总账系统的期初余额。

@ [任务内容]

小张协助财务部门整理了带有辅助核算科目的余额表,同时根据现有的科目余额表,账套主管王志强录入期初余额,并进行了试算平衡。

经过整理后,期初余额依据的数据表见表 3-1、表 3-2、表 3-3、表 3-4、表 3-5。

表 3-1 河北新华公司 2013 年 6 月 30 日科目余额表 金额单位:元

科目编码	科目名称	币别/计量	方向	期初余额
1001	库存现金		借	8 500
1002	银行存款		借	305 556.5
100201	农行存款		借	236 700
100202	中行存款		借	68 856.5
		美元	借	10 000
1122	应收账款		借	105 300
1221	其他应收款		借	15 000
1231	坏账准备		贷	526.5
1403	原材料		借	301 900
140301	芯片		借	1 200
		片		15
140302	pcb 电路板		借	700
		平方厘米		10 000
140303	线缆		借	300 000
		米		10 000
1405	库存商品		借	166 000
140501	交换机		借	110 000
		台		100
140502	路由器		借	40 000
		个		200
140503	基站发射机		借	16 000
		架		2
1601	固定资产		借	28 845 000
1602	累计折旧		贷	5 036 905
1605	工程物资		借	23 000
160501	专用材料		借	
160502	专用设备		借	23 000

续表

	资产合计		借	24 732 825
2001	短期借款		贷	300 000
2202	应付账款		贷	70 200
4001	实收资本		贷	24 300 000
4002	资本公积		贷	50 000
4104	利润分配		贷	12 625
410415	未分配利润		贷	12 625
	负债及所有者权益合计		贷	24 732 825

注：表中银行存款期初余额中行存款的美元 10 000 元是没有换算的美元金额。

表 3-2　　　　　　河北新华公司 2013 年 6 月 30 日应收账款明细余额表　　　　　单位：元

日期	凭证号	客户	摘要	方向	金额
2013-6-13	转-10	启明	销售交换机	借	93 600
2013-6-15	转-21	亚圣	销售路由器	借	11 700

表 3-3　　　　　　河北新华公司 2013 年 6 月 30 日其他应收款明细余额表　　　　　单位：元

日期	凭证号	部门	职员	摘要	方向	金额
2013-6-28	转-63	办公室	李明刚	出差借款	借	5 000
2013-6-22	转-45	供应部	王思燕	出差借款	借	10 000

表 3-4　　　　　　河北新华公司 2013 年 6 月 30 日应付账款明细余额表　　　　　单位：元

日期	凭证号	供应商	摘要	方向	金额
2013-06-07	转-23	强盛	购买线缆	贷	46 800
2013-06-29	转-61	东成	购买芯片	贷	23 400

表 3-5　　　　　　河北新华公司 2013 年 6 月 30 日项目核算期初余额表　　　　　单位：元

科目	项目	方向	金额
160502 专用设备	1 号厂房	借	23 000

[任务要求]

完成期初余额的录入，并进行试算平衡。

[知识链接]

如果是第一次使用账务处理系统即总账系统，必须使用期初余额功能输入科目余额。如果系统中已有上一年的数据，在使用"结转上年余额"后，上一年各账户余额将自动结转到本年。如果在年初建账，启用的总账系统可以直接录入年初余额，如图 3-6 所示。如果是年中建账，比如是 5 月份开始使用总账系统，建账月份为 5 月，可以录入 5 月初的期初余额以及 1—4 月的借、贷方累计发生额，系统将自动计算年初余额。如图 3-7 所示。

图 3-6　年初启用总账的期初余额窗口 　　　　图 3-7　年中启用总账的期初余额窗口

　　总账系统期初余额按照三种情况进行设置，即末级科目期初余额、非末级科目期初余额、辅助科目期初余额。末级科目期初余额的格式有普通格式、外币核算格式、数量核算格式。辅助科目期初余额的格式包括客户往来核算格式、供应商往来核算格式、个人往来核算格式、部门核算格式、项目核算格式。非末级科目期初余额的格式是不可编辑状态，因为只要求录入最末级科目的余额和累计发生数，上级科目的余额和累计发生数由系统自动计算。

［工作示范］

1. 末级科目的期初余额录入

操作步骤：

（1）以账套主管的身份注册"企业应用平台"，操作日期为"2013-07-01"，单击确定进入"企业应用平台"窗口。

（2）单击"财务会计"／"总账"／"设置"，然后双击"期初余额"，进入"期初余额"编辑窗口，如图 3-8 所示。

图 3-8　期初余额窗口

特别提示：

　　末级科目期初余额格式的颜色为白色，可以直接编辑；非末级科目期初余额格式的颜

色为浅灰色，不可编辑，由计算机自动计算得出；辅助科目期初余额格式的颜色为深灰色，根据不同的辅助核算对应不同的余额窗口。

（3）双击“库存现金”科目的“期初余额”单元格，将光标激活为编辑状态，输入期初余额“8 500”元，回车，系统将自动计算出库存现金的年初余额数。结果如图 3-9 所示。

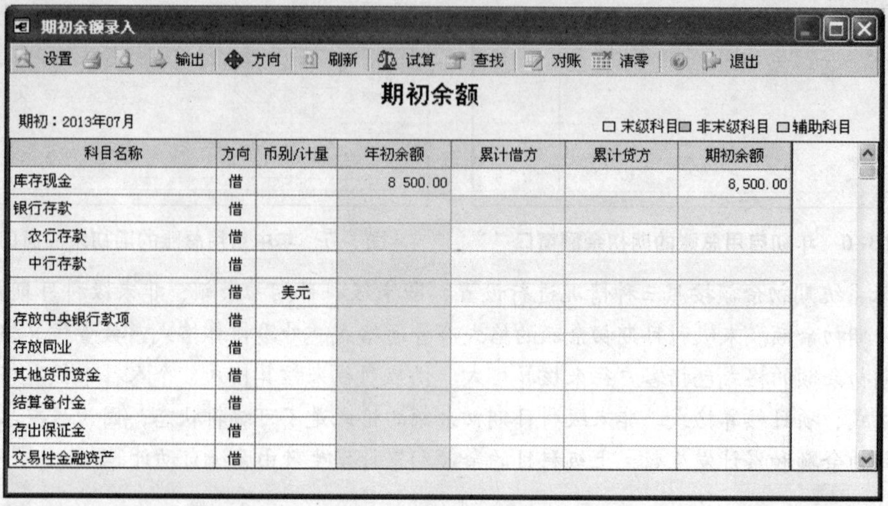

科目名称	方向	币别/计量	年初余额	累计借方	累计贷方	期初余额
库存现金	借		8 500.00			8,500.00
银行存款	借					
农行存款	借					
中行存款	借					
	借	美元				
存放中央银行款项	借					
存放同业	借					
其他货币资金	借					
结算备付金	借					
存出保证金	借					
交易性金融资产	借					

图 3-9 库存现金期初余额

特别提示：

如果输入错误，双击错误单元格，然后删除直接修改即可。

（4）双击“农行存款”科目的“期初余额”单元格，输入期初余额“236 700”元，然后双击“中行存款”科目的“期初余额”单元格，输入期初余额“68 856. 50”元，然后双击“中行存款”科目美元币种的“期初余额”单元格，输入期初余额“10 000”美元，回车，系统将自动计算“银行存款”的期初余额数。如图 3-10 所示。

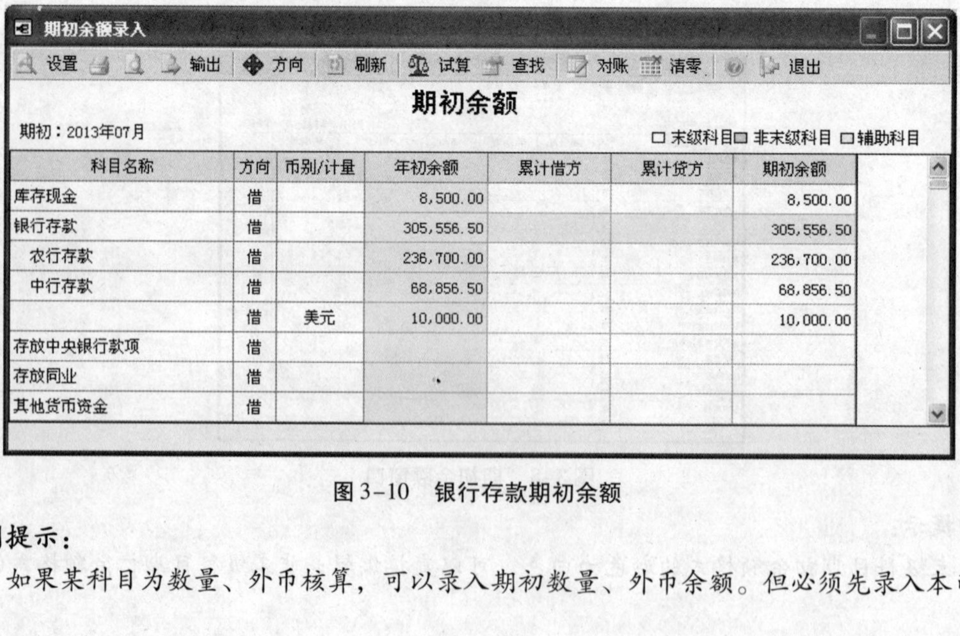

科目名称	方向	币别/计量	年初余额	累计借方	累计贷方	期初余额
库存现金	借		8,500.00			8,500.00
银行存款	借		305,556.50			305,556.50
农行存款	借		236,700.00			236,700.00
中行存款	借		68,856.50			68,856.50
	借	美元	10,000.00			10,000.00
存放中央银行款项	借					
存放同业	借					
其他货币资金	借					

图 3-10 银行存款期初余额

特别提示：

如果某科目为数量、外币核算，可以录入期初数量、外币余额。但必须先录入本币余额，再录入数量、外币余额。

（5）单击工具栏的"查找"按钮，进入"查找"对话框，在"科目"栏中输入"1231"科目编码或者输入"坏账准备"科目名称，如图3-11所示。然后单击"确定"按钮，系统将"坏账准备"科目编辑行查找进入，位于编辑第一行，如图3-12所示。然后输入期初余额数据。采用同样的输入方法，完成其他末级科目期初余额的输入。

图 3-11　查找对话框

图 3-12　坏账准备期初余额

特别提示：

每个科目的余额方向由科目性质确定，按"方向"按钮可修改科目的余额方向（即科目性质）。只能调整一级科目的余额方向，且该科目及其下级科目尚未录入期初余额。当一级科目方向调整后，其下级科目也随一级科目相应调整方向。例如，调整应付职工薪酬科目的期初余额方向，点击应付职工薪酬科目所在行，单击工具栏"方向"按钮，然后单击"是"按钮，将方向"贷"调整为"借"。应付职工薪酬科目及下级科目的余额方向都调整为"借"方。如图3-13和图3-14所示。

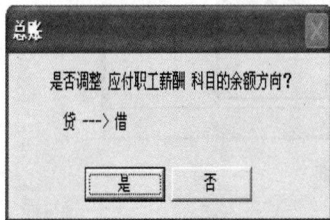

图 3-13　调整方向对话框　　　　　图 3-14　调整方向完成

2. 辅助科目的期初余额录入

操作步骤:

（1）双击"应收账款"科目所在的行，进入"应收账款辅助期初余额"编辑窗口，单击工具栏"往来明细"按钮，进入"期初往来明细"窗口。如图 3-15 所示。

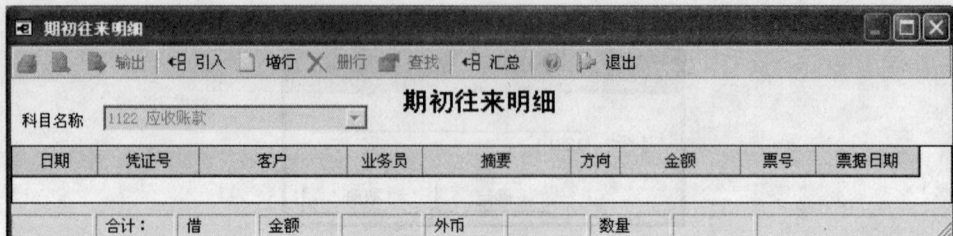

图 3-15　期初往来明细窗口

特别提示:

①当需要跟踪往来未两清记录以便日后的往来两清时，点击"往来明细"进入期初往来明细录入界面输入。录入完成后，还尚未录入当前客户（供应商）的期初余额时，可按"汇总"按钮，自动汇总并给出当前客户（或供应商）的辅助期初余额。

②在录入辅助核算期初余额之前，必须先设置各辅助核算目录。

（2）单击"增行"按钮，屏幕增加一条新的期初明细，按顺序输入各项内容，在最后一栏回车后系统将自动新增一行记录，可继续录入下一条数据。

具体信息:"日期"栏中输入或选择编辑为"2013-06-13"，"凭证号"栏中输入或选择编辑"转-10"，"客户"栏中选择"启明"公司，"摘要"栏中输入"销售交换机"，"金额"栏中输入"93 600"元。

回车后自动增加一行，接着输入信息:"日期"栏中输入或选择编辑为"2013-06-15"，"凭证号"栏中输入或选择编辑"转-21"，"客户"栏中选择"亚圣"公司，"摘要"栏中输入"销售路由器"，"金额"栏中输入"11 700"元。

输入信息完成后，单击工具栏"汇总"按钮，然后单击"确定"按钮，完成往来明细数据输入。如图 3-16 所示。

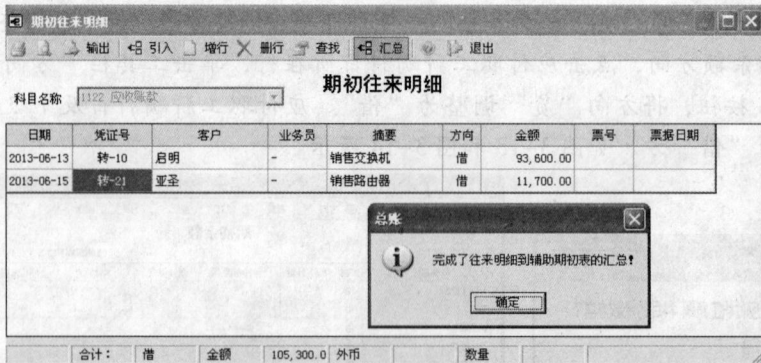

图 3-16　应收账款期初往来明细

栏目说明:

①屏幕下端的状态栏显示期初的合计数。

②要删除某一期初明细时,将光标移到要删除的期初明细上,用鼠标点击"删行"按钮,经确认后即可。

③按"查找"按钮可对辅助期初明细进行查找定位。

特别提示:

①如果输入过程中发现某项输入错误,可按"ESC"键取消当前项的输入,将光标移到需要修改的编辑项上,直接输入正确的数据即可。如果想放弃整行增加数据,在取消当前输入后,再按"ESC"键即可。

②如果需要修改某个数据,将光标移到要进行修改的数据上,直接输入正确数据即可,如果想放弃修改,按"ESC"键即可。

③在输入"客户"、"供应商"、"部门"、"个人"、"项目"、"自定义"项信息时,单击"参照"按钮或"F2"可参照输入。

(3)单击"退出"按钮,返回到"辅助期初余额"窗口。如图3-17所示。

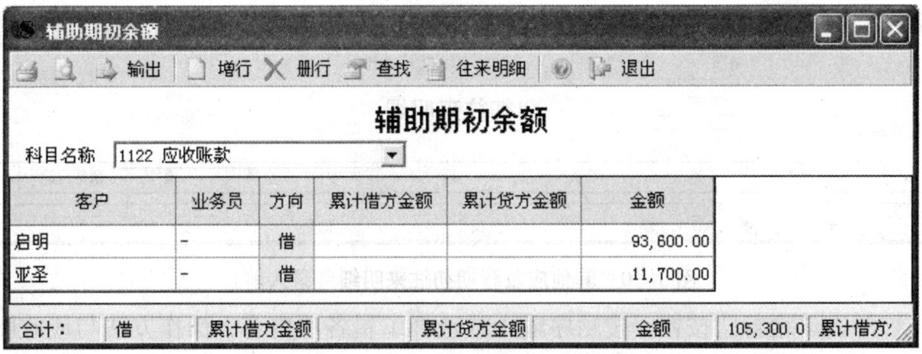

图3-17 应收账款辅助期初余额

栏目说明:

①按"查找"按钮可对辅助期初明细进行查找定位。

②用鼠标点击科目下拉选择框可选择相同辅助账类的其他科目录入期初余额。若为项目核算科目则可选择相同项目大类的其他科目录入期初余额。如图3-18所示。

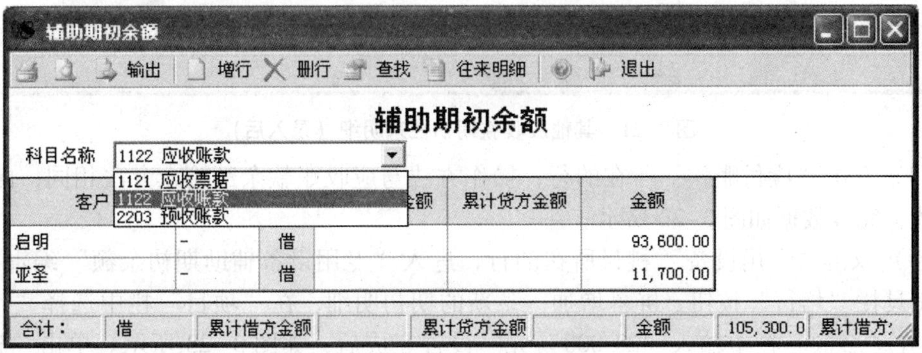

图3-18 科目名称选择

(4)单击"退出"按钮,返回"期初余额"窗口,完成应收账款的期初余额录入。如图3-19所示。

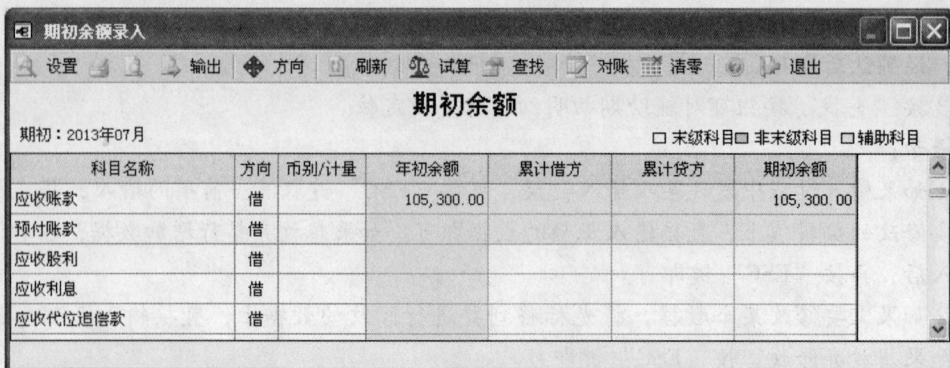

图 3-19　应收账款期初余额录入

（5）双击"其他应收款"科目所在的行，进入"其他应收款辅助期初余额"编辑窗口，单击工具栏"往来明细"按钮，进入"期初往来明细"窗口。如图 3-18 所示。

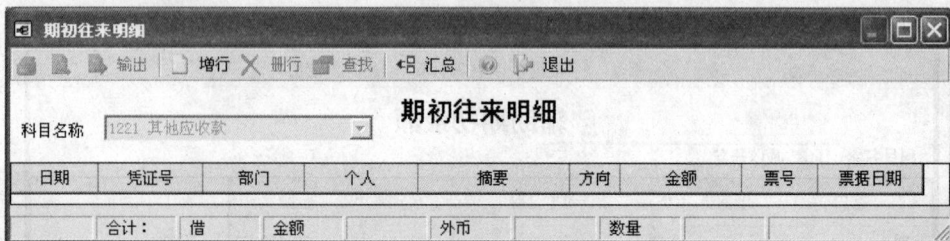

图 3-20　其他应收款期初往来明细（录入前）

（6）单击"增行"按钮，按顺序输入或选择编辑各项内容，操作方法与应收账款余额输入方法相同，此处不再赘述。输入完成后数据如图 3-21 所示。

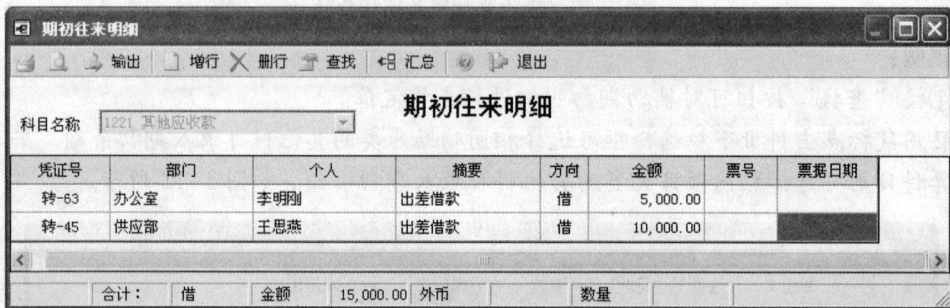

图 3-21　其他应收款期初往来明细（录入后）

（7）双击"应付账款"所在的行，操作方法与应收账款余额输入方法相同，此处不再赘述，完成数据如图 3-22 所示。

（8）双击"专用设备"科目所在的行，进入"专用设备辅助期初余额"编辑窗口，单击工具栏"增行"按钮，屏幕增加一条新的期初明细，在"项目"栏中选择"1 号厂房"，在"金额"栏中输入"23 000"元。设置完成后，如图 3-23 所示。单击"退出"按钮，返回期初余额编辑窗口。

2. 进行试算平衡

所有期初数据输入完成后，在期初余额录入窗口的工具栏中单击"试算"按钮，系

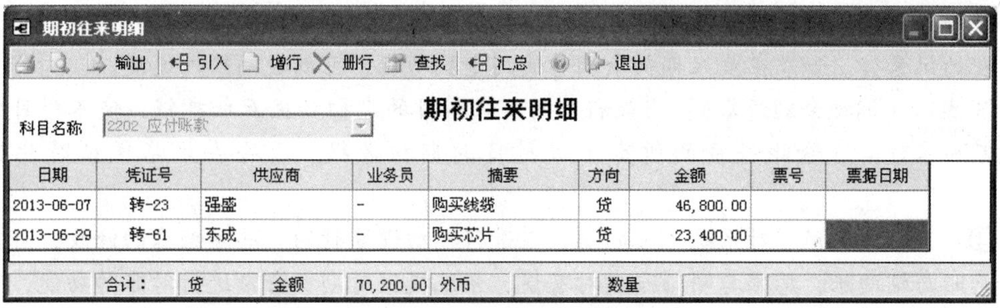

图 3-22 应付账款期初往来明细

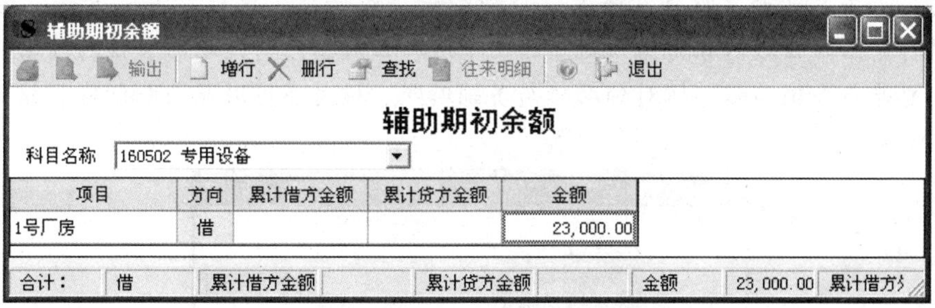

图 3-23 专用设备辅助期初余额

统进入"期初试算平衡表"对话框，试算结果如图 3-24 所示。试算结果平衡，单击"确定"按钮，返回期初余额录入窗口，完成期初余额录入工作。如果不平衡，进行数据核对，直至试算平衡为止。

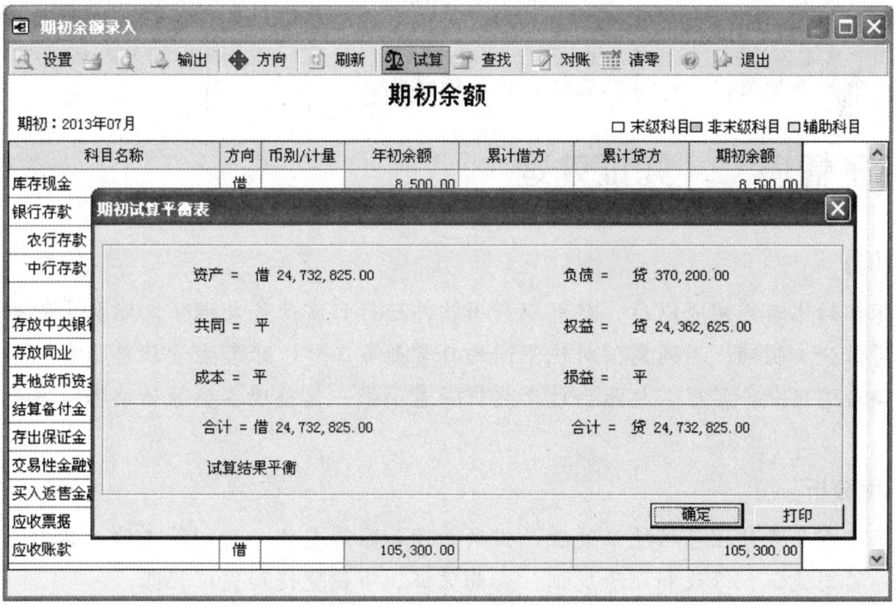

图 3-24 期初试算平衡表

栏目说明：

①试算：显示期初试算平衡表，显示试算结果是否平衡，如果不平，重新调整至平衡后再进行下一步工作。

②查找：输入科目编码或名称，或通过科目参照输入要查找的科目，可快速显示此科目所在的记录行。如果在录入期初余额时使用查找功能，可以提高输入速度。

③清零（期初余额清零）：当此科目的下级科目的期初数据互相抵销，使本科目的期初余额为零时，清除此科目的所有下级科目的期初数据。已存在记账凭证时此按钮置灰。

④如果初次使用，对系统不太熟悉，在进行期初设置时的一些不经意的修改，可能会导致总账与辅助账、总账与明细账核对有误，系统提供对期初余额进行对账的功能，可以及时做到账账核对，并可尽快修正错误的账务数据。进入期初余额后按"对账"按钮。操作方法：单击"开始"按钮，进入"期初对账"对话框，然后单击"开始"按钮，系统自动进行对账。核对内容为：核对总账上下级、核对总账与辅助账、核对辅助账与明细账、核对总账与多辅助账、核对辅助账与多辅助账、核对多辅助账与明细账。核对结果如图3-25所示。

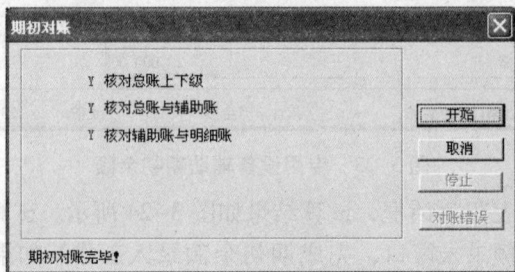

图3-25 期初对账

特别提示：

期初余额不平衡，可以填制凭证，但不能记账。

学习子情境二 凭证处理

【引例】

总账初始化工作完成以后，就可以利用软件进行日常业务处理了。账套主管告诉小张财务部岗位分工明确，不同岗位对应不同的日常业务工作。账套主管让总账会计李明轩带着小张接着进行业务学习。总账会计李明轩带着小张一起整理各类原始单据，准备进行凭证处理。

【引例分析】

总账日常业务处理包括凭证处理、出纳管理和账簿查询、打印等工作。其中，凭证处理包括：填制凭证、修改和删除凭证、查询凭证、审核凭证和凭证记账。

1. 记账凭证

记账凭证是本系统处理的起点，也是所有查询数据的最主要的一个来源。日常业务处理首先从填制凭证开始。

2. 审核凭证

即对制单人填制的记账凭证进行合法性检查，审核凭证包括：出纳签字、主管签字和审核员审核三个方面。

3. 凭证记账

记账凭证经审核签字后，即可用来登记总账和明细账、日记账、部门账、往来账、项目账以及备查账等。

[工作过程与岗位对照]

凭证处理的工作过程与岗位对照图如图 3-26 所示。

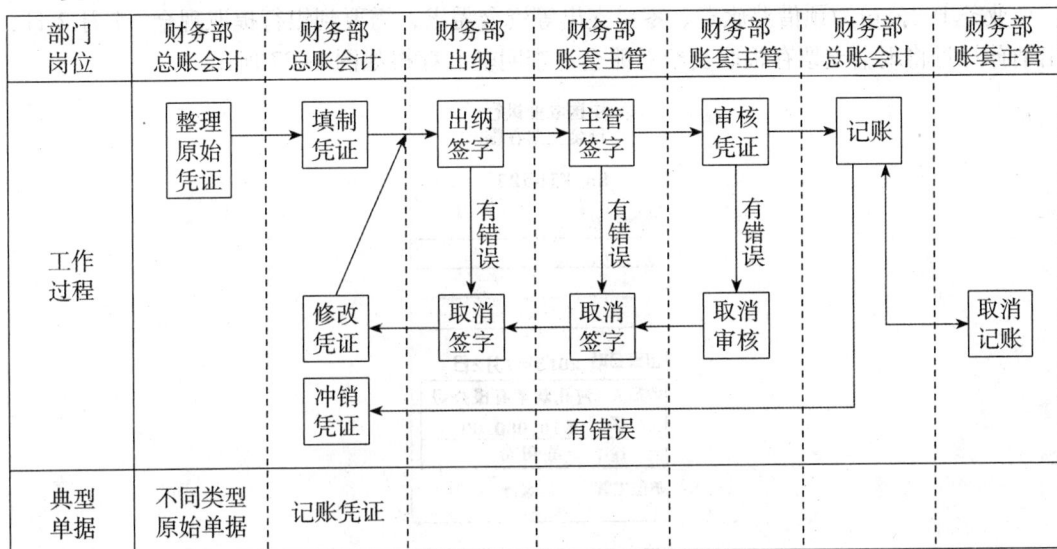

图 3-26　凭证处理的工作过程与岗位对照图

任务一　填制凭证

[任务名称]

设置常用摘要和常用凭证，填制 7 月份发生的所有总账业务凭证。

[任务内容]

一、设置常用摘要和常用凭证。见表 3-6 和表 3-7。

表 3-6　　　　　　　　　　　　　　　　常用摘要

编码	内容	编码	内容
01	报销差旅费	03	采购材料
02	支付职工工资	04	销售产品

表 3-7　　常用凭证　　单位：元

编码：001；说明：提取现金；凭证类别：付；附单据数：1				
详细信息	摘 要	科目编码	借方金额	贷方金额
	提取现金	1001	10 000	
		100201（结算方式 201）		10 000

二、整理原始单据，由总账会计李明轩填制所有业务凭证。经过整理，7 月份的业务原始单据如下：

业务 1：公司为预借差旅费、零星支出等资金需求，需要到银行提取现金。7 月 2 日，出纳孙丹丹将现金支票存根联交给总账会计李明轩。存根如图 3-27 所示。

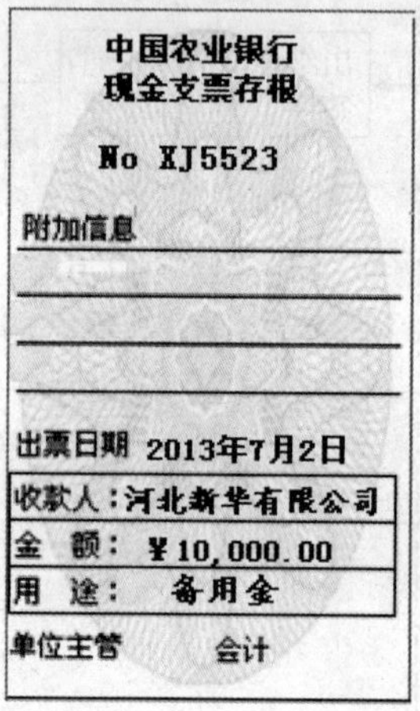
中国农业银行
现金支票存根

No XJ5523

附加信息

出票日期 2013年7月2日

收款人：河北新华有限公司

金　额：¥10,000.00

用　途：备用金

单位主管　　会计

图 3-27　现金支票存根

业务 2：7 月 4 日，财务部报销购买办公用品款 500 元，以现金支付。单据如图3-28、图 3-29 所示。（注意：填制此业务时，由于总账会计的疏忽，将金额填写为“800. 00”元）

费　用　报　销　单

部门　财务部　　报销日期　2013　年　7　月　4　日　　附件　　张

费 用 项 目	类 别	金 额	部门负责人（签章）	王志强
办公用品	打印纸	¥500.00		
			审 查 意 见	同意
			报销人（签章）	李明轩
报 销 金 额 合 计			¥500.00	
核实金额（大写）：伍佰元整				

主管　陈志　　复核　　出纳　　制表

图 3-28　费用报销单

业务 3：7 月 5 日，供应部王思燕报销差旅费 5 600 元，余款交还现金 4 400 元。单据如图 3-30、图 3-31 所示。

河北省增值税普通发票　　NO 25600391

发票联

开票日期：2013年7月4日

购货单位	名　称：河北新华有限责任公司 纳税人识别号：050000510222566 地址、电话：河北省新华区友谊大街99号　85327111 开户行及账号：农行天山支行6228480631045889923					密码区	略		
货物或应税劳务名称	规格型号	单位	数量	单价		金　额	税率	税　额
打印纸		箱	1	427.35		427.35	17%	72.65
				付讫				
合　计						¥427.35		¥72.65
价税合计（大写）　⊗伍佰元整						（小写）¥500.00		
销货单位	名　称：海天文具公司 纳税人识别号：210888876610012 地址、电话：河北省新华区友谊大街302号　87678562 开户行及账号：工商银行支行500600250035148					备注			

收款人：李新　　复核：周海涛　　开票人：张霞　　　　销货单位（盖章）

图3-29　增值税普通发票

差旅费报销单

部门：**供应部**　　　　　　　2013年　7月 5日

姓名	**王思燕**	事由：**外出**								共 15　　天	
起讫日期	起止地点	车船费		出差补助			住宿费		其他		
		种类	金额	天数	标准	金额	标准	金额	事项	金额
6.19-7.3	石家庄-沈阳	车费	350	15	150	2250	200	3000		
小计										
总计金额（大写）：伍仟陆佰元整		¥5600.00		预借		核销		退补		

会计主管：**王志强**　　单位负责人：**陈志**　　审核：　　　业务经办人：**王思燕**

附单据 3 张

图3-30　差旅费报销单

收　据

2013年 7月 5日　　　第 001 号

今收到　**供应部王思燕**

交　来　**剩余出差借款**　　　　　　　　　现金收讫

人民币合计（大写）　**肆仟肆佰元整**　　　　　　¥4,400.00

单位印　　　会计主管 王志强　　收款人 孙丹丹　　经手人 王思燕

第三联 会计凭证

图3-31　收据001号

业务4：7月13日，收到启明公司转账支票1张，用以归还前欠货款，支票号码为ZZ1146，面值为：93 600元，交中国农业银行进账。如图3-32、图3-33所示。

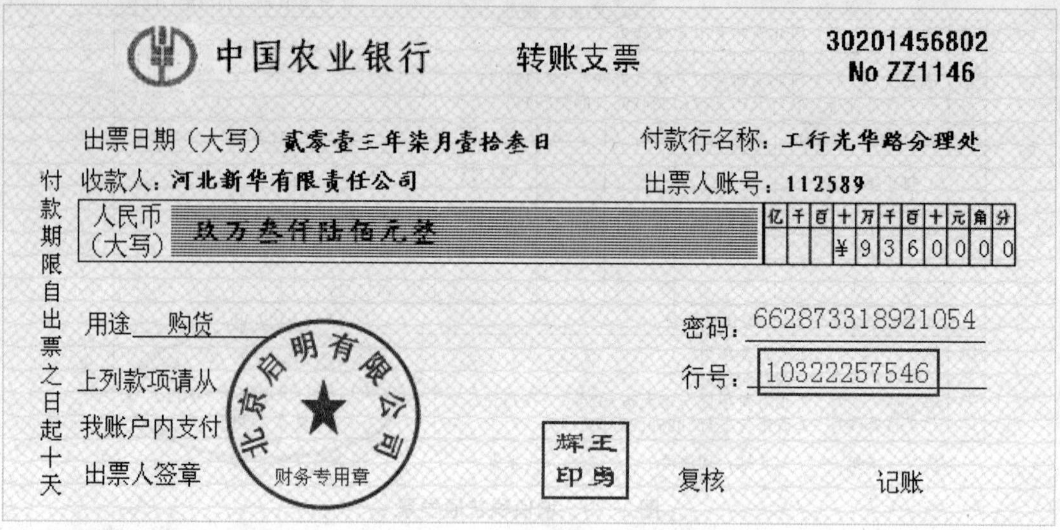

中国农业银行　　转账支票　　30201456802　No ZZ1146

出票日期（大写）贰零壹三年柒月壹拾叁日　　付款行名称：工行光华路分理处

收款人：河北新华有限责任公司　　出票人账号：112589

付款期限自出票之日起十天

人民币（大写）	亿	千	百	十	万	千	百	十	元	角	分
玖万叁仟陆佰元整			¥	9	3	6	0	0	0	0	

用途 购货　　密码：662873318921054

上列款项请从我账户内支付　　行号：10322257546

出票人签章　北京启明有限公司 财务专用章　王辉印　　复核　　记账

图3-32　货款转账支票

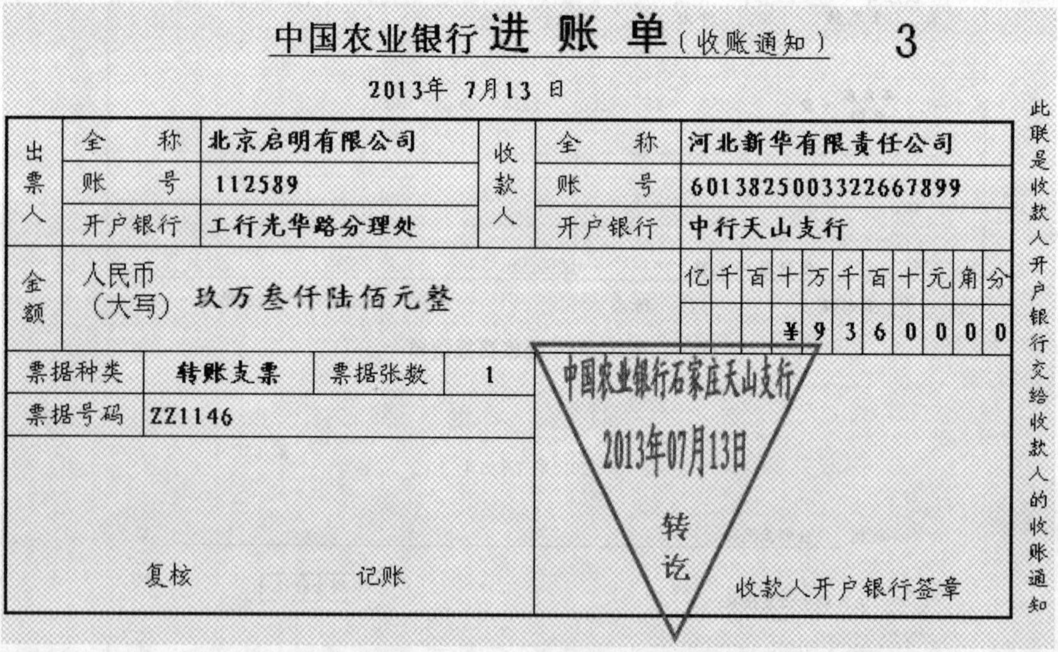

中国农业银行进账单（收账通知）　3

2013年 7月13日

出票人	全称	北京启明有限公司	收款人	全称	河北新华有限责任公司
	账号	112589		账号	6013825003322667899
	开户银行	工行光华路分理处		开户银行	中行天山支行
金额	人民币（大写）玖万叁仟陆佰元整			亿 千 百 十 万 千 百 十 元 角 分	¥ 9 3 6 0 0 0 0
票据种类	转账支票	票据张数	1		
票据号码	ZZ1146				
复核　记账				收款人开户银行签章	

中国农业银行石家庄天山支行 2013年07月13日 转讫

此联是收款人开户银行交给收款人的收账通知

图3-33　进账单

业务5：7月19日，供应部王思燕从强盛公司购入芯片2 000片，单价为80元/片，税率为17%，货税款暂欠，材料已验收入库。如图3-34、图3-35、图3-36所示。

河北省增值税专用发票 NO 21300786

抵扣联

开票日期：2013年7月19

购货单位	名　　称：河北新华有限责任公司 纳税人识别号：050000510222566 地址、电话：河北省新华区友谊大街99号　85327111 开户行及账号：农行天山支行6228480631045889923	密码区	略

货物或应税劳务名称	规格型号	单位	数量	单价	金　额	税率	税　额
芯片		片	2000	80.00	160 000.00	17%	27 200.00
合　　计					¥160 000.00		¥27 200.00

价税合计（大写）	⊗壹拾捌万柒仟贰佰元整	（小写）¥187 200.00

销货单位	名　　称：沈阳强盛有限公司 纳税人识别号：580832876610079 地址、电话：沈阳市大东区解放大街65号　31895027 开户行及账号：工商银行支行5006003480446678921	备注	沈阳强盛有限公司 580832876610079 发票专用章

收款人：李强　　　复核：贾建斌　　　开票人：王丹　　　　　销货单位（盖章）

第二联 抵扣联 购货方扣税凭证

图 3-34　采购芯片抵扣联

河北省增值税专用发票 NO 21300786

发票联

开票日期：2013年7月19

购货单位	名　　称：河北新华有限责任公司 纳税人识别号：050000510222566 地址、电话：河北省新华区友谊大街99号　85327111 开户行及账号：农行天山支行6228480631045889923	密码区	略

货物或应税劳务名称	规格型号	单位	数量	单价	金　额	税率	税　额
芯片		片	2000	80.00	160 000.00	17%	27 200.00
合　　计					¥160 000.00		¥27 200.00

价税合计（大写）	⊗壹拾捌万柒仟贰佰元整	（小写）¥187 200.00

销货单位	名　　称：沈阳强盛有限公司 纳税人识别号：580832876610079 地址、电话：沈阳市大东区解放大街65号　31895027 开户行及账号：工商银行支行5006003480446678921	备注	沈阳强盛有限公司 580832876610079 发票专用章

收款人：李强　　　复核：贾建斌　　　开票人：王丹　　　　　销货单位（盖章）

第三联 发票联 购货方记账凭证

图 3-35　采购芯片发票联

材料入库单（记账凭单）

2013年7月19日

供货单位： 沈阳强盛有限公司　　　　　　　　材料类别： 原材料　　编号： 001

发票号码： 21300786　　　　　　　　　　　　材料编号： 101　　仓库： 原料库

材料名称	计量单位	规格型号	数量		实际成本				
			应收	实收	单价	金额	运杂费	其他	合计
芯片	片		2000	2000					
备注：					合计				

②财务

采购： 王思燕　　检验： 王刚　　保管： 刘永江　　主管： 周永芳　　财务： 王志强

图3-36　芯片入库单

业务6：7月20日，供应部王思燕购入自建工程1号厂房用建筑材料，价税款合计5 850元，以农行转账支票支付，票号：ZZ7656，材料已验收库。如图3-37、图3-38、图3-39、图3-40所示。

河北省增值税普通发票

发票联

NO 31520961

开票日期：2013年7月20日

购货单位	名 称：河北新华有限责任公司 纳税人识别号：050000510222566 地址、电话：河北省新华区友谊大街99号　85327111 开户行及账号：农行天山支行6228480631045889923					密码区	略		

货物或应税劳务名称	规格型号	单位	数量	单价	金 额	税率	税 额
专用材料		千克	10	500.00	5 000.00	17%	850.00
				付讫			
合　计					¥5 000.00		¥850.00

价税合计（大写）　⊗伍仟捌佰伍拾元整　　　　　　（小写）¥5 850.00

销货单位	名 称：天成建材有限公司 纳税人识别号：650834876927086 地址、电话：河北省裕华区谈固大街205号　88783456 开户行及账号：工商银行支行500644660098752	备注	天成建材有限公司 650834876927086 发票专用章

收款人：杨楠　　复核：李玲　　开票人：董俊涛　　　　销货单位（盖章）

第三联 发票联 购货方记账凭证

图3-37　专用材料普通发票联

材料入库单（记账凭单）

2013年7月20日

供货单位：**天成建材有限公司**　　　　材料类别：**工程物资**　编号：**002**
发票号码：**31520961**　　　　　　　材料编号：**301**　仓库：**物资库**

材料名称	计量单位	规格型号	数量		实际成本				
			应收	实收	单价	金额	运杂费	其他	合计
专用材料	**千克**		**10**	**10**					
备注：				合计					

②财务

采购：**王思燕**　　检验：**王刚**　　保管：**刘永江**　　主管：**周永芳**　　财务：**王志强**

图3-38　专用材料入库单

付 款 报 告 书

部门：**供应部**　　　　　2013年 7月20日　　　　　编号：**001**

开支内容	金额	结算方式
支付专用材料款	**¥5 850.00**	**转账支票**
合计：（大写）**伍仟捌佰伍拾元整**		

附单据张

会计主管：**王志强**　　　单位负责人：**陈志**　　出纳：**孙丹丹**　　经办人：**王思燕**

图3-39　专用材料付款报告书

中国农业银行
转账支票存根
No ZZ7656

附加信息
_____
_____
_____

出票日期 **2013年7月20日**
收款人：**天成建材有限公司**
金　额：**¥5,850.00**
用　途：**支付材料款**

单位主管　　　会计

图3-40　转账支票存根

业务 7：7 月 22 日，以现金支付办公楼本月水电费，金额 2 000 元。如图 3-41、图 3-42 所示。

各部门用水电量记录及分配表

2013年7月

部　　　门	应借账户		耗水量（吨）	单价	分配金额
管理部门（办公楼）	管理费用	水电费	2 500	0.4	1 000.00
合　计			2 500		¥1 000.00
部　　　门	应借账户		耗电量（度）	单价	分配金额
管理部门（办公楼）	管理费用	水电费	2 000	0.5	1 000.00
合　计			2 000		¥1 000.00

图 3-41　部门用水电量分配表

付 款 报 告 书

部门：**财务部**　　　　　　2013年 7月22日　　　　　　编号：002

开支内容	金　额	结算方式	
支付水电费	**¥2 000.00**	**现金**	附单据张
合计：（大写）**贰仟元整**			

会计主管：**王志强**　　　单位负责人：**陈志**　　　出纳：**孙丹丹**　　　经办人：**孙丹丹**

图 3-42　水电费付款报告书

业务 8：7 月 25 日，向启明公司售出基站发射机 2 架，不含税单价为 14 000 元，税率 17%，同时以现金代垫运费 200 元，货税款尚未收到。如图 3-43、图 3-44、图 3-45 所示。

业务 9：7 月 30 日，收到投资人追加投资 10 000 美元转账支票一张，票号 ZZ9911，款项存入中行账户。如图 3-46、图 3-47、图 3-48 所示。

业务 10：7 月 30 日，以现金支付采购部本月水电费，金额 300 元。（注意：为了学习修改凭证，业务 10 是增加的虚拟业务，故无原始单据）

业务 11：7 月 30 日，以现金支付销售部本月水电费，金额 400 元。（注意：为了学习修改凭证，业务 11 是增加的虚拟业务，故无原始单据）

河北省增值税专用发票　　NO 40510067

此联不作报销、扣税凭证使用

发票联

开票日期：2013年7月25日

| 购货单位 | 名　称：北京启明有限公司
纳税人识别号：102366485003497
地址、电话：北京市海淀区胜利路312号　87543228
开户行及账号：工商银行支行112589 | | | | 密码区 | 略 | | |

货物或应税劳务名称	规格型号	单位	数量	单价	金　额	税率	税　额
基站发射机		架	2	14 000.00	28 000.00	17%	4 760.00
合　计					¥28 000.00		¥47 600.00

| 价税合计（大写） | ⊗ 叁万贰仟柒佰陆拾元整 | （小写）¥32 760.00 |

| 销货单位 | 名　称：河北新华有限责任公司
纳税人识别号：050000510222566
地址、电话：河北省新华区友谊大街99号　85327111
开户行及账号：农行天山支行6228480631045889923 | 备注 | 河北新华有限责任公司
050000510222566
发票专用章 |

收款人：王涛　　　复核：王志强　　　开票人：李明轩　　　销货单位（盖章）

图3-43　销售发票

运费垫支凭证

2013年 7月25日

收货单位	运单号	货物名称	发运数量	运费	保险费	其他	金额合计	经手人
北京启明 有限公司		基站发射机	2	¥200			¥200	李振东
合　计							¥200	

图3-44　运费垫支凭证

付 款 报 告 书

部门：销售部　　　　　2013年 7月25日　　　　　编号：003

开支内容	金　额	结算方式
支付代垫运杂费	¥200.00	现金

附单据　张

合计：（大写）贰佰元整

会计主管：王志强　　　单位负责人：陈志　　　出纳：孙丹丹　　　经办人：李振东

图3-45　运费付款报告书

中国银行 转账支票

1023367068
No ZZ9911

付款期限自出票之日起十天

出票日期（大写）贰零壹三年柒月叁拾日　　付款行名称：中行中山路支行

收款人：河北新华有限责任公司　　出票人账号：112589

人民币（大写）	美元壹万元整	亿	千	百	十	万	千	百	十	元	角	分
				USD	1	0	0	0	0	0	0	0

用途 投资款　　密码：782820314715638

上列款项请从　　行号：1056723468

我账户内支付　王建立印

出票人签章　　复核　　记账

图 3-46　中行转账支票

收　据

2013年 7月30日　　第 002 号

今收到 投资人王建立

交　来 投资款　　收讫

人民币合计（大写） 美元壹万元整　　USD10,000

单位印章　河北新华有限责任公司 财务专用章　　会计主管 王志强　　收款人 孙丹丹　　经手人 王思燕

第三联 会计凭证

图 3-47　投资款收据

中国银行　进 账 单（收账通知）　3

2013年 7月30 日

出票人	全称	王建立	收款人	全称	河北新华有限责任公司
	账号	102789237485665		账号	6013825003322667899
	开户银行	中行中山路支行		开户银行	中行天山支行

金额	人民币（大写） 美元壹万元整	亿	千	百	十	万	千	百	十	元	角	分
				USD	1	0	0	0	0	0	0	0

票据种类	转账支票	票据张数	1
票据号码	ZZ9911		

复核　　记账　　中国银行石家庄天山支行 2013年07月30日 转讫　　收款人开户银行签章

此联是收款人开户银行交给收款人的收账通知

图 3-48　投资款进账单

[任务要求]

7 月 30 日，总账会计李明轩设置常用摘要和常用凭证，并完成所有记账凭证的填制。

[知识链接]

1. 常用摘要：企业在处理日常业务数据时，在输入单据或凭证的过程中，因为业务的重复性发生，经常会有许多摘要完全相同或大部分相同，如果将这些常用摘要存储起来，在输入单据或凭证时随时调用，必将大大提高业务处理效率。

2. 常用凭证：在单位里，会计业务都有其规范性，因而在日常填制凭证的过程中，经常会有许多凭证完全相同或部分相同，如果将这些常用的凭证存储起来，在填制会计凭证时可随时调用，必将大大提高业务处理的效率。

[工作示范]

1. 常用摘要的设置

（1）以总账会计李明轩的身份注册“企业应用平台”，操作日期为“2013-07-30”，单击确定进入“企业应用平台”窗口。

（2）在“业务导航视图”中，选择“基础设置”，单击“基础档案”/“其他”，然后双击“常用摘要”，进入“常用摘要”设置对话框。

（3）单击“增加”按钮，新增一条常用摘要，在“摘要编码”栏中输入“01”，在“摘要名称”栏中输入“报销差旅费”。第一行设置完成后，单击“增加”按钮，进行下一个常用摘要的设置。所有常用摘要设置完成后如图 3-49 所示。

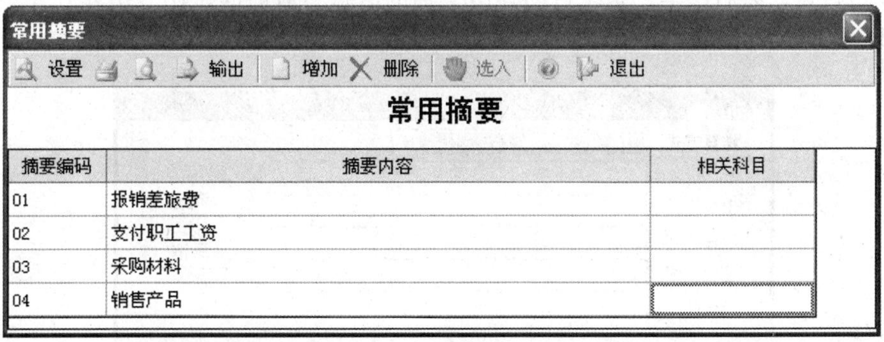

摘要编码	摘要内容	相关科目
01	报销差旅费	
02	支付职工工资	
03	采购材料	
04	销售产品	

图 3-49　常用摘要对话框

栏目说明：

①常用摘要编码：用以标识某常用摘要。在制单中录入摘要时，用户只要在摘要区输入该常用摘要的编码，系统即自动调入该摘要的正文和相关科目。

②常用摘要正文：结合本单位的实际情况，输入常用摘要的正文。

③相关科目：如果某条常用摘要对应某科目，则可以在此输入，在调用常用摘要的同时，也将被一同调入，以提高录入速度。

特别提示：

录入编号、摘要内容、相关科目，这些信息（数据）可任意设定并在调用后可以进行修改和补充。

2. 常用摘要的设置

操作步骤：

（1）在"业务导航视图"中选择"业务工作"，单击"总账"／"凭证，然后双击"常用摘要"，进入"常用摘要"编辑对话框。

（2）单击"增加"按钮，新增一张常用凭证。在"编码"栏中输入"001"，在"说明"栏中输入"提取现金"，在"凭证类别"栏中选择"付款凭证"，在"附单据数"栏中输入"1"，设置如图3-50所示。

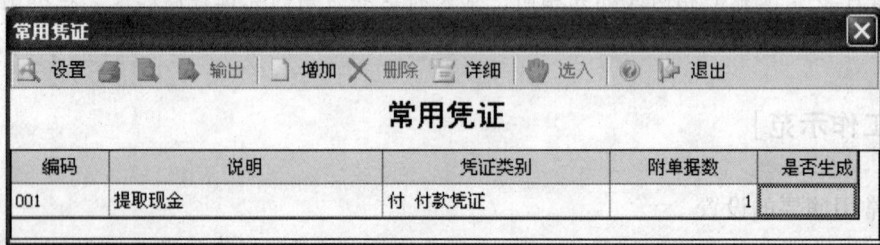

编码	说明	凭证类别	附单据数	是否生成
001	提取现金	付 付款凭证	1	

常用凭证 ／ 设置 输出 增加 删除 详细 选入 退出

图3-50 常用凭证对话框

（3）单击"详细"按钮，进入凭证分录定义窗口，进行详细设置。

（4）单击"增加"按钮，在"科目编码"栏中输入或选择"1001"科目，然后在"借方金额"栏中输入"10 000"元，回车。

（5）输入贷方信息，单击"增加"按钮，在"科目编码"栏中输入或选择"100201"科目，然后回车，系统自动弹出"辅助信息"对话框，在"结算方式"栏中选择"201 现金支票"，如图3-51所示。

辅助信息	
结算方式	201 现金支票
部门	
个人	
项目	
客户	
供应商	

确定 取消

图3-51 辅助信息对话框

（6）单击"确定"按钮返回，在"贷方金额"栏中输入金额"10 000"元。完成提取现金的常用凭证设置。如图3-52所示。设置完成后退出即可。

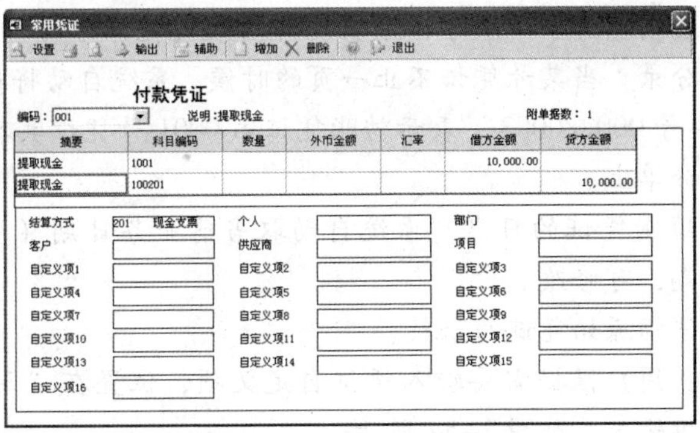

图 3-52　常用凭证分录设置

栏目说明：

①录入分录时，必须输入摘要说明和会计科目。会计科目可以录入非末级科目。

②如果会计科目有辅助核算，则弹出辅助信息录入窗口，可录入辅助信息。

③如果借贷方金额或辅助信息在定义常用凭证时还不能确定，则可以留到填制凭证时再输入。

特别提示：

①编号和凭证类别必须输入。编号不能重复。

②不能只定义凭证主要信息，却不定义凭证分录内容。

③只有具有常用凭证控制权限的操作员才能操作。

④在调用常用凭证时，如果不修改直接保存凭证，此时由被调用的常用凭证生成的凭证不受任何权限的控制，例如包括金额权限控制、不受辅助核算及辅助项内容的限制等。

3. "业务1"凭证的填制（调用常用凭证、银行账辅助核算）

操作步骤：

（1）以总账会计李明轩的身份注册"企业应用平台"，操作日期为"2013-07-30"，单击确定进入"企业应用平台"窗口。

（2）单击"总账"／"凭证，然后双击"填制凭证"，进入"填制凭证"窗口。如图3-53所示。

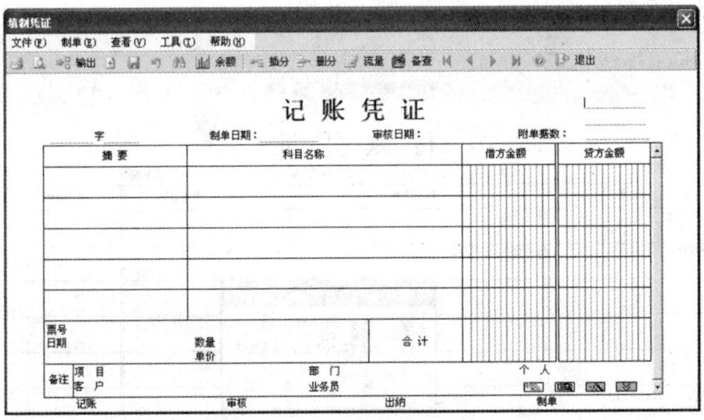

图 3-53　记账凭证格式

栏目说明：

①凭证编号：为何种凭证第几号。如果在"选项"中选择"系统编号"则由系统按

时间顺序自动编号。否则，为手工编号，系统允许的最大凭证号为"32 767"。系统规定每页凭证可以有五笔分录，当某号凭证不止一页的时候，系统自动将在凭证号后标上几分之一，如："转-0001 号 0002/0003"表示转账凭证第 0001 号凭证共有三张分单，当前光标所在分录在第二张分单上。

②制单日期：为填制凭证的日期。系统自动取当前业务日期（登录系统软件日期）为记账凭证填制的日期，可修改。

③附单据数：为依据原始凭证的张数。

④凭证自定义项：用户根据需要输入凭证自定义项，位置在"附单据数"上方，单击凭证右上角的输入框输入，如图 3-54 所示。

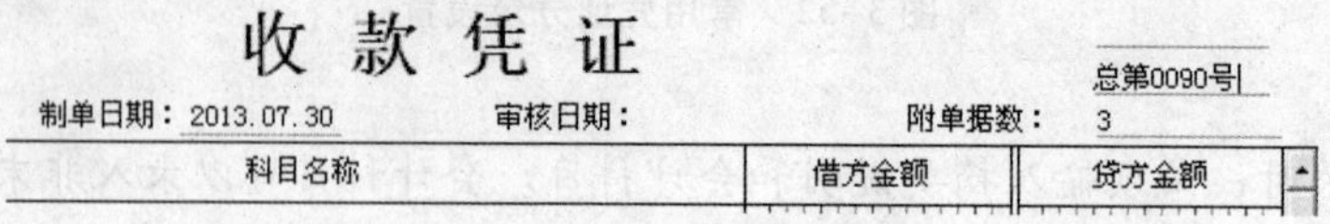

图 3-54 凭证自定义项

⑤若科目为银行科目，且在结算方式设置中确定要进行票据管理，在"选项"中设置"支票控制"，那么这里会要求输入"结算方式"、"票号"及"发生日期"。

⑥如果科目设置了辅助核算属性，还要输入辅助信息，如部门、个人、项目、客户、供应商、数量等。

（3）单击"制单"菜单，选择下一级子菜单"调用常用凭证"，单击"常用凭证代号选择"按钮，系统进入常用凭证对话框，单击编码"001"所在行，然后单击工具栏的"选入"按钮，系统将"提取现金凭证"自动调入。

（4）然后将"制单日期"修改为"2013-07-02"。

（5）将鼠标选中"100201 银行存款/农行存款"科目所在行，然后同时按下"CTRL"键和"S"键（或者在凭证体"票号日期"区域双击，也可以双击凭证右下角"辅助项"按钮）进入"辅助项"对话框。按照业务信息将"票号"修改为"XJ5523"，将"发生日期"改为"2013-07-02"，然后单击"确定"按钮返回。

（6）单击"保存"按钮，系统弹出"此支票尚未登记，是否登记"提示框，单击"是"按钮。如图 3-55 所示。

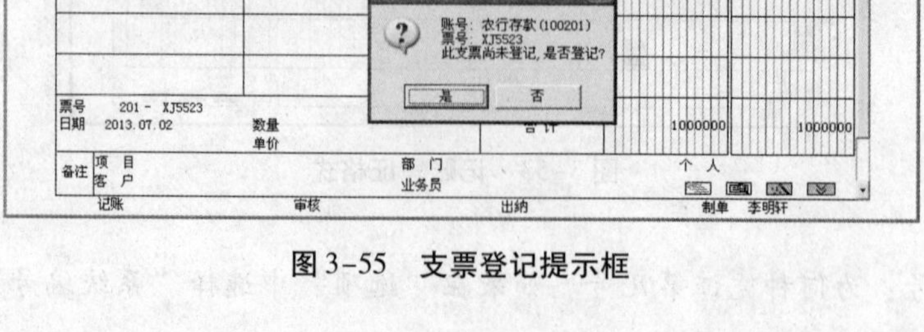

图 3-55 支票登记提示框

（7）系统弹出"支票登记"对话框，在"领用部门"栏中选择"财务部"，在"姓名"栏中选择"孙丹丹"，在"用途"栏中输入"备用金"，然后单击"确定"按钮。设置如图3-56所示。

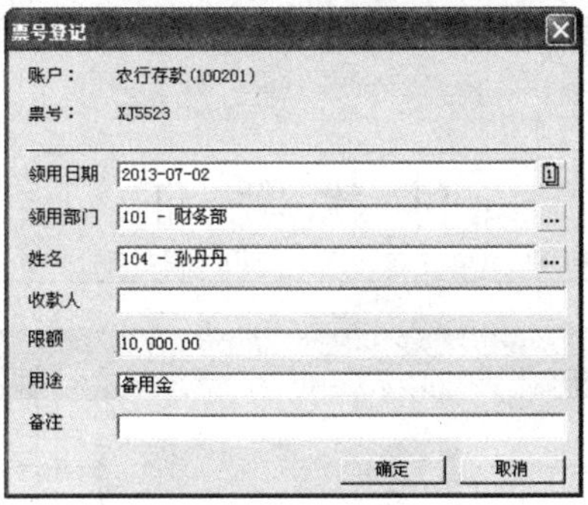

图3-56　票号登记对话框

特别提示：

如果希望对于在制单时也可进行支票登记，则应在"选项"中设置"支票控制"选项，那么在制单时，如果所输的结算方式应使用支票登记簿，在输入支票号后，系统则会自动勾销支票登记簿中未报销的支票，并将报销日期填上制单日期。若支票登记簿中未登记该支票，系统将显示支票录入窗，供使用者将该支票内容登记到支票登记簿中，同时填上报销日期。

（8）单击"保存"按钮，系统自动弹出"凭证已成功保存"提示框，单击"确定"按钮，完成业务1凭证的填制。如图3-57和图3-58所示。

图3-57　成功保存提示框

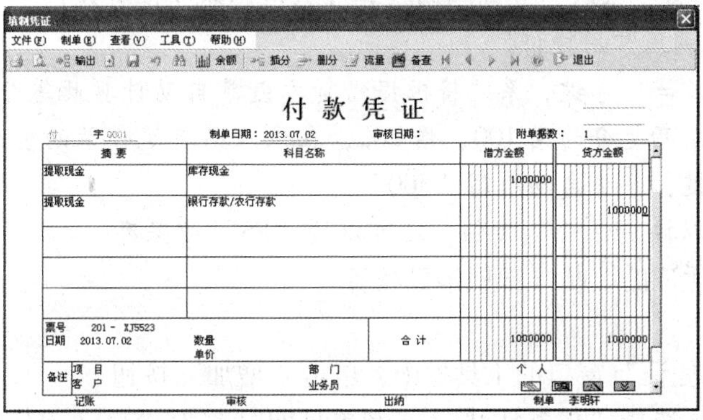

图3-58　"业务1"凭证

栏目说明：

①余额：可查询当前科目的最新余额一览表。

②插分：插入一条分录。快捷键为"CTRL+I"。

③删分：删除光标当前行分录。快捷键"CTRL+D"。如图3-59所示。

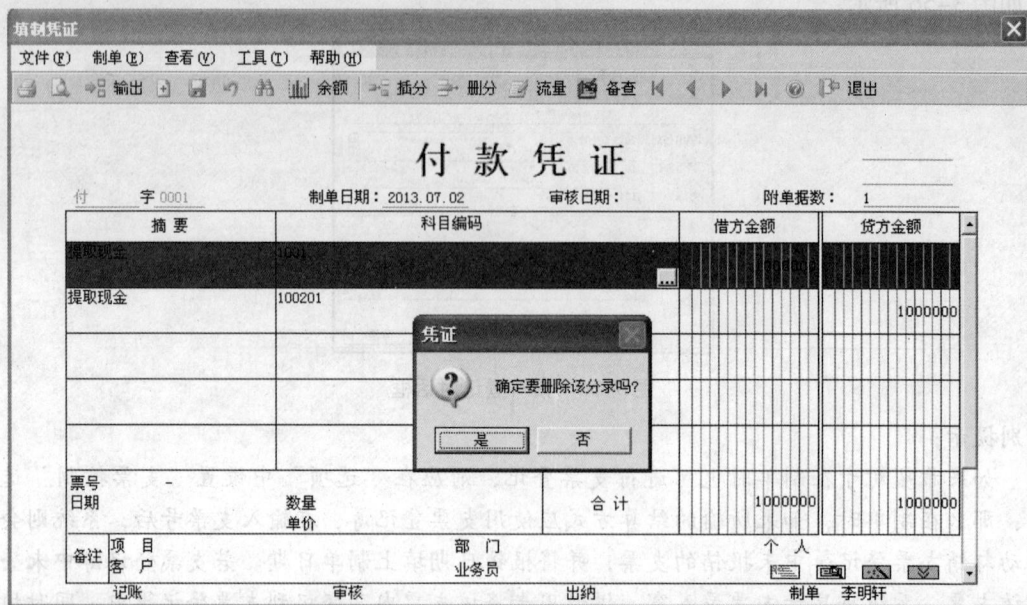

图3-59 删除分录

特别提示：

①录入该笔分录的借方或贷方本币发生额，金额不能为零，但可以是红字，红字全额以负数形式输入。如果方向不符，可按空格键调整全额方向。

②增加一张新凭证，除了单击"增加"按钮还可以按"F5"键。

③输入凭证分录的摘要，按"F2"键重建或参照按钮输入常用摘要，但常用摘要的选入不会清除原来输入的内容。

④末级科目可以手工输入，也可以参照按钮输入，还可以按"F2"键参照录入。

⑤"CTRL+S"键：录入、查询辅助核算（只对总账凭证有效）。

⑥"F4"键：调用常用凭证。

⑦在金额处按"="号键，系统将根据借贷方差额自动计算此笔分录的全额。例如：填制某张凭证时，前两笔分为借100，借200，在录入第三笔分录的金额时，将光标移到贷方，按下"="键，系统自动填写"300"。

⑧保存凭证可以按"保存"按钮，还可以按"F6"键保存。

4."业务2"凭证的填制（部门辅助核算）

操作步骤：

（1）在"填制凭证"窗口的工具栏中，单击"增加"按钮。

（2）"凭证字"选择"付款凭证"，"制单日期"改为"2013-07-04"，"附单据数"为"2"，"摘要"栏输入"购办公用品"，"科目名称"选择或输入"660202（管理费用/办公费）"，然后回车，系统弹出"辅助项"对话框，选择"财务部"，如图3-60所示。

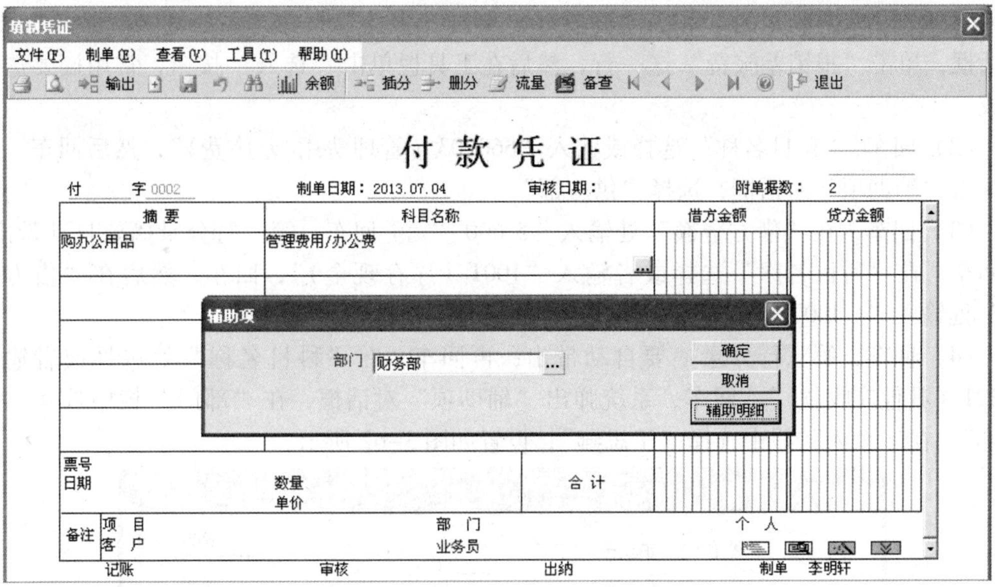

图3-60　部门辅助核算

（3）单击"确定"按钮，在"借方金额"输入"800"元，然后回车，第二行分录摘要自动带出，再回车，在"科目名称"选择或者输入"1001（库存现金）"，回车，然后在"贷方金额"输入"800"元，最后单击"保存"按钮，系统自动弹出"凭证已成功保存"，单击"确定"按钮，完成业务2凭证的填制，如图3-61所示。

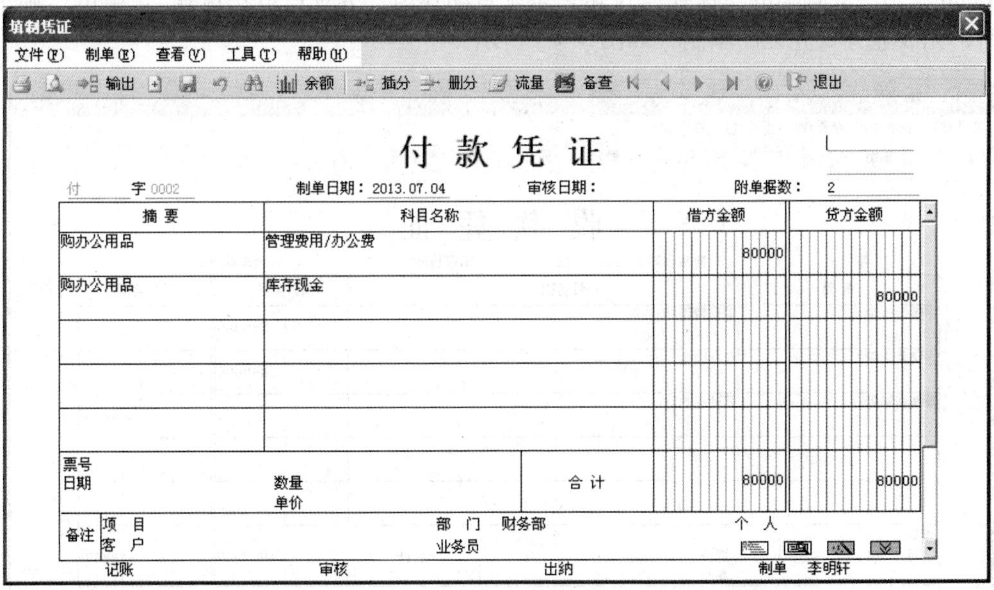

图3-61　"业务2"凭证

特别提示：

　　原始单据是500元，此处金额输入800元，是为了将来修改凭证使用。

5. "业务3"凭证的填制（引入常用摘要、部门及个人辅助核算）

（1）单击"增加"按钮，"凭证字"选择"收款凭证"，"制单日期"改为"2013-

07-05"，"附单据数"为"2"，"摘要"栏单击"多选"按钮，系统进入"常用摘要"对话框，单击"报销差旅费"这一行，然后在工具栏单击"选入"按钮，常用摘要选入完成。

（2）回车，"科目名称"选择或输入"660203（管理费用/差旅费）"，然后回车，系统弹出"辅助项"对话框，选择"供应部"。

（3）回车，在"借方金额"处输入"5 600"元。回车，第二行分录摘要自动带出，再回车，在"科目名称"选择或者输入"1001（库存现金）"，回车，然后在"借方金额"处输入"4 400"元。

（4）回车，第三行分录摘要自动带出，再回车，在"科目名称"处选择或者输入"1221（其他应收款）"，回车，系统弹出"辅助项"对话框，在"部门"栏中选择"供应部"，在"个人"栏中选择"王思燕"，设置如图3-62所示。

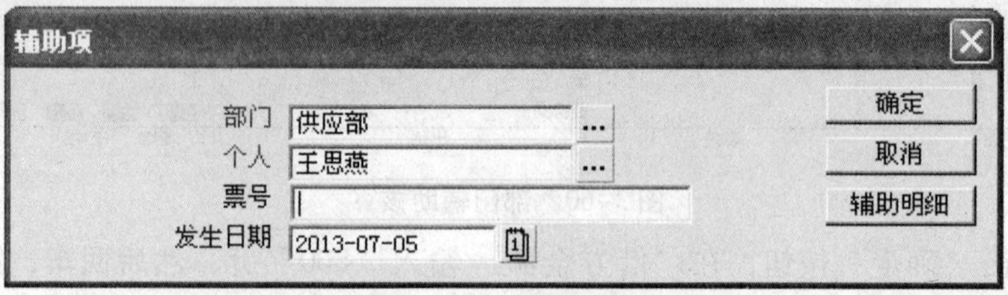

图3-62　个人往来辅助核算

（5）单击"确定"按钮返回，然后在"贷方金额"处输入"="键，系统自动填制"10 000"元。最后单击"保存"按钮，系统自动弹出"凭证已成功保存"，单击"确定"按钮，完成业务3凭证的填制，如图3-63所示。

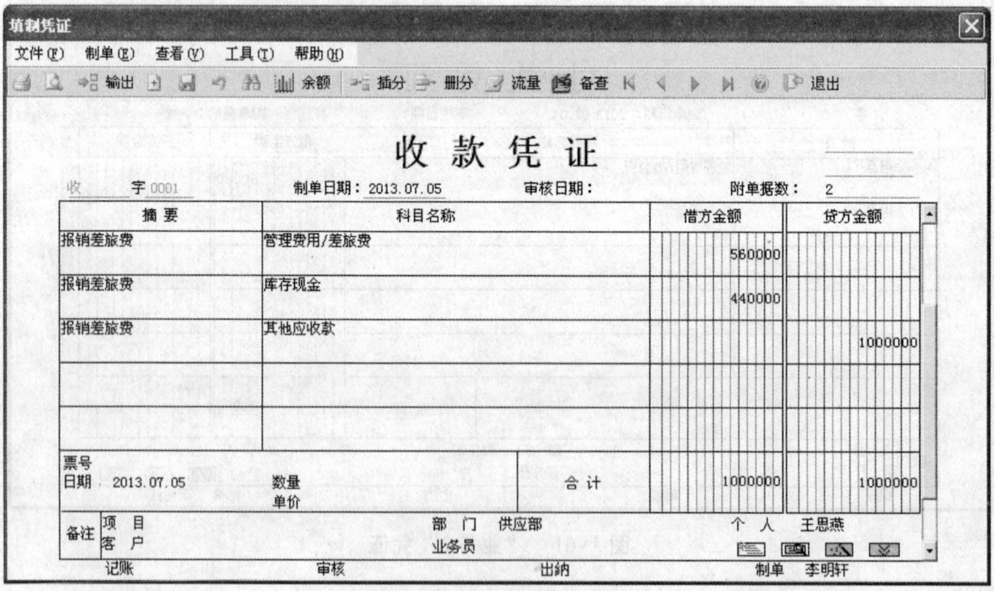

图3-63　"业务3"凭证

6."业务4"凭证的填制（银行及客户往来辅助核算）

（1）单击"增加"按钮，"凭证字"选择"收款凭证"，"制单日期"改为

"2013-07-13"，"附单据数"为"2"，"摘要"栏输入"收回货款"，回车，"科目名称"选择或输入"100201（银行存款/农行存款）"，然后再回车，系统弹出"辅助项"对话框。

（2）在"结算方式"栏中选择"202（转账支票）"，在"票号"栏中输入"ZZ1146"，"发生日期"栏时间为"2013-07-13"，然后单击"确定"按钮返回。

（3）在"借方金额"处输入"93 600"元，回车，第二行分录摘要自动带出，再回车，在"科目名称"处选择或者输入"1122（应收账款）"，然后回车，系统弹出"辅助项"对话框。在"客户"栏中选择"启明公司"，在"业务员"栏中选择销售部的"李振东"，"票号"为空，"发生日期"为"2013-07-13"。辅助核算设置完成后，如图3-64所示。

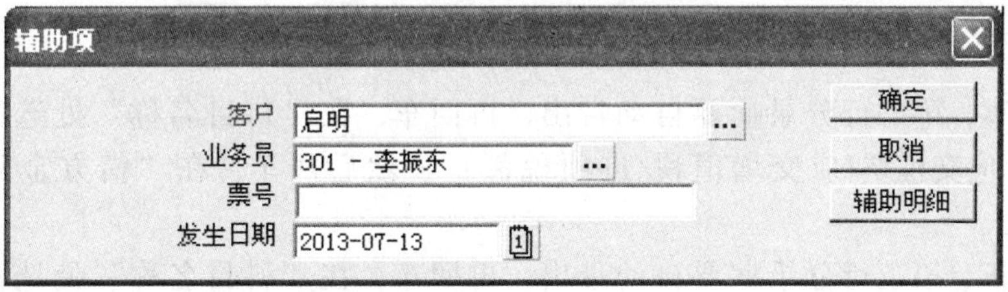

图3-64　客户往来辅助核算

特别提示：

客户往来辅助项中的票号为"发票号"，此业务为货款收回，发票号需要到本笔销售业务的原始单据中查找。由于不是必填项，所以省略。

（4）单击"确定"按钮返回，在"贷方金额"处输入"93 600"元或者"＝"键。最后单击"保存"按钮，系统自动弹出"凭证已成功保存"，单击"确定"按钮，完成业务4凭证的填制，如图3-65所示。

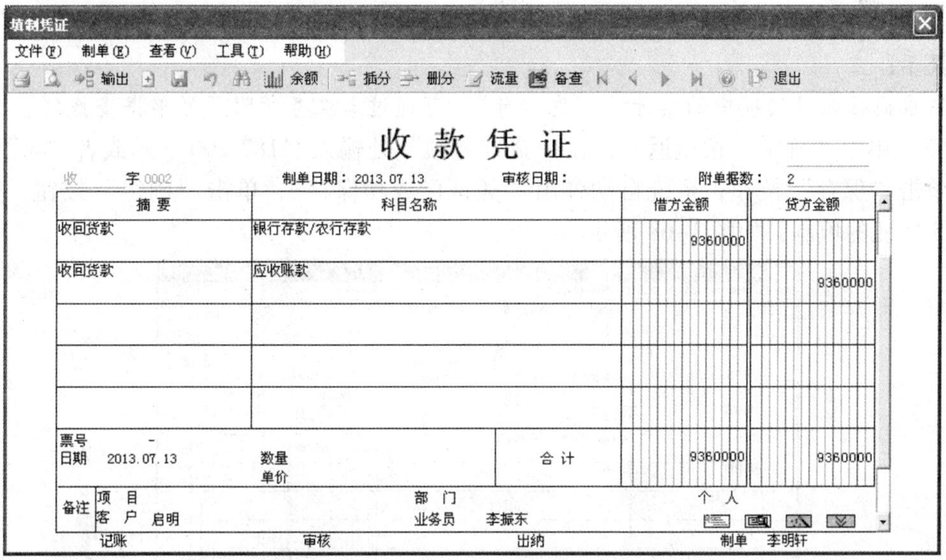

图3-65　"业务4"凭证

7. "业务5"凭证的填制（数量金额及供应商往来辅助核算）

（1）单击"增加"按钮，"凭证字"选择"转账凭证"，"制单日期"改为

"2013-07-19"，"附单据数"为"3"，"摘要"栏选入"03（采购材料）"常用摘要，回车，"科目名称"选择或输入"140301（原材料/芯片）"，然后再回车，系统弹出"辅助项"对话框。

（2）在"数量"栏中输入"2 000"片，在"票号单价"栏中输入"80"，然后单击"确定"按钮返回，系统自动填制"借方金额"为"160 000"元。数量金额辅助核算如图3-66所示。

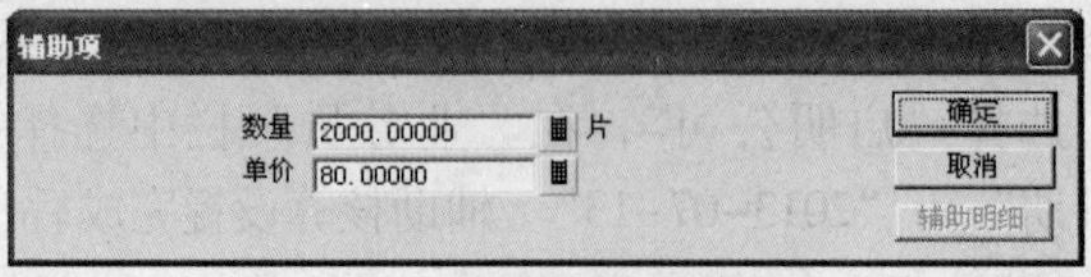

图3-66 数量金额辅助核算

（3）回车，第二行分录摘要自动带出，再回车，在"科目名称"处选择或者输入"22210101（应交税费/应交增值税/进项税额）"，然后回车，在"借方金额"处输入"27 200"元。

（4）回车，第三行分录摘要自动带出，再回车，在"科目名称"处选择或者输入"2202（应付账款）"，然后回车，系统弹出"辅助项"对话框。在"供应商"栏中选择"强盛公司"，在"业务员"栏中选择供应部的"王思燕"，"票号"为"21300786"，"发生日期"为"2013-07-19"。辅助核算设置完成后，如图3-67所示。

图3-67 供应商往来辅助核算

特别提示：

供应商往来辅助项中的票号为"发票号"，可通过本业务所附原始单据查找到。

（5）单击"确定"按钮返回，在"贷方金额"处输入"187 200"元或者"="键。最后单击"保存"按钮，系统自动弹出"凭证已成功保存"，单击"确定"按钮，完成业务5凭证的填制，如图3-68所示。

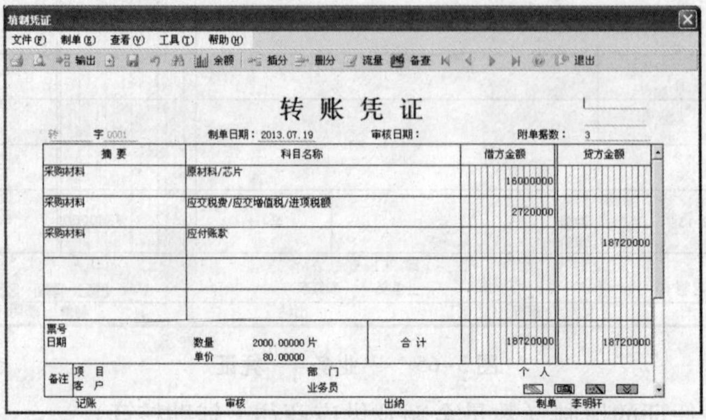

图3-68 "业务5"凭证

特别提示：

保存后，光标自动切换到"用户自定义项"位置，辅助项核算信息自动为第一行分录信息，第三行应付账款辅助核算信息隐藏。如果要查询应付账款辅助核算信息，需要单击第三行，辅助信息就会显示在相应的位置上。如果需要修改，按住"CTRL+S"键进入辅助项对话框，直接修改即可。

8. "业务6"凭证的填制（项目及银行账辅助核算，不进行支票登记）

（1）单击"增加"按钮，"凭证字"选择"付款凭证"，"制单日期"改为"2013-07-20"，"附单据数"为"4"，"摘要"栏选入"03（采购材料）"常用摘要，回车，"科目名称"选择或输入"160501（工程物资/专用材料）"，然后再回车，系统弹出"辅助项"对话框。

（2）在"项目名称"栏中选择"1号厂房"，然后单击"确定"按钮返回。项目辅助核算如图3-69所示。

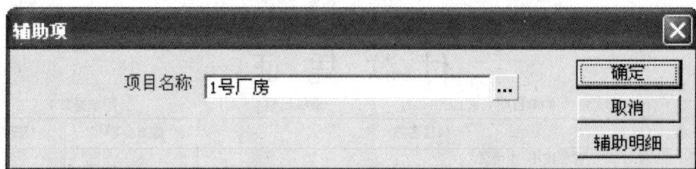

图3-69　项目核算辅助核算

（3）回车，在"借方金额"处输入"5 850"元，回车，第二行分录摘要自动带出。

（4）回车，在"科目名称"处选择或者输入"100201（银行存款/农行存款）"，然后回车，系统弹出"辅助项"对话框。

（5）在"结算方式"栏中选择"202（转账支票）"，在"票号"栏中输入"ZZ7656"，"发生日期"为"2013-07-20"。设置完成后，单击"确定"按钮返回。

（6）在"贷方金额"处输入"5 850"元或者"="键。最后单击"保存"按钮，系统弹出"此支票尚未登记，是否登记"提示框，单击"否"按钮。

（7）系统自动弹出"凭证已成功保存"，单击"确定"按钮，完成业务6凭证的填制，如图3-70所示。

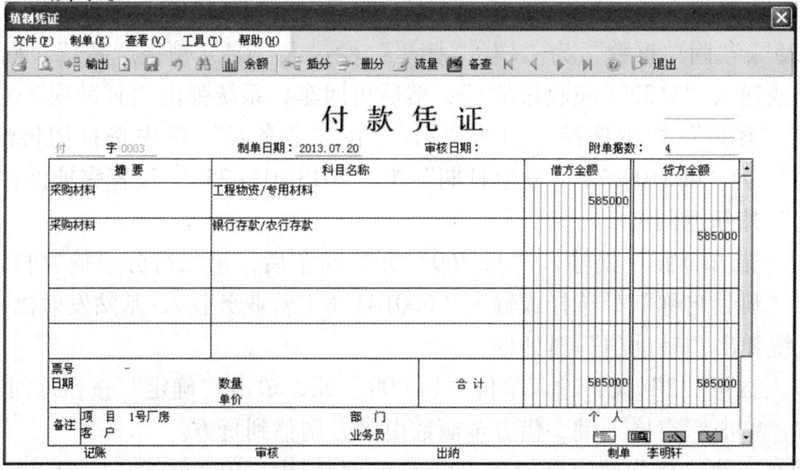

图3-70　"业务6"凭证

9. "业务7"凭证的填制（无辅助核算）

（1）单击"增加"按钮，"凭证字"选择"付款凭证"，"制单日期"改为"2013-07-22"，"附单据数"为"2"，"摘要"栏输入"付办公楼水电费"，回车，"科目名称"选择或输入"660201（管理费用/水电费）"，然后再回车，在"借方金额"处输入"2 000"元。

（2）回车，第二行分录摘要自动带出。再回车，在"科目名称"栏中选择或输入"1001（库存现金）"，再一次回车，在"贷方金额"处输入"2 000"元或者输入"＝"键。

（3）最后，单击"保存"按钮，系统弹出"凭证已成功保存"，单击"确定"按钮，完成业务7凭证的填制，如图3-71所示。

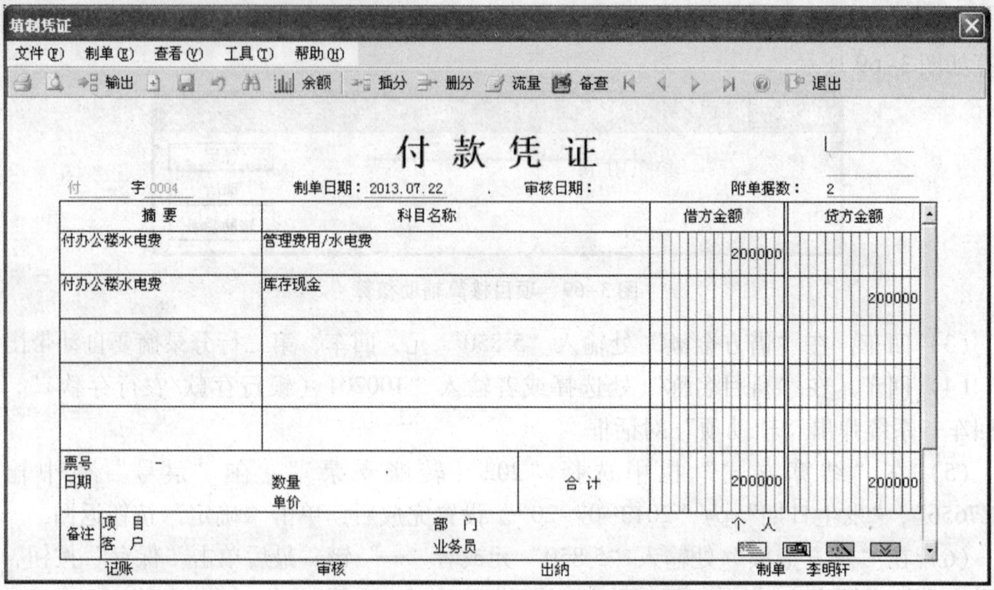

图3-71 "业务7"凭证

10. "业务8"凭证的填制（代垫运费、数量金额和客户往来辅助核算）

（1）单击"增加"按钮，"凭证字"选择"转账凭证"，"制单日期"改为"2013-07-25"，"附单据数"为"1"，"摘要"栏选入"04（销售产品）"，回车，"科目名称"选择或输入"1122（应收账款）"，然后再回车，系统弹出"辅助项"对话框。

（2）在"客户"栏中选择"启明公司"，在"业务员"栏中选择销售部的"李振东"，"票号"为40510067，"发生日期"为"2013-07-25"。设置完辅助核算信息后，单击"确定"按钮返回。

（3）在"借方金额"处输入"32 760"元，回车后，第二行分录摘要自动带出，然后回车，在"科目名称"处选择或输入"600103（主营业务收入/基站发射机）"，再一次回车后，系统弹出"辅助项"对话框。

（4）输入数量"2"架，输入单价"14 000"元，单击"确定"按钮返回，金额自动填列在借方，单击"空格"键，借方金额数由借方调整到贷方。

（5）回车，第三行分录信息操作方法与前面相同，不再赘述。完成后，如图3-72

所示。

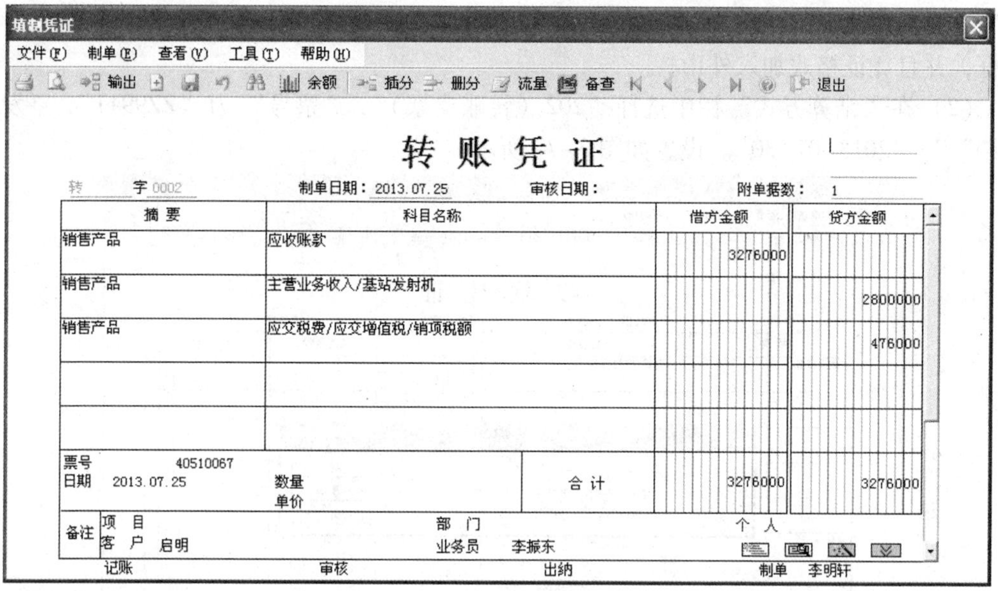
填制凭证

文件(F)　制单(E)　查看(V)　工具(T)　帮助(H)

输出　余额　插分　删分　流量　备查　退出

转 账 凭 证

转　字 0002　制单日期：2013.07.25　审核日期：　附单据数：1

摘要	科目名称	借方金额	贷方金额
销售产品	应收账款	3276000	
销售产品	主营业务收入/基站发射机		2800000
销售产品	应交税费/应交增值税/销项税额		476000
票号 40510067 日期 2013.07.25　数量 单价	合计	3276000	3276000

备注　项目　部门　个人

客户　启明　业务员　李振东

记账　审核　出纳　制单　李明轩

图3-72　“业务8”第一张凭证

（6）单击“增加”按钮，填制一张代垫运费凭证，操作方法与之前相同，不再赘述，完成后，如图3-73所示。

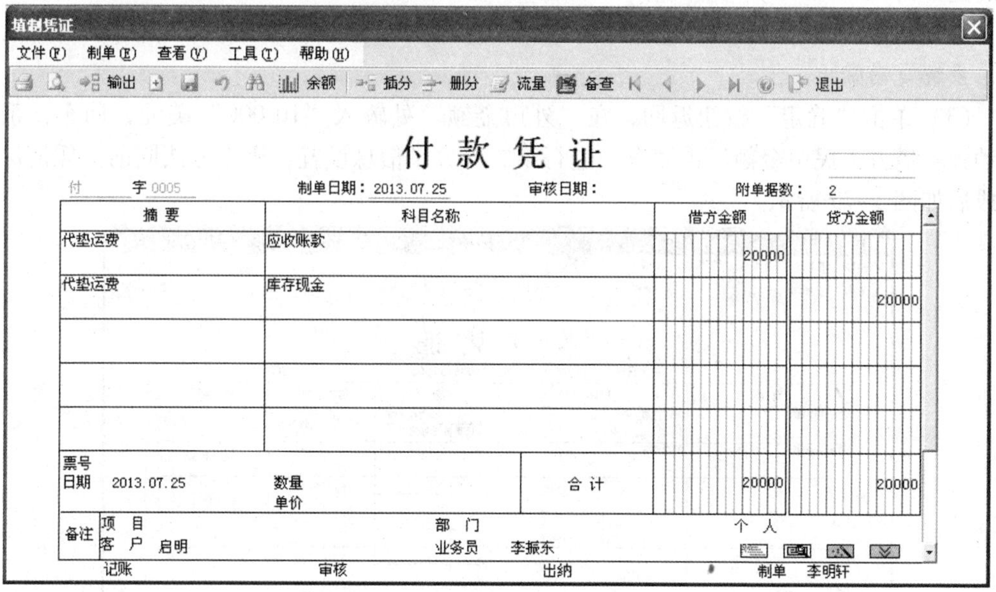
填制凭证

文件(F)　制单(E)　查看(V)　工具(T)　帮助(H)

输出　余额　插分　删分　流量　备查　退出

付 款 凭 证

付　字 0005　制单日期：2013.07.25　审核日期：　附单据数：2

摘要	科目名称	借方金额	贷方金额
代垫运费	应收账款	20000	
代垫运费	库存现金		20000
票号 日期 2013.07.25　数量 单价	合计	20000	20000

备注　项目　部门　个人

客户　启明　业务员　李振东

记账　审核　出纳　制单　李明轩

图3-73　“业务8”第二张凭证

特别提示：

此业务涉及应收账款辅助核算，其中票号是指运费发票票号，运费发票是购货方留存，用于记账和抵扣使用的。所以，此处的发票号省略。

11. “业务9”凭证的填制（外币辅助核算）

（1）单击“增加”按钮，“凭证字”选择“收款凭证”，“制单日期”改为

"2013.07.30"，"附单据数"为"3"，"摘要"栏输入"收到投资款"，回车，"科目名称"选择或输入"100202（银行存款/中行存款）"，然后回车，系统弹出"辅助项"对话框，并且凭证格式加入外币栏。

（2）在"结算方式"栏中选择"202（转账支票）"，"票号"为"ZZ9911"，"发生日期"为"2013-07-30"。设置如图3-74所示。

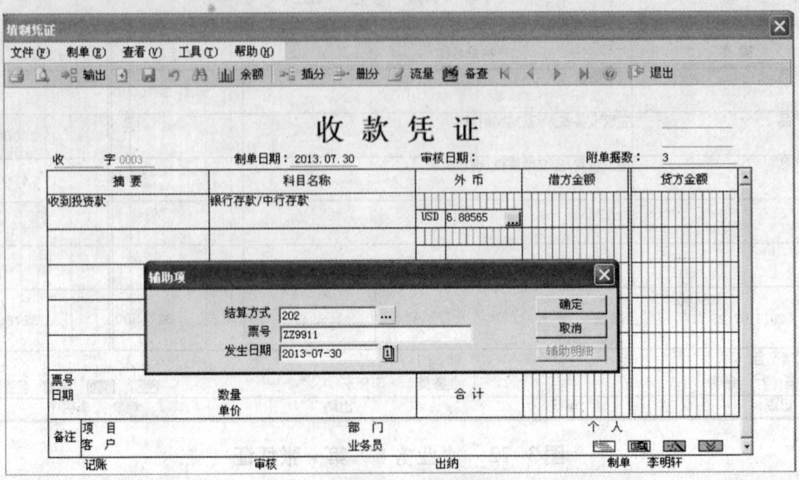

图3-74　外币银行账辅助核算

特别提示：

基础档案的"外币设置"为"固定汇率"，7月份汇率是"6.88565"，所以填制凭证时，系统自动带出。

（3）单击"确定"按钮返回，在"外币金额"处输入"10 000"美元，回车，系统自动计算借方人民币金额。再回车，进行第二行分录信息设置，操作方法同前。凭证保存完成后如图3-75所示。

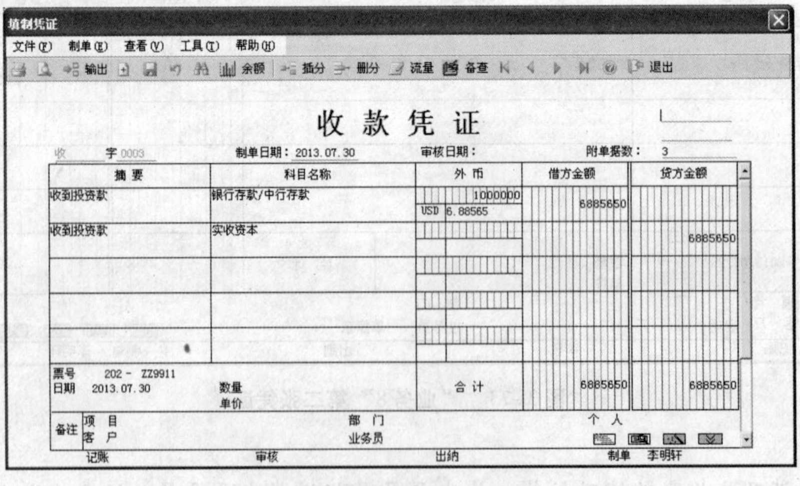

图3-75　"业务9"凭证

12. "业务10"凭证的填制（为将来修改凭证时使用）

操作方法与之前相同，此处不再赘述，完成后如图3-76所示。

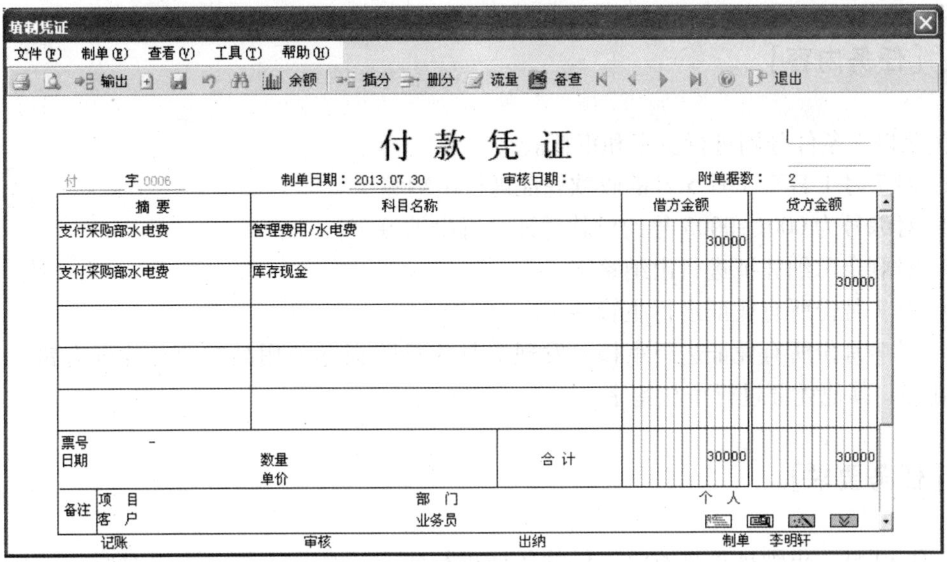

图 3-76 "业务 10"凭证

13. "业务 11"凭证的填制（为将来修改凭证时使用）

操作方法与之前相同，此处不再赘述，完成后如图 3-77 所示。

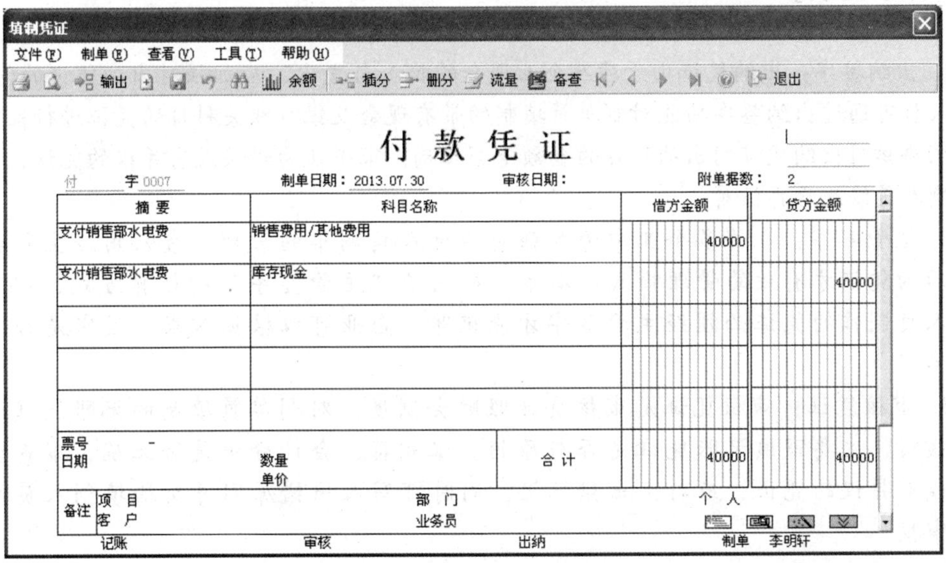

图 3-77 "业务 11"凭证

任务二 审核凭证

[任务名称]

对 7 月份凭证进行出纳签字、主管签字和审核凭证。

[任务内容]

按照以下条件分别进行签字和审核。

1. 对 7 月 1 日至 7 月 5 日的收款凭证进行出纳签字。
2. 对编号为 0001-0003 号的付款凭证进行出纳签字。
3. 对剩余出纳凭证进行出纳签字。
4. 对 7 月份所有凭证进行主管签字。
5. 对 7 月份所有凭证进行审核，发现 7 月 4 日购买办公用品的业务凭证有错，进行标错处理，其他凭证进行审核签字。

[任务要求]

7 月 30 日，出纳孙丹丹对收、付款凭证进行签字，账套主管王志强对所有凭证进行主管签字和审核签字。

[知识链接]

1. 出纳签字：出纳凭证由于涉及企业现金的收入与支出，应加强对出纳凭证的管理。出纳人员可通过出纳签字功能对制单员填制的带有现金及银行相关科目的凭证进行检查核对，主要核对出纳凭证的出纳科目的金额是否正确，审查认为错误或有异议的凭证，应交与填制人员修改后再核对。

2. 主管签字：在许多企业中为加强对会计人员制单的管理，常采用经主管会计签字后的凭证才有效的管理模式。本系统提供了"主管签字"的核算方式，即其他会计人员制作的凭证必须经主管签字才能记账，企业可以根据需求来设定是否需要主管签字。

3. 审核凭证：审核凭证是审核员按照财会制度，对制单员填制的记账凭证进行检查核对，主要审核记账凭证是否与原始凭证相符，会计分录是否正确，审查认为错误或有异议的凭证，应打上出错标记，同时可写入出错原因并交给填制人员修改后再审核。

[工作示范]

1. 出纳签字

（1）以出纳孙丹丹的身份注册系统，操作日期为"2013-07-30"，单击"总账"/"凭证"，然后双击"出纳签字"。

（2）系统弹出"出纳签字"查询条件对话框，如图 3-78 所示。

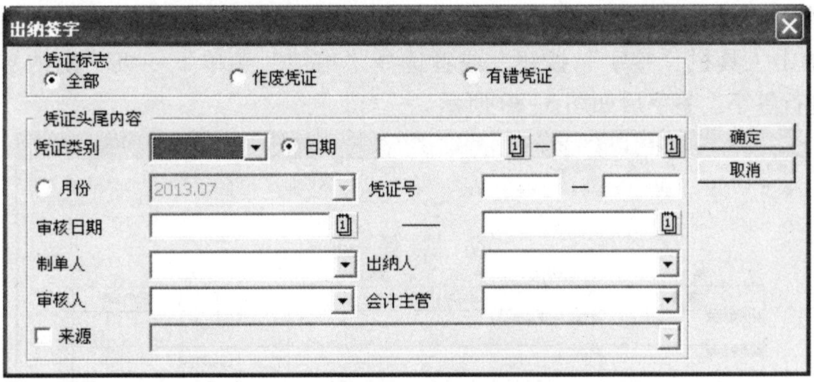

图 3-78　出纳签字查询条件

栏目说明：

①凭证标志：选择"全部"，则显示所有符合条件的凭证列表，选择"作废凭证"或"有错凭证"，则显示所有符合条件的作废或有错误的凭证，三者任选其一。

②凭证类别：输入要查询的凭证类别，选择在凭证类别中定义的类别名称。如果不选择，系统自动进入所有符合条件的出纳凭证。

③月份：选择查询月份。

④凭证号：凭证号范围。

⑤日期：如果要专门查询某一段时间的凭证，需要选择"日期范围"，此时凭证号范围不可选。

⑥来源：选择凭证来源于哪个外部系统，此项为空表示所有系统的凭证。

⑦选择要对哪位审核人审核的、哪位出纳员制作的凭证、哪位主管签字的凭证进行签字。

⑧系统根据输入的查询条件，显示所有符合条件的凭证列表，输出"凭证一览表"。

（3）在"凭证类别"栏中选择"收款凭证"，"日期"选择"2013-07-01"至"2013-07-05"，然后单击"确定"按钮，系统进入"出纳签字"一览表对话框，如图3-79所示。

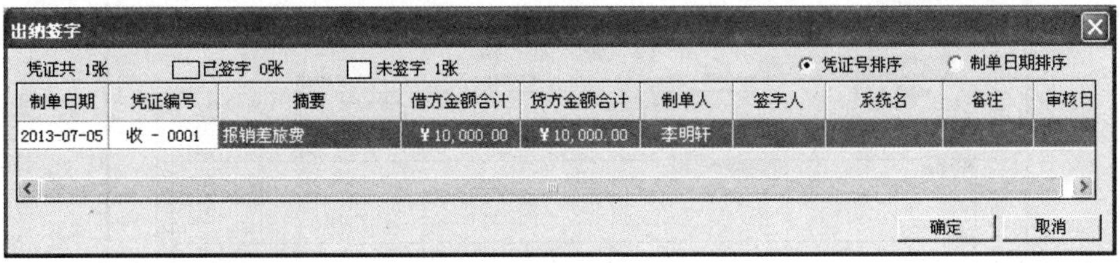

图 3-79　出纳签字一览表

栏目说明：

①已签字凭证背景为黄色。

②摘要栏显示凭证的第一条分录的摘要。

③系统栏显示凭证来源。

④备注栏中作废凭证则显示"作废"，有错凭证则显示"有错"。

（4）单击"确定"按钮，或者双击此凭证所在行，系统进入 0001 号收款凭证。

（5）单击工具栏"签字"按钮，或者选择"出纳"菜单下一级"出纳签字"子菜单，系统进行签字。签字后如图 3-80 所示。

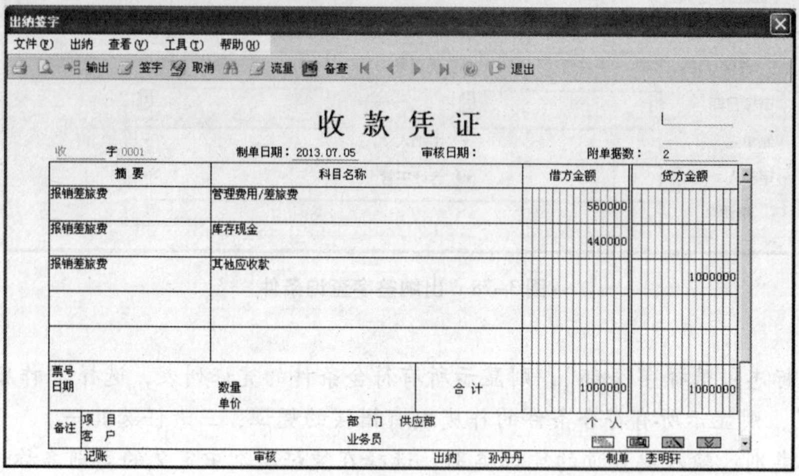

图 3-80　出纳签字后凭证

特别提示：

①凭证下方出纳处显示当前操作员姓名，表示这张凭证出纳员已签字。

②若想对已签字的凭证取消签字，单击"取消"。

（6）单击工具栏"查询"按钮，系统弹出"出纳签字"查询条件对话框，在"凭证类别"栏中选择"付款凭证"，然后选择"月份"选择框，"凭证号"选择"0001"至"0003"，单击"确定"按钮，系统进入第一张付款凭证界面。

（7）单击"出纳"菜单下一级"成批出纳签字"菜单，如图 3-81 所示。系统会对符合条件的三张付款凭证进行成批签字，并给出签字结果，如图 3-82 所示，然后单击"确定"按钮。

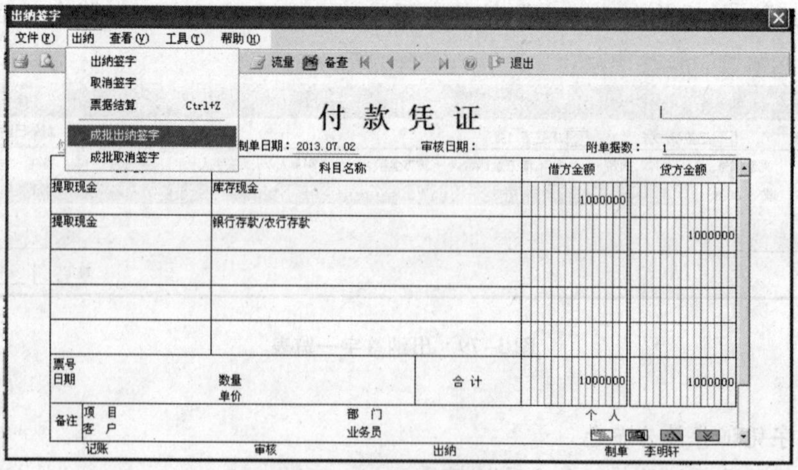

图 3-81　成批出纳签字

（8）成批签字后，单击"退出"按钮，返回到"出纳签字"一览表，如图 3-83 所示。

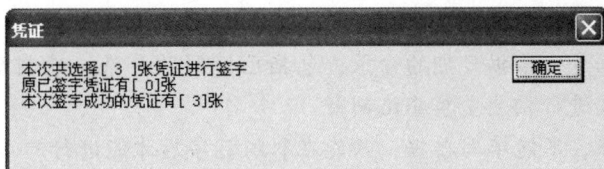

图3-82　出纳签字情况提示

图3-83　出纳签字后一览表

（9）单击"取消"按钮，然后单击"总账"／"凭证"，双击"出纳签字"。系统弹出"出纳签字"查询条件对话框，不输入任何查询条件，直接单击"确定"按钮，进入"出纳签字"一览表，如图3-84所示。

图3-84　全部出纳凭证签字一览表

（10）单击"确定"按钮，对剩余符合条件的出纳凭证进行成批签字，方法同前，不再赘述。结果如图3-85所示。

图3-85　全部出纳凭证签字后一览表

特别提示：

①补结算方式和票号功能：如果在录入凭证时没有录入结算方式和票据号，系统提供

在出纳签字时还可以补充录入。选择菜单中"出纳"/"票据结算",列示所有需要进行填充结算方式、票据号、票据日期的分录,包括已填写的分录;填制结算方式和票号时,针对票据的结算方式进行相应支票登记判断。

②已签字的凭证,不能填写票据,只能在取消签字后才能进行。

③已签字的凭证,不能被修改、删除,只能在取消签字后才能进行。

④取消签字只能由出纳人自己进行。

⑤企业可根据实际需要决定是否要对出纳凭证进行出纳签字管理,若不需要此功能,可在"选项"中取消"出纳凭证必须经由出纳签字"的设置。

⑥企业可以依据实际需要加入出纳签字后方可执行领导签字的控制,同时取消签字时控制领导尚未签字。可在"选项"中选中"主管签字以后不可以取消审核和出纳签字"。

2. 主管签字

(1) 以主管王志强的身份注册系统,操作日期为"2013-07-30",单击"总账"/"凭证",然后双击"主管签字"。

(2) 系统弹出"主管签字"查询条件对话框,单击"确定"按钮。

(3) 系统弹出"主管签字"一览表,单击"确定"按钮。

(4) 对所有凭证进行成批主管签字,操作方法与成批出纳签字相同,不再赘述,凭证主管签字后如图3-86所示。

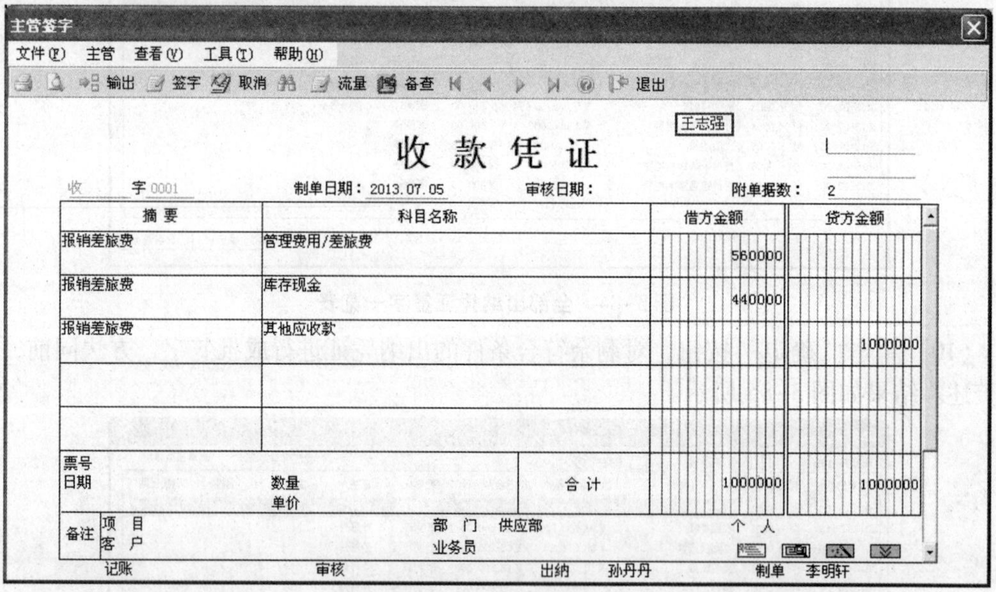

图3-86 凭证显示主管签字

3. 审核凭证

(1) 以主管王志强的身份注册系统,操作日期为"2013-07-30",单击"总账"/"凭证",然后双击"审核凭证"。

(2) 系统弹出"审核签字"查询条件对话框,单击"确定"按钮。

(3) 系统弹出"审核签字"一览表,单击"确定"按钮。

(4) 对所有凭证进行检查,发现7月4日购买办公用品的业务凭证有错。单击工具栏"查询凭证","日期"选择"2013-07-04"至"2013-07-04",进入购买办公用品的凭证。

（5）单击工具栏"标错"按钮，系统弹出"填写凭证错误原因"对话框，在对话框中输入"原始单据金额与凭证填制金额不符"，如图3-87所示。

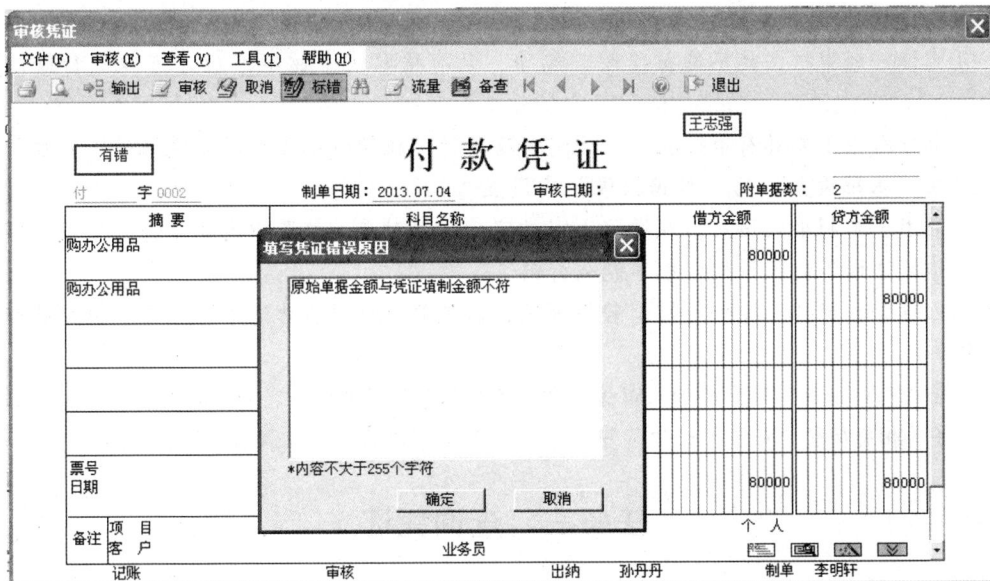

图3-87 审核凭证

（6）单击"确定"按钮返回。然后进行成批审核操作，方法同前，不再赘述。审核后一览表如图3-88所示。

图3-88 审核后一览表

栏目说明：

对照式审核：主要是满足金融、证券等一些特殊行业的需要，通过对凭证的二次录入，达到系统自动审核凭证的目的。通过此项功能可满足对金额有特别控制的企业或单位的要求，确保经济业务处理不会发生输入错误。单击"对照式审核"，再次录入凭证，单击"对照检查"或"审核"按钮，原有凭证和待审核凭证对照检查，可查看全部凭证、已审核凭证和审核发现有错误的凭证。审核完毕，继续进行下一张凭证的录入。

特别提示：

①审核人和制单人不能是同一个人。

②若想对已审核的凭证取消审核，单击"取消"按钮取消审核。取消审核签字只能由审核人自己进行。

③凭证一经审核，就不能被修改、删除，只有被取消审核签字后才可以进行修改或删除。

④审核人除了要具有审核权外，还需要有对待审核凭证制单人所制凭证的审核权，这个权限在"基础设置"的"数据权限"中设置。

⑤采用手工制单的用户，在凭单上审核完后还须对录入机器中的凭证进行审核。

⑥作废凭证不能被审核，也不能被标错。

⑦已标错的凭证不能被审核，若想审核，需先取消标错后才能审核。已审核的凭证不能标错。

⑧企业可以依据实际需要加入审核后方可执行领导签字的控制，同时取消审核时控制领导尚未签字的相关功能。可在"选项"中选中"主管签字以后不可以取消审核和出纳签字"。

任务三　查询凭证

［任务名称］

根据要求查询凭证。

［任务内容］

按照以下条件分别进行凭证的查询。

1. 查询 7 月 1 日—10 日所有未记账的收款凭证。
2. 查询带有银行存款科目的所有凭证。
3. 查询和北京启明公司有关联的所有凭证，并联查明细账。
4. 查询带有错误标志的凭证。

［任务要求］

7 月 30 日，账套主管王志强按照管理需求进行凭证查询。

［工作示范］

1. 查询凭证

（1）以账套主管王志强的身份注册系统，操作日期为"2013 - 07 - 30"，单击"总账"/"凭证",然后双击"查询凭证",系统进入"凭证查询"对话框。

(2)"记账范围"选择"未记账凭证",在"凭证类别"栏中选择"收款凭证","日期"为"2013-07-01"至"2013-07-10",设置如图3-89所示。然后单击"确定"按钮。

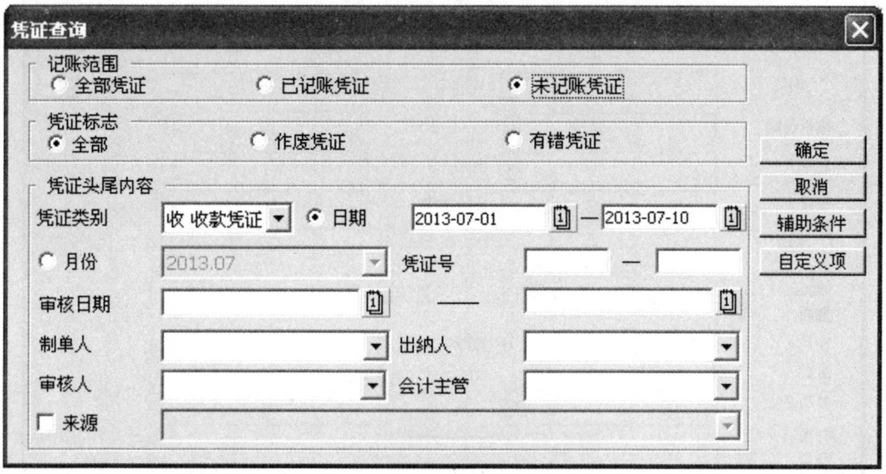

图3-89　凭证查询条件

(3)系统进入"查询凭证"一览表,单击"确定"按钮,将符合条件的凭证调入进行查询。一览表如图3-90所示。

图3-90　查询凭证一览表

(4)在"凭证查询"条件对话框中,单击"辅助条件"按钮,凭证体内容设置显示出来,在"科目"栏中选择"1002(银行存款)",设置如图3-91所示。

(5)单击"确定"按钮,系统进入"查询凭证一览表",如图3-92所示。然后再单击"确定"按钮,进行查询即可。

(6)在"凭证查询"对话框中单击"辅助条件","客户"栏中选择"北京启明有限公司",然后单击"确定"按钮,系统进入与启明公司相关联的所有凭证,如图3-93所示。

(7)单击"确定"按钮,可以查询三张凭证,在任意一张凭证编辑界面,单击工具栏的"明细"按钮,系统联查到与启明公司相关的"应收账款明细账",如图3-94所示。

(8)查询后退出,在"凭证查询"条件对话框中,"凭证标志"选项选择"有错凭证",然后单击"确定"按钮,系统进入带有错误标志的凭证一览表,如图3-95所示。

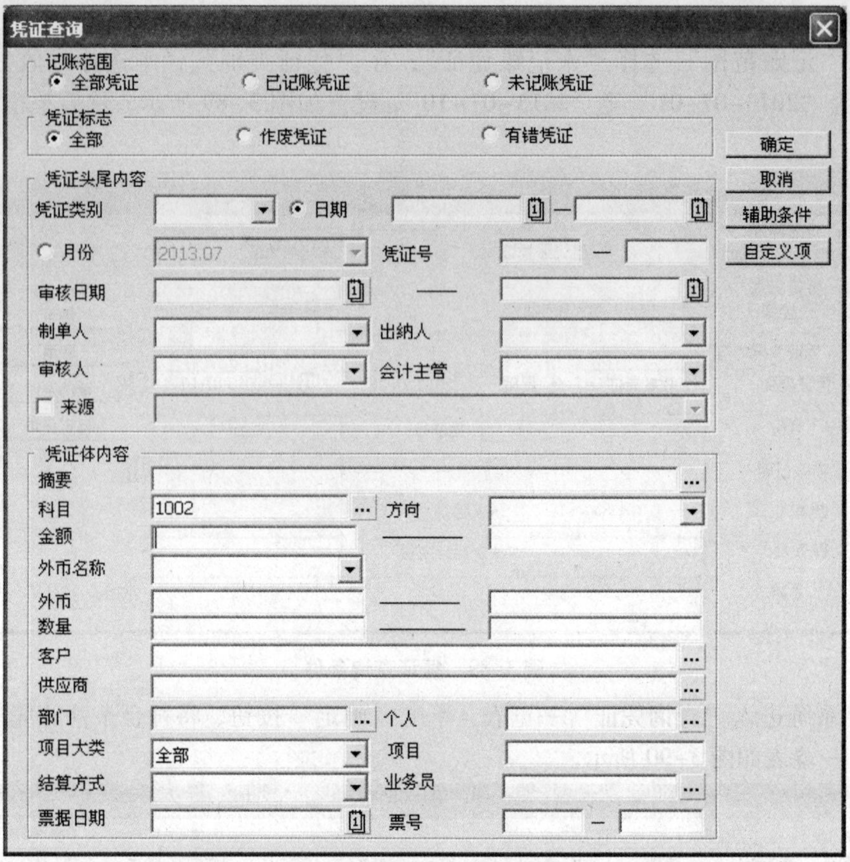

图 3-91 辅助条件查询

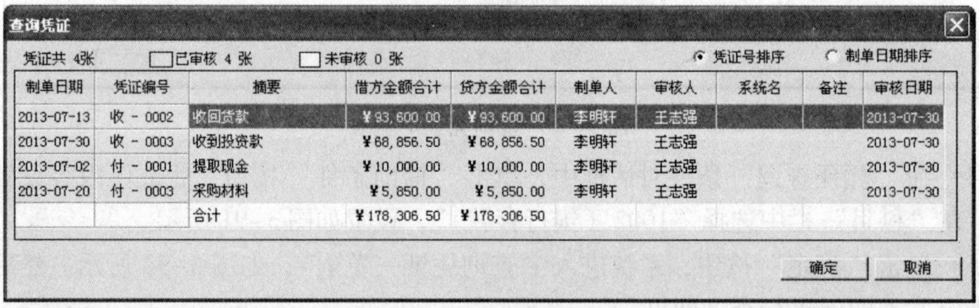

制单日期	凭证编号	摘要	借方金额合计	贷方金额合计	制单人	审核人	系统名	备注	审核日期
2013-07-13	收 - 0002	收回货款	¥93, 600. 00	¥93, 600. 00	李明轩	王志强			2013-07-30
2013-07-30	收 - 0003	收到投资款	¥68, 856. 50	¥68, 856. 50	李明轩	王志强			2013-07-30
2013-07-02	付 - 0001	提取现金	¥10, 000. 00	¥10, 000. 00	李明轩	王志强			2013-07-30
2013-07-20	付 - 0003	采购材料	¥5, 850. 00	¥5, 850. 00	李明轩	王志强			2013-07-30
		合计	¥178, 306. 50	¥178, 306. 50					

图 3-92 银行存款辅助核算凭证一览表

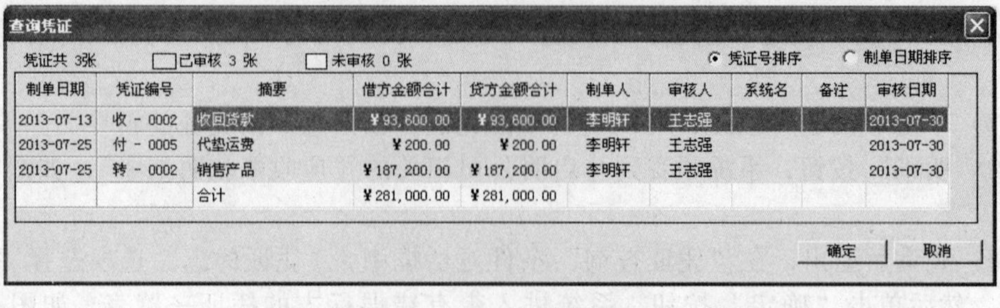

制单日期	凭证编号	摘要	借方金额合计	贷方金额合计	制单人	审核人	系统名	备注	审核日期
2013-07-13	收 - 0002	收回货款	¥93, 600. 00	¥93, 600. 00	李明轩	王志强			2013-07-30
2013-07-25	付 - 0005	代垫运费	¥200. 00	¥200. 00	李明轩	王志强			2013-07-30
2013-07-25	转 - 0002	销售产品	¥187, 200. 00	¥187, 200. 00	李明轩	王志强			2013-07-30
		合计	¥281, 000. 00	¥281, 000. 00					

图 3-93 与启明公司相关联的凭证查询一览表

（9）单击“确定”按钮，进行有错凭证查询。

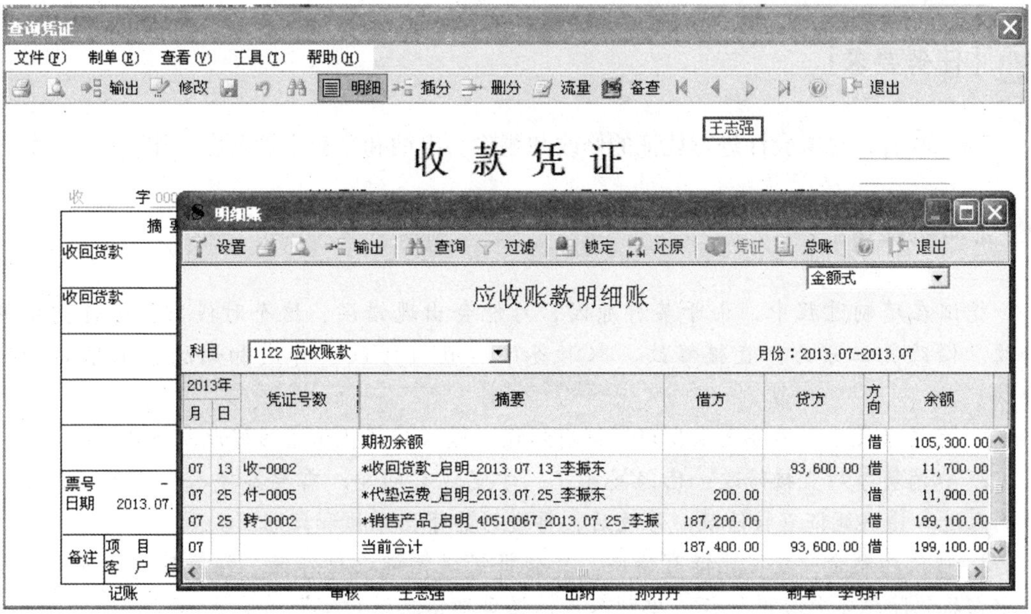

图 3-94 联查明细账

图 3-95 有错凭证一览表

任务四 修改和删除凭证

[任务名称]

修改和删除凭证。

[任务内容]

按照以下条件分别进行凭证的修改或删除。

1. 对带有"错误"标志的凭证（付款凭证 0002 号）进行修改，将 800 元修改为 500 元。

2. 将 7 月 30 日支付采购部水电费的业务凭证进行作废、删除。

3. 将 7 月 30 日支付销售部水电费的业务凭证进行红字冲销。

[任务要求]

7月30日，总账会计进行凭证的修改和删除，出纳和账套主管配合工作。

[知识链接]

凭证在填制过程中，由于某种原因，可能会出现错误，这个时候需要进行凭证的修改。修改凭证分为：直接修改、取消签字后直接修改、作废和删除、记账后红字冲销。

1. 直接修改：在签字之前发现凭证有错误，进入错误凭证直接修改就可以了。

2. 取消签字后直接修改：已经签字了，才发现有问题，需要签字人取消签字，然后填制人进入错误凭证直接修改。修改后，再进行签字、审核和记账。

3. 作废和删除：发现凭证有错误，直接将错误凭证进行作废。作废后，还可以从系统中彻底删除这张作废的凭证。填制人再根据正确信息进行重新填制凭证。

4. 执行记账功能后，如果发现凭证有错误，采用红字冲销法和补充登记法对凭证进行修改。

[工作示范]

1. 取消签字再直接修改凭证

（1）以出纳孙丹丹的身份注册系统，登录日期为"2013-07-30"。单击"总账"/"凭证"，然后双击"出纳签字"，系统弹出"出纳签字"条件对话框。

（2）在出纳签字条件对话框中，"凭证标志"选择"有错凭证"。然后单击"确定"按钮，进入出纳签字一览表。

（3）单击"确定"按钮，进入错误凭证。然后单击工具栏"取消"按钮，或者单击菜单"出纳"/"取消签字"，如图3-96所示。

（4）取消签字后退出，在系统界面，单击"系统"以账套主管王志强的身份重新注册。单击"总账"/"凭证"/"主管签字"，然后取消主管签字，方法与取消出纳签字相同，不再赘述。

（5）单击"系统"以总账会计李明轩身份重新注册。单击"总账"/"凭证"/"填制凭证"，然后单击"查询"按钮，进入此错误凭证。

（6）将借贷方金额由"800"元改为"500"元，然后单击"保存"按钮，同时系统自动取消"有错"标志。成功保存后，如图3-97所示。

（7）出纳孙丹丹登录系统，对修改后的凭证进行出纳签字，操作同前，不再赘述。

（8）账套主管王志强登录系统，对修改后的凭证进行主管签核和审核，操作同前，不再赘述。

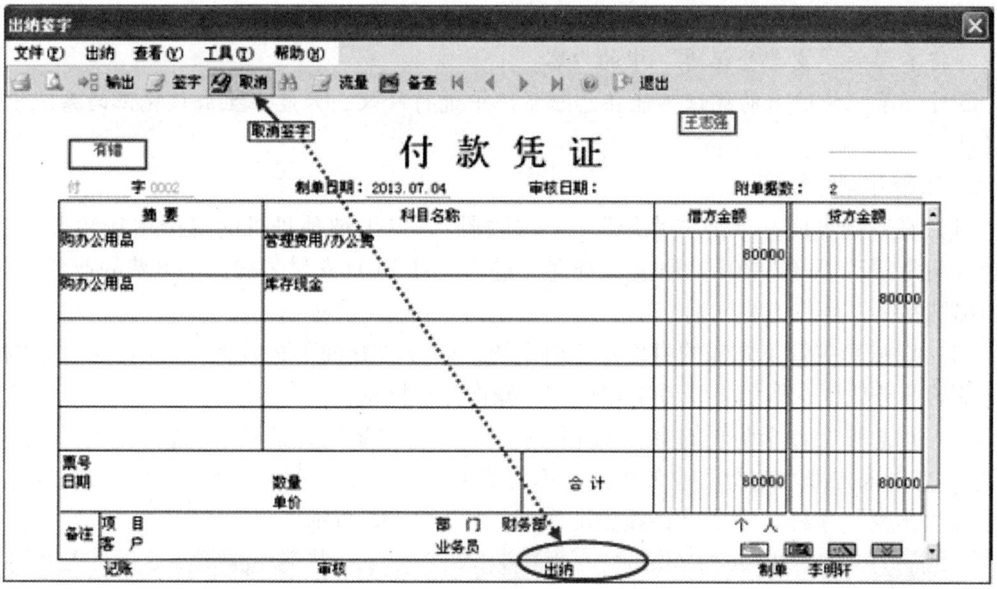

图 3-96 取消出纳签字

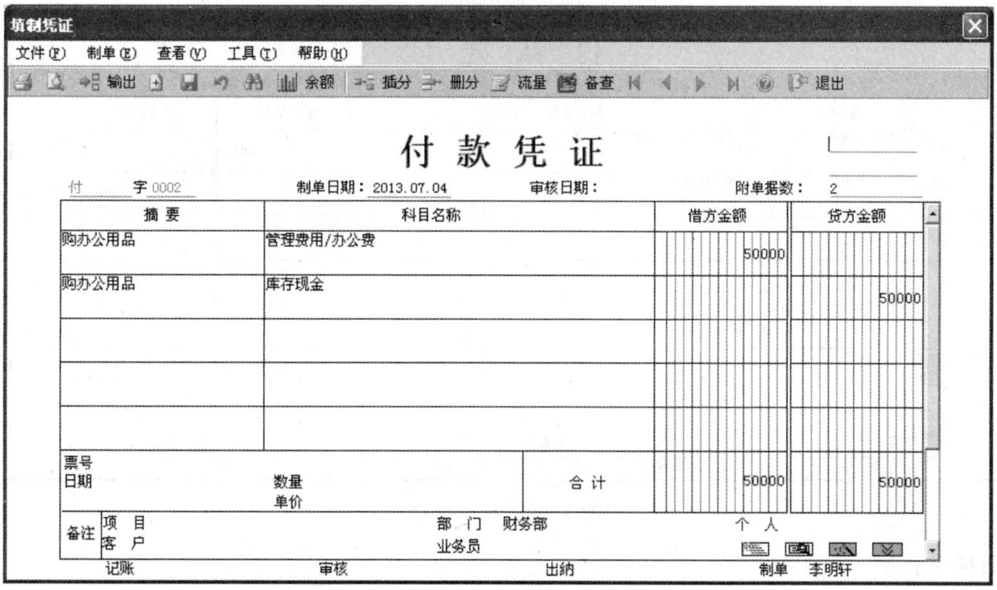

图 3-97 修改后凭证

特别提示：

①若在"选项"中设置了"制单序时"的选项，那么，在修改制单日期时，不能在上一编号凭证的制单日期之前。1 月份编制的凭证不能将制单日期改为 2 月份的日期。

②若在"选项"中设置了"不允许修改、作废他人填制的凭证"，则不能修改他人填制的凭证。

③若在"选项"中设置了"合并凭证显示、打印"的选项，那么，在合并状态下不能录入、修改凭证，只有切换到展开状态才可以。使用快捷键"Ctrl+A"自动切换合并与展开功能。

④如果某笔涉及银行科目的分录已录入支票信息，并对该支票做过报销处理，修改该分录，将不影响"支票登记簿"中的内容。

⑤外部系统传过来的凭证不能在总账系统中进行修改，只能在生成该凭证的系统中进行修改。

2. 作废并删除凭证

（1）在系统界面，单击"系统"／"重注册"，以出纳孙丹丹的身份重新注册系统，登录日期为"2013-07-30"，通过"查询"进入7月30日支付采购部水电费的业务凭证，取消出纳签字，操作方法同前。

（2）以账套主管王志强的身份重注册系统，通过"查询"进入7月30日支付采购部水电费的业务凭证，取消主管签字和审核，操作方法同前。

（3）以总账会计李明轩的身份重注册系统，双击"填制凭证"，通过"查询"进入7月30日支付采购部水电费的业务凭证，单击菜单"制单"下的"作废/恢复"，凭证左上角显示"作废"字样，表示已将该凭证作废，如图3-98所示。

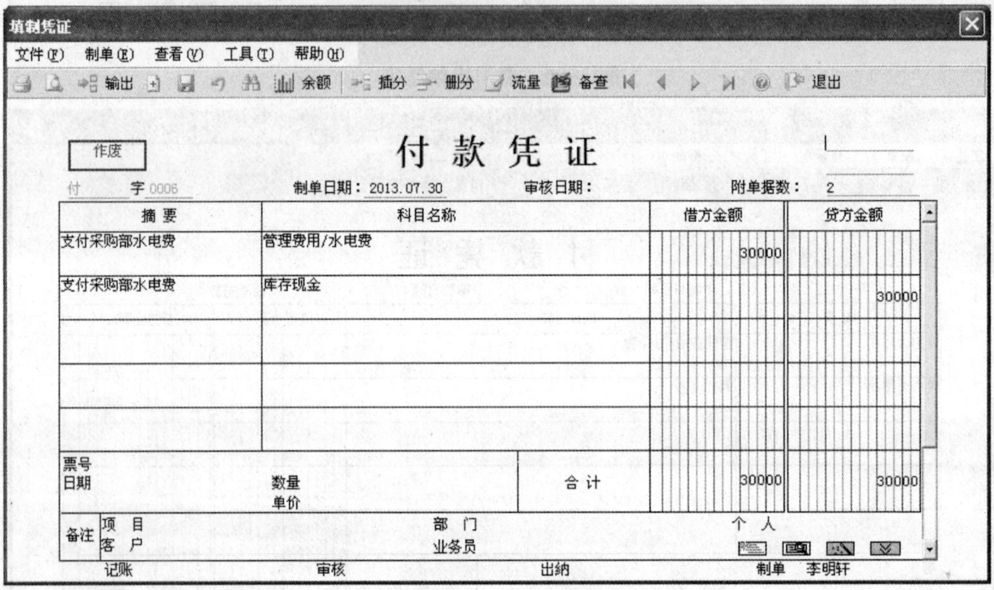

图3-98 作废凭证

特别提示：

①作废凭证仍保留凭证内容及凭证编号，只在凭证左上角显示"作废"字样。

②作废凭证不能修改，不能审核。在记账时，不对作废凭证进行数据处理，相当于一张空凭证。在账簿查询时，也查不到作废凭证的数据。

③若当前凭证已作废，用鼠标单击菜单"制单"下的"作废/恢复"，可取消作废标志，并将当前凭证恢复为有效凭证。

（4）单击菜单"制单"下的"整理凭证"，系统进入"凭证期间选择"对话框，选择"2013.07"，如图3-99所示。

（5）单击"确定"按钮，进入"作废凭证表"。在"删除"栏中，双击要彻底删除的凭证，如图3-100所示。

图 3-99 凭证期间选择

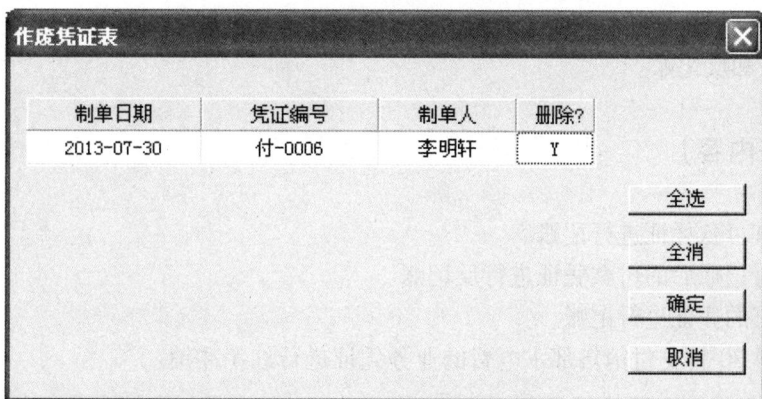

图 3-100 作废凭证表

（6）单击"确定"按钮，系统给出"是否还需要整理凭证断号"提示对话框，选择"按凭证号重排"，如图 3-101 所示。

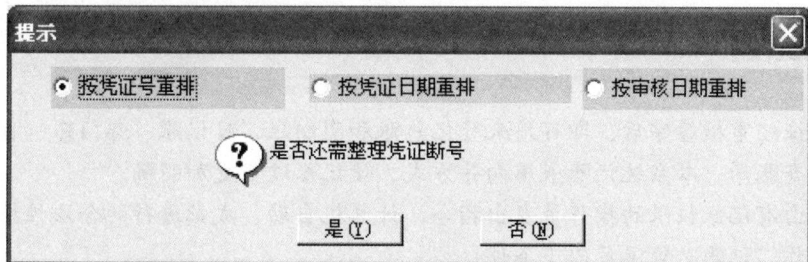

图 3-101 提示框

特殊提示：

①有些作废凭证不想保留，可以通过凭证整理功能将这些凭证彻底删除，并利用留下的空号对未记账凭证重新编号。

②若本月有凭证已记账，那么，本月最后一张已记账凭证之前的凭证将不能作凭证整理，只能对其后面的未记账凭证作凭证整理。若想对已记账凭证作凭证整理，需要先到"恢复记账前状态"功能中恢复本月月初的记账前状态，再作凭证整理。

③若由于手工编制凭证号造成凭证断号，也可通过此功能进行整理，方法是选择完凭证号重排方式之后不选作废凭证，直接按"是"按钮即可。对由系统编号时，删除凭证后系统提示是否整理空号凭证，若选取"是"，则将作废凭证删除并重新排凭证编号。

（7）单击"是"按钮，系统将作废凭证彻底从系统中删除，并且系统自动整理了凭证编号。

3. 红字冲销凭证（在下一个任务凭证记账后操作）（略）

任务五　凭证记账

[任务名称]

凭证记账和反记账。

[任务内容]

1. 对所有付款凭证进行记账。
2. 对所有记账后的付款凭证进行反记账。
3. 对所有的凭证进行记账。
4. 将 7 月 30 日支付销售部水电费的业务凭证进行红字冲销。

[任务要求]

7 月 30 日，总账会计进行凭证记账和红字冲销操作，账套主管进行反记账操作。

[知识链接]

记账凭证经审核签字后，即可用来登记总账和明细账、日记账、部门账、往来账、项目账以及备查账等。本系统记账采用向导方式，使记账过程更加明确。

记账是由有记账权限的操作员发出指令，计算机自动、成批进行的合法性检验、登记账簿系列操作。记账必须满足以下条件：

（1）期初余额必须试算平衡。
（2）凭证必须审核。
（3）上月凭证必须记账。
（4）上月必须结账。

反记账即记账的逆向操作，或者说取消记账的操作。该操作需要由具备反记账权限的操作员来执行，例如账套主管。具体程序是在"期末"/"对账"界面使用"CTRL+H"组合键，进入"恢复记账前状态"菜单。

[工作示范]

1. 对所有付款凭证进行记账
（1）以总账会计李明轩的身份注册系统，登录日期为"2013-07-30"。单击"总账"/"凭证"，然后双击"记账"按钮，系统弹出"记账选择"对话框，在"付款凭证记账范围"栏中输入"1-6",如图3-102所示。

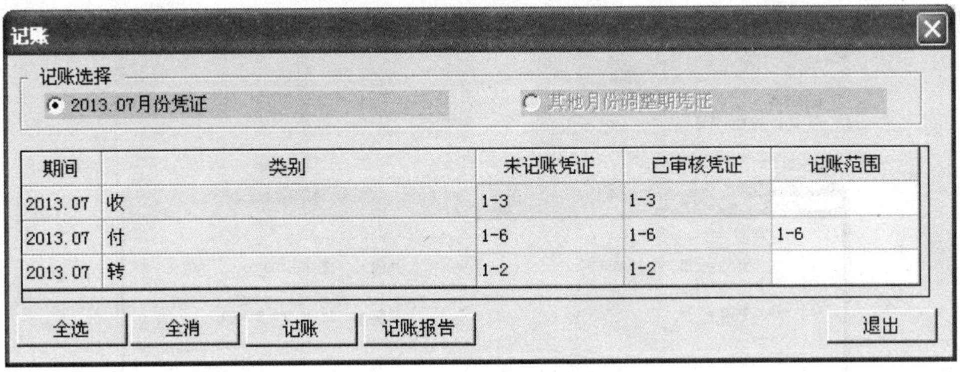

图3-102 付款凭证记账范围

栏目说明：

①记账范围：选择记账范围，可输入连续编号范围，例如"1-4"表示1号至4号凭证；也可输入不连续编号，例如"5，6，9"，表示第5号、6号、9号凭证为此次要记账的凭证。如果不选择范围，系统对所有凭证进行记账。

②记账报告：显示记账报告，是经过合法性检验后的提示信息，例如此次要记账的凭证中有些凭证没有审核或未经出纳签字，属于不能记账的凭证，可根据提示修改后，再记账。

③记账：系统开始登录总账、明细账、辅助账等有关账簿。

④其他月份调整期凭证：如需要对非当前登录会计月的调整期凭证记账，可选中"其他调整期"选项并选择凭证范围，单击"记账"按钮记账。

（2）单击"记账报告"，显示如图3-103所示。

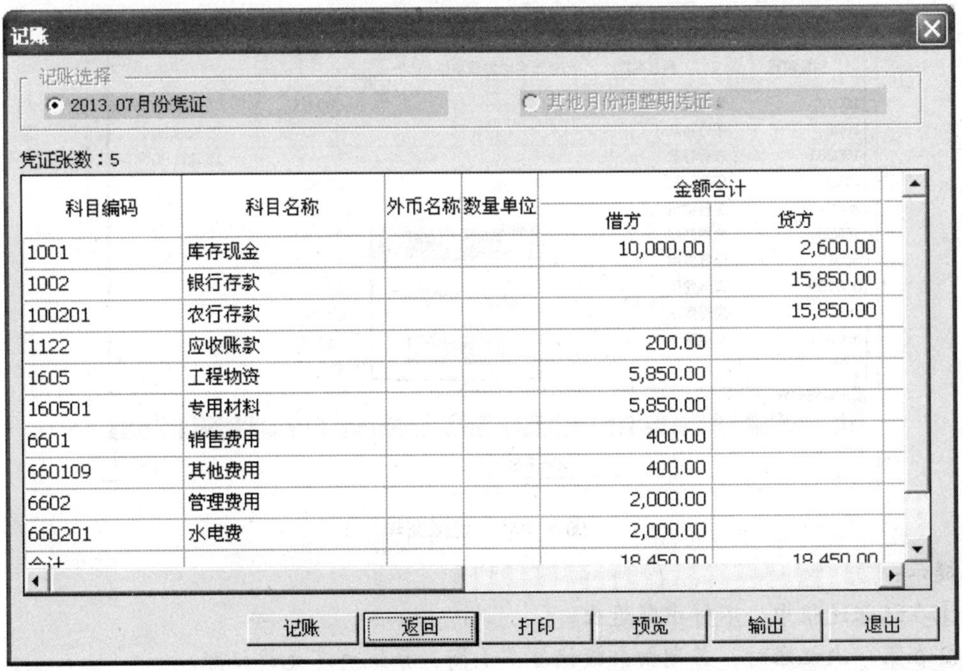

图3-103 付款凭证记账报告

（3）单击"返回"按钮返回，然后单击"记账"按钮，系统自动记账，记账过程中出现"期初试算平衡表"，如图 3-104 所示。

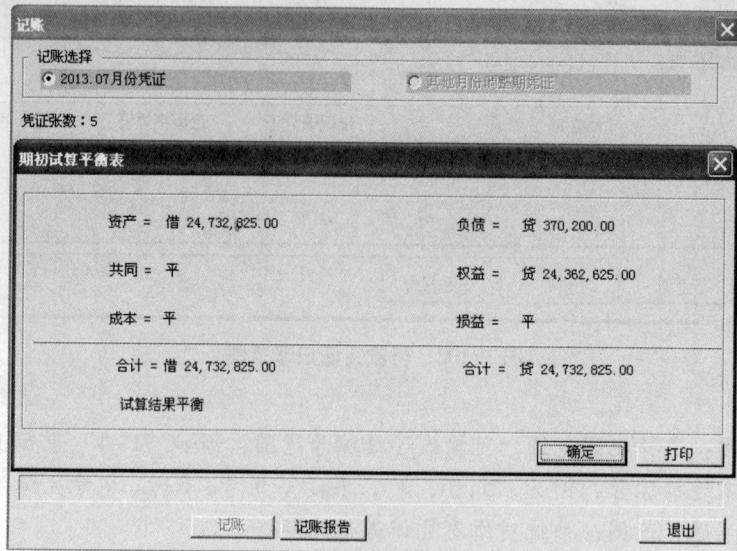

图 3-104　记账中显示的期初试算平衡表

（4）单击"确定"按钮，系统自动记账完毕，如图 3-105 所示。记账后单击"确定"按钮，退出即可。

图 3-105　记账完毕

特别提示：

①在记账过程中，不得中断退出。

②在第一次记账时，若期初余额试算不平衡，系统将不允许记账。

③所选范围内的凭证如有不平衡凭证，系统将列出错误凭证，并重选记账范围。

④记账过程一旦由于断电或其他原因造成中断后，系统将自动调用"恢复记账前状态"恢复数据，然后重新记账。

2. 对所有记账后的付款凭证进行反记账

（1）以账套主管王志强的身份重注册系统，单击"总账"/"期末"，然后双击"对账"菜单，进入"对账选择"界面，按下"Ctrl+H"键，如图3-106所示。

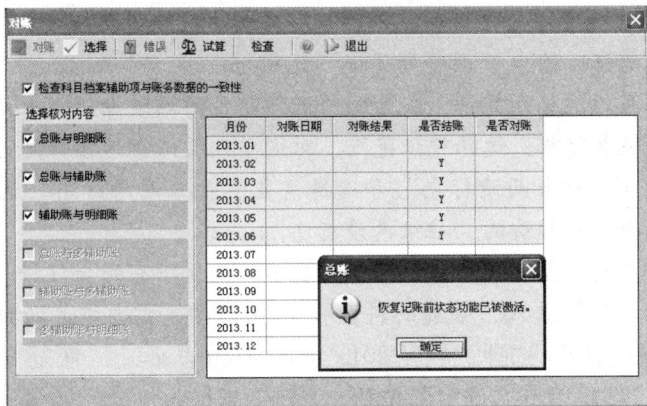

图3-106 对账选择

（2）单击"确定"按钮，退出对账界面。

（3）单击"总账"/"凭证"菜单，然后双击"恢复记账前状态"，系统进入恢复记账前状态界面，如图3-107所示。

图3-107 恢复记账前状态选择界面

栏目说明：

①最近记账月的恢复：例如最后记账月为5月份，恢复记账选择"恢复2013年5月

份凭证"选项。

最近一次记账前状态：这种方式一般用于记账时系统造成的数据错误的恢复。

最近记账月的月初状态：恢复到最近记账月的月初未记账时的状态，例如最后记账月为 2013 年 6 月，则系统提示可恢复到 2013 年 6 月的月初状态。

选择凭证范围恢复记账：这种方式是有选择性地恢复部分凭证的操作。可在凭证列表中点击"全选"按钮确定恢复记账的范围。

②恢复调整期凭证：选中"调整期凭证"选项。

恢复最近记账月的调整期凭证：恢复到最近记账月的调整期凭证未记账状态。

选择凭证范围恢复记账：选择凭证范围，对调整期凭证有选择性地进行恢复记账。

③选择是否恢复"往来两清标志"和选择恢复"往来两清标志"的月份，系统根据选择，在恢复时清除恢复月份的"往来两清标志"。

④系统提供灵活的恢复方式，可以根据需要不必恢复所有的会计科目，将需要恢复的科目从"不恢复的科目"选入"恢复的科目"，即可只恢复需要恢复的科目。

（3）"恢复记账选择"选择"恢复 2013 年 07 月份凭证"，"恢复方式"选择"最近一次记账前状态"，然后单击"确定"按钮，系统要求输入口令，如图 3-108 所示。

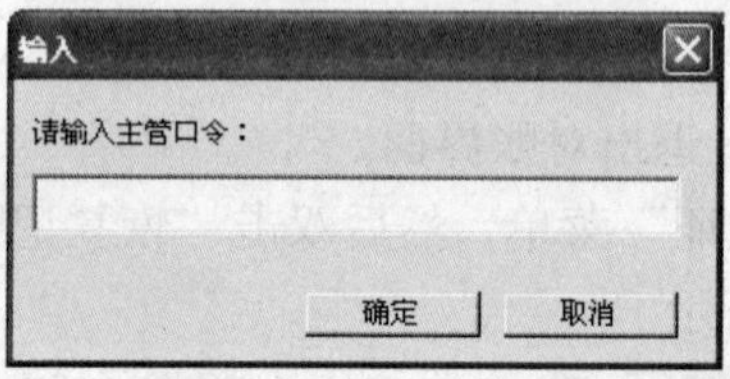

图 3-108　输入口令

（4）输入主管口令后，单击"确定"按钮，完成反记账，如图 3-109 所示。

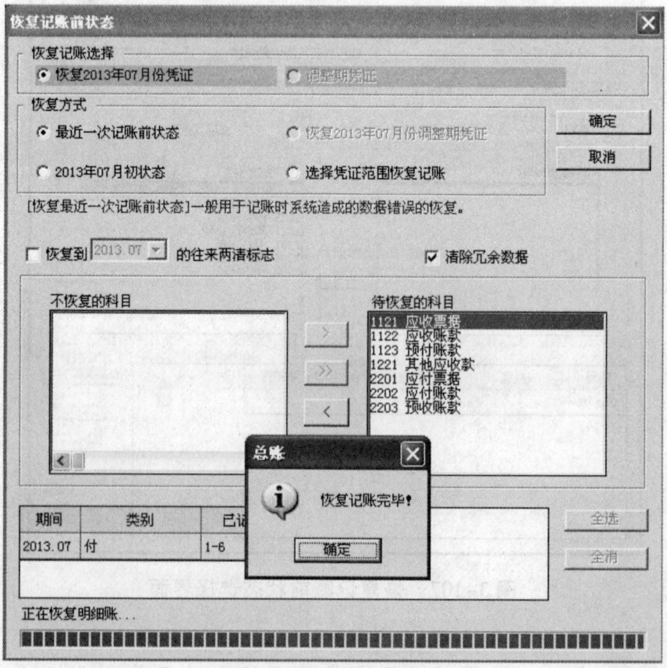

图 3-109　恢复记账完毕

3. 对所有的凭证进行记账

（1）以总账会计李明轩的身份注册系统，进行所有凭证的记账，操作方法与之前相同，此处不再赘述。完成后，如图 3-110 所示。

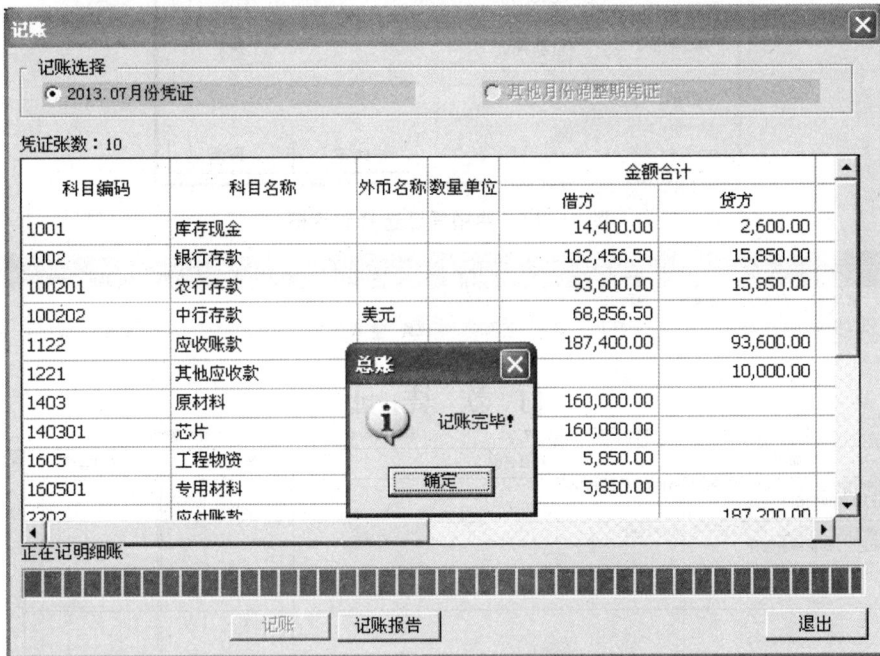

图 3-110　所有凭证记账完毕

4. 将 7 月 30 日支付销售部水电费的业务凭证进行红字冲销

（1）总账会计李明轩登录系统，双击"查询凭证"，在凭证查询条件对话框中，"记账范围"选择"已记账凭证"，"日期"选择"2013-07-30"至"2013-07-30"，然后单击"确定"按钮。

（2）系统进入"查询凭证"一览表，查询到"7 月 30 日支付销售部水电费"的业务凭证号为"付-0006"号。如图 3-111 所示。

图 3-111　查询凭证编号

（3）双击"填制凭证"，然后单击"制单"/"冲销凭证"，系统进入"冲销凭证"选择对话框，在"凭证类别"栏中选择"付款凭证"，"凭证号"输入"0006"，如图 3-112 所示。

（4）单击"确定"按钮，系统自动生成一张红字凭证，如图 3-113 所示，然后保存退出。

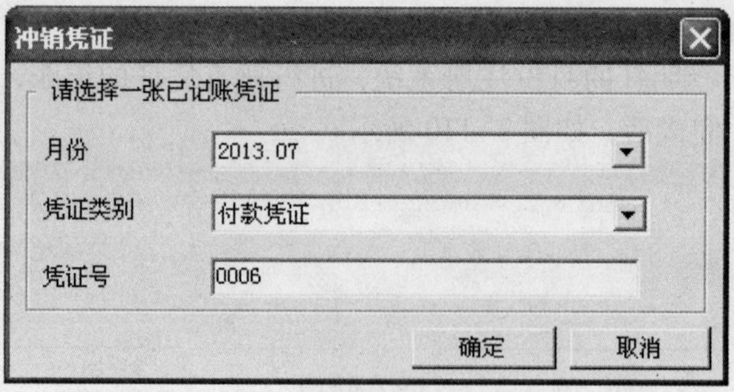

图3-112 冲销凭证选择对话框

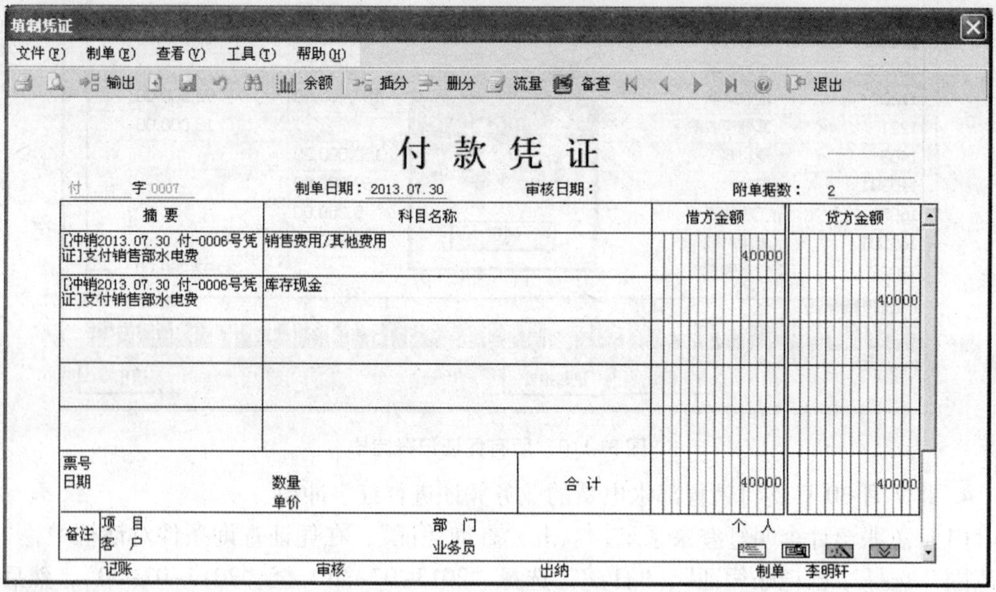

图3-113 红字冲销凭证

特别提示：

冲销生成的红字凭证，在系统中显示为红色字体。只有在打印时才以负数显示。

（5）出纳孙丹丹登录系统，对红字凭证进行出纳签字，操作方法同前，不再赘述。

（6）账套主管王志强登录系统，对红字凭证进行主管签字和审核凭证的操作，操作方法同前，不再赘述。

（7）总账会计李明轩登录系统，对红字凭证进行记账，操作同前，不再赘述。

学习子情境三　出纳管理

【引例】

小张这段时间收获很大，对总账日常业务处理流程熟悉了，认为各个岗位分工合作很重要，账套主管王志强肯定了小张的进步。然后主管让小张接着跟出纳孙丹丹学习出纳管理。

❀【引例分析】

出纳管理是账务处理系统为辅助出纳人员的管理工作而提供的一套核算和管理功能。它主要包括日记账的查询、支票登记簿的管理及进行银行对账等内容。

1. 日记账

日记账包括库存现金日记账和银行存款日记账，要求在系统初始化时，"库存现金"科目和"银行存款"科目必须选择"日记账"标记，表明该科目要登记日记账。

2. 资金日报表

资金日报表是反映"库存现金"科目和"银行存款"科目当日借贷方发生额及余额情况的报表。

3. 支票登记簿

支票登记簿用来详细登记支票领用人、领用日期等信息。只有在基础档案的结算方式中设置"票据结算"标志、在总账系统"选项"中选择"支票控制"，并在"会计科目"中已指定银行总账的科目才能使用支票登记簿。

4. 银行对账

银行对账是企业货币资金管理的主要内容，是出纳人员的最基本工作之一。为了能够准确掌握银行存款的实际金额，及时了解实际可动用的货币资金数额，防止记账差错的发生，企业必须定期将银行存款日记账与银行出具的对账单进行核对，并编制银行存款余额调节表。银行对账采用自动对账和手工对账相结合的方式。包括：输入银行对账期初数据、输入银行对账单、银行对账、输入余额调节表、查询对账勾对情况、核销已达账等工作。

◉[工作过程与岗位对照]

出纳管理的工作过程与岗位对照图如图3-114所示。

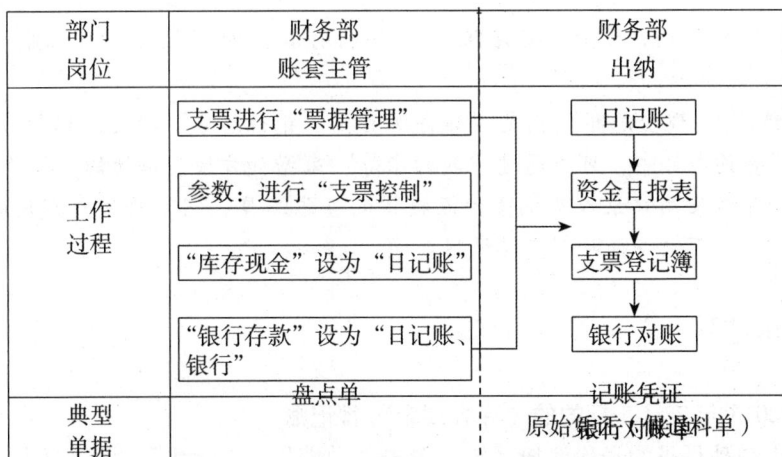

部门 岗位	财务部 账套主管	财务部 出纳
工作过程	支票进行"票据管理"	日记账
	参数：进行"支票控制"	资金日报表
	"库存现金"设为"日记账"	支票登记簿
	"银行存款"设为"日记账、银行"	银行对账
典型单据	盘点单 原始单据	记账凭证 银行对账单（原始单据）

图3-114　出纳管理的工作过程与岗位对照图

任务一　日记账管理

[任务名称]

日记账查询和打印。

[任务内容]

出纳孙丹丹按照以下条件进行日记账查询和打印。

1. 查询 2013 年 7 月 1 日至 7 月 5 日的"库存现金"日记账。

2. 在"我的账簿"查账工具中增加"三季度现金账",条件是:2013 年 7 月份至 2013 年 9 月份的现金账、按对方科目"名称+编码"展开、包含未记账凭证。

3. 查询并打印 2013 年 7 月的"银行存款——农行存款"日记账。

[任务要求]

7 月 30 日,出纳孙丹丹进行日记账查询和打印。

[知识链接]

日记账包括库存现金日记账和银行存款日记账。可以输出某一天的或者任意一个月份的库存现金日记账和银行存款日记账。要使用库存现金和银行存款日记账,需要做好两项基础工作:

1. "库存现金"科目设为"日记账";"银行存款"科目设为"日记账"和"银行账"。

2. 指定科目:"现金总账"指定"库存现金"、"银行总账"指定"银行存款"。

在日记账查询条件中,可以通过"我的账簿"来增加方便、快捷的查询条件。"我的账簿"就是为了方便用户录入查询条件而提供的查账工具,它可将用户常用的查询条件加以保存,以便在下次查询时可直接调用查询。

[工作示范]

1. 查询 2013 年 7 月 5 日的的"库存现金"日记账

(1) 以出纳孙丹丹的身份注册系统,单击"总账"/"出纳",然后双击"库存现金日记账",系统进入"现金日记账查询条件"对话框。

(2) 在"现金日记账查询条件"对话框中,选择"按日查",时间为"2013-07-01"至"2013-07-05",设置如图 3-115 所示。

图3-115 库存现金日记账查询条件

栏目说明：

①按月查：显示查询月的库存现金日记账。

②按日查：显示查询日的库存现金日记账。

③科目自定义类型：可选择自定义的科目类型，选择后系统按所选取的内容进行过滤。

④编码：库存现金日记账显示对方科目编码。

⑤名称+编码：库存现金日记账可以显示对方科目编码及名称，可以选择显示一级科目或显示至末级。

⑥是否按对方科目展开：选择此项，则必须选择显示对方科目"名称+编码"。

⑦包含未记账凭证：由于未审核等原因，可能会有部分凭证尚未记账，所以如果要查询真实的现金收支情况时最好选择"包含未记账凭证"。

（3）单击"确定"按钮，进入库存现金日记账查询窗口，如图3-116所示。

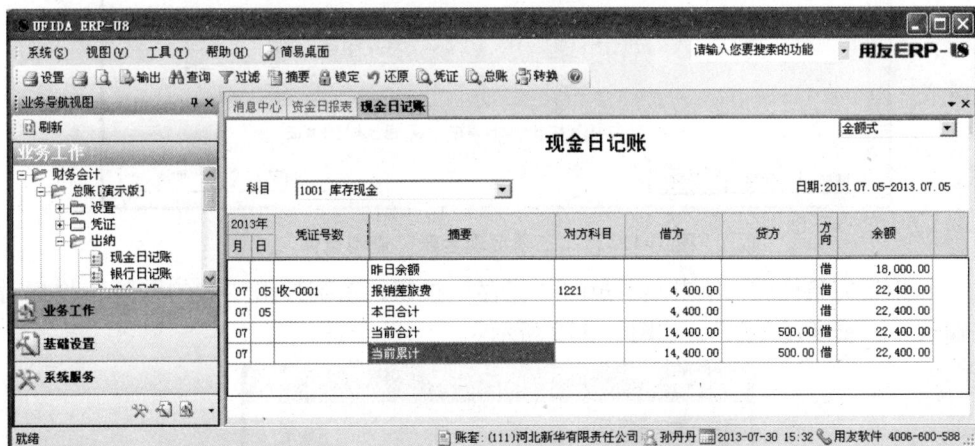

图3-116 库存现金日记账查询窗口

栏目说明：

①凭证：点击可查看相应的凭证。

②总账：点击可查看库存现金科目的三栏式总账。

③过滤：快速过滤查询，点击"过滤"按钮，输入相关过滤条件，包括自定义项，可缩小查询范围，快速查出需要的凭证。

④查询：重新选择查询条件。点击"查询"按钮，输入查询条件或在"我的账簿"选择查询方式重新查询。

⑤摘要：设置摘要显示内容。点击"摘要"按钮，屏幕上"辅助项"页签中"部门、个人、项目、供应商、客户"选项表示会计科目属性。自定义项页签显示所有自定义项以供选择。如果该科目设有科目属性，且录入凭证时录入了科目属性的内容，在摘要选项中被选中打上"√"，则账表显示时摘要栏显示相关的科目属性内容、自定义项内容和结算方式、票号、日期、业务员等内容。注意该科目必须具有至少一项科目属性，这里的选项才能起作用。

⑥锁定、还原：调整、还原栏目列宽。点击"锁定"按钮则不可调整栏目列宽，点击"还原"按钮返回系统默认的列宽。

⑦转换：点击可进行中英文科目名称转换。

（4）单击"退出"按钮，退出查询窗口。

2. 在"我的账簿"查账工具中增加"三季度现金账"

（1）在"现金日记账查询条件"对话框中，选择"按月查"，时间为"2013.07"至"2013.09"，"对方科目显示"选择"名称+编码"一级科目，同时选择"是否按对方科目展开"和"包含未记账凭证"两个复选框，设置如图3-117所示。

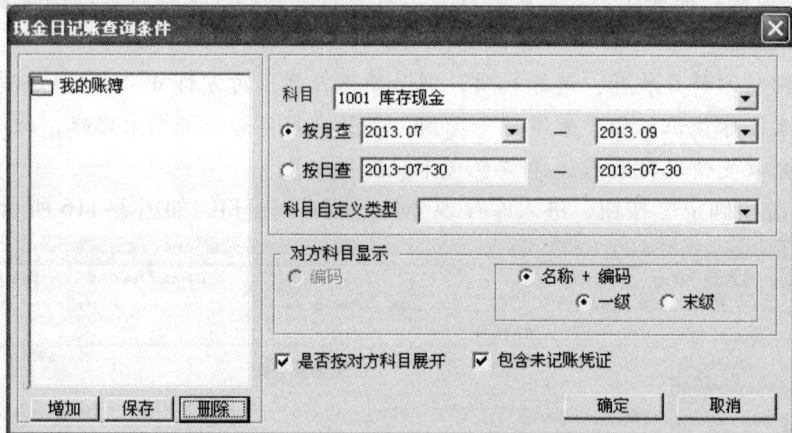

图3-117　"三季度现金账"查询条件

（2）设置完条件后，单击左下角的"保存"按钮，系统弹出"我的账簿"增加对话框，输入"三季度现金账"，如图3-118所示。

图3-118　增加"三季度现金账"名称

（3）单击"确定"按钮返回，如图3-119所示。

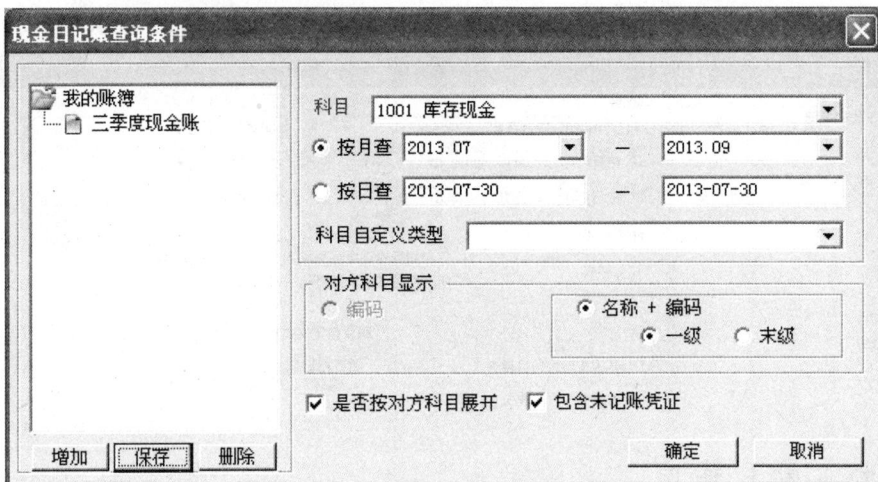

图3-119　"三季度现金账"查询条件

特别提示：

以后每次查询库存现金日记账时只选择"三季度现金账"，无需再次输入查询条件，可提高查询速度。

（4）单击"确定"按钮，进入"三季度现金账"窗口，如图3-120所示。

图3-120　"三季度现金账"窗口

（5）单击"退出"按钮，退出查询窗口。

3. 查询并打印2013年7月"银行存款——农行存款"日记账

（1）查询方法同前，不再赘述。

（2）单击"出纳"／"账簿打印"，然后双击"银行日记账"，进入"银行日记账打印"对话框，"科目"选择"农行存款"至"农行存款"，如图 3-121 所示。

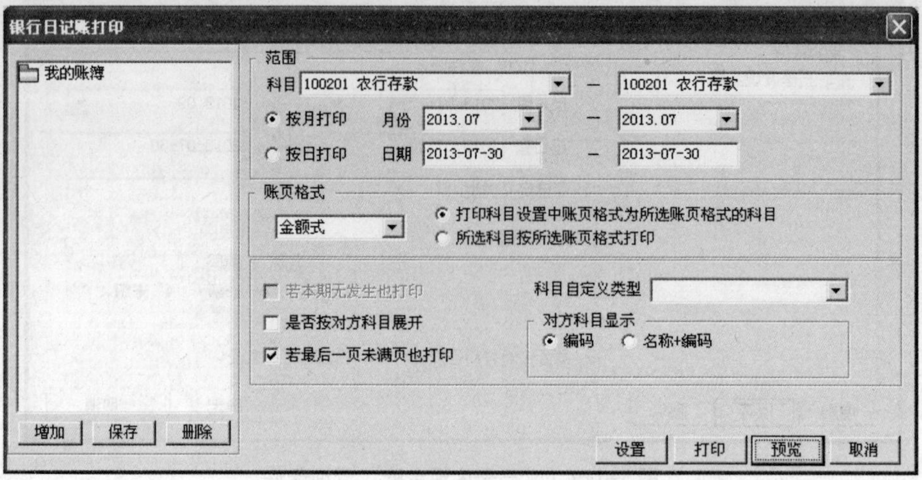

图 3-121　农行存款打印条件对话框

栏目说明：

①账页格式：系统提供了四种格式，为金额式、外币金额式、数量金额式、数量外币式。

②打印科目设置中账页格式为所选账页格式的科目：只打印科目设置中账页格式与所选的账页格式相同的科目。

③所选科目按所选账页格式打印：所选的科目全部按所选账页格式打印。

④若最后一页未满页也打印：未选中时，当所打印的日记账最后一页不能打满一页时，则不打印该页。若该科目日记账只有一页，且不满页，则不打印该科目日记账。

⑤是否按对方科目展开：选择此项，则必须选择显示打印对方科目"名称+编码"。"名称+编码"是指银行日记账可以显示打印对方科目编码及名称，并选择显示打印一级科目或显示至末级科目。

特别提示：

①系统默认日记账与明细账打印每页打印行数一样，都为 30 行，但可通过"选项"进行调整。

②若不使用套打功能，系统默认摘要为 20 个汉字、金额、数量、外币打印宽度为 16 位数字，单价、汇率显示宽度为 12 位数字（包括小数点及小数位），若您不想按此宽度打印，则在"选项"中修改金额、数量、外币、单价、汇率的宽度即可。

③若在"选项"中的"明细账输出方式"设为"按月排页"，则打印时从所选月份范围的起始月份开始将日记账顺序排页，再从第一页开始将其打印输出，打印起始页号为"1 页"。这样，若所选月份范围不是第一个月，则打印结果的页号必然从"1 页"开始排。若在"选项"中的"明细账输出方式"设为"按年排页"，则打印时从本会计年度的第一个会计月开始将日记账顺序排页，再将打印月份范围所在的页打印输出，打印起始页号为所打月份在全年总排页中的页号。这样，若所选月份范围不是第一个月，则打印结果的页号有可能不是从"1 页"开始排。

④日记账要做到每天登记，做到日清月结。如果业务较多可以每天打印输出，如果每天业务较少可以按旬打印输出。定期采用计算机打印输出的活页账页可以装订成册。

（3）单击"预览"，可以进行查看，如图3-122所示。

银行日记账　[正式账簿]

月份：2013.07—2013.07

页号：1-1

本币名称：人民币

科目：银行存款/农行存款(100201)

2013年		凭证号数	摘要	结算号	对方科目	借方	贷方	方向	余额
月	日								
			月初余额					借	236,700.00
07	02	付-0001	提取现金_201_XJ5523_2013.07.02	现金支票-XJ5523	1001		10,000.00	借	226,700.00
07	02		本日合计				10,000.00	借	226,700.00
07	13	收-0002	收回贷款_202_ZZ1146_2013.07.13	转账支票-ZZ1146	1122	93,600.00		借	320,300.00
07	13		本日合计			93,600.00		借	320,300.00
07	20	付-0003	采购材料_202_ZZ7656_2013.07.20	转账支票-ZZ7656	160501		5,850.00	借	314,450.00
07	20		本日合计				5,850.00	借	314,450.00
07			当前合计			93,600.00	15,850.00	借	314,450.00
07			当前累计			93,600.00	15,850.00	借	314,450.00

核算单位：河北新华有限责任公司　　　制表：孙丹丹　　　打印日期：2013.07.30

[用友软件]

图3-122　打印预览

（4）单击"退出"按钮，退出预览和查询窗口。

任务二　支票登记簿

[任务名称]

支票登记簿管理。

[任务内容]

出纳孙丹丹进行支票登记簿管理。

1. 查询7月2日开出并报销的现金支票（提取备用金10 000元，票号：XJ5523）。

2. 登记7月20日开出并报销的转账支票（供应部王思燕领用农行转账支票购买建筑材料，金额5 850元，票号：ZZ7656，银行账号：6228480631045889923，开户银行名称：农行天山支行）。

[任务要求]

7月30日，出纳孙丹丹进行支票登记的查询和增加。

[知识链接]

在手工记账时，银行出纳通常建立支票领用登记簿，用来登记支票领用情况，为此本系统为出纳员提供了"支票登记簿"功能，以供其详细登记支票领用人、领用日期、支票用途、是否报销等情况。当应收、应付系统或资金系统有支票领用时，自动填写。

使用支票登记簿的前提条件是：在"结算方式"设置中，对需使用此功能的结算方式进行票据管理，即在"是否票据管理"前打"√"；在"会计科目"中设置银行账科目；在总账系统"选项"中选择"支票控制"。

[工作示范]

1. 查询现金支票，登记转账支票

（1）单击"总账"/"出纳"，然后双击"支票登记簿"，进入"银行科目选择"对话框，"科目"选择"农行存款"，如图3-123所示。

图3-123　银行科目选择

特别提示：

本系统对于不同的银行账户分别登记支票登记簿，所以您需先选择要登记的银行账户，才能进入支票登记簿界面。

（2）单击"确定"按钮，进入"支票登记簿"窗口，如图3-124所示。

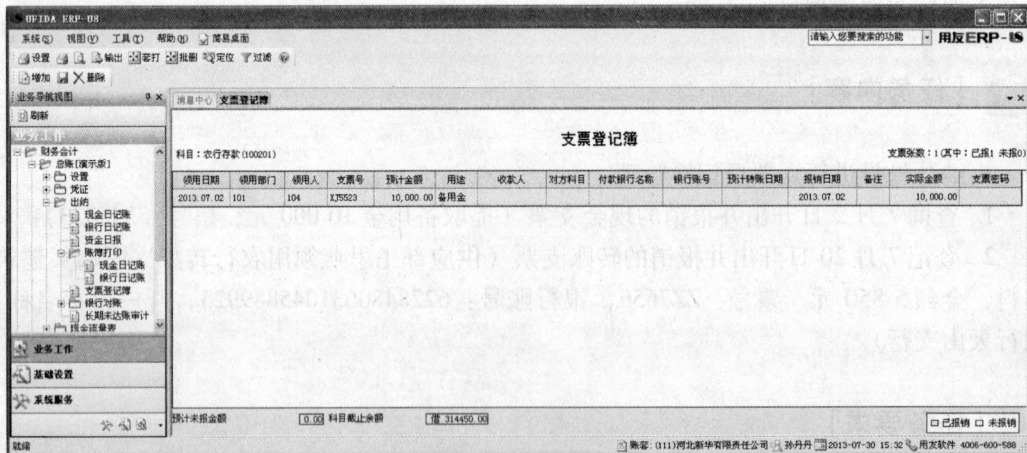

图3-124　支票登记簿

栏目说明：

菜单栏目说明如下：

①套打：如果启用了"票据通"产品，这里的工具栏上会出现"套打"按钮，用户可以调用票据通使用支票套打功能。

②增加：指增加记录，点击"增加"按钮，新增一空行，登记支票领用人、领用日期、支票用途、是否报销等信息。新增记录为未报销记录。

③定位：指查找支票记录，在查找窗口输入支票领用日期或支票号，确定后光标停在符合条件的记录上。

④批删：指如何删除一批已报销的支票，单击"批删"后，输入需要删除已报销支票的起止日期，即可删除此期间内的已报销支票。

⑤过滤：指如何按领用人或部门统计支票情况，单击"过滤"按钮后，即可对支票按领用人或部门进行各种统计。

支票登记簿表中栏目说明如下：

①屏幕显示所有已登记的记录情况，右上角显示已报销和未报销支票数。未报销支票背景呈白色。

②屏幕下方显示预计未报金额和本科目的截止余额。

③领用部门、领用人：可以参照部门档案、职员档案输入。

④支票号：支票号可达30位，号码必须是唯一的。

⑤支票已报、未报：根据记录数随时更新。

⑥预计未报金额：为所有未报销支票的预计未报金额合计。如果是外币科目支票登记时，这里显示外币金额。

⑦用途：可输入30个字符。收款人：可以录入100个字符。

⑧付款银行名称：提供在"基础设置"中设置的开户银行参照，选择本张支票的付款银行。

⑨报销日期：不能在领用日期之前。支票登记簿中的报销日期栏，一般是由系统自动填写的，但对于有些已报销但由于人为原因而造成系统未能自动填写报销日期的支票，用户可进行手工填写，将光标移到报销日期栏，然后写上报销日期。

⑩实际金额：实际报销金额。如果是外币科目支票登记时，这里显示外币金额。

特别提示：

①当支票支出后，经办人持原始单据（发票）到财务部门报销，会计人员据此填制记账凭证，当在系统中录入该凭证时，系统要求录入该支票的结算方式和支票号，在系统填制完成该凭证后，系统自动在支票登记簿中将该号支票写上报销日期，该号支票即为已报销。

②将光标移到需要修改的数据项上可直接修改支票登记簿内容。

③支票登记簿中报销日期为空时，表示该支票未报销，否则系统认为该支票已报。

④已报销的支票不能进行修改。若想取消报销标志，只要将光标移到报销日期处，按空格键后删掉报销日期即可。

（3）单击"增加"按钮，登记转账支票。"领用日期"为"2013.07.20"，"领用部门"选择"供应部"，"领用人"选择"王思燕"，"支票号"输入"ZZ7656"，"预计金额"输入"5 850"元，"用途"输入"购专用材料"，"收款人"输入"天成建材有限公司"，"付款银行"输入或选择"农行天山支行"，"银行账号"输入"6228480631045889923"，"报销日期"为"2013.07.30"，"实际金额"输入"5 850"

元，输入完成后，单击"保存"按钮，如图 3-125 所示。

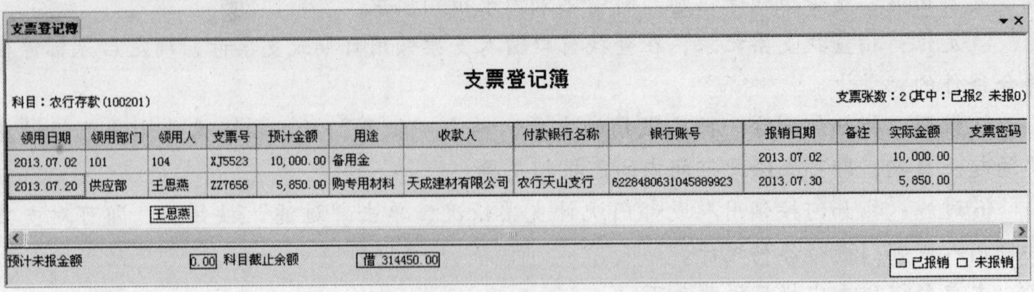

支票登记簿

科目：农行存款(100201)   支票张数：2(其中：已报2 未报0)

领用日期	领用部门	领用人	支票号	预计金额	用途	收款人	付款银行名称	银行账号	报销日期	备注	实际金额	支票密码
2013.07.02	101	104	XJ5523	10,000.00	备用金				2013.07.02		10,000.00	
2013.07.20	供应部	王思燕	ZZ7656	5,850.00	购专用材料	天成建材有限公司	农行天山支行	6228480631045889923	2013.07.30		5,850.00	
	王思燕											

预计未报金额 [0.00] 科目截止余额 [借 314450.00]   □ 已报销 □ 未报销

图 3-125 登记转账支票

（4）单击"退出"按钮，退出支票登记簿窗口。

学习子情境四 账表管理

【引例】

手工记账时，要根据记账凭证和科目汇总表来登记日记账、明细账和总账。小张感慨还是用软件管理好，工作效率高，记账是计算机自动完成的。总账会计李明轩让小张进一步学习软件上账簿的种类和格式，小张又接着学习账表管理知识。

【引例分析】

企业发生的经济业务，经过制单、审核、记账操作以后，就形成了会计账簿。账务处理系统中的账表管理主要包括日记账、总账、明细账、余额表及辅助账的管理等。在总账系统中，提供了强大的查询功能，整个系统还有效地实现了总账、明细账、凭证联查功能。

此外，账簿查询还提供未记账凭证的模拟记账功能，使企业能随时了解各科目的最新余额和明细情况，对部门、项目信息反映及时，费用控制更加可靠。

[工作过程与岗位对照]

账表管理工作过程与岗位对照图如图 3-126 所示。

部门	财务部
岗位	账套主管、总账会计
工作 过程	总账（查询、打印）　　　　　余额表（查询、打印） 明细账（查询、打印）　　　多栏账（设置、查询、打印） 辅助账（往来账管理、各种辅助账查询、打印）
典型 单据	

图 3-126 账表管理工作过程与岗位对照图

任务　总账和明细账查询

［任务名称］

总账和明细账查询。

［任务内容］

总账会计李明轩按照以下条件进行总账和明细账查询。

1. 查询"6602 管理费用"三栏式总账，联查明细账，并联查收 1 号凭证。
2. 查询"银行存款"总账，联查外币账户"中行存款"的总账。
3. 查询原材料明细账。

［任务要求］

7 月 30 日，总账会计李明轩进行总账和明细账查询。

［知识链接］

1. 总账查询不但可以查询各总账科目的年初余额、各月发生额合计和月末余额，而且还可查询所有明细科目的年初余额、各月发生额合计和月末余额。

2. 明细账用于平时查询各账户的明细发生情况，及按任意条件组合查询明细账。明细账提供了三种查询格式：普通明细账、按科目排序明细账、月份综合明细账。普通明细账是按科目查询，按发生日期排序的明细账；按科目排序的明细账是按非末级科目查询，按其发生的末级科目排序的明细账；月份综合明细账是按非末级科目查询，包含非末级科目总账数据及末级科目明细数据的综合明细账，使各级科目的数据关系一目了然。

［工作示范］

1. 查询"6602 管理费用"三栏式总账并联查明细账和凭证

（1）以总账会计李明轩的身份注册系统，单击"总账"/"账表"/"科目账"，然后双击"总账"，系统进入"总账查询条件"对话框。

（2）单击"科目"栏多选按钮，选择"管理费用"，如图 3-127 所示。

图3-127 总账查询条件

栏目说明:

①科目范围:可输入起止科目范围,为空时,系统认为是所有科目。

②科目自定义类型:可选择自定义的科目类型,选择后系统按所选取内容进行过滤。

③级次:在确定科目范围后,可以按该范围内的某级科目,如将科目级次输入为1-1,则只查一级科目,如将科目级次输入为1-3,则查询一至三级科目。如果需要查询所有末级科目,则选择末级科目即可。

④若想查询包含未记账凭证的总账,选择包含未记账凭证即可。

(3)单击"确定"按钮,进入"管理费用总账"查询窗口,如图3-128所示。

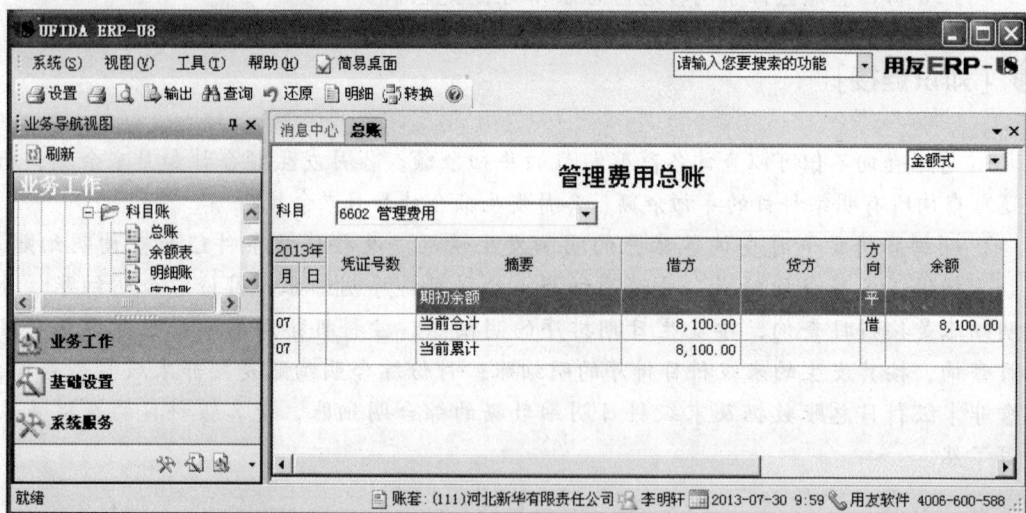

图3-128 管理费用总账

特别提示:

①系统提供四种账页格式:金额式、外币金额式、数量金额式、数量外币式。在外币金额式显示格式中如为末级科目则显示外币名称,非末级科目则不显示。

②显示外币金额式账簿的同时可以按不同的币种提供月初余额、合计、累计。

③如果在会计科目中设置了科目的英文名称,在这里可以通过"转换"按钮,进行中英文科目名称转换。

(4)将光标定位在第二或第三行,然后单击"明细"按钮,联查明细账,如图3-129所示。

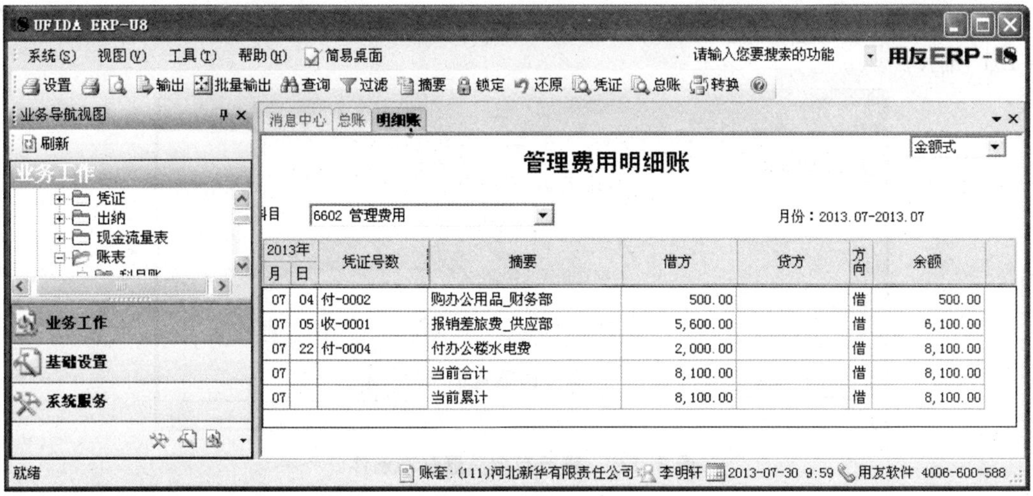

图 3-129 联查明细账

特别提示：

当期初余额或上年结转所在行为当前行时，不能联查明细账。

（5）将光标定位在"收-0001"号业务所在行，然后单击"凭证"按钮，联查凭证，系统进入"收字 0001 号收款凭证窗口"，如图 3-130 所示。查询完成，单击"退出"按钮。

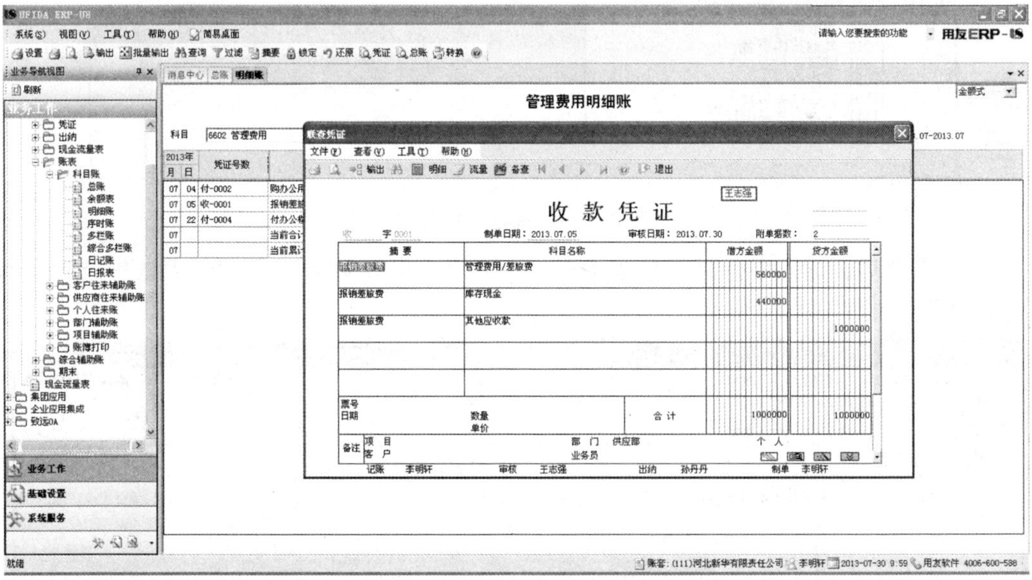

图 3-130 收字 0001 号收款凭证窗口

（6）在明细账界面单击"退出"按钮，返回总账界面，查询完毕，在总账界面按"退出"按钮，完成"管理费用"总账查询。

2. 查询"银行存款"总账，联查外币账户"中行存款"的总账

（1）以总账会计李明轩的身份注册系统，单击"总账"/"账表"/"科目账"，然后双击"总账"，系统进入"总账查询条件"对话框。

（2）单击"科目"栏多选按钮，选择"银行存款"，"级次"为"1"至"2"，如图3-131所示。

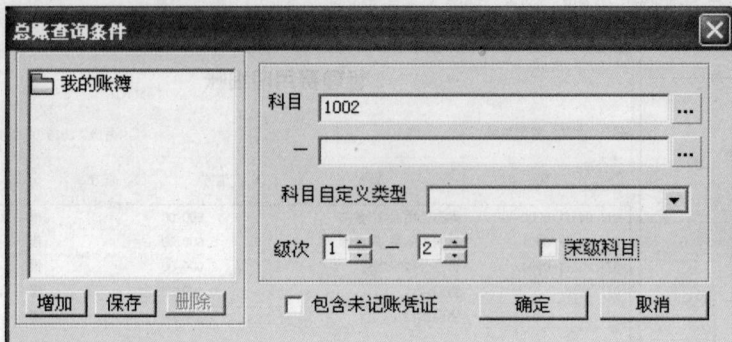

图3-131 银行存款总账查询条件

（3）单击"确定"按钮，进入"银行存款总账"查询窗口。

（4）在"科目"下拉列表框中选择"中行存款"科目，如图3-132所示。

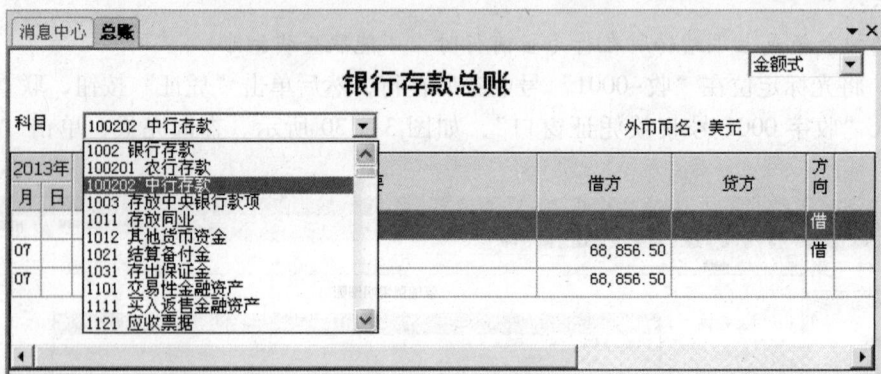

图3-132 选择中行存款

（5）选择后，进入中行存款总账界面，在右上角的账页格式下拉列表框中选择"外币金额式"，如图3-133所示。

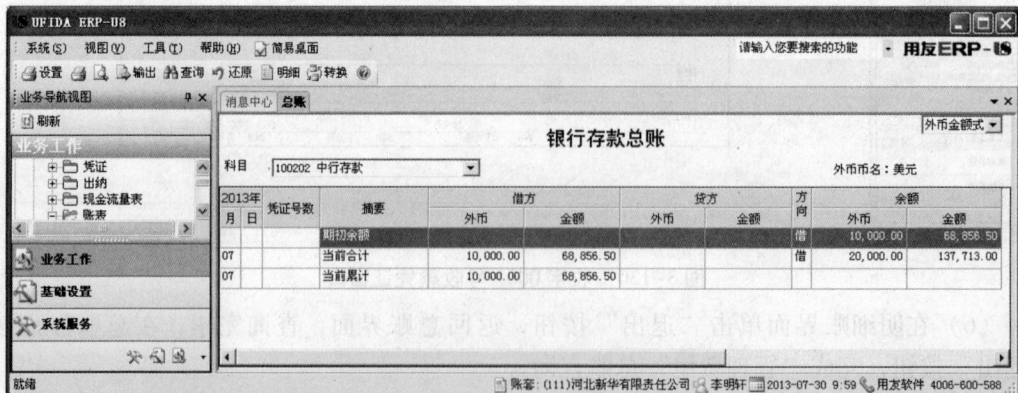

图3-133 中行存款外币金额式总账

（6）单击"退出"按钮，退出总账查询界面。

3. 查询原材料明细账

（1）双击"明细账"，系统进入"明细账查询条件"对话框。

（2）选择"按科目范围查询"，"科目"选择"原材料–芯片"至"原材料–线缆"，其他按照系统默认值处理，如图 3–134 所示。

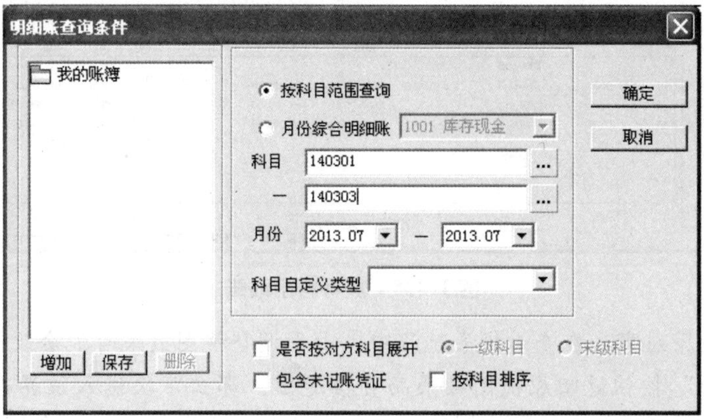

图 3–134　明细账查询条件

栏目说明：

①选择科目的范围：可输入科目起止范围，为空时，系统认为是所有科目。

②科目自定义类型：可选择自定义的科目类型，选择后系统按所选取内容进行过滤。

③选择月份的范围：选择起止月份，当只查某个月时，应将起止月都选择为同一月份，如查 2013 年 7 月，则月份范围应选择为"2013.07"至"2013.07"。

④选择"包含未记账凭证"：若要查询包含未记账凭证的明细账，可选择此项。查询结果中的未记账业务将用颜色加以区别。

⑤选择"按科目排序"：若希望在查询非末级科目明细账时，能看到该科目的明细账分别按其末级科目列示，则可选择"按科目排序"。

⑥选择"月份综合明细账"：若同时查看某月份末级科目的明细账及其上级科目的总账数据，则可选择该选项。

（3）单击"确定"按钮，进入"原材料明细账"界面，在右上角的账页格式下拉列表框中选择"数量金额式"，如图 3–135 所示。

栏目说明：

①摘要：点击"摘要"按钮，屏幕上"辅助项"页签中"部门、个人、项目、供应商、客户"选项表示会计科目属性。自定义项页签显示所有自定义项以供选择。如果该科目设有科目属性，且录入凭证时录入了科目属性的内容，在摘要选项中被选中打上"√"，则账表显示时摘要栏显示相关的科目属性内容、自定义项内容和结算方式、票号、日期、业务员等内容。注意该科目必须具有至少一项科目属性，这里的选项才能起作用。

②查询：调用查询条件界面，重新设置查询条件，进行新的查询。

③锁定：单击工具栏中的"锁定"按钮，可锁定（或取消锁定）列宽，即不能调整列宽。

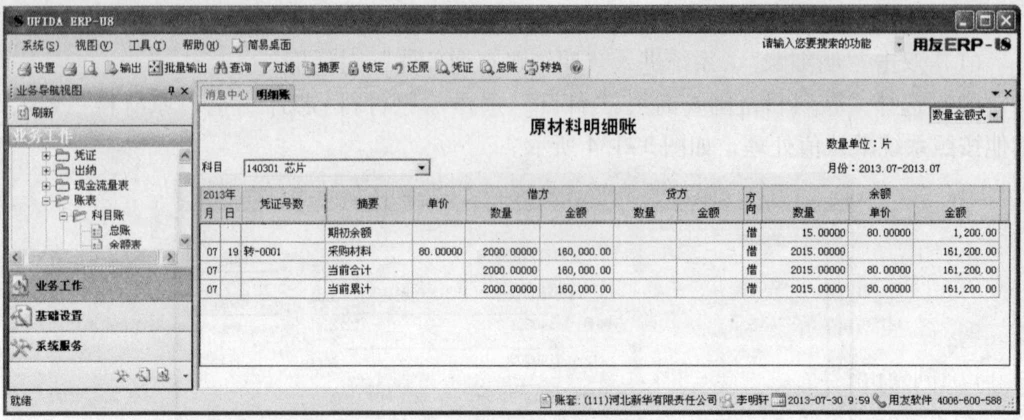

图 3-135　原材料明细账

④还原：还原列宽。在查看报表过程中，由于调整视图效果可能会改变列宽，如果用户不使用"还原"按钮返回原视图效果而直接退出，那么下次进入该界面时就会看到这次修改过的视图效果。

⑤凭证：点击"凭证"按钮或鼠标右键菜单"联查凭证"，查询光标所在行凭证并将光标锁定在符合查询条件的第一条分录。

⑥总账：点击"总账"按钮或鼠标右键菜单"联查总账"，查询当前查询科目的总账。

⑦过滤：如何进行明细账组合条件查询。

⑧转换：如果在会计科目中设置了科目的英文名称，在这里可以通过转换按钮，进行中英文科目名称转换。

⑨批量输出：点击"批量输出"按钮，可将查询结果中的所有科目明细账数据批量输出为文档。

特别提示：

①在设置月份综合明细账查询条件时，必须先指定一级科目，且起始科目与终止科目必须为指定科目或其下属科目，且为同一级次。如：指定科目为"1002"，则科目范围可输入"100201"至"100203"，也可输入"1002"至"1002"，但不能输入"100201"至"10020101"。

②若在"选项"菜单中选择了"明细账查询权限控制到科目"，则须在"基础设置-数据权限"中对此进行设置。若操作员不具备查询某科目明细账的权限，那么在进入明细账查询功能后，将看不到此科目的明细账。

③只要有查询月份综合明细账的权限，就可查询所有科目的月份综合明细账，如果不希望某操作员查询某科目的明细账，那么除了在"基础设置"中进行设置外，还需要在系统管理的"权限"中取消该操作员查询月份综合明细账的权限。

④按科目范围查询明细账时，不能查询在科目设置中指定为现金银行科目的明细账，但可查月份综合明细账，而且可以到"出纳管理"中通过库存现金日记账与银行日记账查询该科目的明细数据。

（4）单击"退出"按钮，退出"原材料明细账"界面。

学习子情境五　期末处理

【引例】

到了期末，财务部门比平时工作量还要大，小张问总账会计李明轩，期末业务处理工作量那么大，软件真的可以帮助处理一些业务吗？总账会计笑了，说软件不是智能机器人，要想用软件进行期末业务处理，必须要进行提前设置，设置后就一劳永逸喽。小张听了很兴奋，迫不及待地跟着总账会计学习起来。

【引例分析】

期末处理业务是在完成记账工作的基础上进行的，在每个会计期的期末都要完成一些特定的工作，主要包括：转账业务、对账及结账等。由于各会计期间的许多期末业务都具有较强的规律性，利用软件进行财务核算和管理，不但提高了工作效率，而且加强了财务核算的规范性。

一、转账定义

转账分为外部转账和内部转账。外部转账是指将其他专项核算子系统生成的凭证转入总账系统中。内部转账是指在总账系统内部将某个或某几个会计科目中的余额或本期发生额结转到一个或多个会计科目中去。

转账定义包括自定义结转、销售成本结转、汇兑损益结转和期间损益结转等。

1. 自定义结转

各个企业情况不同，各种计算方法也不完全相同，特别是对各类成本费用分摊结转方式的差异，造成各企业转账的不同。为了满足各企业的不同需要，可自行定义自动转账凭证。

2. 销售成本结转

销售成本结转是将月末库存商品销售数量乘以库存商品的平均单价来计算的，并从库存商品科目中转入主营业务成本中去。库存商品科目、商品销售收入科目、商品销售成本科目的账页格式必须是"数量金额式"，且应一一对应。

3. 汇兑损益结转

汇兑损益结转用于期末自动计算外币账户的汇兑损益，并在转账生成中自动生成转账凭证。

4. 期间损益结转

期间损益结转用于一个会计期间终了后将损益类科目的余额结转到本年利润科目中去，从而及时反映企业利润的盈亏情况。

二、转账生成

在转账定义完成以后，就可以进行转账生成操作了，每月月末只需执行本功能就可快速生成转账凭证（机制凭证）。一定要注意，由于转账是按照已记账的数据进行计算的，所以在进行月末转账工作之前，请务必对所有未记账凭证进行记账，在生成凭证的过程中遵循会计核算程序，特别是对于一组相关转账分录，否则数据将会出现错误。

三、对账

为保证数据的正确性与完整性，期末结账前要做好对账工作。它主要是通过核对总账与明细账、总账与辅助账数据来完成账账核对。一般来说，实行计算机记账，只要凭证输入正确，计算机就不会发生对账不符的情况。但为了防止计算机病毒和非法操作者对数据的破坏，应经常使用本功能进行对账，并且应定期进行，至少每月在结账前进行一次。

四、结账

每月月末都要进行结账工作。在实行软件管理之后，结账工作就简单多了。结账就是一种成批数据处理的操作，每月只结账一次。

[工作过程与岗位对照]

期末处理工作过程与岗位对照图如图 3-136 所示。

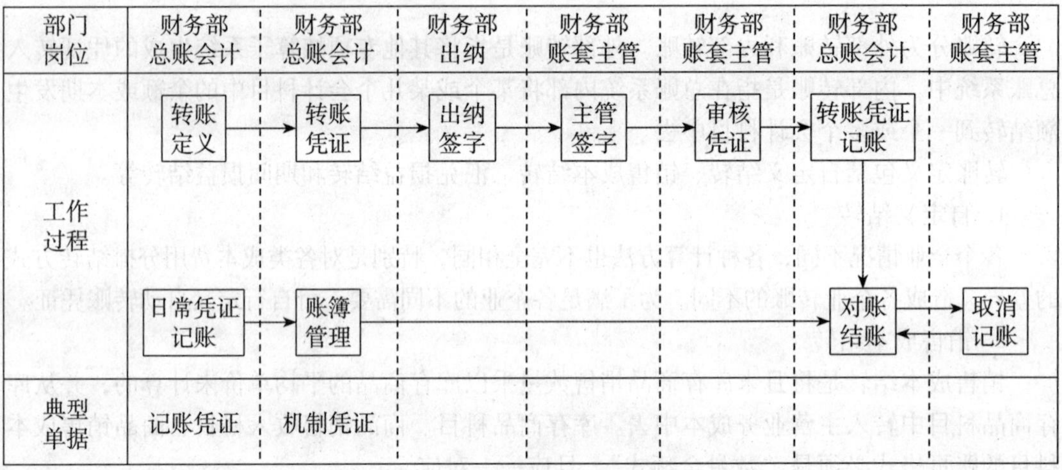

部门岗位	财务部总账会计	财务部总账会计	财务部出纳	财务部账套主管	财务部账套主管	财务部总账会计	财务部账套主管
工作过程	转账定义 →	转账凭证 →	出纳签字 →	主管签字 →	审核凭证 →	转账凭证记账 ↓	
	日常凭证记账 →	账簿管理				对账结账 ←	→ 取消记账 ←
典型单据	记账凭证	机制凭证					

图 3-136　期末处理工作过程与岗位对照图

任务一　转账定义

[任务名称]

进行期末转账定义。

[任务内容]

总账会计李明轩进行期末转账定义，具体如下：

1. 进行自定义转账设置：计提短期借款利息，年利率3.25%。
2. 进行销售成本结转。
3. 进行汇兑损益结转，期末调整汇率为6.77255。
4. 进行期间损益结转。

@ ［任务要求］

按照要求进行期末转账定义。

◎ ［知识链接］

1. 自定义转账

自定义转账主要是解决企业自身情况所需的转账凭证设置，由于各个企业情况不同，核算方法也不尽相同，特别是对各类成本费用分配结转方式的差异，必然会造成各个企业转账定义的差异。为适应该需要，系统提供了自行定义转账凭证的功能。

首次使用总账系统，应先进行"转账定义"，即设置自动转账分录。定义好转账分录后，在以后各月只需要调用"转账生成"功能，就可以自动生成转账凭证。

设置自动转账分录就是将凭证的摘要、会计科目、借贷方向以及金额计算公式存入计算机中的一项操作。在此如何设置金额的计算公式是自动转账的关键，也是难点。

2. 销售成本结转

销售成本结转是指期末将已售商品的成本结转至"本年利润"的过程，本系统提供了自动结转销售成本的功能，但是要求："库存商品"、"主营业务收入"和"主营业务成本"三个科目都必须设置为以"数量"核算，且三个科目的下级科目结构要一一对应或者辅助核算项相同。本例中这三个科目都设置为以"数量"核算，而且辅助核算项都是"项目核算"。

当期销售成本＝当期销售商品数量×商品单位成本（销售成本计算公式）

公式中的"当期销售商品数量"取自主营业务（商品销售）收入项目下某商品的数量。

公式中"商品单位成本"取自"库存商品"项目下某商品的平均成本或单价。

3. 汇兑损益结转

按照会计准则的规定，有外币账户的企业期末必须进行期末调汇。系统提供了汇兑损益计算的功能，它主要用于期末外币账户汇兑损益的计算和结转。汇兑损益转账所处理的外币账户包括外币存款、外币现金、外币债权、外币债务。

4. 期间损益结转

根据会计制度规定，每家企业都必须定期计算盈亏情况，所以在一个会计期间终了时，需将损益类科目的发生额结转到"本年利润"科目，及时反映企业的经营成果。

✎ ［工作示范］

1. 自定义转账设置（提短期借款利息，年利率为3.25%）

操作步骤：

（1）以总账会计李明轩的身份登录系统，单击"总账"/"期末"/"转账定义"，然后双击"自定义转账"，进入"自定义转账"设置窗口。

（2）单击"增加"按钮，弹出"转账目录"对话框，"转账序号"栏输入"0001"号，"转账说明"栏输入"计提短期借款利息"，"凭证类别"栏选择"转账凭证"，设置如图3-137所示。

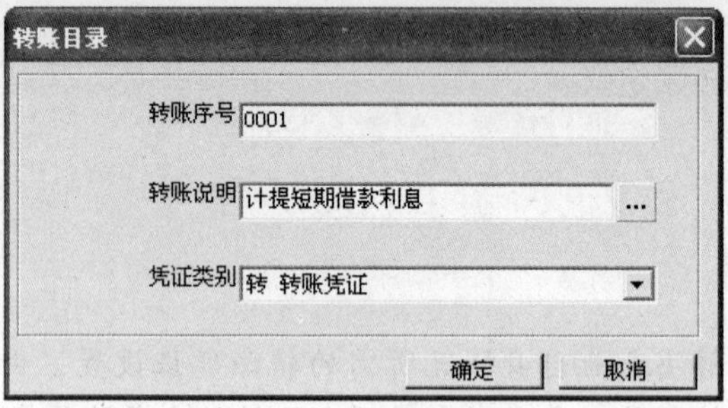

图3-137 转账目录

（3）单击"确定"按钮，在"自定义转账设置"窗口，单击"增行"按钮，"摘要"栏系统自动带出，"科目编码"栏选择"6603（财务费用）"，"方向"选择"借"，"金额公式"单击"多选"按钮，系统弹出"公式向导"，如图3-138所示。

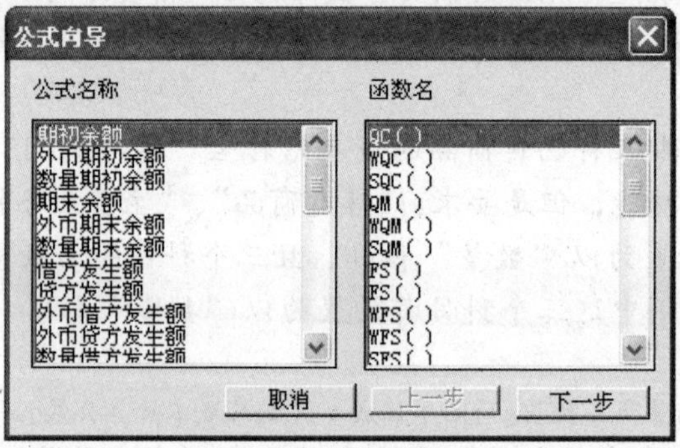

图3-138 公式向导

栏目说明：

①取数函数格式：函数名（科目编码，会计期间，方向，辅助项1，辅助项2）

②函数中的各项可根据情况决定是否输入，如科目是部门核算的科目，则应输入部门信息，如某科目无辅助核算，则不能输入辅助项。

③科目编码可以为非末级科目，各辅助项必须为末级。由于科目最多只能有两个辅助核算账类，因此，辅助项最多可定义两个。

④期间、方向由函数确定，若按年取数，则期间为"年"，若按月取数，则期间为"月"；若取借方发生额或累计发生额，则方向为"借"，若取贷方发生额或累计发生额，则方向为"贷"。例如，QM（100101，月）的执行结果为取100101科目结转月份的期末余额，QM（550201，月，销售部）的执行结果为取550201科目销售部的期末余额，结转月份可在生成转账凭证时选择。

（4）选择"取对方计算结果"，如图3-139所示。

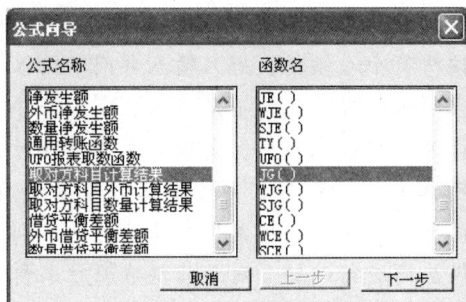

图 3-139 公式向导（一）

（5）单击"下一步"按钮，弹出公式向导第二步，如图 3-140 所示。

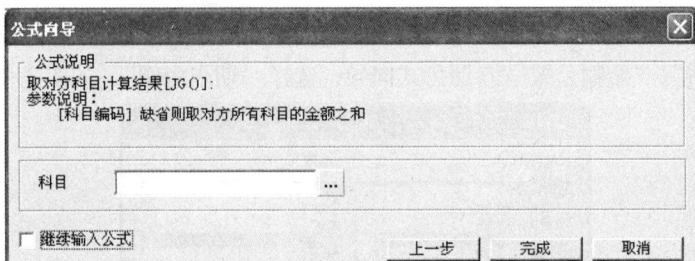

图 3-140 公式向导（二）

（6）单击"完成"按钮，返回自定义转账设置窗口，如图 3-141 所示。

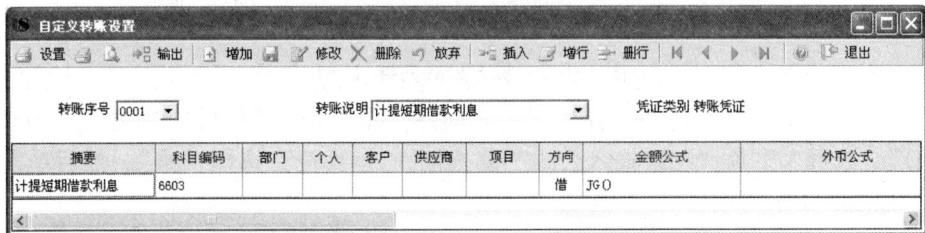

图 3-141 借方科目信息完成

栏目说明：

①转账序号：是该张转账凭证的代号，转账编号不是凭证号，转账凭证的凭证号在每月转账时自动产生。一张转账凭证对应一个转账编号，转账编号可任意定义，但只能输入数字 0—9，不能重号。

②转账摘要：可单击"多选"按钮或按"F2"键参照常用摘要录入，亦可手工输入。

③凭证类别：定义该张转账凭证的凭证类别。

④摘要：录入每笔转账凭证分录的摘要，可单击"多选"按钮参照输入。

⑤科目：录入每笔转账凭证分录的科目，可单击"多选"按钮参照输入科目编码。

⑥部门：当输入的科目为部门核算科目，如要按某部门进行结转时，则需在此指定部门，若此处不输入，即表示按所有部门进行结转，对于非部门核算科目，此处不必输入。

⑦项目：当输入的科目为项目核算科目时，如要按某项目结转时，则需在此指定项目，若此处不输入，即表示按所有项目进行结转，若此处输入为项目分类，则表示此项目分类所有项目进行结转，对于非项目核算科目，此处不必输入。

⑧个人：当输入的科目为个人往来科目时，如要按某个人结转时，则需在此指定个人，若此处不输，即表示按所有个人结转，若只输入部门不输入个人，则表示按该部门下所有个人结转，对于非个人往来科目，此处不必输入。

⑨客户：当输入的科目为客户往来科目，要按某客户结转时，则需在此指定客户，若此处不输入，即表示按所有客户进行结转，对于非客户往来科目，此处不必输入。供应商：当输入的科目为供应商往来科目，要按某供应商结转时，则需在此指定供应商，若此处不输入，即表示按所有供应商进行结转，对于非供应商往来科目，此处不必输入。

⑩方向：输入转账数据发生的借贷方向。公式：单击多选按钮可参照录入计算公式（注：对于初级用户，建议通过参照录入公式，对于高级用户，若已熟练掌握转账公式，也可直接输入转账函数公式）。

（6）单击"增行"按钮，在第二行接着输入，"科目编码"栏选择"2231（应付利息)"，"方向"选择"贷"，"金额公式"参照公式向导，选择"期末余额"，如图3-142所示。

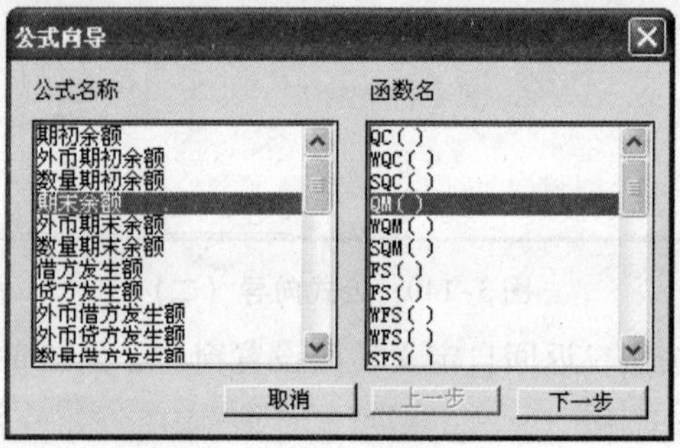

图3-142 贷方公式向导（一）

（7）单击"下一步"按钮，弹出"公式向导"第二步，"科目"栏选择"2001（短期借款)"，选择左下角"继续输入公式"复选框，"运算符"选择"乘"，然后单击"下一步"，如图3-143所示。

图3-143 贷方公式向导（二）

（8）单击"下一步"按钮，"公式名称"选择"常数"，如图 3-144 所示。

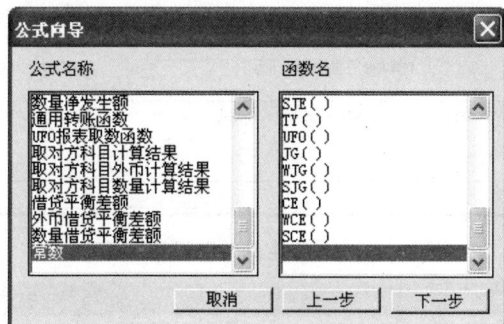

图 3-144　贷方公式向导（三）

（9）单击"下一步"按钮，"常数"栏输入"0.0325"，选择"继续输入公式"复选框，"运算符"选择"除"，如图 3-145 所示。

图 3-145　贷方公式向导（四）

（10）单击"下一步"按钮，"公式名称"选择"常数"，然后单击"下一步"按钮，在"常数"栏输入"12"，如图 3-146 所示。

图 3-146　贷方公式向导（五）

（11）单击"完成"按钮，返回"自定义转账设置"窗口，如图 3-147 所示。

（12）单击"保存"按钮，完成设置，然后单击"退出"按钮即可。

2. 销售成本结转

（1）双击"销售成本结转"，进入"销售成本结转设置"对话框。

（2）在"凭证类别"栏选择"转账凭证"，在"库存商品科目"栏选择"1405（库存商品）"，在"商品销售收入科目"栏选择"6001（主营业务收入）"，在"商品销售成本科目"栏选择"6401（主营业务成本）"，如图 3-148 所示。

图 3-147　"自定义转账设置"窗口

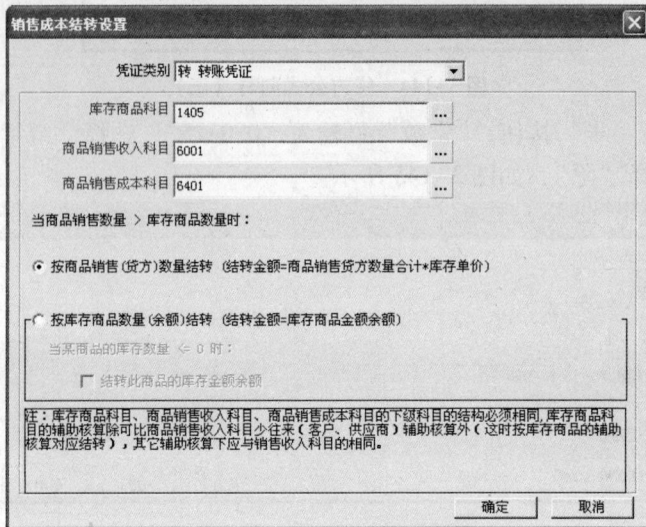

图 3-148　销售成本结转设置

（3）单击"确定"按钮，完成销售成本结转设置。

3．汇兑损益结转（期末调整汇率为 6.77255）

（1）需要将调整汇率输入"外币设置"中，单击"基础档案"/"财务"，然后双击"外币设置"，在 7 月份调整汇率栏中输入"6.77255"，如图 3-149 所示。

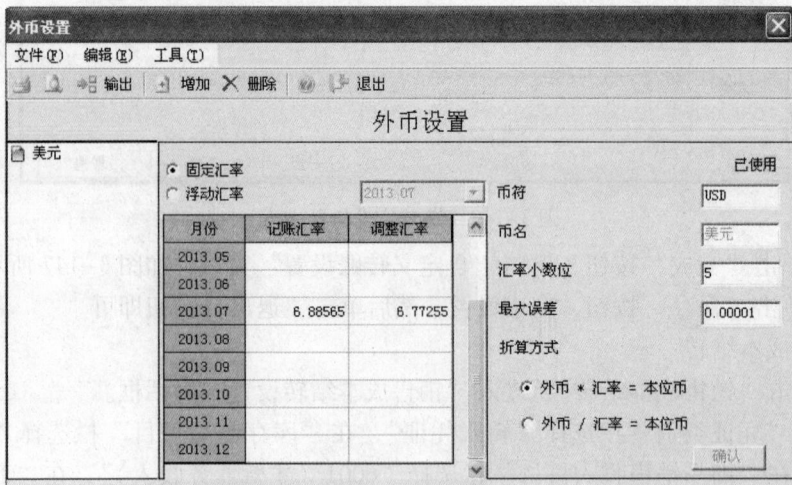

图 3-149　输入调整汇率

（2）双击"汇兑损益"，进入"汇兑损益结转设置"对话框。在"凭证类别"栏选择"付款凭证"，在"汇兑损益入账科目"栏选择"6603（财务费用）"，双击"是否计算汇兑损益"文本框，显示"Y"，如图3-150所示。

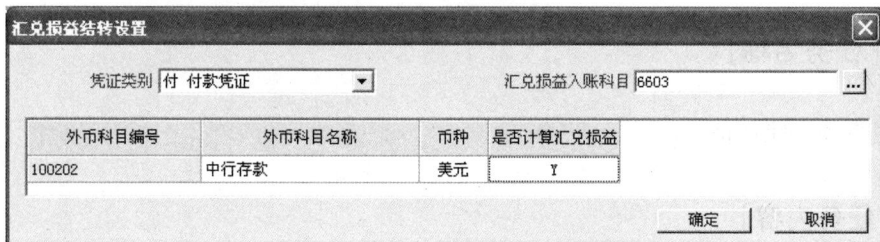

图3-150 汇兑损益结转设置

特别提示：

凭证类别可以按照系统默认值设定，生成凭证时根据情况再做选择。

（3）单击"确定"按钮，完成汇兑损益转账设置。

4. 期间损益结转

（1）双击"期间损益"，进入"期间损益结转设置"对话框。

（2）在"凭证类别"栏选择"转账凭证"，"本年利润科目"栏选择"4103（本年利润）"，如图3-151所示。

图3-151 期间损益结转设置

（3）单击"确定"按钮，完成期间损益转账设置。

任务二　生成自动转账凭证

[任务名称]

生成自动转账凭证。

[任务内容]

总账会计李明轩进行自动转账凭证的生成和记账，出纳孙丹丹进行签字，账套主管负责签字和审核，具体如下：
1. 生成自定义结转凭证。
2. 生成销售成本结转凭证。
3. 生成汇兑损益结转凭证。
4. 对生成的三张机制凭证进行出纳签字、主管签字、审核和记账。
5. 生成期间损益结转凭证，然后进行主管签字、审核和记账。

[任务要求]

按照要求进行自动转账凭证的生成。

[知识链接]

转账定义完成后，每月月末只需执行转账生成功能即可自动生成转账凭证（称之为机制凭证），在此生成的转账凭证将自动追加到未记账凭证中去。

自动转账凭证可以分为独立自动转账分录和相关自动转账分录（或凭证），独立自动转账分录是指与其他转账分录没有数据源关系的分录，它可以在任何时候生成转账凭证；相关自动转账分录是指与其他转账分录有数据源关系的分录，它只能在相关的前置转账业务入账后才能使用，否则系统取数时就会发生差错，例如因业务不完整而造成的错误。通常一个自动转账分录每月只使用一次。

[工作示范]

1. 生成自定义结转凭证
操作步骤：
（1）以总账会计李明轩的身份登录系统，单击"总账"／"期末"，然后双击"转账生成"，进入"转账生成"对话框。
（2）选择"自定义转账"，双击"是否结转"文本框，或者单击"全选"按钮，使

"是否结转"项目出现"Y"值，如图3-152所示。

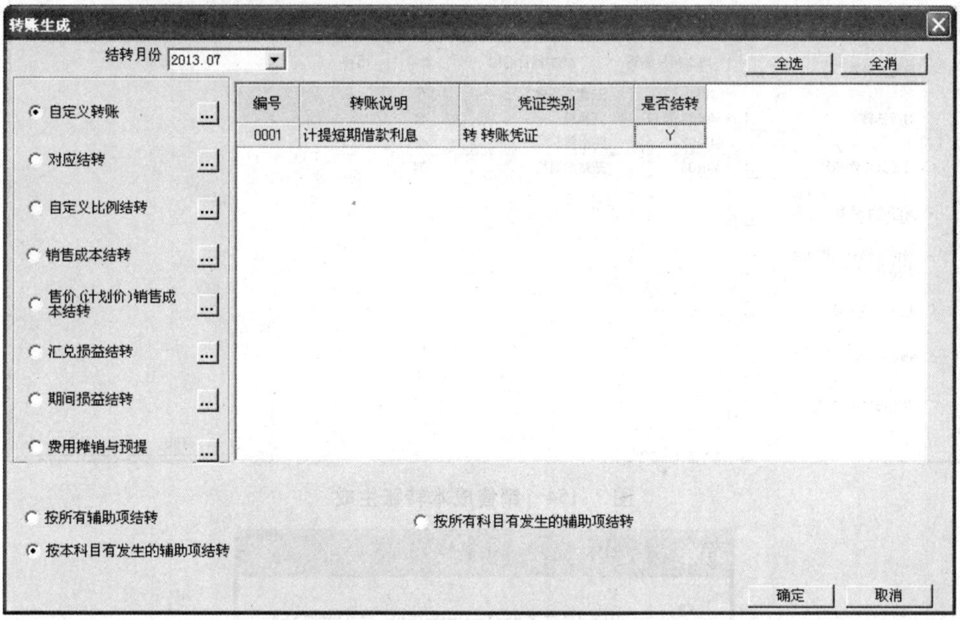

图3-152　自定义转账生成

（3）单击"确定"按钮，系统自动生成结转凭证，单击"保存"，如图3-153所示。

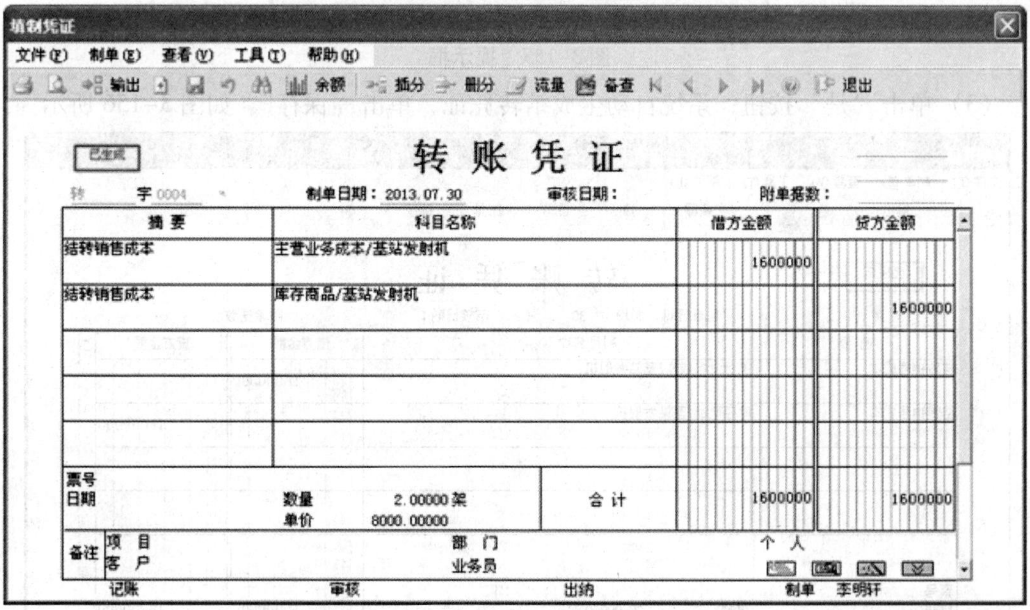

图3-153　计提短期借款利息凭证

（4）单击"退出"按钮，返回转账生成对话框。

2. 生成销售成本结转凭证

（1）在"转账生成"对话框中，选择"销售成本结转"，如图3-154所示。

（2）单击"确定"按钮，系统弹出"2013.07月之前有未记账凭证，是否继续结转？"提示，如图3-155所示。

图 3-154　销售成本转账生成

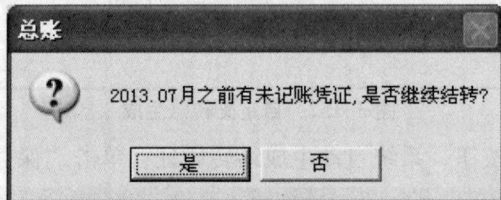

图 3-155　提示框

（3）单击"是"按钮，系统自动生成结转凭证，单击"保存"，如图 3-156 所示。

图 3-156　销售成本结转凭证

（4）单击"退出"按钮，返回"转账生成"对话框。

3. 生成汇兑损益结转凭证

（1）在"转账生成"对话框中，选择"汇兑损益结转"，"外币币种"选择"美元USD"，双击"是否结转"文本框，出现"Y"值，如图3-157所示。

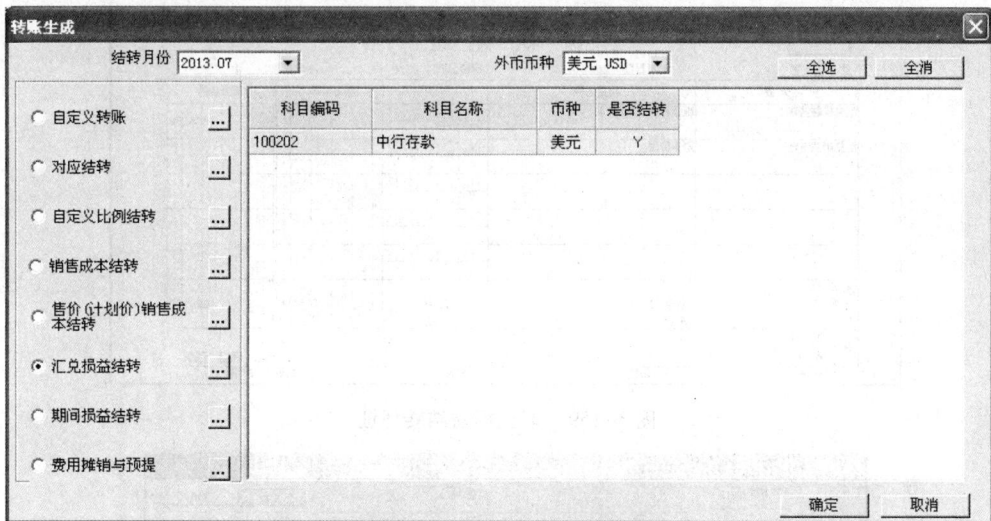

图3-157 汇兑损益转账生成

（2）单击"确定"按钮，系统弹出"2013.07月之前有未记账凭证，是否继续结转?"提示，单击"是"按钮，系统弹出"汇兑损益试算表"，如图3-158所示。

图3-158 "汇兑损益试算表"

（3）单击"确定"按钮，系统自动生成结转凭证，单击"保存"按钮，如图3-159所示。

（4）单击"退出"按钮，返回转账生成对话框。

4. 对生成的三张机制凭证进行出纳签字、主管签字、审核和记账

（1）出纳孙丹丹登录系统，进行汇兑损益凭证的签字，方法同前，不再赘述。

（2）账套主管王志强登录系统，进行主管签字和审核，方法同前，不再赘述。

（3）总账会计李明轩登录系统，进行三张机制凭证的记账，方法同前，不再赘述。

5. 生成期间损益结转凭证，然后主管签字、审核和记账

（1）在"转账生成"对话框中，选择"期间损益结转"，单击"类型"下拉列表框，选择"收入"类，然后单击"全选"按钮，如图3-160所示。

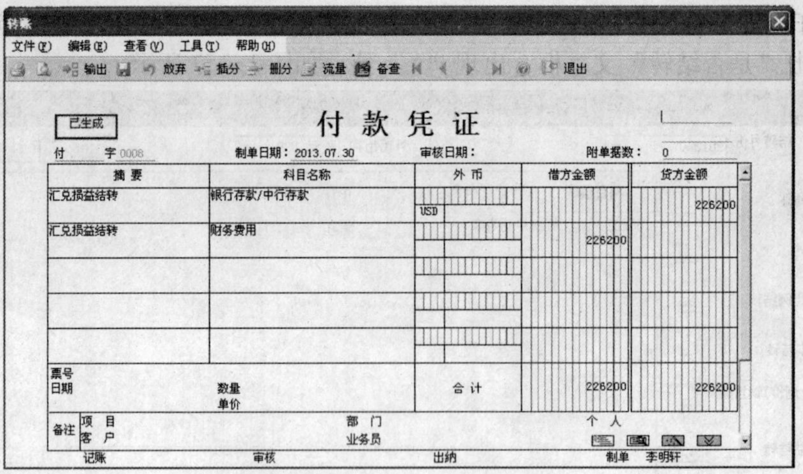

图 3-159　汇兑损益结转凭证

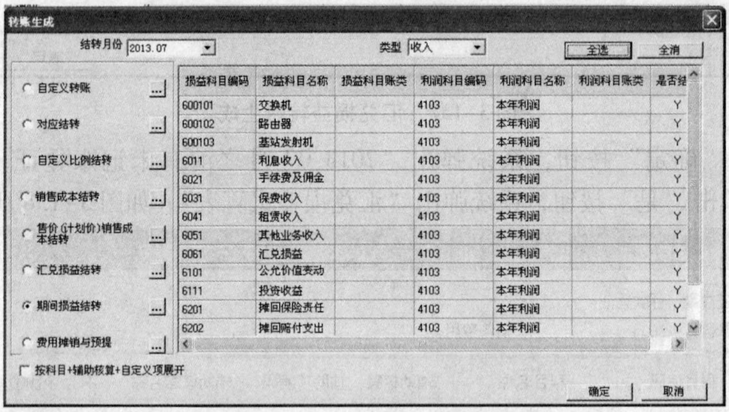

图 3-160　收入类科目结转

（2）单击"确定"按钮，系统自动生成收入类科目结转凭证，单击"保存"按钮，如图 3-161 所示。

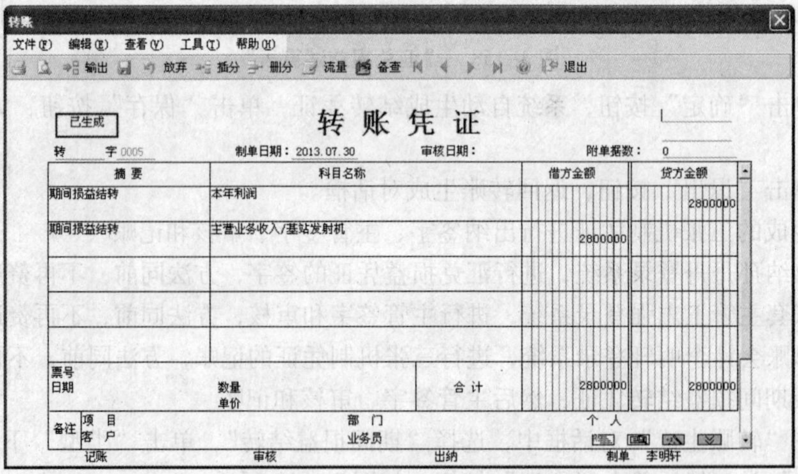

图 3-161　收入类科目结转凭证

（3）单击"退出"按钮，然后进行支出类科目选择和凭证的生成，方法同前，不再赘述，结果如图3-162所示。

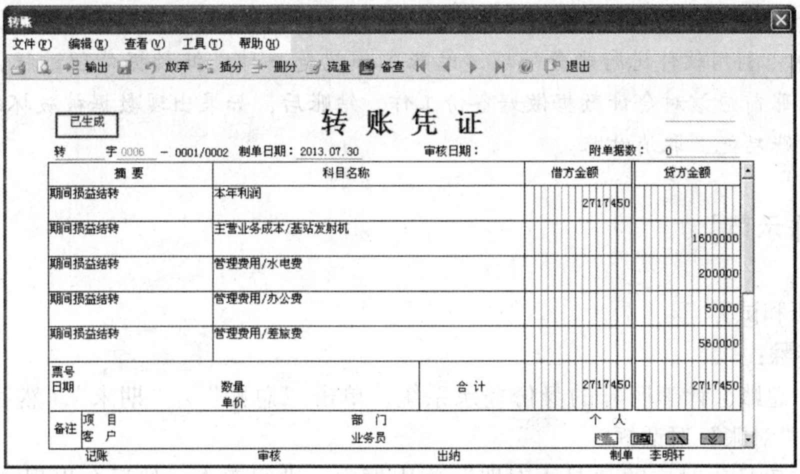

图3-162 支出类科目结转凭证

（4）账套主管王志强登录系统，对期间损益结转的两张凭证进行主管签字和审核，方法同前，不再赘述。

（5）总账会计李明轩登录系统，对期间损益结转的两张凭证进行记账，方法同前，不再赘述。

任务三 对账和结账

［任务名称］

进行期末对账和结账。

［任务内容］

总账会计李明轩进行期末对账和结账工作。
1. 进行对账和试算。
2. 进行结账和反结账。

［任务要求］

按照要求进行期末对账和结账。

［知识链接］

1. 对账：一般来说，只要记账凭证输入正确，计算机自动记账后各种账簿都应该是正确的、平衡的，但由于非法操作或计算机病毒等原因有时可能会造成数据被破坏，因而引起账账不符的情况，为了保证账证相符、账账相符，用户应经常使用对账功能进行对账，至少一个月一次，一般可在月末结账前进行。

2. 结账：利用软件进行账务处理，结账工作就是一种成批数据处理过程，每月只进行一次。结账前应该对会计数据做好备份工作。结账后，如果出现数据被破坏的情况，可以使用反结账功能，取消结账。

[工作示范]

1. 对账和试算

操作步骤：

（1）以总账会计李明轩的身份登录系统，单击"总账"/"期末"，然后双击"对账"，进入"对账"对话框。

（2）在7月份对应的"是否对账"文本框中，进行双击，然后会出现"Y"标志，如图3-163所示。

图3-163 对账月份的选择

（3）单击"试算"按钮，进行试算平衡，结果如图3-164所示。

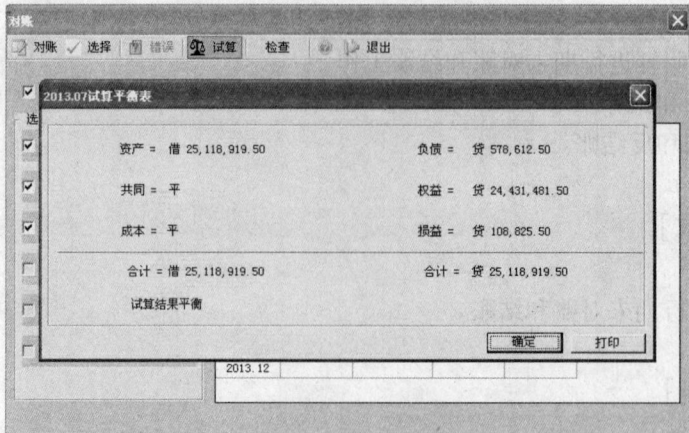

图3-164 期末试算平衡

（4）单击"确定"按钮，返回到对账界面。单击"对账"按钮，进行对账检查，结果如图3-165所示。

图3-165 "对账"窗口

特别提示：

①系统默认选中"是否检查科目档案辅助核算项与账务数据的一致性"选项，否则只检查明细账、总账与辅助账的数据一致性，不再检查科目档案与明细账、辅助账的一致性。

②若对账结果为账账不符，则对账月份的对账结果处显示"错误"，单击"错误"按钮，可查看引起账账不符的原因。

2. 结账和反结账

（1）以总账会计李明轩的身份登录系统，单击"总账"/"期末"，然后双击"结账"，进入"结账"对话框，选择7月份结账文本框，开始进行结账，如图3-166所示。

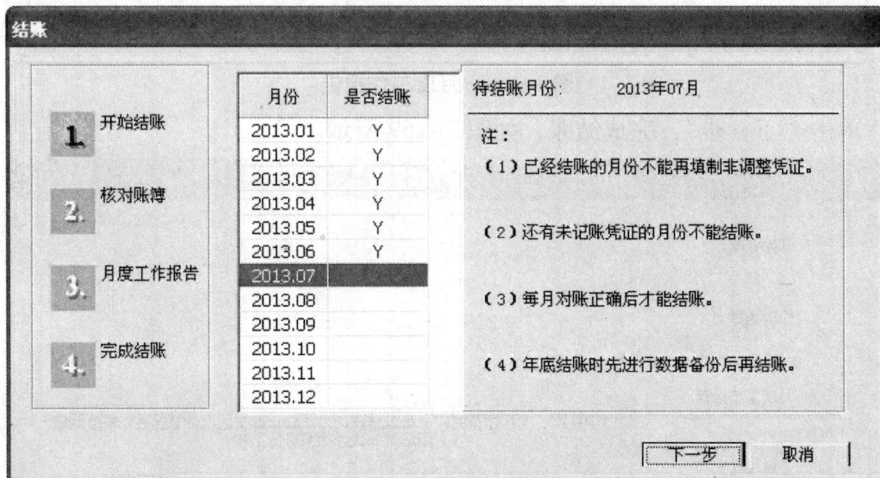

图3-166 选择结账月份

（2）单击"下一步"，开始核对账簿，单击"对账"按钮，系统显示核对结果，如图3-167所示。

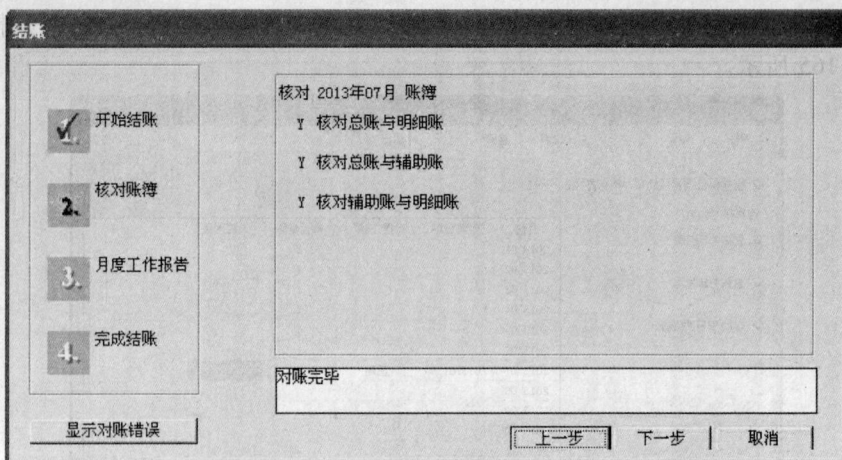

图 3-167　核对账簿

（3）单击"下一步"，显示"月度工作报告"，如图 3-168 所示。

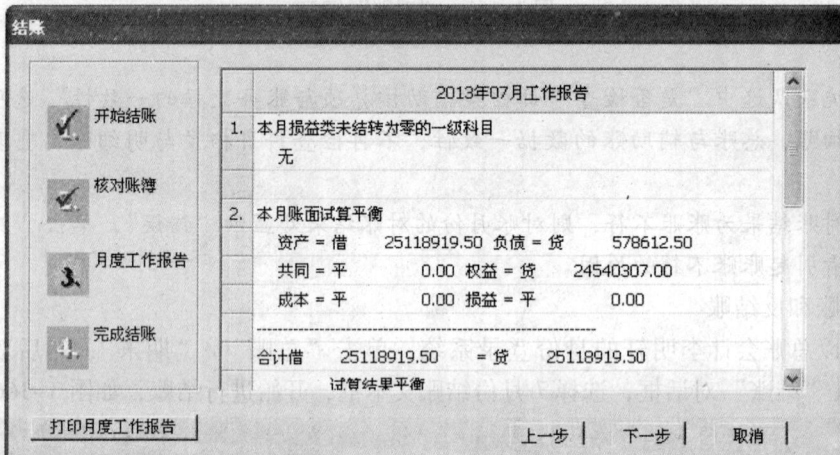

图 3-168　月度工作报告

（4）单击"下一步"，完成结账，如图 3-169 所示。

图 3-169　完成结账

特别提示：

①上月未结账，则本月不能记账，但可以填制、审核相关凭证。

②如本月还有未记账凭证，则本月不能结账。

③已结账月份不能再填制凭证。

④结账只能由有结账权的人进行。

⑤若总账与明细账对账不符，则不能结账。

（5）如果出现非正常错误，可以进行反结账。以账套主管的身份登录系统，单击"总账"/"期末"，然后双击"结账"，选择要取消结账的月份，按"Ctrl+Shift+F6"，输入口令即可，如图3-170所示。

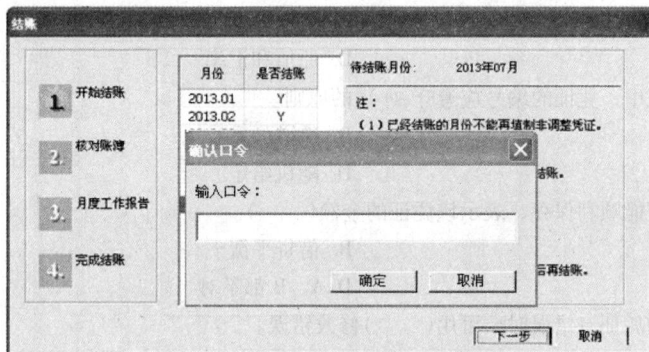

图3-170　反结账

特别提示：

反结账操作只能由账套主管执行。

本情境主要概念

系统参数　凭证处理　审核　记账　支票登记簿　银行对账　多栏账　辅助账　转账定义　机制凭证

情境总结

总账模块的主要功能：总账初始化、记账凭证处理、出纳管理、账表管理、总账期末处理。本学习情境主要介绍了总账系统参数的设置、期初余额录入与试算、填制凭证、修改凭证、查询凭证、出纳签字、审核凭证、记账、各种账簿查询、支票登记簿管理、银行对账、期末转账定义与转账凭证的生成、期末对账和结账。

重点难点

重点：期初余额、凭证处理、出纳管理、账表管理、期末处理。

难点：期末转账定义。

同步测试

（一）单项选择题

1. 一个完整的会计软件系统必定包括（　　　）功能模块，其他功能模块直接或间接与它进行联系。

A. 报表

B. 固定资产

C. 账务处理

D. 销售处理

2. 账务处理系统的启用日期是指开始(　　)的时间。

A. 账务处理　　　　　　　　　　B. 录入余额

C. 建立账套　　　　　　　　　　D. 以上三项都不是

3. 填制凭证时，系统预设凭证日期是(　　)的日期。

A. 业务发生　　　　　　　　　　B. 最末凭证

C. 操作员登录　　　　　　　　　D. 以上三项都不对

4. 填制凭证时，操作员输入科目代码后，系统将自动显示(　　)。

A. 科目类型　　　　　　　　　　B. 科目名称

C. 借方金额　　　　　　　　　　D. 贷方金额

5. 填制凭证时，如输入的科目属于外币核算，则需要输入(　　)。

A. 外币原值　　　　　　　　　　B. 外币汇率

C. 外币币种　　　　　　　　　　D. 原值和汇率

6. 账务处理系统中，凭证的编号应遵守 (　　) 的原则。

A. 递增可跳号　　　　　　　　　B. 递增可重号

C. 连续递增　　　　　　　　　　D. 随机给定

7. 如填制的凭证能顺利保存，表示该凭证的金额(　　)。

A. 一定正确　　　　　　　　　　B. 借贷平衡

C. A、B 都对　　　　　　　　　　D. A、B 都不对

8. 发现已记账的凭证有错误时，可用(　　)修改错误。

A. 红字冲销法　　　　　　　　　B. 删除该凭证

C. 直接修改　　　　　　　　　　D. 以上三项都不对

9. 如本期已编制了 10 张未审核的付款凭证，这时允许删除(　　)号凭证。

A. 付-2　　　　　　　　　　　　B. 付 -6

C. 付-8　　　　　　　　　　　　D. 付-10

10. 账务处理系统中，凭证输入和审核应由(　　)完成。

A. 一个人　　　　　　　　　　　B. 两个人

C. 经理　　　　　　　　　　　　D. 计算机

11. 账务处理系统中，(　　)的凭证可以登账。

A. 已审核　　　　　　　　　　　B. 未审核

C. 已存盘　　　　　　　　　　　D. 无错误

12. 账务处理系统中，执行了(　　)功能后，不能再输入本期凭证。

A. 记账　　　　　　　　　　　　B. 审核

C. 结账　　　　　　　　　　　　D. 查询

13. 账务处理系统中，结账前操作员应进行(　　)。

A. 整理账簿　　　　　　　　　　B. 计算余额

C. 数据备份　　　　　　　　　　D. 打印凭证

14. 账务处理系统中，允许(　　)账。

A. 一月结一次　　　　　　　　　B. 一月结数次

C. 几月结一次　　　　　　　　　D. 都可以

15. 日常处理银行对账的第一步工作通常是输入(　　)。

A. 银行日记账　　　　　　　　　B. 银行对账单

C. 余额调节表　　　　　　　　　D. 已达账项

16. 一般账务处理系统在自动银行对账时的对账方式包括(　　)。

A. 金额
B. 金额与方向

C. 方向
D. 都不是

17. 凡是具有(　　)的总账科目均可用多栏格式输出其明细账。

A. 明细科目
B. 数量核算

C. 外币核算
D. 费用类

18. 实行会计电算化后，必须进行的对账工作是(　　)。

A. 账证核对
B. 账账核对

C. 账实核对
D. 账表核对

19. 进行月末结账处理，下列描述中不正确的是(　　)。

A. 结账前应将所有凭证登记入账
B. 某月结账后，将不能再输入该月凭证

C. 某月结账后，该月不能再记账
D. 每月可多次结账

20. 为了计算某一科目在某一时间范围内的发生额合计，系统提供了(　　)的功能。

A. 打印凭证
B. 打印账簿

C. 凭证汇总
D. 凭证备份

21. 使用财务软件，以下工作可以由计算机自动完成的是(　　)。

A. 填制凭证
B. 审核凭证

C. 出纳签字
D. 记账

22. 以下描述正确的是(　　)。

A. 已录入的记账凭证不能修改只能作废删除

B. 已审核的记账凭证可以直接修改

C. 未审核记账凭证可以直接修改

D. 红字冲销法适用于未审核的凭证

23. 关于期初数据录入，说法错误的是(　　)。

A. 年初余额不允许直接录入

B. 保存记账凭证后未记账前，期初余额无法再修改

C. 凭证记账后，期初余额为只读状态

D. 带辅助核算的科目，必录辅助明细期初数据

24. 总账中取消记账的窗口是在(　　)。

A. 记账界面中
B. 对账界面中

C. 结账界面中
D. 恢复记账界面中

25. 关于期末转账凭证的生成，说法错误的是(　　)。

A. 转账生成的凭证也要审核记账

B. 转账凭证的生成要考虑相互关联性

C. 转账科目发生为零时，转账生成的凭证金额也为零

D. 转账生成的凭证未记账时，系统可以反复生成相同的凭证

（二）多项选择题

1. 已经标错的凭证不能进行(　　)。

A. 审核
B. 修改

C. 记账
D. 出纳签字

2. 填制凭证时，凭证正文包括的内容有(　　)。

A. 摘要
B. 科目

C. 金额
D. 附件数

3. 会计核算单位常使用到的凭证类别有(　　)。

A. 不分类别的记账凭证

B. 收款凭证、付款凭证、转账凭证

C. 现金凭证、银行凭证、转账凭证

D. 现收、现付、银收、银付及转账凭证

4. 记账凭证输入的基本内容有( )。

A. 凭证字号、日期和附件张数　　　　B. 期初余额和期末余额

C. 摘要和科目　　　　　　　　　　　D. 借、贷方金额

5. 账页格式一般有( )。

A. 金额式　　　　　　　　　　　　　B. 外币金额式

C. 数量金额式　　　　　　　　　　　D. 数量外币式

6. 系统提供的辅助账包括( )。

A. 客户往来辅助账　　　　　　　　　B. 供应商往来辅助账

C. 个人往来辅助账　　　　　　　　　D. 部门、项目辅助账

7. 总账系统主要功能有( )。

A. 填制和审核凭证与记账　　　　　　B. 出纳管理

C. 输出各种日记账、明细账和分类账　D. 成本计算和编制报表

8. 查询总账时,需要查询某科目一年内各月份的发生额和余额,则查询条件是( )。

A. 科目　　　　　　　　　　　　　　B. 年份

C. 月份　　　　　　　　　　　　　　D. 发生额和余额

9. 在总账系统中,关于自动转账的叙述,正确的是( )。

A. 自动转账就是计算机自动编制的转账凭证

B. 一组相关自动转账分录,应按照合理的次序逐一进行单独编号

C. 根据计算公式自动计算金额,并将结果存入机制凭证中的金额栏

D. 自动转账分录年度内可根据需要多次使用,但每月一般只用一次

10. 在总账系统"设置/选项"功能中,可进行下列( )参数的设置。

A. 赤字控制　　　　　　　　　　　　B. 凭证编号方式

C. 科目级数及每级科目代码长度　　　D. 凭证类别

11. 在总账系统中,为了加强企业的银行支票管理,往往需要建立"支票登记簿",以详细记录支票的领用、报销等情况。而支票登记簿的建立和使用,应在满足以下条件( )等的基础上进行。

A. 已在"设置/科目备查资料"功能中设定相关科目备查项

B. 已在"设置/结算方式"功能中设定"票据结算"标志

C. 已在"设置/会计科目"功能中指定银行总账科目

D. 已在"设置/选项"功能中选择"支票控制"选项

12. 总账系统中,对记账凭证进行审核可以采用( )方法。

A. 联机审核　　　　　　　　　　　　B. 对照审核

C. 纵向审核　　　　　　　　　　　　D. 屏幕审核

13. "查询"凭证可查到( )。

A. 未记账凭证　　　　　　　　　　　B. 有错记账凭证

C. 已记账凭证　　　　　　　　　　　D. 作废记账凭证

(三) 判断题

1. 账务处理系统是整个计算机会计系统的核心。　　　　　　　　　　　　　　　( )

2. 账务处理系统中的初始化工作完成前使用者就可以输入记账凭证。　　　　　　( )

3. 账务处理系统中,填制记账凭证时应同时输入总账科目和明细科目。　　　　　( )

4. 账务处理系统中，自动转账所产生的记账凭证也需要经审核后才能登账。　　（　　）

5. 发现已审核的记账凭证有错误时，只能用红字冲销法修改。　　（　　）

6. 账务处理系统中系统可完全代替会计人员完成银行对账的工作。　　（　　）

7. 账务处理系统中，初始余额录入时应同时录入明细科目和总账科目的余额，以便进行对比。
　　（　　）

8. 银行存款余额调节表、银行对账单是会计档案，但不是原始凭证。　　（　　）

9. 在银行辅助核算录入窗口，要求输入的票号应与出纳支票登记簿中记录的票号一致，以便系统能自动勾销借出支票。　　（　　）

10. 凭证处理的主要流程是凭证的输入—修改—记账。　　（　　）

11. 试算平衡功能就是将系统中所设置的所有科目的期末余额按"借方余额＝贷方余额"的等式进行平衡检验。　　（　　）

12. 如果审核后的记账凭证有错误，可以直接进行修改。　　（　　）

本情境综合实训

【实训要求】

本次实训内容涉及总账会计、出纳、会计主管和账套主管四个工作岗位，采用学生分组训练的形式，每组四人，选举产生组长，组长分派组员岗位，阐明岗位分工及职责。

【情境引例】

石家庄正道轮胎有限公司（简称"正道轮胎"）总账核算管理要求及期初数据信息如下：

1. 系统参数要求。

制单序时控制；支票控制；不允许修改、删除他人填制的凭证；允许查询他人凭证；打印凭证页脚姓名；批量审核凭证进行合法性校验；出纳凭证必须经由出纳签字；自动填补凭证短号；凭证由系统自动编号；外币核算采用固定汇率。

2. 2013 年 7 月的期初数据见表 3-9 至表 3-15。

表 3-9　　　　　　**正道轮胎 2013 年 7 月 1 日科目期初余额表**　　　　金额单位：元

科目名称	辅助核算项	方向	币别/计量	期初余额
库存现金（1001）	日记账	借		6 875.70
人民币	日记账	借		6 875.70
银行存款（1002）	银行账、日记账	借		193 829.16
工行存款（100201）	银行日记	借		193 829.16
中行存款（100202）	银行日记	借	美元	
其他货币资金	银行日记	借		100 000
汇票存款	银行日记	借		100 000
应收账款（1122）	客户往来	借		157 600
其他应收款（1221）	个人往来	借		7 800
坏账准备（1231）		贷		600
原材料（1403）		借		731 006
生产用材料（140301）	项目核算		个	700 440
非生产用材料（140302）				30 566
库存商品（1405）	项目核算	借	台	544 000
固定资产（1601）		借		673 000
累计折旧（1602）		贷		151 266
无形资产（1701）		借		60 000
短期借款（2001）		贷		300 000

续表

科目名称	辅助核算项	方向	币别/计量	期初余额
应付账款（2202）	供应商往来	贷		276 850
暂估应付款（220201）	供应商往来			
应付供应商（220202）	供应商往来			276 850
应付职工薪酬（2211）		贷		8 200
应付福利费（221102）		贷		8 200
应交税费（2221）		贷		−16 800
应交增值税（222101）		贷		−16 800
进项税额（22210101）		借		33 800
销项税额（22210105）		贷		17 000
其他应付款（2241）		贷		2 100
实收资本（股本）（4001）		贷		1 712 792.6
利润分配（4104）		贷		56 268
未分配利润（410405）		贷		56 268
生产成本（5001）		借		17 165.74
基本生产成本（500101）	项目核算	借		17 165.74
直接材料（50010101）	项目核算	借		10 000
直接人工（50010102）	项目核算	借		4 000.74
制造费用（50010103）	项目核算	借		3 165
其他（50010104）	项目核算	借		0

表 3-10　　　　　正道轮胎 2013 年 7 月 1 日生产性材料明细表　　　　　金额单位：元

存货编号/代码	存货名称	单价或单位成本	数量	金额
01	钢丝圈（YH 型）	90.00	1 200	108 000
02	内胎面（YH 型）	20.00	1 200	24 000
03	外胎面（YH 型）	50.50	1 200	60 600
04	叶轮（YH 型）	10.00	1 200	12 000
05	轴承（HRB6304 型）	13.00	1 200	15 600
06	轮辋（A 型）	3.60	1 200	4 320
07	钢丝圈（EH 型）	217.00	1 200	260 400
08	内胎面（EH 型）	36.10	1 200	43 320
09	外胎面（EH 型）	97.35	1 200	116 820
10	叶轮（EH 型）	11.55	1 200	13 860
11	轴承（HRB6308 型）	26.40	1 200	31 680
12	轮辋（C 型）	8.20	1 200	9 840
合计			14 400	700 440

表 3-11　　　　　正道轮胎 2013 年 7 月 1 日库存商品明细表　　　　　金额单位：元

商品编号/代码	商品名称	单位成本	数量	金额
13	子午线轮胎（YH 型）	561.1111	360	202 000.00
14	子午线轮胎（EH 型）	950	360	342 000.00
合计			720	544 000.00

表3-12 　　　　　　　　**正道轮胎2013年7月1日其他应收款明细表** 　　　　　金额单位：元

日期	凭证号	部门	个人	摘要	方向	期初余额
2013-6-25	转223	综合部	刘军强	出差借款	借	6 000
2013-5-25	转89	销售部	张琳琳	出差借款	借	1 800

表3-13 　　　　　　　　**正道轮胎2013年7月1日应收账款明细表** 　　　　　金额单位：元

日期	凭证号	客户	摘要	方向	期初余额
2013-6-26	转229	河北省社会科学研究院	销售欠款	借	99 600
2013-6-27	转236	石家庄新华工程有限公司	销售欠款	借	58 000

表3-14 　　　　　**正道轮胎2013年7月1日应付账款——应付供应商明细表** 　　　　金额单位：元

日期	凭证号	供应商	摘要	方向	期初余额
2013-6-28	转251	广东金润有限公司	采购未付款	贷	276 850

表3-15 　　　　　　　　**正道轮胎2013年7月1日项目核算明细** 　　　　　金额单位：元

项目名称	子午线轮胎（YH型）	子午线轮胎（EH型）	合计
直接材料（50010101）	6 000.00	4 000.00	10 000.00
直接人工（50010102）	2 000.74	2 000.00	4 000.74
制造费用（50010103）	1 500.00	1 665.00	3 165.00
合计	9 500.74	7 665.00	17 165.74

3. 石家庄正道轮胎有限公司2013年7月发生经济业务如下，原始票据略。

（1）销售部7月1日购买办公用品220元，以现金支付。附单据2张（单据为普通发票的发票联和现金收据）。

（2）财务部出纳7月2日从工行提取人民币现金5 000元备用。现金支票号码XJ001，附单据1张（单据为现金支票存根联）。

（3）华联集团7月4日将其投资款存入中国银行。本公式取得（转讫）进账单20 000美元。附单据1张（单据为进账单）。

（4）7月5日收到石家庄新华工程有限公司交来的转账支票一张，用于偿还其欠款，金额为20 000元。填制进账单后存入工商银行。附单据1张（单据为进账单）。

（5）7月6日购入江淮小货车一辆，价值65 000元，开出一张汇票用于支付车款。附单据2张（单据为增值税专用发票的发票联和汇票付款通知）。

（6）采购部刘鹏7月7日到财务部领取工行转账支票一张，支票号ZZ001，预计金额5 850元，用于物资采购。出纳在支票登记簿上进行登记，注明用途、金额、领用时间、报销日期等相关信息。

（7）7月11日，供应部刘鹏从石家庄鑫鹏公司采购生产用叶轮YH型400个，单价（不含税）12.50元/个，金额5 000元，增值税税率17%。货款以工行存款支付。材料验收入库。附单据2张（单据为增值税专用发票的发票联和转账支票存根联）。

（8）7月2日，二车间从1号仓库领用EH钢丝圈计10包、EH内胎面10个、EH外胎面10个用于生产EH子午线轮胎。附单据1张（单据为给财务的出库单）。

（9）7月15日销售部收到河北省社会科学研究院转账支票一张，金额99 600元，用于偿还货款，将支票交存工行。附单据1张（单据为进账单）。

（10）7月19日购入生产设备切割机，金额50 000元，用汇票存款支付，固定资产验收入库。附单据 2 张（单据为增值税专用发票的发票联和入库单）。

（11）7 月 20 日用工行转账支票 ZZ002 支付综合部刘军强业务招待费 3 000 元给光明渔港，附单据 3 张（单据为服务业发票 1 张和支票存根联）。

（12）7 月 22 日总经理刘军强报销往返深圳的飞机票款和会议费共计 5 800 元，交回剩余款现金 200 元。附单据 4 张（单据为差旅费汇总报销单）。

（13）7 月 31 日计提工资费用 100 000 元，其中生产 YH 型子午线轮胎的工人工资 26 000 元，生产 EH 型子午线轮胎的工人工资 28 000 元；车间管理人员工资 10 000 元；采购部人员工资 5 600 元；销售部人员工资 12 000 元；行政管理人员工资 18 400 元。附单据 1 张（单据为工资计算单）。

（14）7 月 31 日计提折旧费 2 460 元，其中属于车间使用的 2 100 元，属于行政管理部门使用的 1 260 元。附单据 1 张（折旧计算单）。

（15）7 月 31 日销售部向石家庄新华工程有限公司销售 YH 型子午线轮胎共计 9 个，单价 10 000 元、金额 90 000 元、增值税 15 300 元，价税合计 105 300 元；销售 EH 型子午线轮胎共计 10 个，单价 20 000 元、金额 200 000 元、增值税 34 000 元，价税合计 234 000 元。总计 339 300 元，收到转账支票送存工商银行，未得到进账通知。附单据 2 张（单据为增值税专用发票的记账联和银行受理回单）。

4. 账套主管为会计主管授予审核所有人填制凭证的权限，包括出纳签字、凭证审核、记账操作。

5. 进行银行对账。

（1）银行对账期初数据。

正道轮胎银行账的启用日期为 2013 年 7 月 1 日，工行人民币账户企业日记账调整前余额为 193 829.16 元，银行对账单调整前余额为 233 829.16 元，未达账项一笔，系 2013 年 6 月 29 日银行代企业收到新华装饰厂还款 40 000 元，企业未获得进账通知单。

（2）银行对账单信息（见表 3-16）。

表 3-16 　　　　　　　　　　　　　　　正道轮胎银行对账单

开户行名称：工商银行裕华路支行

账号：0326662220003336710

户名：石家庄正道轮胎有限公司

借贷标志	发生额（元）	对方账号	摘要	入账日期	凭证号	对方单位名称	余额（元）
贷			上年结转	2013 年 06 月 30 日			233 829.16
借	5 000			2013 年 07 月 02 日	XJ001		228 829.16
借	5 850			2013 年 01 月 07 日	ZZ001		222 979.16
贷	99 600			2013 年 01 月 15 日			322 579.16
借	3 000			2013 年 01 月 20 日	ZZ002		319 579.16
贷	339 300			2013 年 01 月 31 日			658 879.16

6. 查询日记账、银行账；查询各种明细账。

7. 相关财务人员完成期末业务处理。

【工作任务】

1. 账套主管根据管理要求设置总账系统参数、录入期初余额。

2. 总账会计填制记账凭证。

2. 出纳登记支票登记簿。

3. 总账会计和会计主管查询凭证。

4. 账套主管为会计主管授予审核所有人填制凭证的权限。

5. 出纳对出纳凭证进行签字。

6. 会计主管审核凭证。

7. 会计主管凭证记账。

8. 出纳录入银行对账期期初数据和对账单信息、对账并编制工商银行余额调节表。

9. 出纳查询库存现金日记账、银行存款日记账。

10. 总账会计、会计主管、账套主管定义并查询科目余额表、部门明细账、部门收支分析表、成本项目多栏明细账、存货项目明细账。

11. 客户往来两清、账龄分析。

12. 定义应交增值税、管理费用多栏账。

13. 李华定义自动转账凭证:

(1) 自定义结转制造费用。其中,YH 型子午线轮胎负担60%,EH 型子午线轮胎负担40%。

(2) 汇兑损益结转定义。期末美元与人民币汇率为6.1259。

(3) 销售成本结转定义。

(4) 期间损益结转定义。

14. 会计主管、账套主管、出纳按各自工作权限完成如下工作:

(1) 生成制造费用结转凭证、审核、记账。

(2) 生成汇兑损益结转凭证、审核、签字、记账。

(3) 生成销售成本结转凭证、审核、记账。

(4) 生成期间损益结转凭证、审核、记账。

(5) 期末结账。

学习情境四　　　UFO 报表系统

❖【职业能力目标】

专业能力：

运用系统提供的"UFO 报表系统"完成报表初始设置、报表生成和报表管理；能够熟练进行报表格式设置、单元公式定义、审核公式和舍位平衡公式，能够进行报表数据处理生成一张完整的报表。为了更好地服务企业管理需求，能够对报表进行管理，完成表页排序、查找和各种形象直观的图表的制作。

职业核心能力：

明确财务报表的核心作用：为企业及其现在和潜在的投资者、债权人以及其他财务会计报告的使用者提供决策的财务信息、促进社会资源的合理配置，为公众的利益服务。能根据学习情境的设计需要查阅追踪相关案例资料，在满足企业对报表信息需求的基础上，按团队进行合作，完成报表初始设置、报表生成和报表管理等工作。

❖【本情境结构图】

本情境结构图如图 4-1 所示。

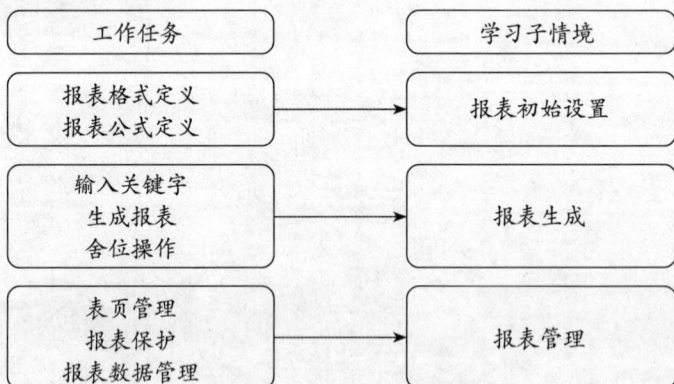

工作任务	学习子情境
报表格式定义 报表公式定义	报表初始设置
输入关键字 生成报表 舍位操作	报表生成
表页管理 报表保护 报表数据管理	报表管理

图 4-1　学习情境四结构图

❖【引例】

河北新华有限责任公司会计主管王志强完成了企业电算化账套的建立和授权及其初始化的各项工作，总账会计李明轩和张东明及出纳孙丹丹各自完成了自己分内的工作，所有模块都已经结账。此时，会计主管王志强还有一项非常重要的工作要做：编制各个财务报表，王志强是如何完成此项工作的，工作过程中又遇到了哪些问题和困惑，他又是如何解决的呢？

【引例分析】

企业对外财务报表主要有：资产负债表、利润表和现金流量表。当然，除此之外，企业根据自身管理需要，还可以编制货币资金表、费用明细表、生产成本核算表等内部报表。对外三大报表是统一格式统一要求，而对内各种报表可以按照企业自己需求设置不同格式。

报表格式的设计主要通过表尺寸、行高、列宽、区域画线、单元属性、单元风格、组合单元、关键字等内容的设置完成。

报表格式设计完成后，需要对报表数据进行公式定义，以便更好地生成报表数据，服务于企业。报表数据处理主要包括：录入关键字和生成报表；报表管理包括：表页排序和查找、报表格式保护和文件保护及页面管理。

通过以上工作，就可以为企业编制一张完整的报表。

［本情境操作流程］

新建报表→报表格式定义→报表公式定义→录入关键字→生成报表

［工作过程与岗位对照］

UFO报表系统工作过程与岗位对照图如图4-2所示。

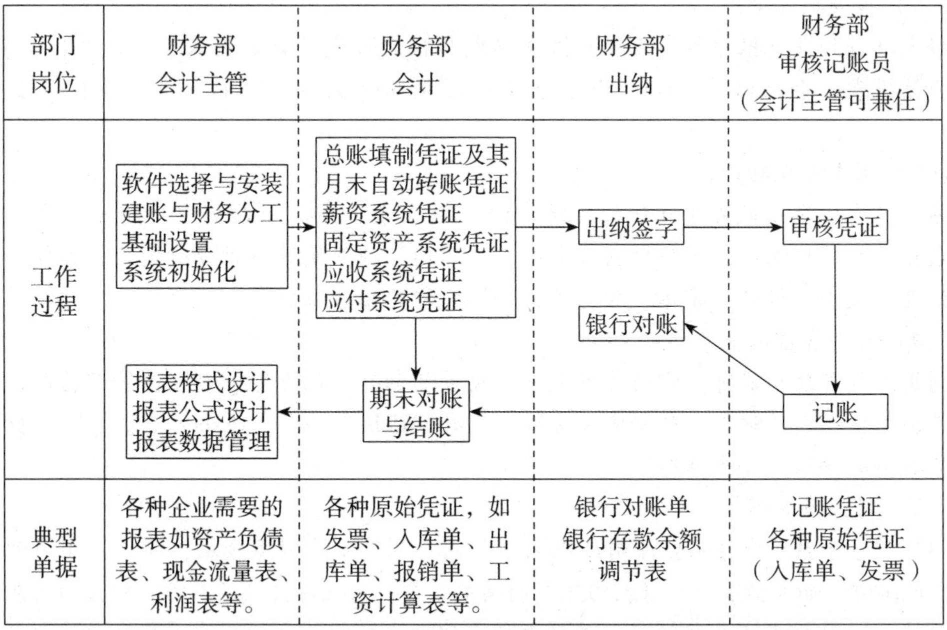

部门 岗位	财务部 会计主管	财务部 会计	财务部 出纳	财务部 审核记账员 （会计主管可兼任）
工作 过程	软件选择与安装 建账与财务分工 基础设置 系统初始化	总账填制凭证及其 月末自动转账凭证 薪资系统凭证 固定资产系统凭证 应收系统凭证 应付系统凭证	出纳签字 →	审核凭证
			银行对账 ←	
	报表格式设计 报表公式设计 报表数据管理 ←	期末对账 与结账 ←		记账
典型 单据	各种企业需要的 报表如资产负债 表、现金流量表、 利润表等。	各种原始凭证，如 发票、入库单、出 库单、报销单、工 资计算表等。	银行对账单 银行存款余额 调节表	记账凭证 各种原始凭证 （入库单、发票）

图4-2 UFO报表系统工作过程与岗位对照图

［知识链接］

会计报表是综合反映企业某一特定日期财务状况和某一会计期间经营成果、现金流量的书面文件，是财务部门提供会计信息资料的一种重要手段。通过日常会计核算，虽然可以提供反映会计主体经营活动和财务收支情况的会计信息，但是这些资料分散在会计凭证和会计账簿中，难以满足会计信息使用者的需要，也难以满足企业内部加强经营管理的需要。因此，有必要在日常会计核算的基础上，根据会计信息使用者的需要定期对日常会计核算资料进行加工处理分类。通过编制会计报表，可以总结、综合、清晰反映会计主体的财务状况、经营成果以及收支情况。因此，会计报表子系统在整个会计信息系统中占有非常重要的地位。

会计报表子系统主要完成报表格式设计和报表数据处理，从账务子系统或其他业务系统中取得有关会计核算信息生成会计报表，进行报表汇总，生成各种分析图，并按预定格式输出各种会计报表。

UFO 报表子系统是用友 ERP – U8 管理系统的重要组成部分，主要功能如下：

（一）报表格式设计

一张报表可以拆分为相对变动的内容和相对固定的内容两部分。相对固定的内容包括报表的标题、表格部分、表中的项目、表中数据的来源等；相对变动的内容主要是报表中的数据。报表格式设计是指在计算机系统中建立一张报表中相对固定的部分，相当于在计算机中建立一个报表模板，供以后编制此类报表时调用。UFO 报表子系统提供了丰富的格式设计功能，包括设置报表列数、定义组合单元、画表格线、定义报表关键字、设置公式等。

（二）报表数据处理

报表数据处理是根据预先设置的报表格式和报表公式进行数据采集、计算、汇总等，生成会计报表。除此以外，UFO 报表子系统还提供了排序、审核、舍位平衡、汇总等功能。

（三）图表处理功能

图表具有比数据报表更直观的优势。UFO 报表子系统的图表处理功能能够方便地对报表数据进行图形组织，制作包括直方图、立体图、圆饼图等多种分析图表，并能编辑图表的位置、大小、标题、字体、颜色等，还能打印输出各种图表。

（四）文件管理功能

利用文件管理功能可以方便地完成报表文件的创建、保存等一般文件管理功能，能够进行不同文件格式的转换，包括文本文件、"＊.MDB 文件"、"Excel 文件"等。提供标准财务数据的导入、导出功能。

（五）行业报表模板

UFO 报表子系统中按照会计制度提供了不同行业的标准财务模板，简化了用户的报表格式设计工作。如果标准行业报表仍然不能满足需要，系统还提供了自定义模板的功能。

此外，UFO 报表子系统还提供了强大的二次开发功能，方便用户进行各种定制操作。

会计报表子系统主要是从其他子系统中提取编制报表所需的数据。总账系统、薪资管理系统、固定资产系统、应收款系统、应付款系统、采购管理系统、销售管理系统、库存管理系统、存货核算系统均可向报表子系统传递数据，生成企业所需的各种会计报表。

用户在使用报表子系统时，有两种报表生成的方式：一种是自定义报表，另一种是调用报表模板生成报表。这两种报表生成的流程不同：

（一）自定义报表的流程

1. 启动 UFO，新建报表

在 UFO 报表子系统新建报表时，系统自动建立一张空表，默认表名为"report l"，并进入格式状态。这时可以在这张报表上开始设置报表格式，在保存文件时按照文件命名的基本规定为这张报表命名。

2. 报表格式设计

报表的格式设计在格式状态下进行，格式对整张报表都有效。其包括以下操作：

（1）设置报表的尺寸。定义报表的大小，即设定报表的行列和列表。

（2）录入报表内的文字，包括表头、表体和表尾（关键字值除外）。在格式状态下定义了单元内容的自动默认为表样型，定义为表样型的单元在数据状态下不允许修改和删除。

（3）确定关键字在表页上的位置，如单位名称、年、月等。

（4）定义行高和列宽。

（5）定义组合单元，即把机关单元作为一个单元使用。

（6）设置单元风格。设置单元的字型、字体、字号、颜色、图案、折行显示等。

（7）设置单元属性。把需要输入数字的单元定为数值单元；把需要输入字符的单元定为字符单元。

（8）画表格线。

（9）设置可变区，即确定可变区在表页上的位置和大小。

3. 报表公式定义

公式的定义在格式状态下进行。一般情况如下，包括三种公式。

（1）计算公式。计算公式定义了报表数据之间的运算关系，可以实现报表系统从其他子系统取数。在报表单元中键入"="就可直接定义计算公式，所以称为单元公式。

（2）审核公式。用于审核报表内或报表之间的勾稽关系是否正确。

（3）舍位平衡公式。用于在报表数据进行进位或小数取整时调整数据，避免破坏原数据平衡。

4. 报表数据处理

报表格式和报表中的各类公式定义好之后，就可以录入数据并进行处理了。报表数据处理在数据状态下进行。包括以下操作：

（1）追加表页。因为新建的报表只有一张表页，因此需要追加多个表页。

（2）录入关键字。如果报表中定义了关键字，则录入每张表页上的关键值。

例如，录入关键字"单位名称"的值：给第一页录入"甲单位"，给第二页录入"乙单位"，给第三页录入"丙单位"等。

（3）表页重算。关键字录入完毕后，可通过表页重算生成报表数据。

（4）输入固定区数据。在数值单元或字符单元中录入数据。

（5）输入可变区数据。如果报表中有可变区，可变初始只有一行或一列，需要追加可变行或可变列，并在可变行或可变列中录入数据。

（6）报表的审核和舍位。如果报表有审核公式和舍位平衡公式，则执行审核舍位操作。

（7）报表的汇总与合并。实际情况需要的话，用户可进行报表汇总和合并报表。

5. 报表图形处理

选取报表数据后可以制作各种图形，如直方图、圆饼图、折线图、面积图、立体图。图形可随意移动，图形的标题、数据组可以按要求设置，图形可以打印输出。

6. 打印报表

可控制打印方向，横向或纵向打印；可控制行列打印顺序；不但可以设置页眉和页脚，还可以设置财务报表的页首和页尾；可以缩放打印；利用打印预览可观看打印效果。

其中重要的操作步骤是新建报表、报表格式设计、报表公式设计、报表数据处理。

（二）调用报表模板生成报表的流程

（1）启动 UFO 报表子系统，新建报表；

（2）调用报表模板；

（3）报表数据处理；

（4）报表图形处理；

（5）打印报表。

具体采用哪种方式生成报表，用户根据企业自身特点决定即可。

学习子情境一　报表初始设置

任务一　报表格式定义

［任务名称］

对新华有限责任公司 2013 年 7 月 31 日的资产负债表进行报表格式定义。

［任务内容］

新华有限责任公司每个月的月末都要求财务部会计主管王志强编制资产负债表，以及时了解企业资本结构及其占用和变化情况，见表 4-1。

表 4-1　　　　　　　　　　　　　　资产负债表

会企 01 表

编制单位：　　　　　　　　　年　　月　　日　　　　　　　　　单位：元

资　　产	行次	年初数	期末数	负债和所有者权益	行次	年初数	期末数
流动资产：				流动负债：			
货币资金	1			短期借款	34		
交易性金融资产	2			交易性金融负债	35		
应收票据	3			应付票据	36		

续表

资　产	行次	年初数	期末数	负债和所有者权益	行次	年初数	期末数
应收股利	4			应付账款	37		
应收利息	5			预收账款	38		
应收账款	6			应付职工薪酬	39		
其他应收款	7			应交税费	40		
预付账款	8			应付利息	41		
存货	9			应付股利	42		
一年内到期的非流动资产	10			其他应付款	43		
其他流动资产	11			一年内到期的非流动负债	44		
				其他流动负债	45		
流动资产合计	12			流动负债合计	46		
非流动资产：				非流动负债：			
可供出售金融资产	13			长期借款	47		
持有至到期投资	14			应付债券	48		
投资性房地产	15			长期应付款	49		
长期股权投资	16			专项应付款	50		
长期应收款	17			预计负债	51		
固定资产	18			递延所得税负债	52		
减：累计折旧	19			其他非流动负债	53		
固定资产净值	20			非流动负债合计	54		
减：固定资产减值准备	21			负债合计	55		
固定资产净额	22						
生产性生物资产	23			所有者权益（或股东权益）：			
工程物资	24			实收资本（或股本）	56		
在建工程	25			资本公积	57		
固定资产清理	26			减：库存股	58		
无形资产	27			盈余公积	59		
商誉	28			未分配利润	60		
长期待摊费用	29			所有者权益（或股东权益）合计	61		
递延所得税资产	30						
其他非流动资产	31						
非流动资产合计	32						
资产总计	33			负债和所有者权益（或股东权益）总计	62		

制表人：

@ [任务要求]

完成河北新华有限责任公司 2013 年 7 月 31 日的资产负债表。

资产负债表中的表头：黑体、18 号字、上下左右居中；标题：黑体、10 号字；"会企 01 表"右对齐；单位：元，右对齐；表体：所有文字都为宋体、10 号字；表尾：宋体、10 号字。

资产负债表中表头行高 12 毫米，第 2 行和 3 行行高为 5 毫米，第 4 行行高为 9 毫米，其他各行行高为 5 毫米。

资产负债表中 A 列列宽为 44 毫米，B 列列宽为 9 毫米，C 列列宽为 27 毫米，D 列列宽为 27 毫米，E 列列宽为 63 毫米，F 列列宽为 9 毫米，G 列列宽为 27 毫米，H 列列宽为 27 毫米。

◎ [知识链接]

报表系统中，定义和生成报表需要了解报表的一些基本概念用语，还要进行报表的格式设置和公式设置。为了便于用户使用各行各业的通用报表，系统预置了多个行业的各种报表，用户可以直接调用系统提供的报表模板直接生成报表数据，以提高工作效率。

一、报表的基本概念

（一）格式状态和数据状态

UFO 报表子系统将报表制作分为两大部分来处理，即报表格式设计工作与报表数据处理工作。

在报表格式设计状态下进行有关报表格式设计与公式定义的操作，如报表尺寸、行高与列宽、单元属性、单元风格、组合单元、关键字、定义报表的单元公式（计算公式）、审核公式及舍位平衡公式。在格式状态下所看到的是报表的格式，报表的数据全部隐藏。在格式状态下所做的操作对本报表所有的表页都发生作用。在格式状态下不能进行数据的录入、计算等操作。

在报表的数据状态下管理报表的数据，如生成报表数据、输入数据、增加或删除表页、审核、舍位平衡、制作图形、汇总与合并报表等。在数据状态下不能修改报表的格式，看到的是报表的全部内容、报表格式和数据。

报表工作区的左下角有一个"格式/数据"按钮。单击这个按钮可以在格式状态和数据状态之间切换。

（二）单元

单元是组成报表的最小单位，单元由所在的行、列进行表示。行标用数字 1 ~ 9999 表示，列标用字母表示。例如，D3 表示第 4 列第 3 行的那个单元。单元类型有数值单元、字符单元和表样单元三种。

数值单元用于存放报表的数据，在数据状态下输入。数字可以直接输入或由单元中存放的单元公式运算产生。建立一个新表时所用单元的类型默认为数值型。

字符单元可存储字符型数据，在数据状态下输入。其内容可以是汉字、字母、数字及各种键盘可输入的符号组成的一串字符。字符单元的内容也可以由单元公式生成。

表样单元可存储报表的格式，是定义一个没有数据的空表所需的所有文字、符号或数字。一旦单元的类型被定义为表样，那么在其中输入的内容对所有表页都有效。表样单元在数据状态下不允许修改。

（三）组合单元

由于一个单元只能容纳数量有限的字符，在实际工作中有的单元有超长输入的情况，这时，可以采用系统提供的组合单元。组合单元是由两个或更多的单元组成的，这些单元必须是同一种单元类型（数值、字符或者表样）。报表子系统在处理报表时将组合单元视为一个单元。用户可以组合同一行相邻的几个单元，也可以组合同一列相邻的几个单元，还可以把一个多行、多列的平面区域设为一个组合单元。组合单元的名称可以用区域的名称或区域中单元的名称来表示。例如，把 C3 到 F6 定义为一个组合单元，这个组合单元可以用"C3：F6"表示。

（四）区域

区域由一张表页上的一组单元组成，自起点单元至终点单元是一个完整的长方形矩阵。

（五）表页

每一张表页是由许多单元组成的。一个报表中的所有表页具有相同的格式，但其中的数据不同。报表中表页的序号在表页的下方以标签的形式出现，称为"页标"。例如，当前表的第 2 页，可以表示为"@2"。

（六）二维表和三维表

确定某一数据的要素称为"维"。在一张有方格的纸上写一个数字，这个数字的位置可以通过行和列（二维）来描述。

如果将一张有方格的纸称为表，那么这张表就是二维表，通过行（横轴）和列（纵轴）可以找到这张二维表中任何位置的数据。

如果将多张不同的二维表叠在一起，要找到其中的某一个数据，其要素需要增加一个，即表页号（Z 轴），这一叠表称为一个三维表。

如果将多个不同的三维表放在一起，要从多个三维表中找到一个数据，同时需要增加一个要素，即表名。三维表中的表间操作即称为"四维运算"。

（七）固定区和可变区

固定区是指组成一个区域的行数和列数的数量是固定的数目。一旦设定好以后，在固定区域内其单元总数是不变的。

可变区域是指屏幕显示一个区域的行数和列数是不固定的数目，可变区的最大行数或最大列数是在格式设计状态中设定的。

在一个报表中只能设置一个可变区，或是行可变区或是列可变区。行可变区是指可变区中的行数是可变的，列可变区是指可变区中的列数是可变的。设置可变区后，屏幕只显示可变区的第一行或第一列，其他可变行列隐藏在表体内。在以后的数据操作中，可变行列数随用户需要而增减。

有可变区的报表称为可变表，没有可变区的报表称为固定表。

（八）关键字

在 UFO 报表中，关键字通常是那些可以引起报表数据发生改变的项目。关键字是游离于单元外的特殊数据单元，可以表示一个表页，用于快速选择表页。例如，一个资产负债表的表文件可以存放 1 年 12 个月的资产负债表（甚至多年的多张表），要对某一张表页的数据进行定位，就需要设定一些定位标志，这些定位标志就被称为关键字。关键字的显示位置在格式状态下设置，关键字的值则在数据状态下录入，每张报表可以定义多个关键字。

通常关键字可以有以下几种：

1. 单位名称：该报表表页编制单位的名称。

2. 单位编号：该报表表页编制单位的编号。

3. 年：该报表表页反映的年度。

4. 季：该报表表页反映的季度。

5. 月：该报表表页反映的月份。

6. 日：该报表表页反映的日期。

除了以上常见的关键字之外，系统通常还会提供一个自定义关键字功能，方便用户灵活定义并运用这些关键字。

二、报表的格式定义

报表格式就是一张报表的框架。报表的格式在格式状态下设计，整个报表文件的所有表页格式都相同。报表格式设计主要包括报表尺寸定义、单元属性定义、组合单元定义和关键字设置等内容。报表格式设计工作虽然繁琐，但属于一次性工作，一旦设计完成，此后可以重复使用，可谓一劳永逸。

（一）报表的格式内容

报表的格式一般包括：标题、表头、表体、表尾四部分内容。

1. 标题

报表的标题为报表的实际名称，应与会计准则及会计制度的要求一致。

2. 表头

表头主要用来描述报表的编制单位名称、编制日期、计量单位等内容，其中编制日期随时间改变，其他内容则固定不变。

3. 表体

表体是一张报表的核心，它是报表数据的主要表现区域，是报表的主体。表体由报表栏目名称、报表项目名称和报表数据单元组成。其中，报表的栏目名称定义了报表的列，报表项目名称定义了报表的行。

4. 表尾

输入报表项目表尾是表体以下进行辅助说明的部分，包括制表人、审核人、财务主管、单位负责人等内容。图 4-3 为一张完整的货币资金表结构图。

货币资金表

编制单位：　　　　年　月　日　　单位：元

项目	行次	期初数	期末数
库存现金	1		
银行存款	2		
合计			

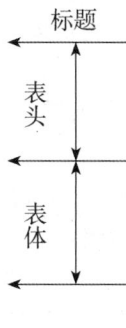

制表人：

图4-3　完整的货币资金表结构图

（二）固定表格式设计

固定表是指行和列相对固定的报表。

1. 设置表尺寸

设置表尺寸就是定义报表的行数和列数。报表的行数包括了标题、表头、表体和表尾 4 部分。如资产负债表尺寸是 41 行、8 列。

2. 定义组合单元

把几个单元作为一个单元使用，即合并单元格。组合单元可按行组合，也可按列组合，还可按整体组合。

3. 画表格线

对表格中表体部分可画表格线。

4. 输入报表项目

输入报表项目包括表头、表体和表尾（关键字、值除外）。在格式状态下定义了单元内容的格式自动默认为表样型，定义为表样型的单元在数据状态下不允许修改和删除。

5. 定义行高和列宽

可根据需要调整报表的行高和列宽，行高和列宽的单位为毫米。比如设置报表标题行高为 12 毫米。

6. 设置单元属性

单元属性是指单元的字型、字体、字号、颜色、图案、对齐方式及单元存放数据的类型等。比如，设置标题为"黑体、18 号字"。

7. 设置关键字

确定关键字在表页上的位置。

8. 调整关键字位置

关键字的位置不合适，可以用偏移量来调整。在调整时，可以通过输入正或负的数值来调整。负的数值表示向左移，正的数值表示向右移动。关键字偏移量单位为"像素"。

（三）可变表格式设计

一般来说，企业常用报表的格式比较固定，即使有变化，也可以通过修改固定表来实现。此处要讲的可变表不是固定表格式的变化，而是指那些行数或列数不固定，随实际需要变动的表。

制作可变表的步骤与制作固定表的步骤基本相同，所不同的是增加了可变区的设计。一般报表只能定义一个可变区，要么列固定、行可变，要么行固定、列可变。

[工作示范]

1. 报表子系统的启动
操作步骤：
（1）启动计算机后，单击"开始"／"程序"／"用友 ERP-U872"／"企业应用平台"／"业务工作"／"财务会计"／"UFO 报表"，进入"UFO 报表"窗口。如图 4-4 所示。

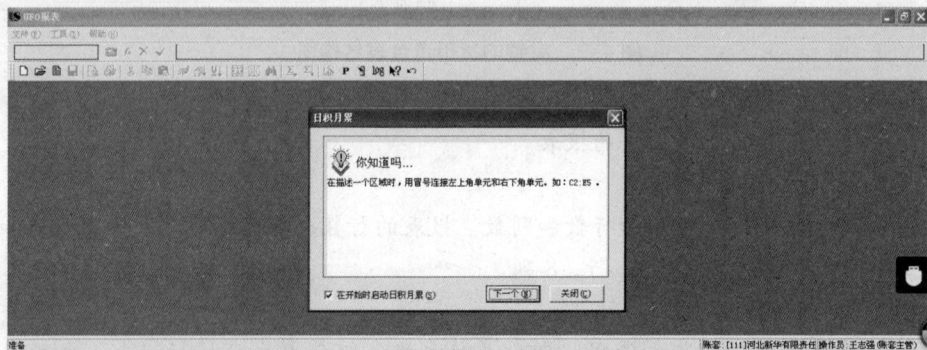

图 4-4 UFO 报表

（2）单击"日积月累"对话框中的"关闭"按钮。
2. 自定义一张资产负债表
2.1 报表格式定义
操作步骤：
（1）单击工具栏中的"新建"按钮，建立一张空白报表，报表名系统自动默认为"report 1"。如图 4-5 所示。

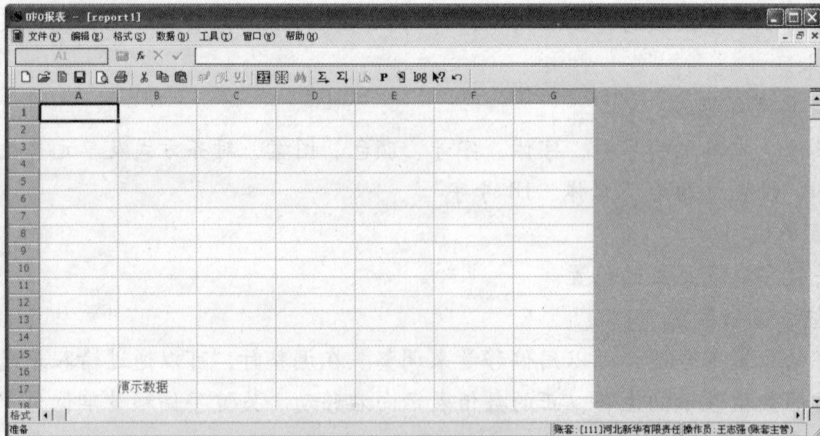

图 4-5 空白 UFO 报表

（2）单击空白报表底部左下角的"格式/数据"按钮，使得报表当前状态变为"格式"状态。如图 4-6 所示。

图4-6 空白UFO报表——格式状态

特别提示：

报表格式设置和公式定义都是在格式状态下完成的，报表数据是在数据状态下录入关键字重新计算报表而生成的。

（3）设置报表尺寸。

①执行"格式"/"表尺寸"命令，打开"表尺寸"窗口。

②输入行数：41，列数：8。如图4-7所示。

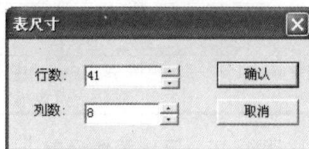

图4-7 表尺寸设置

③单击"确认"按钮。

（4）报表区域合并设置。

①分别选中"A1：H1"区域、"A2：H2"区域、"A3：C3"区域、"D3：E3"区域，执行"格式"/"组合单元"命令，打开"组合单元"窗口。

②选择"整体组合"或"按行组合"。如图4-8所示。

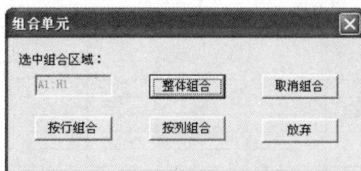

图4-8 区域合并设置

特别提示：

区域组合方式有三种方式：整体组合、按行组合、按列组合。可按照实际情况选择任何一种方式。

（5）区域画线设置。

①选中"A4：H40"区域，选择"格式"/"区域画线"，打开"区域画线"窗口。

如图4-9所示。

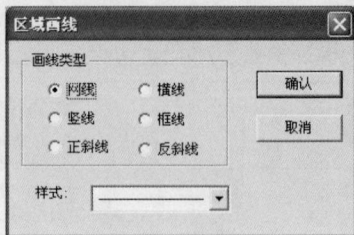

图4-9 区域画线

②选择画线类型：网线，单击"确认"按钮，所选区域画上了表格线。如图4-10所示。

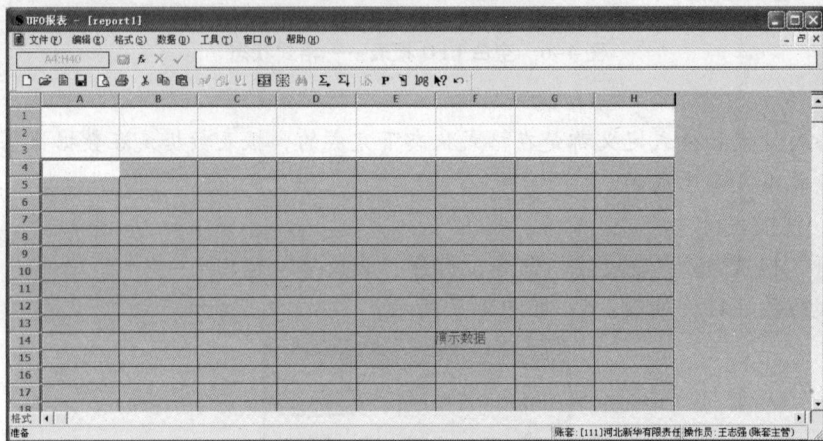

图4-10 区域画线设置

（6）报表项目输入。

①选中"A1：H1"组合单元，在单元中输入"资产负债表"。

②同理输入"A2：H2"单元和"A3：H3"单元的除关键字外的文字。

③表体和表尾输入相应的文字或数字。如图4-11所示。

图4-11 报表项目输入

特别提示：

①报表项目包括报表表头内容、表体项目、表尾项目等，但不包括关键字。

②通常情况下，编制单位、年、月、日不作为文字内容录入，而将它们作为关键字进行设置。

（7）单元格属性设置。

①选中 A1：H1 组合单元，选择"格式"/"单元属性"，打开"单元格属性"窗口。如图 4-12 所示。

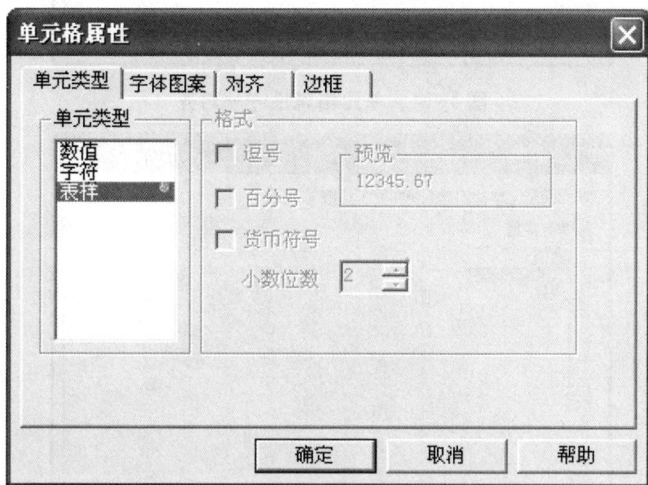

图 4-12 单元格属性

②单击"字体图案"页签，设置字体为"黑体"，字号为"18"号。如图 4-13 所示。

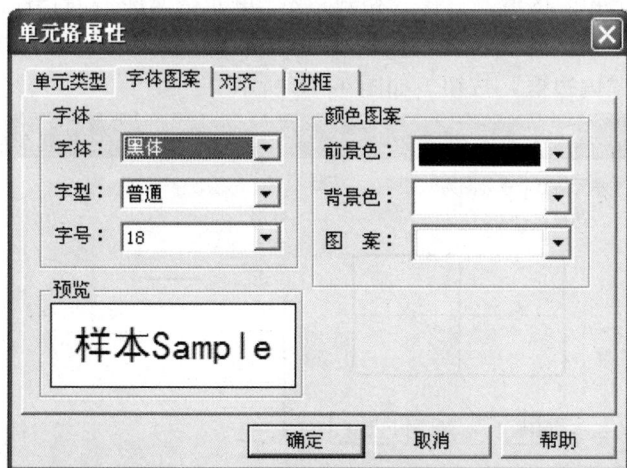

图 4-13 单元格属性——字体图案

③单击"对齐"页签，设置对齐方式为：水平和垂直都是"居中"。如图 4-14 所示。

④选中"G41"单元格，选择"格式"/"单元格属性"/"单元类型"，选择"字符"选项。如图 4-15 所示。

同理，设置其他各单元格的单元类型。

图 4-14　单元格属性——对齐

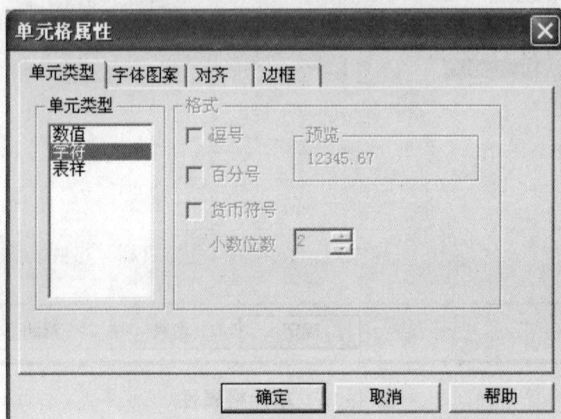

图 4-15　单元格属性——单元类型

⑤选中"A4：H40"区域，选择"格式"/"单元格属性"，打开"单元格属性"窗口，选择"边框"页签。首先选择右侧粗线型样式和左侧"外边框"按钮，再选择右侧细线型样式和左侧"内边框"按钮。如图 4-16 所示。

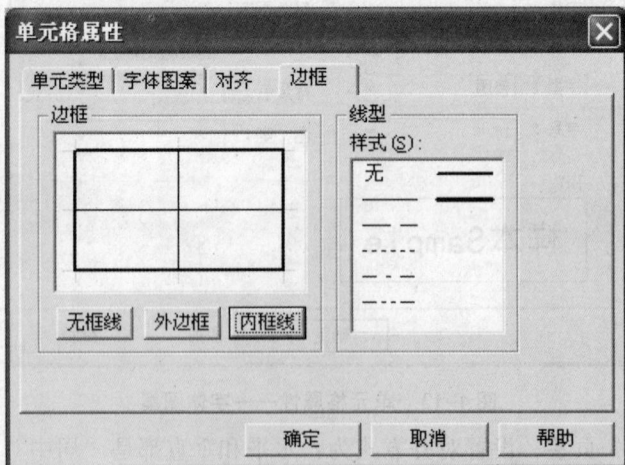

图 4-16　单元格属性——边框

⑥单击"确定"按钮。如图 4-17 所示。

图4-17 单元格属性设置完成

特别提示：

①格式状态下输入内容的单元格均默认为表样单元，未输入数据的单元均默认为数值单元，在数据状态下可输入数值。

②如果希望在数据状态下输入字符，那么必须将单元格定义为字符单元。

③字符单元和数值单元输入后，只对本表页有效，表样单元输入后对所有表页有效。

（8）行高列宽设置。

①选中"A1：H1"区域，选择"格式"／"行高"，打开"行高"小窗口，输入行高（单位：毫米）为12，单击"确认"按钮。如图4-18所示。

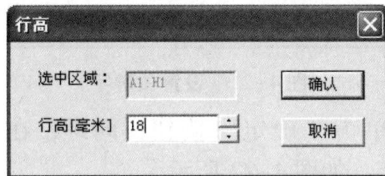

图4-18 行高设置

②同理，设置第2行和第3行行高为5毫米，设置第4行行高为9毫米，设置其他行高为5毫米。

③选中A列，选择"格式"／"列宽"，打开"列宽"小窗口，输入列宽（单位：毫米）为44，单击"确认"按钮。如图4-19所示。

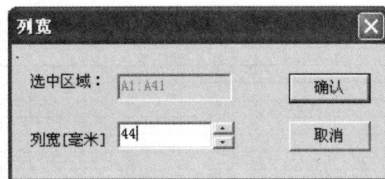

图4-19 列宽设置

④同理，设置B列宽9毫米、C和D列宽27毫米、E列宽63毫米、F列宽9毫米、G和H列均宽27毫米。如图4-20所示。

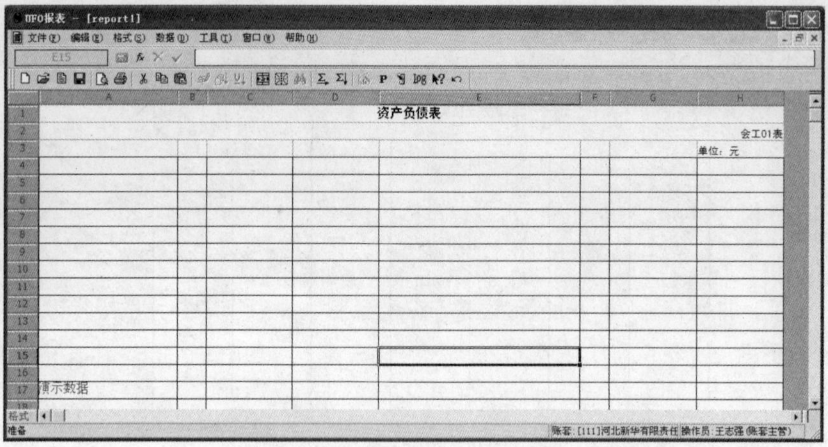

图 4-20 报表行高列宽设置完成

（9）关键字设置。

①选中组合单元"A3：D3"，选择"数据"/"关键字"/"设置"，打开"设置关键字"窗口。如图 4-21 所示。

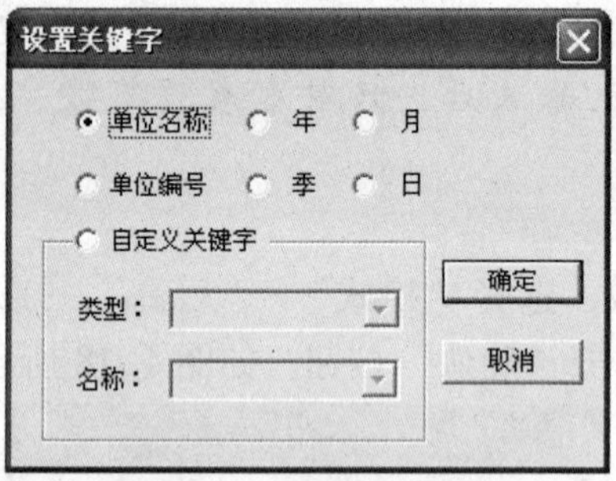

图 4-21 设置关键字

②单击"单位名称"，单击"确定"按钮；同理，在"E3：F3"组合单元设置"年"、"月"、"日"为关键字。如图 4-22 所示。

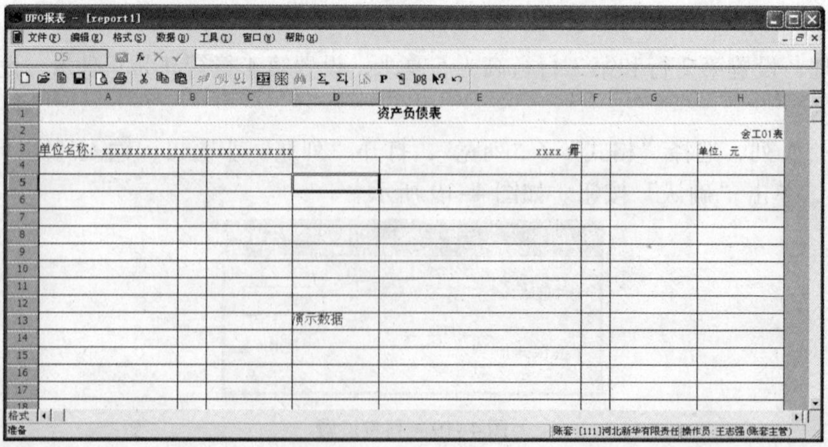

图 4-22 设置关键字

③选中组合单元"D3：E3"，选择"数据"/"关键字"/"偏移"，打开"定义关

键字偏移"窗口。年："-170"；月："-130"；日："-100"。如图 4-23 所示。

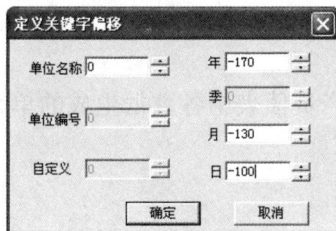

图 4-23　关键字偏移

④单击"确定"按钮。如图 4-24 所示。

图 4-24　关键字设置完成

特别提示：

①关键字可以定义多个。

②取消关键字，选择"数据"/"关键字"/"取消"。

③关键字定义后可能发生重叠。

④可通过关键字的位置调整解决重叠问题。

⑤关键字位置调整通过偏移量表示，负数表示向左偏移，正数表示向右偏移。

⑥关键字偏移量单位为"像素"。

⑦偏移位置可以多次调整，直至符合要求为止。

任务二　报表公式定义

［任务名称］

对新华有限责任公司 2013 年 7 月 31 日的资产负债表进行报表公式定义、审核公式定义及舍位平衡公式。

@ ［任务内容］

定义新华有限责任公司资产负债表中各数据生成的单元公式、审核公式、舍位平衡公式。

@ ［任务要求］

完成新华有限责任公司 2013 年 7 月 31 日的资产负债表公式定义、审核公式定义和舍位平衡公式。

● ［知识链接］

只有定义了报表公式才能生成报表数据。企业常用的财务报表数据一般来源于总账系统或报表系统本身，取自报表的数据又可以分为从本表取数和从其他报表的表页取数，在报表系统中，取数是通过函数实现的。常用的函数有以下几种：

1. 自总账取数的公式可以称之为账务函数，函数名："科目编码"，"会计期间"，"方向"，"账套号"，"会计年度"，"编码1"，"编码2"……

账务函数的基本格式为：

（1）"科目编码"也可以是科目名称，且必须加双引号。

（2）"会计期间"可以是"年"、"季"、"月"等变量，也可以是具体表示年、季、月的数字。

（3）"方向"即"借"或"贷"，可以省略。

（4）"账套号"为数字，缺省时默认为"999账套"。

（5）"会计年度"即数据取得的年度，可以省略。

（6）"编码1"及"编码2"与科目编码的核算账类有关，可以取科目的辅助账，如职工编码、项目编码等，如无辅助核算则省略。

主要账务取数函数见表4-2。

表4-2　　　　　　　　　　　　　　主要账务取数函数

总账函数	金额式	数量式	外币式
期初额函数	QC（ ）	SQC（ ）	WQC（ ）
期末额函数	QM（ ）	SQM（ ）	WQM（ ）
发生额函数	FS（ ）	SFS（ ）	WFS（ ）
累计发生额函数	LFS（ ）	SLFS（ ）	WLFS（ ）
条件发生额函数	TFS（ ）	STFS（ ）	WTFS（ ）
对方科目发生额函数	DFS（ ）	SDFS（ ）	WDFS（ ）
净额函数	JE（ ）	SJE（ ）	WJE（ ）
汇率函数	HL（ ）		

2. 自本表表页取数的函数主要有以下几个:

数据合计: PTOTAL ( ) 平均值: PAVG ( )

最大值: PMAX ( ) 最小值: PMIN ( )

3. 自本表其他表页取数的函数主要使用 "SELECT ( )" 函数。

对于取自本表其他表页的数据可以利用某个关键字, 作为表页定位的依据或者直接以页标号作为定位依据, 指定取某张表页的数据。如:

A1 单元取自上个月的 A2 单元的数据, 可表示为: A1 = SELECT (A2, 月@ = 月+1)

A1 单元取自第二张表页的 A2 单元数据, 可表示为: A1 = A2@2

4. 自其他报表取数的函数主要使用 "报表 [. REP]" → "单元" 的格式, 从而指定要取数的某张报表的单元。

由于各种报表之间的数据存在着密切的逻辑关系, 所以报表中各种数据的采集、运算和勾稽关系的检测就需要通过公式进行核对。报表编制过程中主要用到的公式有: 计算公式、审核公式和舍位平衡公式。

(一) 计算公式

计算公式决定报表数据的来源, 其工作过程是从其他子系统的账簿文件中、本表其他表页中或者其他报表中采集数据, 直接填入表中相应的单元或经过简单计算填入相应的单元。因此, 通常报表系统会内置一整套从各种数据文件中调取数据的函数。不同的报表软件函数的具体表示方法不同, 但这些函数所提供的功能和使用方法一般是相同的。通过计算公式来组织报表数据, 既经济又省事, 把大量重复、复杂的劳动简单化了。合理地设计计算公式能大大节约劳动时间, 提高工作效率。

计算公式可以直接定义在报表单元中。这样的公式也称为 "单元公式"。计算公式的输入方式包括引导输入和直接输入两种。

1. 引导输入公式

在对计算公式不熟练的情况下, 可通过系统提示, 逐步引导输入计算公式。

2. 直接输入公式

如果已经掌握了各种函数的用法和规律, 在对公式输入比较熟练的情况下, 可直接输入计算公式。

3. 调用报表模板

财务报表包括对外报表和对内报表。资产负债表、利润表、现金流量表是主要的三张对外报表, 而这些表的格式是国家相关会计制度统一规定的。既然表样是规范的, 报表子系统为简化用户的报表格式设计工作, 一般会预先设置一系列报表模板以供用户选择。用户可以利用报表模板迅速建立一张符合本企业需要的财务报表。此外, 对于一些本企业常用报表模板中没有提供的报表, 用户在设置了这些报表的格式和公式后, 也可以将其定义为报表模板, 以便今后直接调用。灵活运用报表模板无疑可以提供报表处理的效率。如果报表模板与本企业的实际需要存在差异, 用户也可以提高报表处理的效率。如果报表模板与本企业的实际需要存在差异, 用户也可以充分利用报表格式和公式设置的功能, 对原来的报表模板进行修改, 生成新的报表模板。

(二) 审核公式

财务报表中的数据往往存在一定的勾稽关系。如资产负债表中的资产合计应等于负债及所有者权益合计。在实际工作中，为了确保报表数据的准确性，可以利用这种报表之间或报表内的勾稽关系对报表编制的正确性进行检查，用于该种用途的公式被称为审核公式。

（三）舍位平衡公式

如果对报表进行汇总，得到的汇总数据可能位数很多，这就需要把以"元"为单位的报表转换为以"千元"、"万元"为单位的报表。在转换过程中，原报表的平衡关系可能被破坏，因此需要进行调整，使之符合制定的平衡公式。报表经舍位之后，用于重新调整平衡关系的公式称为舍位平衡公式。

［工作示范］

操作步骤：

（1）直接输入公式法。

①选择需要定义公式的单元"B6"，即"货币资金"项的年初数。

②选择"数据"／"编辑公式"／"单元公式"，打开"定义公式"窗口。

③在"C6＝"后面的空白格中直接输入年初函数公式"QC（'1001'，全年,,,,,,,,,,）+QC（'1002'，全年,,,,,,,,,,）+QC（"1012"，全年,,,,,,,,,,）"。如图4-25所示。

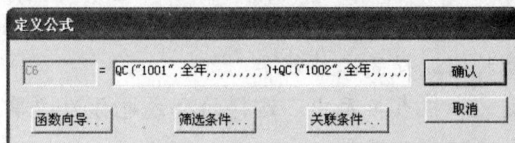

图4-25 定义单元公式——直接输入法（1）

特别提示：

①报表公式定义必须在"格式"状态下进行。

②公式中除文字外的所有符号都要在英文半角状态下录入，不能使用全角状态录入。

③公式输入错误，直接删除重新输入即可。

④单击"确认"按钮。

⑤选择需要定义公式的单元"D6"，即"货币资金"项的期末数。

⑥选择"数据"／"编辑公式"／"单元公式"，打开"定义公式"窗口。

⑦在"D6＝"后面的空白格中直接输入年初函数公式"QM（'1001'，月,,,年,,）+QM（'1002'，月,,,年,,）+QM（'1012'，月,,,年,,）"。如图4-26所示。

⑧单击"确认"按钮。

⑨采用同样的方式方法，输入其他单元数据公式即可。

（2）引导输入公式法。

①选择需要定义公式的单元"C7"，即"交易性金融资产"项的年初数。

②选择"数据"／"编辑公式"／"单元公式"，打开"定义公式"窗口。

图4-26　定义单元公式——直接输入法（2）

③单击"fx"按钮，打开"定义公式"窗口。如图4-27所示。

图4-27　"定义公式"窗口

④单击"函数向导"按钮，打开"函数向导"窗口。

⑤选择"函数分类"列表中的"用友账务函数"行，选择"函数名"列表中的"期初QC（）"行。如图4-28所示。

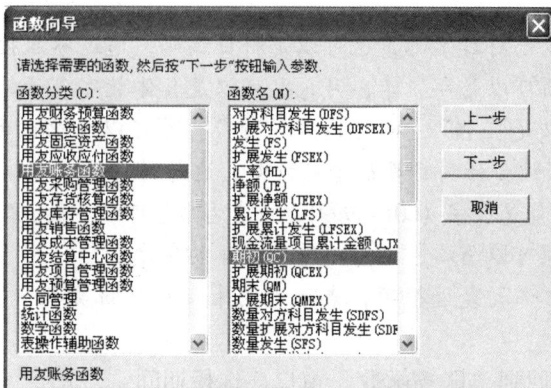

图4-28　定义单元公式——选择函数

⑥单击"下一步"按钮，打开"用友账务函数"窗口。

⑦单击"参照"按钮，打开"账务函数"窗口。如图4-29所示。

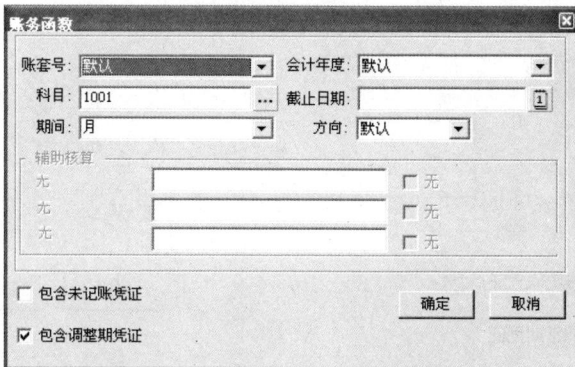

图4-29　定义单元公式——账务函数对话框

⑧窗口中各项采用默认设置，但"科目"项单击空白处后面的""按钮，打开"科目参照"窗口，选择"交易性金融资产1101"科目。如图4-30所示。

图 4-30 单元公式——科目参照

栏目说明：

①"科目"项可以是科目名称，也可以是科目编码，通过参照按钮选择输入。

②"会计期间"项可以是年、季、月，也可以是具体数字表示的日期。

③"方向"项可以是"借"，也可以是"贷"，还可以省略，都表示科目的余额方向，如果省略，则表示该会计科目默认余额方向，这与科目性质直接相关。

④"账套号"项只能是数字（001—999），或者省略也可以，表示默认为当前账套。

⑤"会计年度"项可以省略，也可以输入具体的年度。

⑥包含"未记账凭证"复选框项，表示连同未记账凭证数据一并取数并转移到生成的报表中。

⑨单击"确定"，回到"账务函数"窗口，选择期间："全年"，其他默认。如图 4-31 所示。

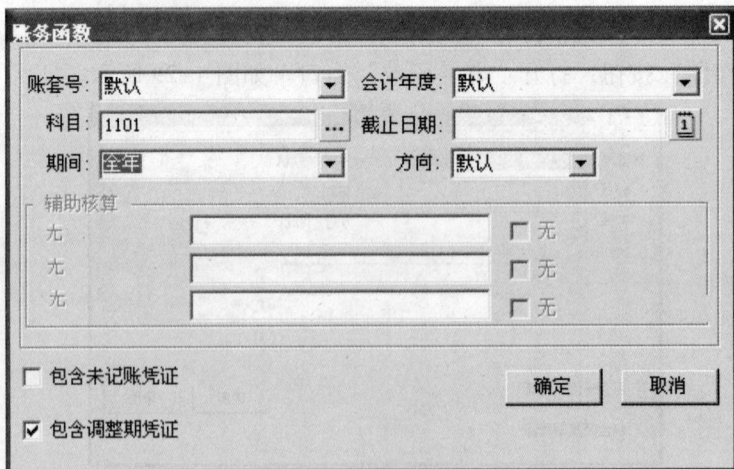

图 4-31 账务函数

单击"确定"按钮，返回"用友账务函数"窗口。如图 4-32 所示。

单击"确定"按钮，返回"定义公式"窗口。如图 4-33 所示。

⑩单击"确认"按钮，公式引导输入完成。

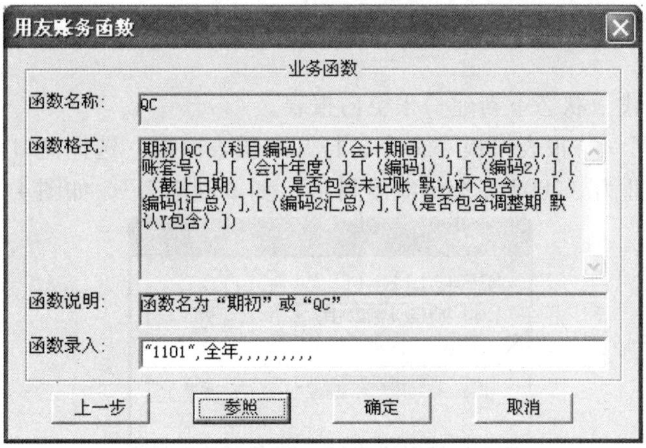

图 4-32 用友账务函数

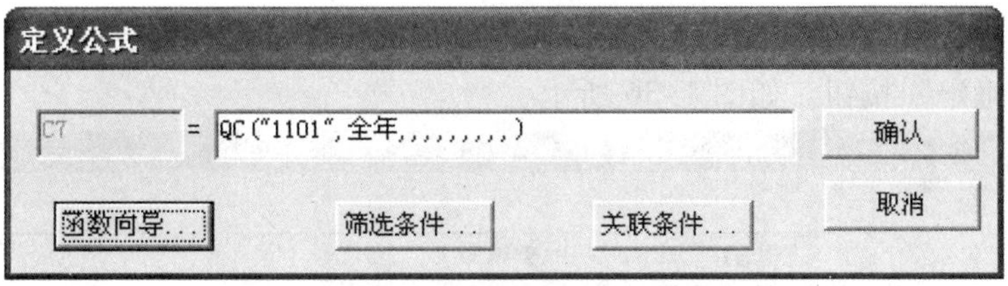

图 4-33 定义公式

以相同的方式和方法，引导输入其他单元格公式。完成后的“资产负债表”格式如图 4-34 所示。

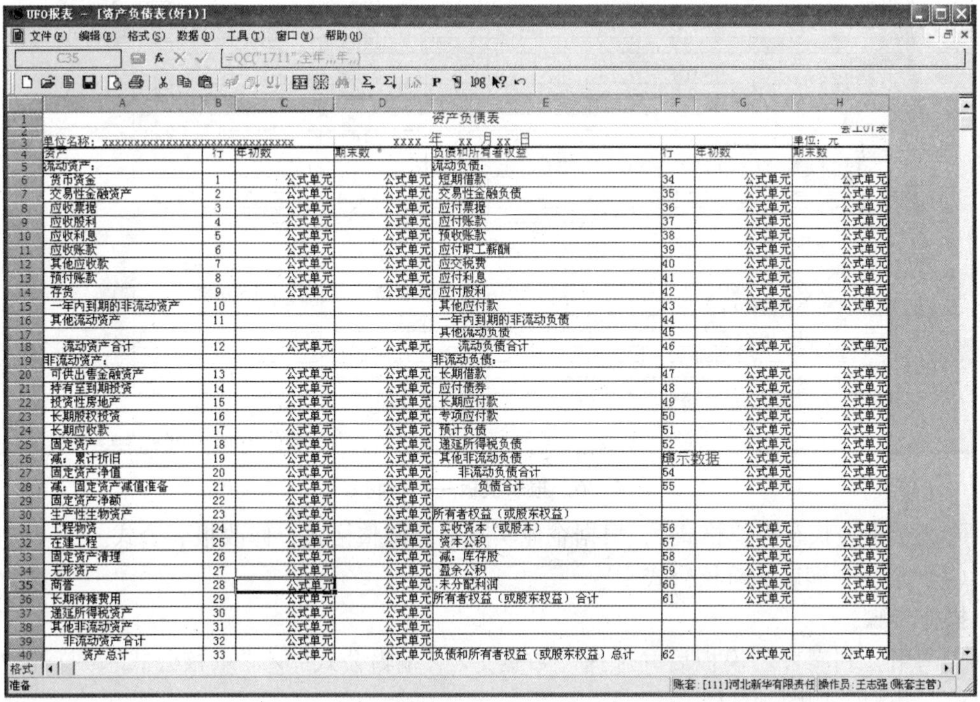

资产	行	年初数	期末数	负债和所有者权益	行	年初数	期末数
流动资产：				流动负债：			
货币资金	1	公式单元	公式单元	短期借款	34	公式单元	公式单元
交易性金融资产	2	公式单元	公式单元	交易性金融负债	35	公式单元	公式单元
应收票据	3	公式单元	公式单元	应付票据	36	公式单元	公式单元
应收股利	4	公式单元	公式单元	应付账款	37	公式单元	公式单元
应收利息	5	公式单元	公式单元	预收账款	38	公式单元	公式单元
应收账款	6	公式单元	公式单元	应付职工薪酬	39	公式单元	公式单元
其他应收款	7	公式单元	公式单元	应交税费	40	公式单元	公式单元
预付账款	8	公式单元	公式单元	应付利息	41	公式单元	公式单元
存货	9	公式单元	公式单元	应付股利	42	公式单元	公式单元
一年内到期的非流动资产	10			其他应付款	43	公式单元	公式单元
其他流动资产	11			一年内到期的非流动负债	44		
				其他流动负债	45		
流动资产合计	12	公式单元	公式单元	流动负债合计	46	公式单元	公式单元
非流动资产：				非流动负债：			
可供出售金融资产	13	公式单元	公式单元	长期借款	47	公式单元	公式单元
持有至到期投资	14	公式单元	公式单元	应付债券	48	公式单元	公式单元
投资性房地产	15	公式单元	公式单元	长期应付款	49	公式单元	公式单元
长期股权投资	16	公式单元	公式单元	专项应付款	50	公式单元	公式单元
长期应收款	17	公式单元	公式单元	预计负债	51	公式单元	公式单元
固定资产	18	公式单元	公式单元	递延所得税负债	52	公式单元	公式单元
减：累计折旧	19	公式单元	公式单元	其他非流动负债	显示数据	公式单元	公式单元
固定资产净值	20	公式单元	公式单元	非流动负债合计	54	公式单元	公式单元
减：固定资产减值准备	21	公式单元	公式单元	负债合计	55	公式单元	公式单元
固定资产净额	22	公式单元	公式单元				
生产性生物资产	23	公式单元	公式单元	所有者权益（或股东权益）			
工程物资	24	公式单元	公式单元	实收资本（或股本）	56	公式单元	公式单元
在建工程	25	公式单元	公式单元	资本公积	57	公式单元	公式单元
固定资产清理	26	公式单元	公式单元	减：库存股	58	公式单元	公式单元
无形资产	27	公式单元	公式单元	盈余公积	59	公式单元	公式单元
商誉	28	公式单元	公式单元	未分配利润	60	公式单元	公式单元
长期待摊费用	29	公式单元	公式单元	所有者权益（或股东权益）合计	61	公式单元	公式单元
递延所得税资产	30	公式单元	公式单元				
其他非流动资产	31	公式单元	公式单元				
非流动资产合计	32	公式单元	公式单元				
资产总计	33	公式单元	公式单元	负债和所有者权益（或股东权益）总计	62	公式单元	公式单元

图 4-34 资产负债表

（3）调用报表模板生成一张利润表。

操作步骤：

①在报表“格式”状态下新建一张空白报表。

②选择“格式”/“报表模板”命令，打开“报表模板”选择窗口。

③选择所在行业为“2007 新会计制度科目”和“利润表”。如图 4-35 所示。

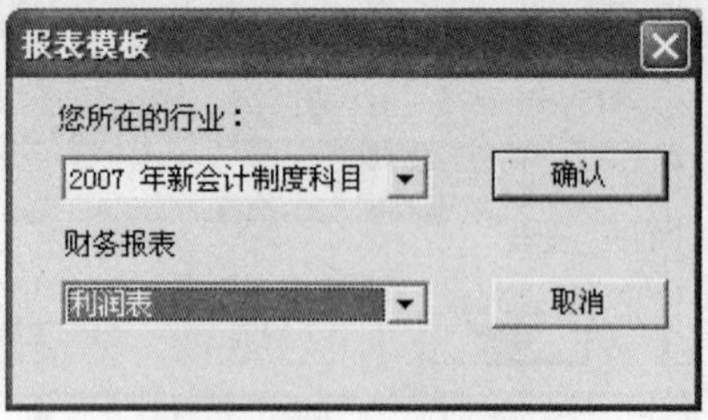

图 4-35　报表模板

④单击“确认”按钮，出现信息框提示“模板格式将覆盖本表格式！是否继续?”。

⑤单击“确定”按钮。如图 4-36 所示。

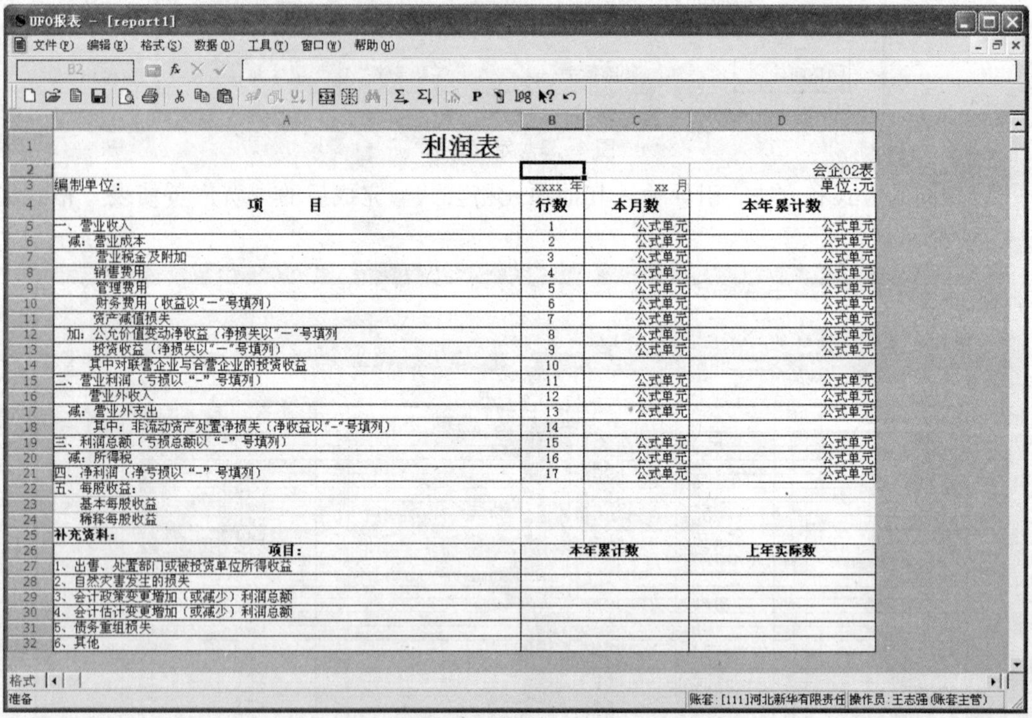

	A	B	C	D
1	利润表			
2				会企02表
3	编制单位:	xxxx 年	xx 月	单位:元
4	项　　目	行数	本月数	本年累计数
5	一、营业收入	1	公式单元	公式单元
6	减：营业成本	2	公式单元	公式单元
7	营业税金及附加	3	公式单元	公式单元
8	销售费用	4	公式单元	公式单元
9	管理费用	5	公式单元	公式单元
10	财务费用（收益以“-”号填列）	6	公式单元	公式单元
11	资产减值损失	7	公式单元	公式单元
12	加：公允价值变动净收益（净损失以“-”号填列	8	公式单元	公式单元
13	投资收益（净损失以“-”号填列）	9	公式单元	公式单元
14	其中对联营企业与合营企业的投资收益	10		
15	二、营业利润（亏损以“-”号填列）	11	公式单元	公式单元
16	营业外收入	12	公式单元	公式单元
17	减：营业外支出	13	公式单元	公式单元
18	其中：非流动资产处置净损失（净收益以“-”号填列）	14		
19	三、利润总额（亏损总额以“-”号填列）	15	公式单元	公式单元
20	减：所得税	16	公式单元	公式单元
21	四、净利润（净亏损以“-”号填列）	17	公式单元	公式单元
22	五、每股收益:			
23	基本每股收益			
24	稀释每股收益			
25	补充资料:			
26	项目:		本年累计数	上年实际数
27	1、出售、处置部门或被投资单位所得收益			
28	2、自然灾害发生的损失			
29	3、会计政策变更增加（或减少）利润总额			
30	4、会计估计变更增加（或减少）利润总额			
31	5、债务重组损失			
32	6、其他			

图 4-36　报表模板——利润表

⑥调整报表状态为“格式”，根据企业实际情况调整格式，修改报表公式。

（4）定义利润表的审核公式。

操作步骤：

①调用“利润表”模板后，选择“数据”/“编辑公式”/“审核公式”，打开“审核公式”窗口。如图 4-37 所示。

②在“审核公式”窗口左侧空白处，输入审核公式。如图 4-38 所示。

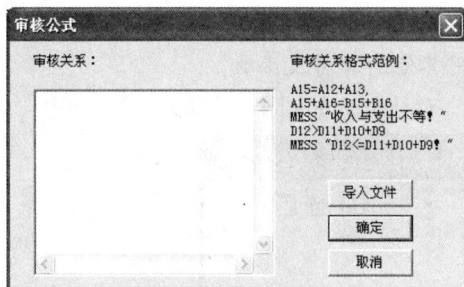

图4-37 审核公式

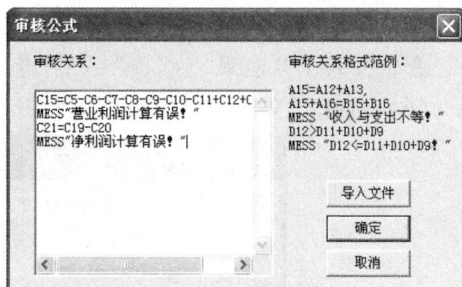

图4-38 审核公式录入

③单击"确定"按钮,完成审核公式定义。

特别提示:

①审核公式定义是在报表的"格式"状态下完成的。

②审核公式在定义时,报表中各单元之间的数据勾稽关系要明确。

③审核公式中审核关系(数据勾稽关系)必须正确。

④错误的审核公式不能对报表数据的勾稽关系进行审核,还可能标示正确报表数据为错误。

(5)定义利润表的舍位平衡公式。

操作步骤:

①选择"数据"/"编辑公式"/"舍位公式",打开"舍位平衡公式"窗口。如图4-39所示。

②在"舍位平衡公式"窗口中间空白处,首先确认舍位表名、舍位范围和舍位位数,然后输入舍位平衡公式。如图4-40所示。

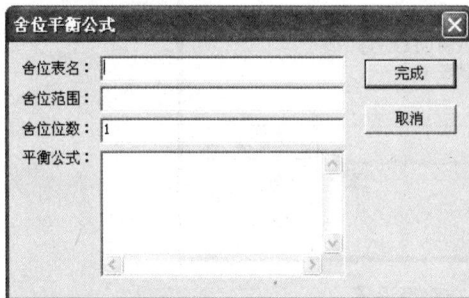

图4-39 舍位平衡公式

图4-40 舍位平衡公式定义

③单击"完成"按钮,完成舍位平衡公式定义。

特别提示:

将报表数据进行位数转换,如个位转换成百位、千位、万位,这种转换称为进位。进位后,原来数据间的平衡关系可能被打破,所以,才有必要进行舍位平衡,使得数据间的平衡关系得到恢复。

系统中报表的舍位平衡公式就是用来重新调整报表数据进位后的小数位平衡关系的公式。

每个公式一行,各公式间用逗号(半角)","隔开,最后一条公式不用写逗号,否则公式无法执行。(因为系统会认为公式未完全录完)。

公式等号左边只能是一个单元（不能带页号和表名）。

舍位公式中只能用"+"、"-"符号，不能使用其他运算符及函数。

（6）选择"文件"／"保存"，打开"另存为"对话框。如图4-41所示。

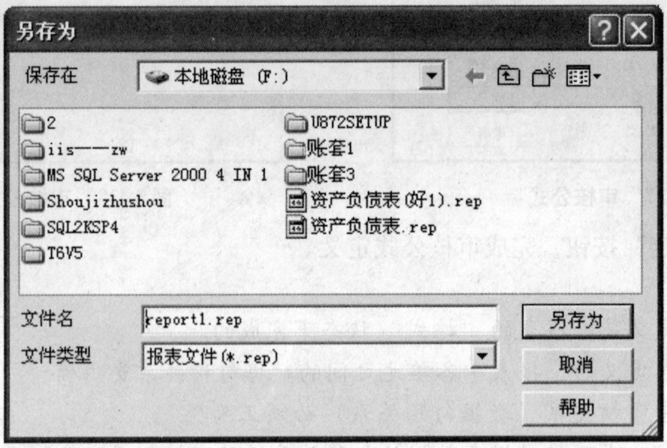

图4-41　舍位平衡公式——保存

（7）选择保存位置"本地磁盘（F:）"，输入报表名称"利润表.rep"，默认保存类型为"报表文件（*.rep）"。如图4-42所示。

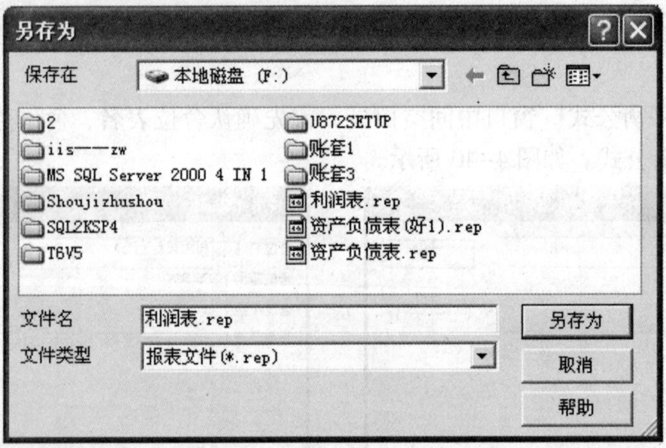

图4-42　利润表保存路径设置

（8）单击"另存为"按钮保存报表。

特别提示：

①报表格式设置好后，务必保存此张报表，以便今后各月随时调用。

②当没有保存报表即退出时，系统会提示"是否保存报表"，提醒操作人员及时保存。

③报表文件后缀为".rep"，是用友报表文件的专用扩展名。

④报表设置好后，还可以将此表设置成报表模板，供以后方便使用。

［技能拓展］

打开新华有限责任公司2013年7月的科目汇总表，利用舍位平衡操作，将7月份的科目汇总表金额单位由"元"调整为"千元"。

学习子情境二　报表生成

任务一　生成资产负债表

［任务名称］

生成河北新华有限责任公司的资产负债表。

［任务内容］

录入关键字，生成"资产负债表"。

［任务要求］

生成单位名称为"河北新华有限责任公司"、年月日为"2007"、"7"、"31"的资产负债表并保存于D盘，文件名称为"资产负债表.rep"。

［知识链接］

不同会计期间企业经营的数据有所不同，那么使用者如何判定本表页数据取自哪个单位、哪个会计期间呢？这在系统中是通过设置关键字来识别的，因此在生成报表数据前的重要步骤就是录入关键字值。

［工作示范］

操作步骤：

（1）以账套主管王志强的身份进入用友UFO报表系统，打开D盘"资产负债表.rep"文件。

（2）调整报表状态为"数据"。如图4-43所示。

（3）选择"数据"／"关键字"／"录入"，打开"录入关键字"窗口。

图 4-43　资产负债表

（4）单位名称处输入：河北新华有限责任公司，年处输入："2013"，月处输入："7"，日处输入："31"。如图 4-44 所示。

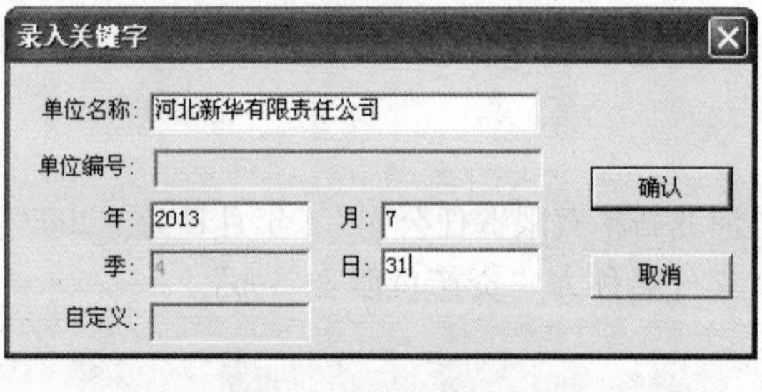

图 4-44　录入关键字

（5）单击"确认"按钮，打开提示窗口"是否重算第一页"，单击"否"按钮。

特别提示：

①不同的报表对应不同的关键字值，关键字值随单元与报表一起输出。

②日期关键字用于确认报表数据生成的具体日期。

（6）选择"数据"/"表页重算"，弹出"是否重算第 1 页？"提示框。如图 4-45 所示。

图 4-45　报表重算

（7）单击"是"按钮，系统自动根据之前定义的单元公式计算生成报表数据。如图 4-46 所示。

资产负债表

单位名称：河北新华有限责任公司　　2013 年 7 月 31 日　　会企01表　单位：元

资产	行次	年初数	期末数	负债和所有者权益	行次	年初数	期末数
流动资产：				流动负债：			
货币资金	1	314056.50	470101.00	短期借款	34	300000.00	300000.00
交易性金融资产	2			交易性金融负债	35		
应收票据	3			应付票据	36		
应收利息	4			应付账款	37	70200.00	257400.00
应收股利	5			预收账款	38		
应收账款	6	105300.00	199100.00	应付职工薪酬	39		
其他应收款	7	15000.00	5000.00	应交税费	40		
预付账款	8			应付利息	41		812.50
存货	9	467373.50	467373.50	应付股利	42		
一年内到期的非流动资产	10			其他应付款	43		
其他流动资产	11			一年内到期的非流动负债	44		
流动资产合计	12	901730.00	1141574.50	其他流动负债	45		
非流动资产：				流动负债合计	46	370200.00	558212.50
可供出售金融资产	13			非流动负债：	47		
持有至到期投资	14			长期借款	47		
投资性房地产	15			应付债券	48		
长期股权投资	16			长期应付款	49		
长期应收款	17			专项应付款	50		
固定资产	18	28845000.00	28845000.00	预计负债	51		
减：累计折旧	19	5036905.00	5036905.00	递延所得税负债	52		
固定资产净值	20	23808095.00	23808095.00	其他非流动负债	53		
减：固定资产减值准备	21			非流动负债合计	54		
固定资产净额	22	23808095.00	23808095.00	负债合计	55	370200.00	558212.50
生产性生物资产	23			所有者权益（或股东权益）：			
工程物资	24	23000.00	28850.00	实收资本（或股本）	56	24300000.00	24368856.50
在建工程	25			资本公积	57	50000.00	50000.00
固定资产清理	26			减：库存股	58		
无形资产	27			盈余公积	59		
商誉	28			未分配利润	60	12625.00	1450.50
长期待摊费用	29			所有者权益（或股东权益）合计	61	24362625.00	24420307.00
递延所得税资产	30						
其他非流动资产	31						
非流动资产合计	32	23831095.00	23836945.00				
资产总计	33	24732825.00	24978519.50	负债和所有者权益（或股东权益）总计	62	24732825.00	24978519.50

图 4-46　报表数据处理后

特别提示：

①数据状态下的报表"数据"菜单提供了整表重算、表页重算两种方式。

②整表重算是将该表的所有表页（可以是多个）全部进行计算。

③表页重算是单就当前该表数据进行重新计算。

任务二　生成利润表

［任务名称］

生成河北新华有限责任公司的利润表并审核。

［任务内容］

录入关键字，生成利润表，进行审核操作。

［任务要求］

生成河北新华有限责任公司的年和月分别为"2007"和"7"的利润表并保存于 F

盘，文件名称为"利润表.rep"。

操作步骤：

（1）调整报表状态为"数据"，录入关键字年"2013"、月"7"，执行"数据"/"表页重算"命令，生成新华有限责任公司2013年7月份的利润表。如图4-47所示。

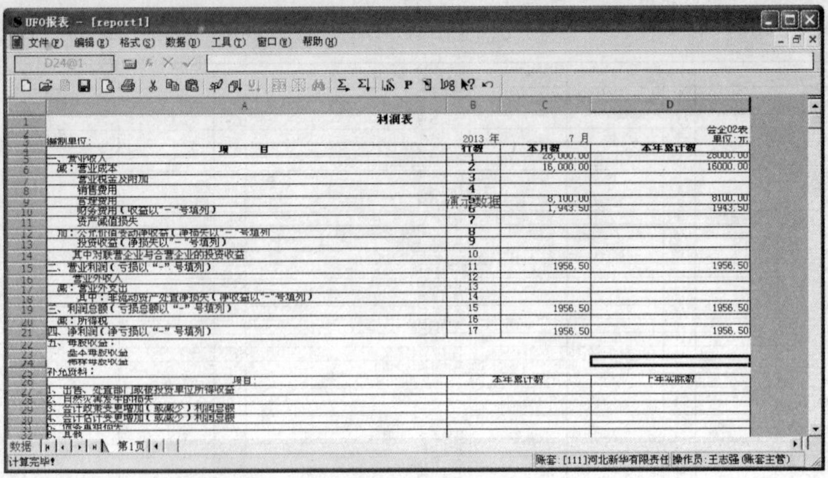

图4-47 新华有限责任公司利润表

（2）保存到F盘，文件名称为"利润表.rep"。

（3）执行"数据"/"审核"命令，系统自动按之前定义的审核公式进行操作，如果审核无误，报表左下角出现"完全正确！"字样，如图4-48所示。

图4-48 审核正确后的利润表

如果有误，系统弹出错误提示信息框。如图4-49所示。

图4-49 审核错误提示信息

（4）执行"数据"/"舍位操作"命令，系统自动按之前定义的舍位平衡公式进行运算。

（5）修改计量单位为"千元"。

（6）将舍位平衡后的利润表保存在"SW1. rep"文件中。如图 4-50 所示。

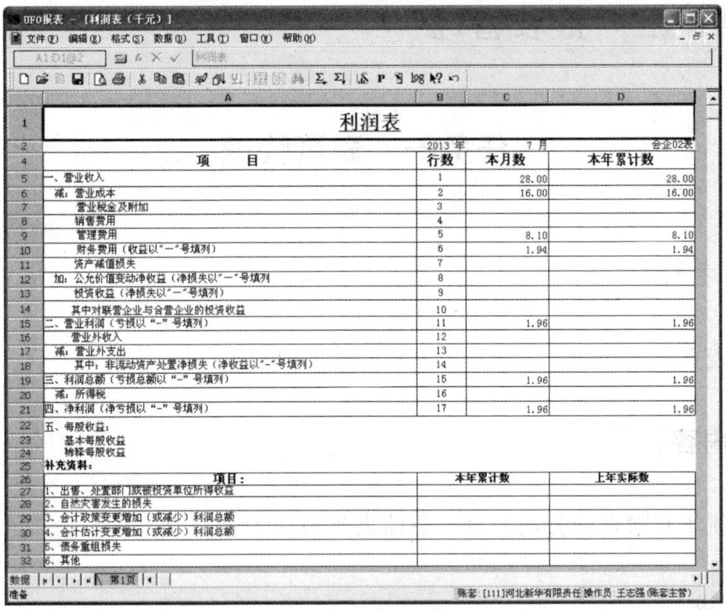

图 4-50　报表舍位操作结果

（7）舍位公式错误，系统会提示信息。如图 4-51 所示。

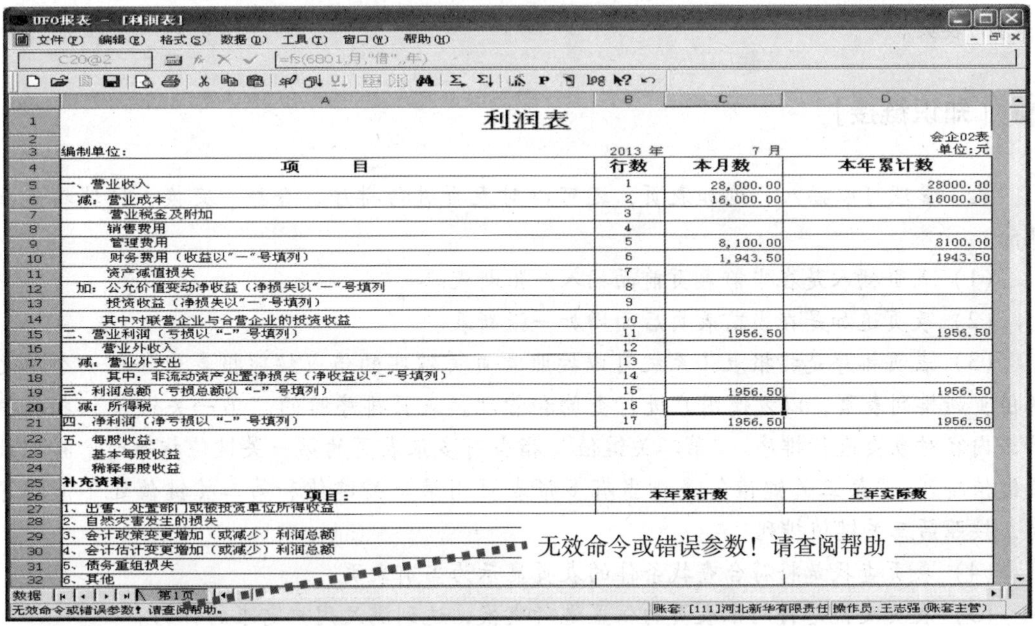

图 4-51　系统提示信息——舍位公式错误

特别提示：

①报表舍位操作后，可以打开舍位表查阅。

②舍位公式有误时，系统状态栏会自动提示"无效命令或错误参数！"。

③出现"无效命令或错误参数!"时，要回到舍位平衡公式定义窗口重新定义舍位平衡公式，直至正确为止。

学习子情境三　报表管理

任务一　表页管理

[任务名称]

查找一张表页。

[任务内容]

查找河北新华有限责任公司的资产负债表8月份表页。

[任务要求]

按照"年=2013 AND 月=8"的查找条件，查找河北新华有限责任公司资产负债表8月份的表页。

[知识链接]

表页管理可以插入、追加表页，还可以对表页进行排序、查找、交换、区域填充和删除。

（1）表页插入是在当前表页前面插入一张新表。

（2）表页追加是在当前表页后面增加一张新表。

（3）表页排序是指报表子系统可以按照表页关键字的值或按照报表中任何一个单元的值重新排列表页，以方便用户进行查询和管理。表页排序时的"第一关键值"指根据什么内容对表页进行排序。"第二关键值"指当有多张表页的第一关键值相等时，按照此关键值排列。"第三关键值"是指当有多张表页用第一关键值和第二关键值还不能排序时，按照第三关键值排列。

（4）表页查找是将符合查找条件的表页显示为当前表页。

（5）表页交换是将两张表页的位置进行交换，达到满足用户需求的目的。

（6）区域填充是在报表中一个区域的表样或数据都一样时，可以利用此功能实现快速输入。

（7）表页删除是删除不用的或多余的表页的操作。

[工作示范]

操作步骤：

（1）以账套主管王志强的身份进入报表系统，打开新华有限责任公司 2013 年 7 月的利润表。

（2）单击左下角"格式/数据"转换按钮，使报表处于数据状态。

（3）单击表页页标"第一页"，成为当前表页。

（4）执行"编辑"/"插入"/"表页"命令，弹出"插入"窗口。

（5）输入"插入表页数量"为"1"，如图 4-52 所示。

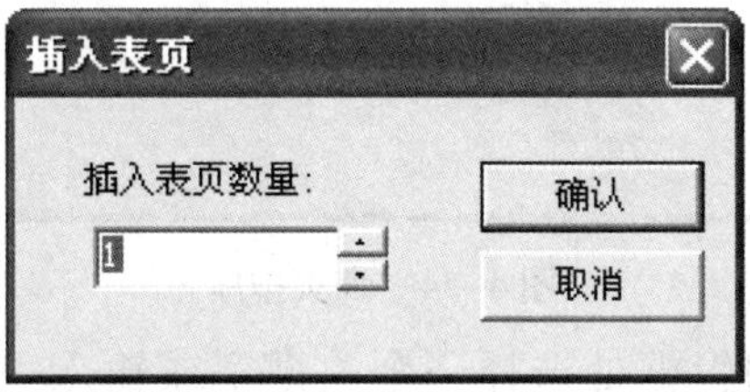

图 4-52　插入表页

（6）单击"确认"按钮，在当前表页前增加了一张新表页（空表），原当前表页变为第 2 页。

（7）追加表页的操作同插入表页类似，用户可自己执行相关操作完成表页的追加，追加的表页为第 3 页。如图 4-53 所示。

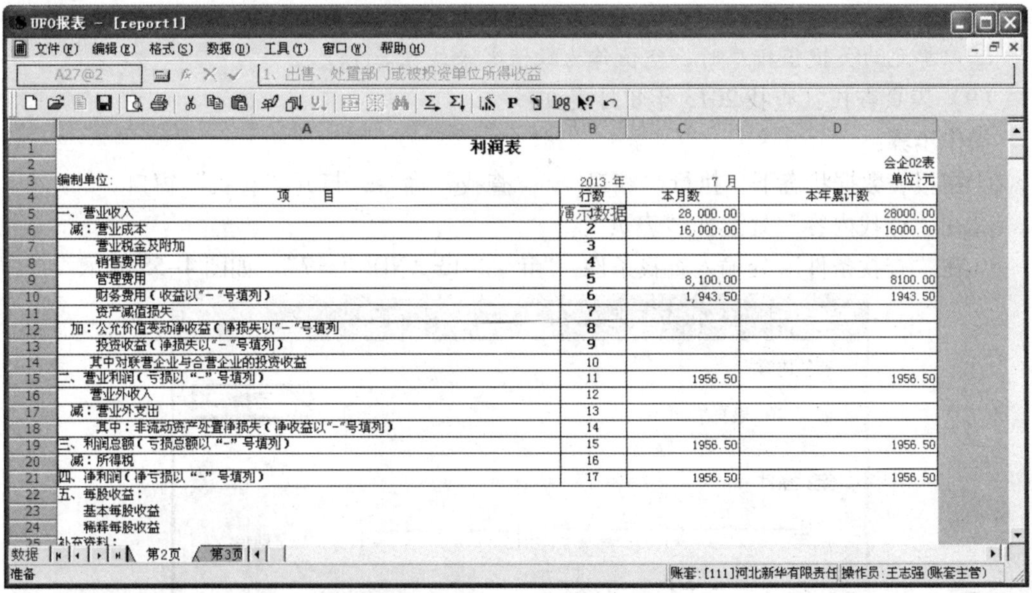

图 4-53　追加表页

（8）表页排序。

操作步骤：

①在报表数据状态下，执行"数据"/"排序"/"表页"命令，打开"排序"窗

口。如图 4-54 所示。

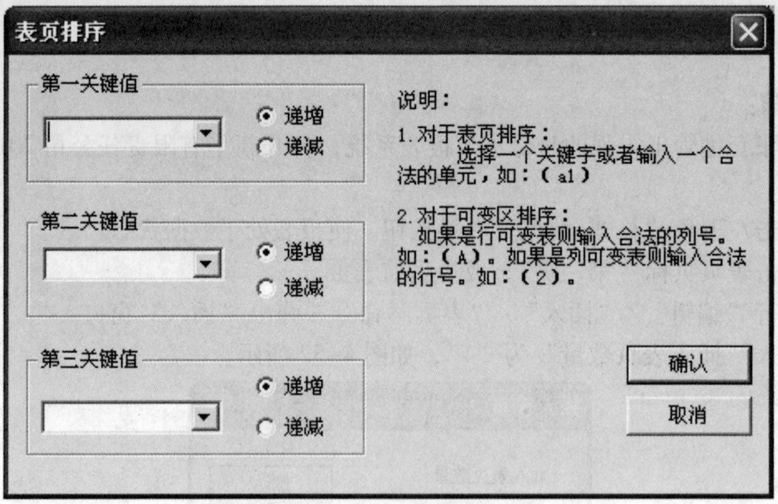

图 4-54　表页排序

②在"第一关键值"编辑框处选择一个关键字或输入一个单元名称，选择顺序为"递增"或"递减"。

③依照上述方式，定义第二和第三关键值。

④单击"确定"按钮。

特别提示：

①以关键字为关键值排序时，空值表页在"递减"时排在最后面，在"递增"时排在最前面。

②以单元为关键值排序时，空值作为数值零来处理。

（9）表页查找（查找 2013 年 8 月表页）。

操作步骤：

①在报表数据状态下，执行"编辑"／"查找"命令，打开"查找"窗口。

②在"查找内容"处选择"表页"。

③在"查找条件"处输入查找条件："年＝2013 AND 月＝7"。如图 4-55 所示。

图 4-55　查找——表页

④单击"查找"按钮，第一个符合条件的表页将成为当前表页。

⑤单击"下一个"按钮，下一个符合条件的表页将成为当前表页。

任务二 报表保护

[任务名称]

进行报表保护设置。

[任务内容]

对河北新华有限责任公司的利润表进行格式和文件加锁。

[任务要求]

格式加锁和文件加锁时各自密码或口令为"1"和"2"。

[知识链接]

报表保护是基于日常工作需要而进行的。报表保护包括：格式加锁和文件加锁。格式加锁后，每次切换到格式状态时都要求输入口令，起到报表单元公式不被任意修改的作用。文件加锁后，每次打开报表文件时都要求输入口令，起到保护报表文件不被任意删除或修改的作用。

[工作示范]

操作步骤：

（1）打开 2013 年 7 月"利润表"。

（2）执行"格式"/"保护"/"格式加锁"命令，打开"格式加锁"窗口，输入新口令："1"，确认口令输入"1"。如图 4-56 所示。

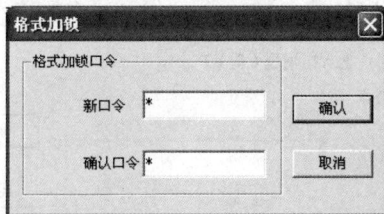

图 4-56 格式加锁

特别提示：

格式加锁可以在格式状态下完成，也可以在数据状态下完成。

（3）单击"确认"按钮，提示"设置格式口令成功！"的对话框。如图4-57所示。

（4）格式加锁后，每次切换到格式状态时需要输入口令"1"。如图4-58所示。

图4-57　格式加锁成功提示信息　　　　图4-58　验证格式口令

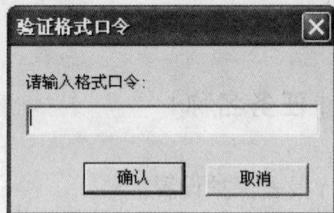

（5）单击"确认"按钮，进入利润表格式状态窗口。

特别提示：

①格式加锁后，必须输入口令才能进入报表格式状态。

②如果口令输入错误，则无法进入报表格式状态。

③取消格式加锁，执行"格式"/"保护"/"格式解锁"命令，打开"格式解锁"窗口，输入口令"1"即可。

（6）执行"文件"/"文件口令"命令，打开"设置文件口令"窗口，输入新口令"2"，确认新口令输入"2"。"设置文件口令"窗口。如图4-59所示。

（7）单击"确定"按钮，系统弹出"设置文件口令成功！"提示框。如图4-60所示。

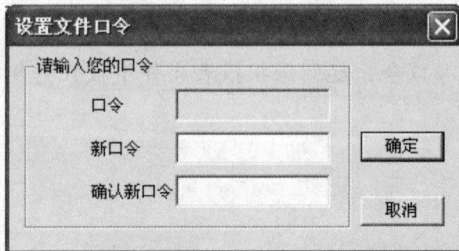

图4-59　"设置文件口令"窗口　　　　图4-60　提示信息——设置文件口令成功

（8）文件设置口令成功后，每次打开报表文件必须输入口令"2"，"文件口令"窗口。如图4-61所示。

图4-61　"文件口令"窗口

特别提示：

①文件口令设置可以在格式状态设置，也可以在数据状态设置。

②口令不区分大小写。

③文件口令可以修改，也可以取消，其方法与格式加锁取消的方法相同。

任务三　报表数据管理

［任务名称］

对报表数据进行透视和汇总。

［任务内容］

透视和汇总河北新华有限责任公司的利润表。

［任务要求］

透视和汇总河北新华有限责任公司的利润表，并能在报表上联查明细账及通过明细账联查总账和记账凭证。

［知识链接］

报表数据管理主要包括，对报表数据进行透视、汇总、合并。

（一）报表透视

在报表子系统中，大量的数据是以表页的形式分布的，正常情况下每次只能看到一张表页。要想对各个表页的数据进行比较，可以利用数据透视功能，把多张表页的多个区域的数据显示在一个平面上。数据透视的结果可以保存在报表中。

（二）数据汇总

报表的数据汇总是报表数据的不同形式的叠加。它是通过数据汇总功能把结构相同、数据不同的两张报表经过简单叠加，生成一张新的报表的过程。在实际工作中，主要用于同一报表不同时期的汇总，以便得到某一期间的汇总数据，或者用于同一单位不同部门的同一种报表的汇总，以得到整个单位的合计数字。

［工作示范］

操作步骤：

（1）报表透视。

①将报表调整于"格式"状态。

②光标定位于第一张要透视的表页的页标，这时将对它及它之后的表页的数据进行透视。

③单击"数据"/"透视"命令，弹出"多区域透视"窗口。如图 4-62 所示。

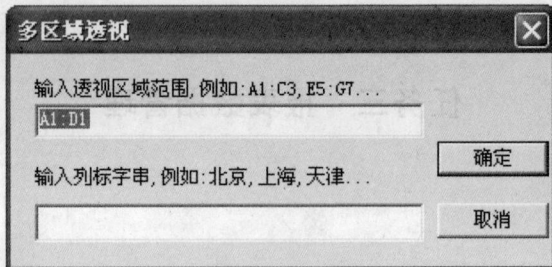

图 4-62　多区域透视

④输入透视区域范围，如 A1：D1。

⑤输入完毕，单击"确定"按钮，生成透视结果"透视"窗口。如图 4-63 所示。

图 4-63　透视

⑥单击"保存"按钮，把数据透视结果保存为报表。选择保存位置并命名报表名称即可。如图 4-64 所示。

图 4-64　保存透视结果为报表

⑦单击"另存为",打开"是否确定全表重算?"对话框,单击"是",单击"确定"关闭对话框。数据透视结果将保存在报表中。

(2) 数据汇总。

①数据状态下,执行"数据"/"汇总"/"表页"命令。如图 4-65 所示。

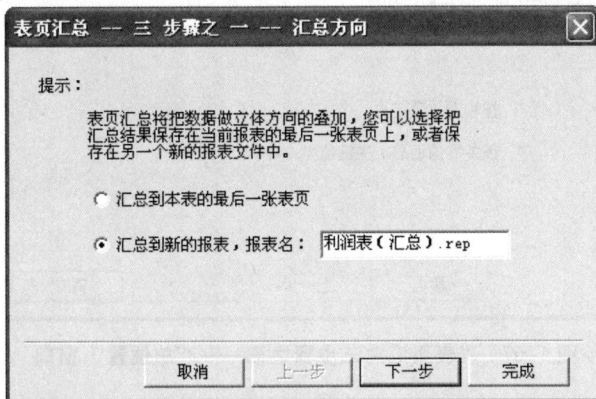

图 4-65 "表页汇总三步骤之一——汇总方向"窗口

②单击"下一步"按钮,打开"表页汇总三步骤之二——汇总条件"窗口,如图 4-66 所示。

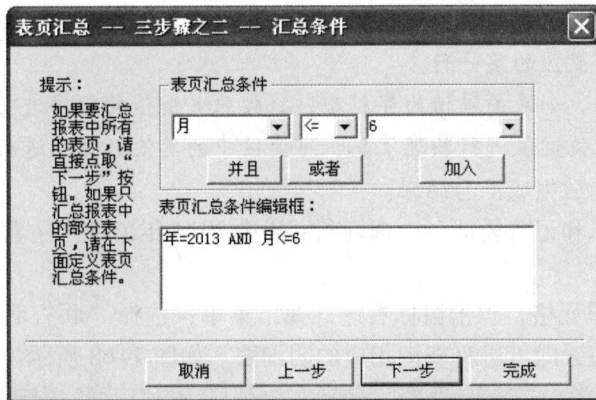

图 4-66 "表页汇总三步骤之二——汇总条件"窗口

特别提示:

汇总的条件有 3 种:

第一种:以"关键字"的值为汇总条件。在中间编辑框中选择关系运算符,右边编辑框中选择关键字的值。如"年=2013 AND 月<=6"表示汇总 2013 年上半年的表页。

第二种:以单元的值为汇总条件。在中间编辑框中选择关系运算符,在右边编辑框中输入单元的值。单元的值为字符时,一定要加上双引号。如"C5 >=100"表示汇总"C5"单元的值大于等于 100 的表页,忽略"C5"单元的值小于 100 的表页。

第三种:以表页号为汇总条件。在左边编辑框中输入表页号函数"MREC ( )",在中间编辑框中选择关系运算符,在右边编辑框中输入表页号。如"MREC ( ) >=4 AND MREC ( ) <=6",表示汇总第 4 页到第 6 页的表页。

③单击"下一步"按钮,弹出"表页汇总三步骤之三——汇总位置"窗口。如图 4-

67 所示。

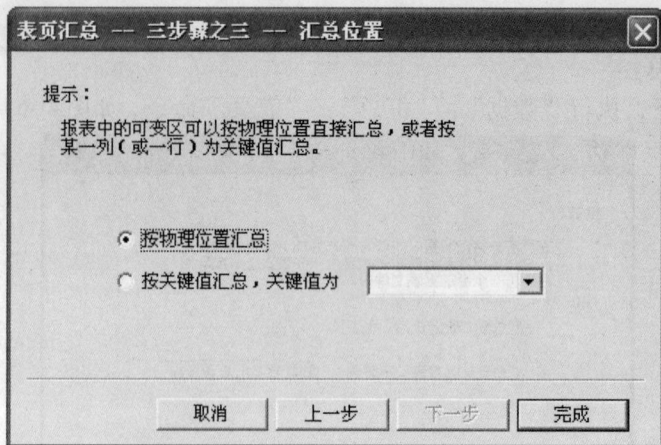

图 4-67 "表页汇总三步骤之三——汇总位置"窗口

特别提示：

汇总位置有两种：

第一种：按物理位置汇总。UFO 报表将忽略可变区数据的实际意义，直接把可变区数据按位置叠加。

第二种：按关键值汇总。在关键值列表框中选择一个关键值，此关键值为行可变区的某一列，或者为列可变区的某一行。

按关键值汇总时，如果关键值为字符型，将按照关键值的顺序进行汇总；如果关键值为数值型，则只对此关键值进行物理汇总，可变区中的其他数据不进行汇总。

④单击"完成"后生成汇总结果。

（3）联查明细账和记账凭证——查询利润表中 2013 年 7 月"主营业务收入"所对应的明细账及记账凭证。

①选中"C5"单元格，点击鼠标右键，弹出菜单，选择"联查明细账"或单击工具栏中的"查询"按钮，即可进行查询相应的明细账。如图 4-68 所示。

图 4-68 联查明细账

②选中明细账中除"合计"行、"累计"行和标题、项目行外的任何一行或任何一个单元格，单击工具栏中的"凭证"按钮，打开要查询的此张凭证。如图 4-69 所示。

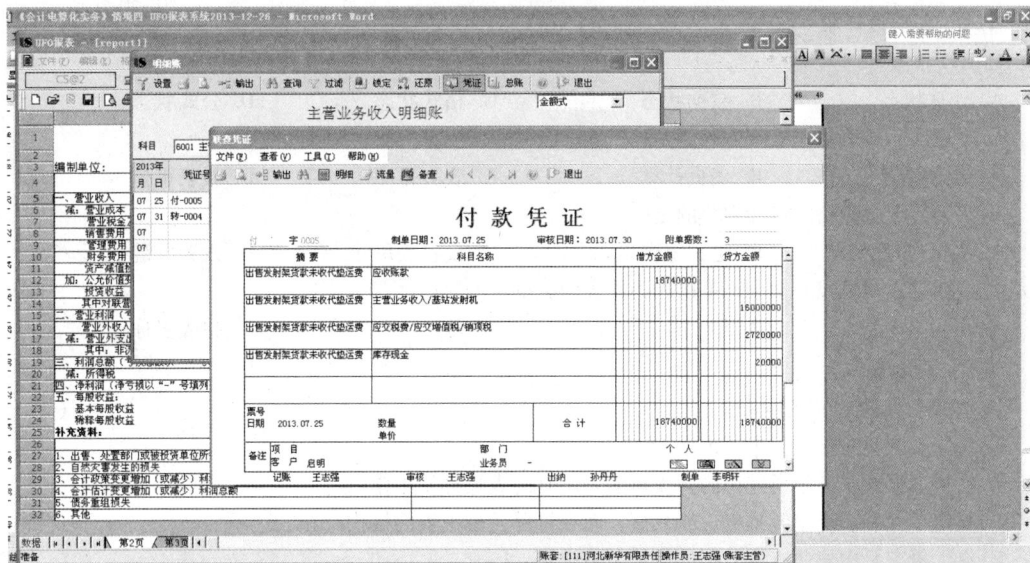

图 4-69 联查凭证

特别提示：

①联查明细账功能只能在数据状态下才能发挥效用。

②无单元公式的单元格中无法使用联查明细账功能。

本情境主要概念

单元 组合单元 函数 格式设计 公式定义 关键字 舍位平衡

情境总结

UFO 报表系统主要功能包括：报表格式设计、报表公式定义、报表数据处理、报表模板调用等。本学习情境主要介绍了如何新建一张报表，自定义一张报表（如资产负债表）和调用报表模板生成一张利润表，并利用报表系统提供的强大功能完成报表数据审核和舍位操作，并执行相关联查明细账和记账凭证。

重点难点

重点：报表公式定义、关键字设置和录入、报表模板调用和修改。

难点：报表公式函数录入、关键字设置。

同步测试

(一) 单项选择题

1. 以下必须在报表管理系统格式状态下进行的是(　　)。

A. 输入数据　　　　B. 定义单元公式　　　　C. 制作图表　　　　D. 增加表页

2. 下列不属于报表管理基本账务函数的是(　　)。

A. QC (　) 　　　　B. WQM (　) 　　　　C. FS (　) 　　　　D. PTOTAL (　)

3. 只能在 UFO 报表系统数据状态下进行的操作是(　　)。

A. 输入关键字　　　　B. 设置单元属性　　　　C. 设置表尺寸　　　　D. 定义舍位平衡公式

4. 在当前表页前面增加新的表页的操作被称为(　　)。

A. 追加表页　　　　B. 插入表页　　　　C. 数据透视　　　　D. 表页排序

（二）多项选择题

1. UFO 报表管理系统的状态有（   ）。

A. 计算状态　　　　　　B. 数据状态　　　　　　C. 格式状态　　　　　　D. 公式状态

2. 下列属于报表数据处理内容的是（   ）。

A. 录入关键字　　　　　B. 表页计算　　　　　　C. 表页排序　　　　　　D. 报表审核

3. 下列属于报表格式设计内容的是（   ）。

A. 表页排序　　　　　　B. 定义组合单元　　　　C. 设置表尺寸　　　　　D. 设置关键字

4. 关键字设置可以有多个，可以作为报表的关键字的是（   ）。

A. 单位名称　　　　　　B. 年　　　　　　　　　C. 月　　　　　　　　　D. 报表名称

（三）判断题

1. 增加表页只能在数据状态下进行。　　　　　　　　　　　　　　　　　　　　（　　）

2. 每张报表只能定义一个关键字。　　　　　　　　　　　　　　　　　　　　　（　　）

3. 在报表格式状态下所进行的操作对本表所有的表页都发生作用。　　　　　　　（　　）

4. 数值单元和表样单元是报表的数据，而字符单元是报表的格式。　　　　　　　（　　）

5. 在大量表页中快速查找表页的标志是关键字。　　　　　　　　　　　　　　　（　　）

6. 对多个表页的数据进行比较，可以利用报表数据透视的功能，把多张表页的多个区域的数据显示在一个平面上。　　　　　　　　　　　　　　　　　　　　　　　　　　　　　　　　（　　）

7. 同一张报表的公式需要在每次填制报表时重新进行公式定义。　　　　　　　　（　　）

8. 追加表页是在当前表页前面增加新的表页。　　　　　　　　　　　　　　　　（　　）

本情境综合实训

【实训要求】

UFO 报表是每个企事业单位定期都要编制的财务报表。要求班级学生采用分组训练的形式，每组五人，选举产生组长，组长向组员分派具体的岗位工作，阐明工作分工及职责。各组按要求分别编制资产负债表、利润表、货币资金表、管理费用明细表、销售费用明细表。

【情境引例】

石家庄正道轮胎有限公司期末需要编制资产负债表和利润表。

【工作任务】

1. 自制一张资产负债表，按照实际工作的报表样式在 UFO 报表子系统中进行报表格式设置（要求：美观实用），并将年、月、日设置为关键字，同时录入资产负债表中各单元公式。

2. 定义审核公式和舍位平衡公式（舍位位数为 3 位）并执行审核和舍位操作。

3. 生成一张资产负债表并保存。

4. 调用报表模板创建利润表，按照实际的利润表格式调整报表尺寸（要求：美观实用），修正单元公式。

5. 生成利润表并保存。

6. 为资产负债表和利润表各追加 3 张表页。

7. 对资产负债表和利润表进行格式加锁，以实施保护。

8. 练习追加、删除表页和插入、删除行及列的操作。

9. 练习格式解锁的操作。

学习情境五 固定资产系统

【职业能力目标】

专业能力：能运用固定资产管理系统进行固定资产管理系统的初始设置；对日常业务进行适时处理；能顺利完成固定资产月末转账、对账及月末结账的处理。

职业核心能力：能根据学习情境对某企业的固定资产状况进行深入了解，并顺利帮助企业建立起固定资产账套，有效实现对固定资产的增减、变动、折旧、对账、结账等操作工作的控制。

【本情境结构图】

本情境结构如图5-1所示。

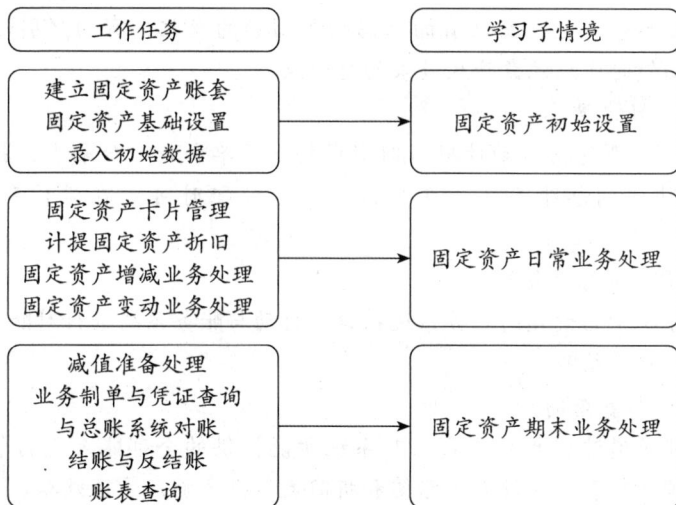

工作任务	学习子情境
建立固定资产账套 固定资产基础设置 录入初始数据	固定资产初始设置
固定资产卡片管理 计提固定资产折旧 固定资产增减业务处理 固定资产变动业务处理	固定资产日常业务处理
减值准备处理 业务制单与凭证查询 与总账系统对账 结账与反结账 账表查询	固定资产期末业务处理

图5-1 学习情境五结构图

【引例】

河北新华有限责任公司正在进行用友ERP-U872系统实施，借此机会，企业资产方面的主管领导希望建立起一整套固定资产的账务系统，并专门设立了物资管理部门，张东明为该部门的负责人，对企业的固定资产进行有效核算与管理，帮助财务部门进行固定资产总值、累计折旧数据的动态管理，为总账系统提供相关凭证，协助企业进行部分成本核算，同时还为设备管理部门提供固定资产的各项指标管理工作。小张告诉主管领导，固定资产管理系统要从建立固定资产账套开始……

【引例分析】

固定资产管理系统适用于各类企业和行政事业单位进行固定资产管理、折旧计算、统计分析等日常业务的核算和管理，同时生成折旧凭证传递到总账系统，为成本管理系统提供设备的折旧费用依据。

固定资产管理系统的主要功能包括以下几个部分：

1. 固定资产系统初始设置

运行固定资产系统并打开该账套后，要进行必要的系统初始设置工作，具体包括：系统初始化、部门设置、类别设置、使用状况定义、增减方式设置、折旧方法定义、卡片项目和样式定义等，它们是固定资产系统顺利运转的基础和保障。

2. 固定资产卡片管理

固定资产卡片管理包括原始设备的管理、新增资产的管理、资产减少的处理、资产变动的管理等。它是对固定资产中所有卡片进行综合管理的功能操作，通过卡片管理可以完成卡片修改、卡片删除、卡片打印和卡片查询等。

固定资产的增减是指增加业务和减少业务。增加业务主要包括：购入、接受捐赠、融资租入、盘盈、自建等引起的账务处理；减少业务主要包括：出售、投资转出、毁损、报废等引起的账务处理。

固定资产变动主要有原值的变动、使用年限的变动、折旧方法的变动、净残值率的变动、使用部门的变动等，这些变动有的只影响折旧额的变化，有的只引起折旧科目的变化。在使用变动功能时还应注意产生效果的时间点。

3. 固定资产折旧管理

固定资产折旧管理包括自动计提折旧形成折旧清单和折旧分配表，按分配表自动制作记账凭证，并传递到总账系统，在对折旧进行分配时可以在单位和部门之间进行分配。

4. 固定资产月末对账与结账

月末，按照系统初始设置的账务系统接口，自动与账务系统进行对账，并根据对账结果和初始设置决定是否结账。

5. 统计分析（账表查询）

统计分析功能是通过"我的账表"对系统所能提供的全部账表进行管理，资产管理部门可以随时查询分析表、统计表、账簿和折旧表，提高资产管理效率。

[工作过程与岗位对照]

本学习情境的工作过程与岗位对照如图5-2所示。

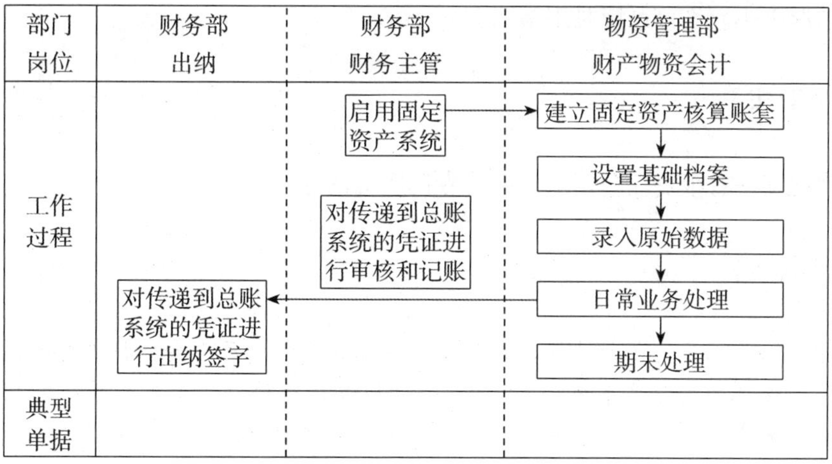

部门岗位	财务部出纳	财务部财务主管	物资管理部财产物资会计
工作过程	对传递到总账系统的凭证进行出纳签字	启用固定资产系统 对传递到总账系统的凭证进行审核和记账	建立固定资产核算账套 设置基础档案 录入原始数据 日常业务处理 期末处理
典型单据			

图 5-2　固定资产系统工作过程与岗位对照

学习子情境一　固定资产系统初始化

任务一　建立固定资产账套

[任务名称]

为河北新华有限责任公司建立专用的固定资产账套。

[任务内容]

河北新华有限责任公司为加强对固定资产的核算与管理，物资管理部门的负责人张东明（03）于 2013 年 7 月 1 日启用固定资产管理系统，建立固定资产子账套。财产物资会计张东明负责固定资产管理系统的初始设置，同时也负责固定资产日常业务处理及月末处理。账套信息如下：

（1）固定资产折旧信息：

采用"平均年限法（一）"计提折旧，按使用部门逐月计提，折旧分配周期为一个月；在固定资产可使用的最后一个月，将剩余折旧全部提足；企业在经营过程中如遇折旧要素发生变动，按变动后的要素计提折旧。

（2）固定资产编码规则：

固定资产类别编码方式为 2-1-1-2，编码方式采用自动编号（类别编号+序号，序号长度 3 位）。

（3）固定资产与财务接口：

要求与总账系统进行对账，科目为"1601，固定资产"，"1602，累计折旧"。在对账不平衡的情况下不允许该系统月末结账。

[任务要求]

完成河北新华有限责任公司固定资产专用账套的建立。

[知识链接]

固定资产的子账套是在会计核算账套的基础上建立的。已有会计核算账套的，建此账套需启用该系统（固定资产系统）；未建立会计核算账套的，应首先在系统管理中建立会计核算账套，再建立固定资产子账套。且固定资产系统的启用日期必须晚于或等于总账系统的启用日期。

[工作示范]

1. 固定资产管理系统的启动

操作步骤：

单击"开始"/"程序"/"用友 ERP-U872"/"企业应用平台"，注册进入企业门户。如图 5-3 所示。

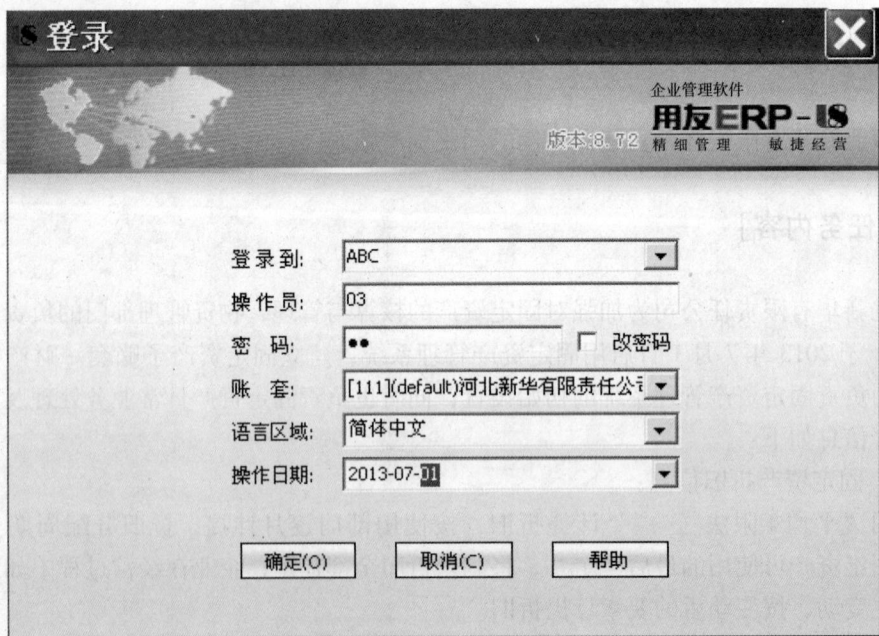

图 5-3　注册企业门户窗口

2. 建立固定资产账套

操作步骤：

（1）单击"业务工作"/"财务会计"/"固定资产"，进入固定资产子系统。系统自动提示进行账套初始化，如图5-4所示。

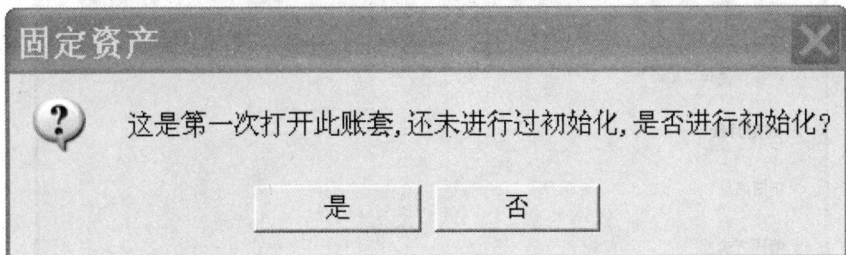

图5-4　注册固定资产系统提示窗口

特别提示：

首次注册进入固定资产子系统，系统自动提示"这是第一次打开此账套，还未进行过初始化，是否进行初始化？"，自动引导进行账套初始化，并完成部分账套参数的设置。

（2）打开"初始化账套向导—约定及说明"，在该界面显示固定资产账套的基本信息和资产管理的基本原则，如图5-5所示。

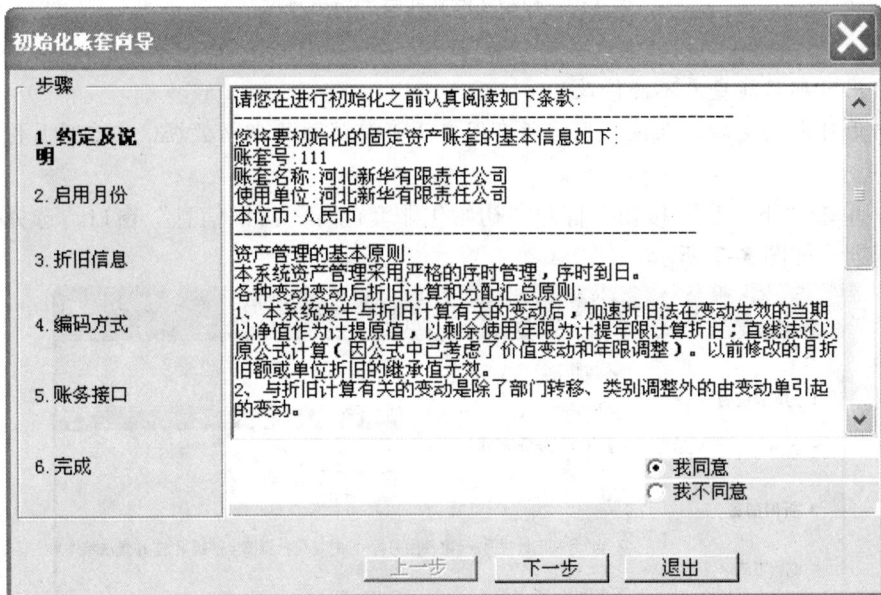

图5-5　初始化账套向导—约定及说明

特别提示：

本系统资产管理采用严格的序时管理，序时到日。具体体现：

① 当以某个日期登录对系统进行编辑操作后，以后只能以该日期以后的日期登录才能再次进行编辑操作。

② 对资产的任何操作都是序时的。如要无痕迹删除固定资产卡片，必须按相反的顺序倒删回去。用户和角色的设置可以不分先后顺序，但对于自动传递权限来说，应该首先设置角色，然后分配权限，最后进行用户的设置。

（3）单击"下一步"按钮，打开"初始化账套向导—启用月份"，显示启用固定资产系统的时间，如图5-6所示。

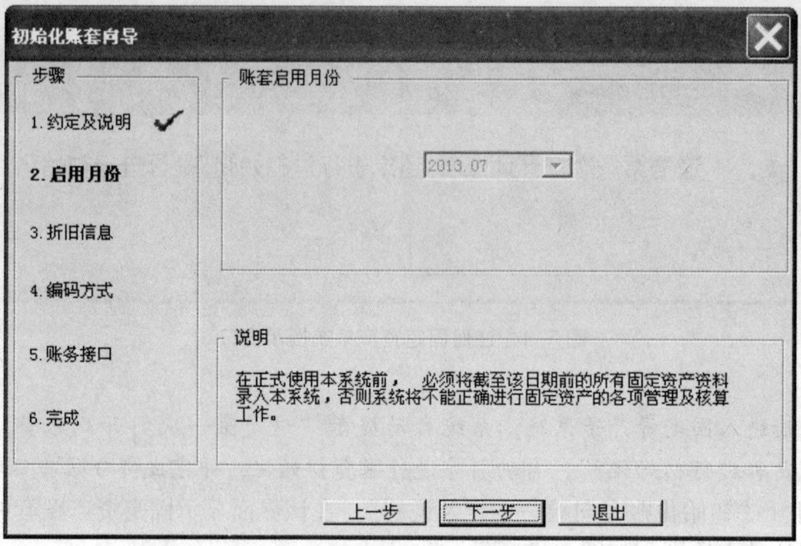

图 5-6 初始化账套向导—启用月份

特别提示：

①启用日期只能查看不能修改。

②启用日期确定后，在该日期前所有固定资产都将作为期初数据，在启用月份开始计提折旧。

（4）单击"下一步"按钮，打开"初始化账套向导—折旧信息"窗口，选择折旧汇总分配周期，如图 5-7 所示。

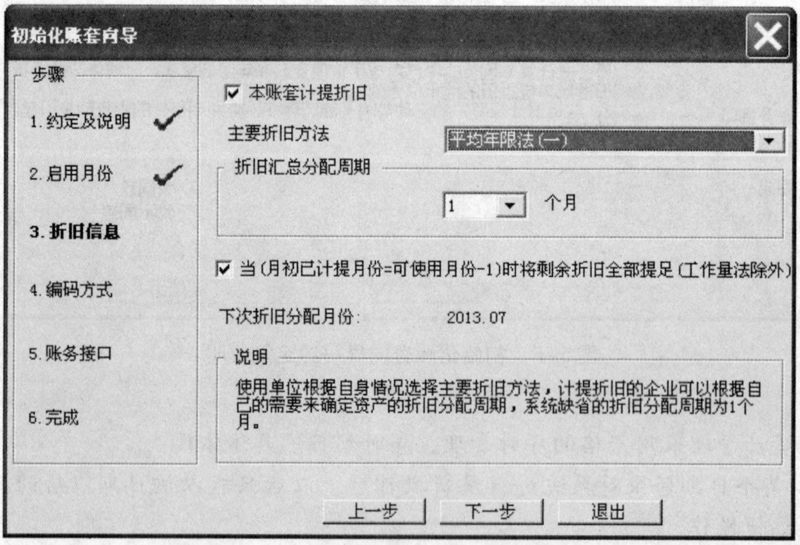

图 5-7 初始化账套向导—折旧信息

栏目说明：

①在"初始化账套向导—折旧信息"窗口中，是否选择"本账套计提折旧"选项是由企业性质来确定的。按照制度规定，行政事业单位的固定资产不计提折旧，而企业的固定资产则应计提折旧。一旦确定本账套不提折旧，则账套内所有与折旧有关的功能均不能

使用，该选项在初始设置完成后不能修改。

②折旧汇总分配周期：确定折旧计提和费用归集分配的期间。企业在计提折旧时，不一定每个月计提一次，可能因行业和自身情况，每季度、半年或一年计提一次，系统提供了1、2、3、4、6、12各月的汇总期间。

（5）单击"下一步"按钮，打开"初始化账套向导—编码方式"窗口，选择编码方式，如图5-8所示。

图5-8 初始化账套向导—编码方式

栏目说明：

固定资产编码方式：选择"手工输入"方式可以在输入卡片时手工输入；选择"自动编码"方式则可以由系统自动编码生成。系统提供了四种自动编码形式，每个账套只能选择其中一种，一经设定，该自动编码方式不得修改。

（6）设置完成后，单击"下一步"按钮，打开"初始化账套向导—账务接口"窗口，选择对账科目，如图5-9所示。

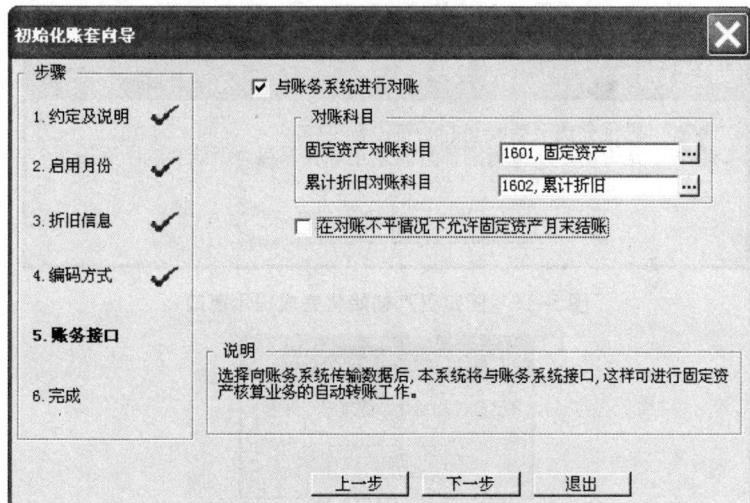

图5-9 初始化账套向导—账务接口

栏目说明：

①与账务系统进行对账：是将固定资产系统内所有资产的原值、累计折旧与总账系统中的固定资产科目和累计折旧科目的余额进行核对，两者的数据应该相等。

②在对账不平衡情况下允许固定资产月末结账：当固定资产种类较多，无法在建账当月完成原始卡片的录入时，可选择此选项。这样不影响固定资产的结账，否则会由于对账不成功而影响结账工作。

特别提示：

如果不需要与总账系统对账，可以不选择"与账务系统进行对账"选项。

（7）单击"下一步"按钮，打开"初始化账套向导—完成"窗口，显示所设置的账套信息，进行检查核对，如有不正确可以返回改正。如果没有问题，单击"完成"按钮，完成固定资产系统建账，如图5-10、图5-11、图5-12所示。

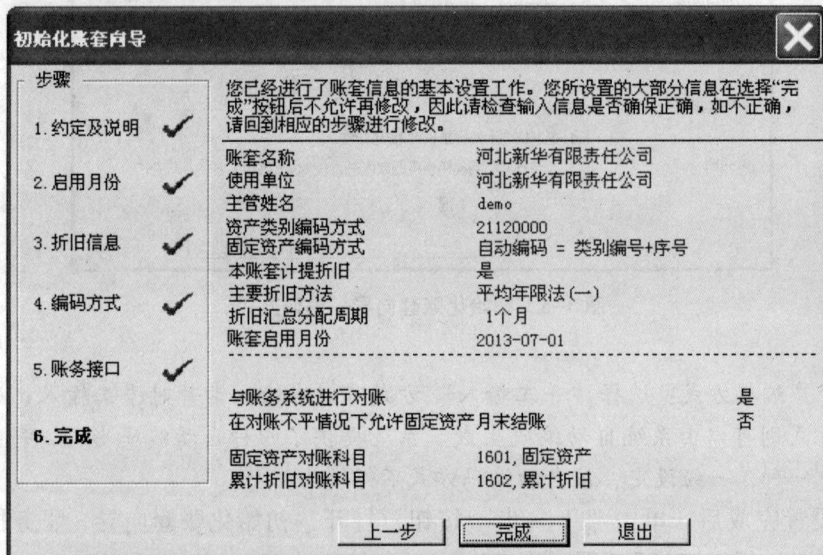

图5-10　初始化账套向导—完成

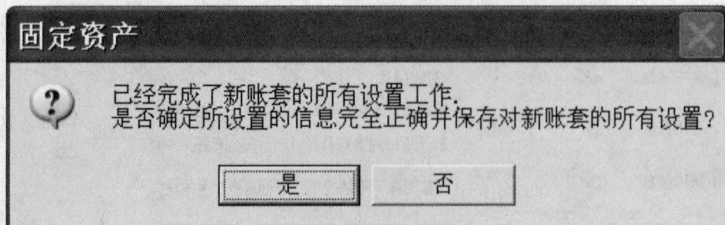

图5-11　固定资产初始化完成提示窗口

图5-12　固定资产初始化设置完成

任务二　固定资产基础档案设置

［任务名称］

进行河北新华有限责任公司固定资产系统基础档案设置。

［任务内容］

在电算化方式下，河北新华有限责任公司（简称新华公司）要将在手工记账时采用的信息在账套内进行设置，这些基础设置是使用固定资产系统进行资产管理和核算的基础。具体设置如下：

1. 选项设置

选项：业务发生后立即制单、月末结账前一定要完成制单登账业务；固定资产缺省入账科目"1601"累计折旧缺省入账科目"1602"。

2. 部门对应折旧科目设置（见表5-1）

表5-1　　　　　　　　　　　　　部门对应折旧科目

部门		折旧科目
101	财务部	660204
102	办公室	660204
2	供应部	660204
3	销售部	660102
401	组装车间	510101
402	调试车间	510101

3. 固定资产类别设置（见表5-2）

表5-2　　　　　　　　　　　　　固定资产类别

类别编码	类别名称	使用年限	净残值率	计提属性	方法
01	房屋	30	5%	总计提	平均年限法（一）
02	车辆	10	5%	总计提	平均年限法（一）
03	机器设备	10	5%	总计提	平均年限法（一）
04	办公设备	5	5%	总计提	平均年限法（一）

4. 固定资产增减方式设置（见表5-3）

表5-3 固定资产增减方式设置

增减方式名称	对应入账科目	增减方式名称	对应入账科目
增加方式		减少方式	
直接购入	银行存款	出售	固定资产清理
投资者投入	实收资本	盘亏	待处理财产损溢
捐赠	营业外收入	投资转出	固定资产清理
盘盈	以前年度损益调整	捐赠转出	固定资产清理
在建工程转入	在建工程	报废	固定资产清理
融资租入	长期应付款	毁损	固定资产清理

[任务要求]

完成固定资产核算账套选项、部门对应科目、资产类别、增减方式、折旧方法等基础档案的设置。

[知识链接]

初始设置是使用固定资产系统管理固定资产的基础，包括选项设置、部门对应科目、资产分类、增减方式、折旧方法等。

选项参数的设置，是对建账所设参数的补充设置。建账完成后，如果需要对账套中的某些参数进行修改时，可以在"设置"/"选项"中重新设置；有些参数可以重新设置，有些参数则不能修改。当发现某些参数设置错误而又不允许修改时，要想纠正只能通过"重新初始化"功能实现，但此操作将清空对该子账套所做过的一切工作。

部门对应折旧科目设置，是折旧按部门分配的依据，在此指定各部门负担折旧额所对应的会计科目。录入卡片时，科目将自动出现在卡片中，不必一个一个输入，以提高工作效率。

企业固定资产种类繁多，规格不一，要细化管理，及时、准确做好固定资产核算，必须建立科学的固定资产分类体系。资产分类设置就是对固定资产管理的科学细化，将其按照一定的标准进行分类管理，更便于统计分析。

设置固定资产增减方式主要是在固定资产有增减业务时使用。系统提供的增加方式主要有：购入、接受投资、接受捐赠、融资租入、盘盈等等；减少的方式主要有：出售、投资转出、报废清理等。在此还可以设置增减方式所对应的会计科目，生成业务凭证时自动带出。

[工作示范]

1. 选项设置

操作步骤：

（1）单击"设置"/"选项"，打开"选项"对话框。选择"基本信息"页签，窗口置灰只能查看不能修改，选中"折旧信息"、"编码方式"或"其他"页签，单击"编辑"可以修改。如图5-13、图5-14、图5-15、图5-16所示。

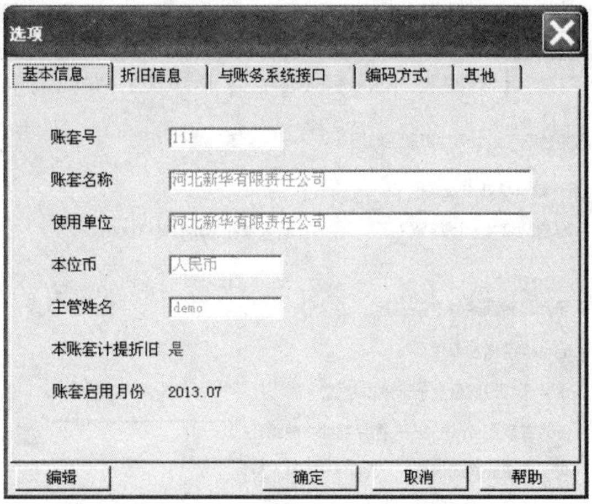

图 5-13 选项—基本信息页

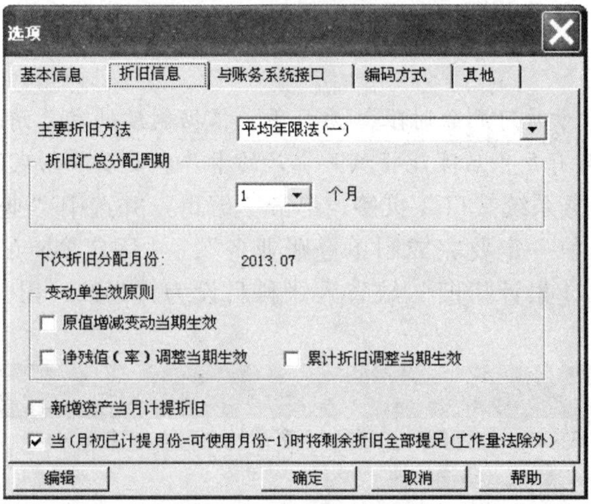

图 5-14 选项—折旧信息页

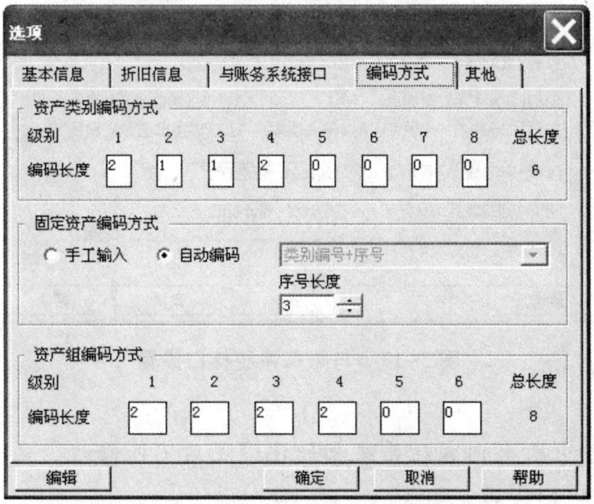

图 5-15 选项—编码方式页

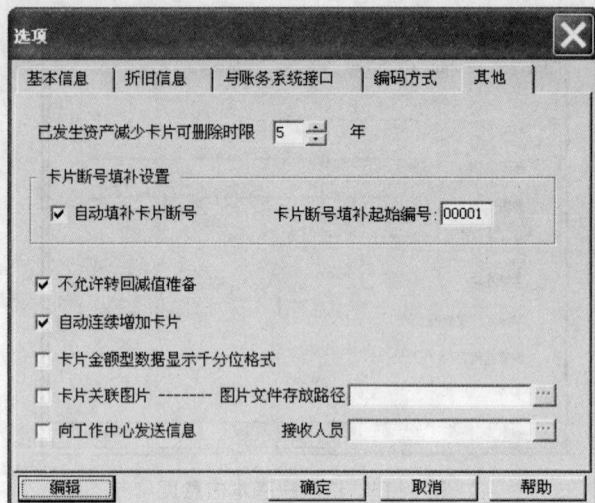

图 5-16 选项—其他页

栏目说明：

"已发生资产减少卡片可删除时限"为 5 年，根据制度规定已清理资产的资料应保留 5 年，缺省为 5 年，只有 5 年后才能将相关资产的卡片和变动单彻底删除。

（2）切换"与账务系统接口"页签，单击"编辑"并选中"业务发生后立即制单"复选框，"月末结账前一定要完成制单登账业务"，［固定资产］缺省入账科目设为"1601，固定资产"，［累计折旧］缺省入账科目设为"1602，累计折旧"，如图 5-17 所示。

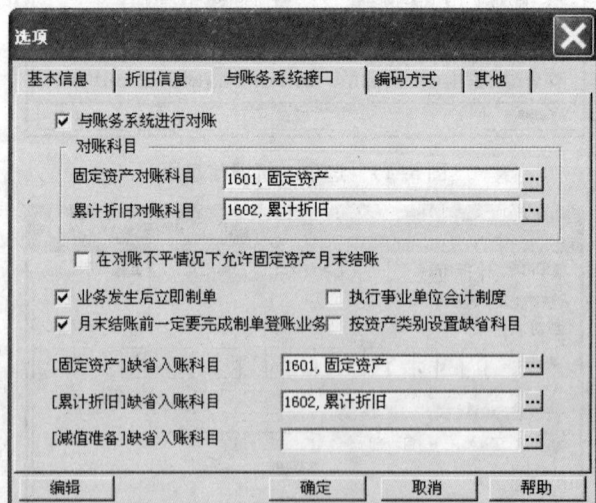

图 5-17 与账务系统接口设置

栏目说明：

"基本信息"页签中所有内容在系统初始化设置后不能修改。

2. 部门对应折旧科目设置

操作步骤：

（1）单击"设置"/"部门对应折旧科目"，打开"部门对应折旧科目"对话框，如

图5-18所示。

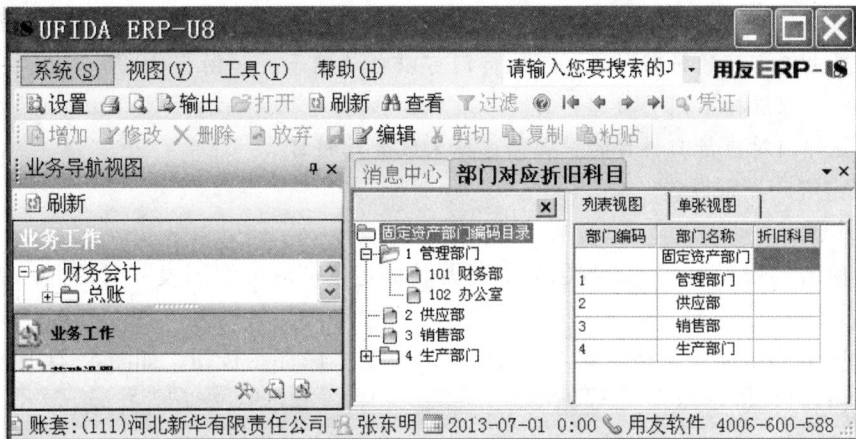

图5-18　部门对应折旧科目—列表视图

（2）选择部门"财务部"，单击"编辑"按钮，选择输入折旧科目"660204，折旧费"。单击"保存"按钮，如图5-19所示。

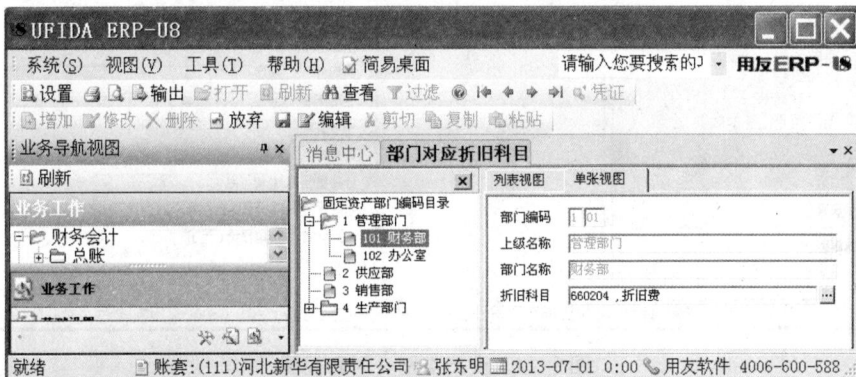

图5-19　财务部对应科目设置窗口

（3）重复上面的操作完成对其他部门折旧科目的设置，结果如图5-20所示。

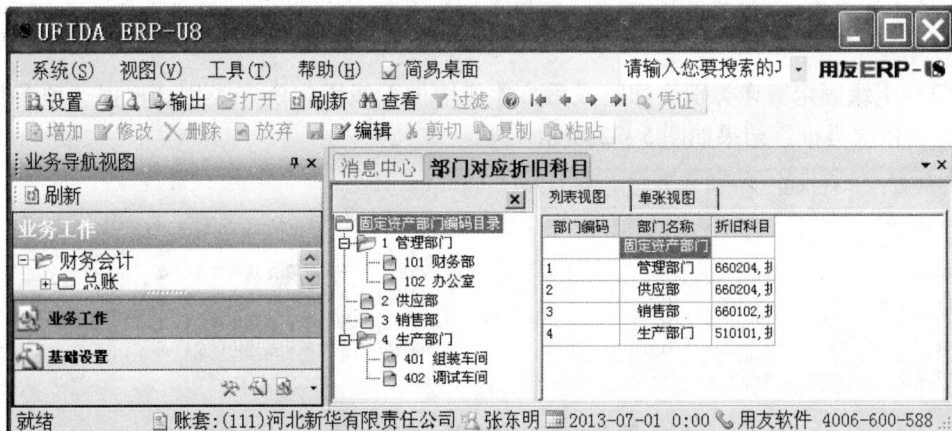

图5-20　部门对应折旧科目窗口

特别提示：

①在使用"部门对应折旧科目"功能前，必须已建立好部门档案，否则无法设置。

②设置上级部门的折旧科目，下级部门可以自动继承，如图5-19所示。同一部门的下级部门也可以选择不同的折旧科目。

③设置部门对应折旧科目时，必须选择末级会计科目。

3. 固定资产类别设置

操作步骤：

（1）单击"设置"/"资产类别"，打开"固定资产分类编码表"对话框，初次使用本系统时资产类别为空。

（2）单击"增加"按钮，输入相关内容后单击"保存"按钮，如图5-21所示。

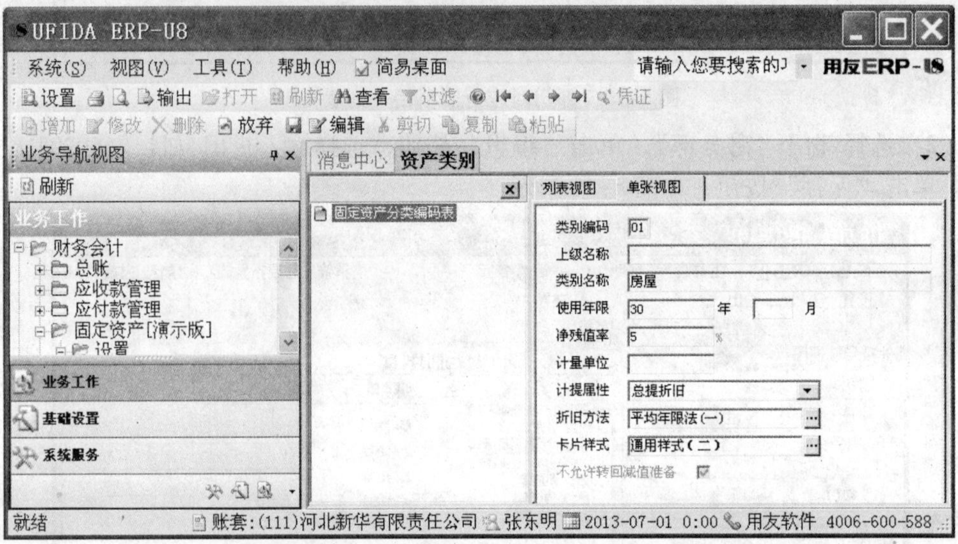

图5-21　资产类别—列表视图

栏目说明：

计提属性：是计提折旧时的基本原则，系统提供3个选项，它们分别是总提折旧（一般指房屋建筑），总不提折旧（一般指土地）和正常计提（一般指设备），必须选择其中一种。

（3）上级固定资产类别增加完成后，才能增加下级固定资产类别。根据选项参数设置的级次依次类推，结果如图5-22所示。

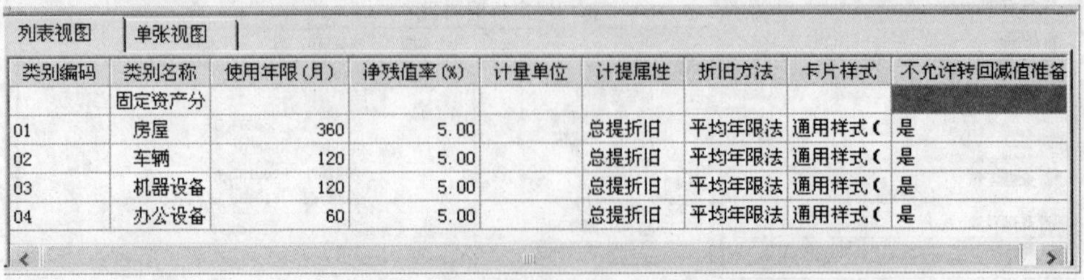

类别编码	类别名称	使用年限(月)	净残值率(%)	计量单位	计提属性	折旧方法	卡片样式	不允许转回减值准备
	固定资产分							
01	房屋	360	5.00		总提折旧	平均年限法	通用样式(	是
02	车辆	120	5.00		总提折旧	平均年限法	通用样式(	是
03	机器设备	120	5.00		总提折旧	平均年限法	通用样式(	是
04	办公设备	60	5.00		总提折旧	平均年限法	通用样式(	是

图5-22　资产类别—列表视图

4. 增减方式设置

操作步骤：

（1）单击"设置"/"增减方式"，打开"增减方式"窗口，如图5-23所示。

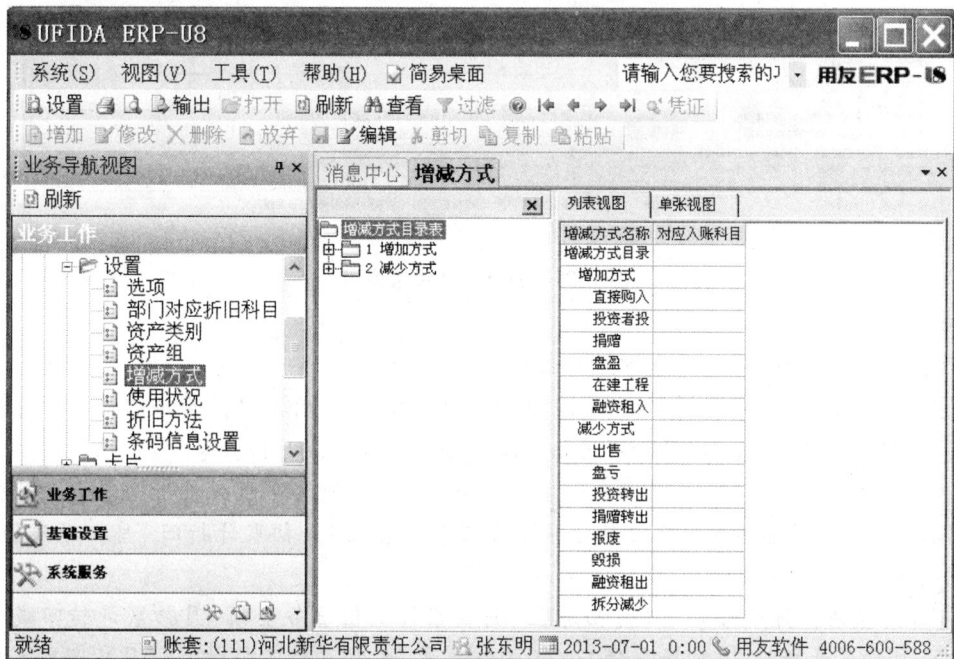

图5-23　固定资产增减方式

（2）选择增加方式"直接购入"，再单击"修改"按钮，打开"增减方式—单张视图"对话框。单击"对应入账科目"栏的参照按钮，选择"100201，工行存款"，单击"保存"按钮，如图5-24所示。

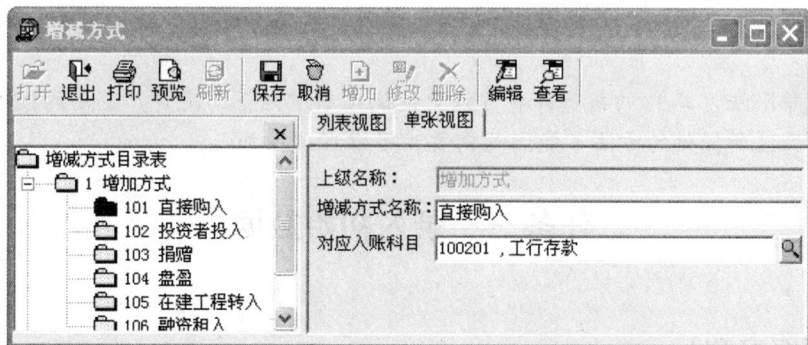

图5-24　增减方式—单张视图

特别提示：

①设置部门对应折旧科目时，必须选择末级会计科目。系统默认的增加方式和减少方式，可根据需要对其进行增减和修改，但"盘盈"、"盘亏"、"毁损"不能修改和删除，因为本系统提供了固定资产盘盈盘亏报告表。

②此处所设置的"对应入账科目"是为了在增加和减少固定资产业务处理时生成凭证中的会计科目。若生成凭证时入账科目发生了变化，可以即时修改。

（3）重复上面的操作完成对其他增减方式对应入账科目的设置。

5. 折旧方法设置

操作步骤：

单击"设置/折旧方法"，打开"折旧方法"窗口，如图5-25所示。

名称	月折旧率公式	月折旧额公式
不提折旧		
平均年限法	(1-[净残值率])/[使用年限]	([月初原值]-[月初累计减值准备金额]+[月初累计转回减值准备金额])*[月折旧率]
平均年限法	(1-[净残值率])/[使用年限]	([月初原值]-[月初累计减值准备金额]+[月初累计转回减值准备金额]-[月初累计折旧]-[月初净残值])/([使用年限]-[已计提月份])
工作量法	([月初原值]-[月初累计减值准备金额]	[单位折旧]*[本月工作量]
年数总和法	[剩余使用年限]/([年数总和]*12)	[月折旧率]*([月初原值]-[月初累计减值准备金额]+[月初累计转回减值准备金额]-[净残值])
双倍余额法	2/[使用年限]	([月初原值]-[月初累计减值准备金额]+[月初累计转回减值准备金额]-[月初累计折旧]-[月初净残值])/([工作总量]-[月初累计工作量])
双倍余额递	2/[使用年限]	[月折旧率]*([期初账面余额]-[期初累计减值准备金额]+[期初累计转回减值准备金额])

图5-25　折旧方法设置窗口

栏目说明：

①不提折旧：月折旧率＝月折旧额＝0。

②平均年限法（一）：月折旧率＝（1-净残值率）/使用年限；月折旧额＝（月初原值-月初累计减值准备金额+月初累计转回减值准备金额）*月折旧率。

③平均年限法（二）：月折旧率＝（1-净残值率）/使用年限；月折旧额＝（月初原值-月初累计减值准备金额+月初累计转回减值准备金额-月初累计折旧-月初净残值）/（使用年限-已计提月份）。

④工作量法：月折旧率＝（月初原值-月初累计减值准备金额+月初累计转回减值准备金额-月初累计折旧-月初净残值）/（工作总量-月初累计工作量）；月折旧额＝本月工作量*单位折旧。

⑤年数综合法：月折旧率＝剩余使用年限/（年数总和*12）；月折旧额＝（月初原值-月初累计减值准备金额+月初累计转回减值准备金额-净残值）*月折旧率。

⑥双倍余额递减法：月折旧率＝2/使用年限；月折旧额＝（期初账面余额-期初累计减值准备金额+期初累计转回减值准备金额）*月折旧率。

特别提示：

①平均年限法（二）的折旧计算方法更能满足新准则下固定资产变动的处理要求。

②如果系统所提供的方法不能满足需要，可以在此增加。

任务三　录入初始数据

［任务名称］

进行河北新华有限责任公司基础档案设置。

［任务内容］

河北新华有限责任公司的财产物资会计张东明完成了原始卡片录入工作，并实施固定资产系统与总账系统对账，检验两个系统的固定资产和累计折旧是否一致。固定资产原始卡片（使用状况均为在用）具体见表5-4。

表5-4 固定资产原始卡片

卡片编号	资产编码	名称	增加方式	使用部门	使用年限	开始使用日期	原值（万元）	累计折旧（元）
1	01001	办公楼	在建工程转入	办公室25%、财务部25%、供应部25%、销售部25%	30年	2006-01-01	2 200	3 718 000.00
2	01002	厂房	在建工程转入	组装车间50%、调试车间50%	30年	2006-01-01	600	1 014 000.00
3	02001	奥迪轿车	直接购入	办公室	10年	2006-10-01	50	221 200.00
4	02002	福田汽车	直接购入	供应部50%、销售部50%	10年	2010-05-01	29	80 185.00
5	04001	联想计算机	直接购入	财务部	5年	2012-05-01	1	1 738.00
6	03001	波峰焊机	直接购入	组装车间	8年	2013-02-01	4.5	1 782.00
合计							2 884.5	5 036 905.00

@ ［任务要求］

完成总账期初余额的录入（方法见学习情境二基础档案设置—期初余额）、固定资产原始卡片的录入、固定资产与总账对账的设置。

［知识链接］

固定资产卡片式记录了固定资产核算和管理的基础依据，在使用固定资产系统进行核算前，必须将建账以前的数据录入到系统中，保持历史数据的连续性。原始卡片不限制必须在第一个期间结账前，任何时候都可以录入原始卡片，即原始卡片可以分期录入。但是需要注意"与财务系统对账"选项的设置。

［工作示范］

1. 录入总账期初余额

操作步骤：

操作步骤详见学习情境二基础档案设置—期初余额。

2. 录入固定资产原始卡片

操作步骤：

（1）单击"卡片/录入原始卡片"，系统弹出"固定资产类别档案"对话框，如图5-26所示。

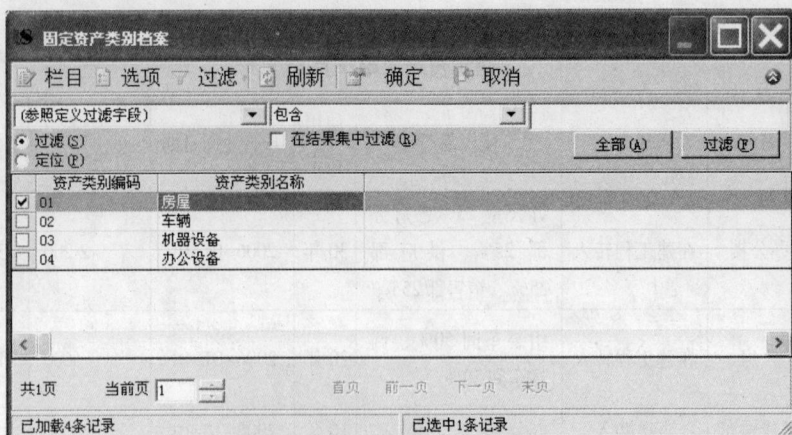

图 5-26　固定资产类别档案

（2）选择"房屋"，单击"确定"按钮，打开"录入原始卡片—00001号"窗口。修改固定资产名称为"办公楼"，单击"使用部门"后面的空白处，选择"多部门使用"，在部门参照窗口中选择"办公室25%，财务部25%，供应部25%，销售部25%"。选择增加方式"在建工程转入"，输入使用年限"30年"，使用状况"在用"，输入开始使用日期"2008-01-01"，输入原值"22000000"，输入累计折旧"3718000"，其他信息自动计算，单击"保存"按钮，系统弹出"数据成功保存"提示框，单击"确定"，结果如图 5-27 所示。

固定资产卡片

卡片编号	00001			日期	2013-07-01
固定资产编号	01001	固定资产名称			办公楼
类别编号	01	类别名称	房屋	资产组名称	
规格型号		使用部门			办公室/财务部/供应部/销售部
增加方式	在建工程转入	存放地点			
使用状况	在用	使用年限（月）	360	折旧方法	平均年限法（一）
开始使用日期	2008-01-01	已计提月份	65	币种	人民币
原值	22000000.00	净残值率	5%	净残值	1100000.00
累计折旧	3718000.00	月折旧率	0.0026	本月计提折旧额	57200.00
净值	18282000.00	对应折旧科目	(660102,折旧费)	项目	

图 5-27　原始卡片录入窗口

栏目说明：

①固定资产编号：卡片中的固定资产编号根据初始化或选项设置中的编码方式自动编码或手工录入。

②开始使用日期：必须采用 YYYY-MM-DD 形式录入，其中只有年和月对折旧计提有影响，日不会影响折旧的计提，但是必须录入。

③在界面中，除主卡"固定资产卡片"外，还有若干的附属页签，附属页签上的信息只供参考，不参与计算，也不回溯。

④原值、累计折旧等录入的一定要是卡片录入月初的价值，否则将计算错误。

（3）重复上面的操作完成其他固定资产原始卡片的录入。如增加波峰焊机的原始卡片显示结果，如图 5-28 所示。

固定资产卡片

卡片编号	00006	日期	2013-07-01

固定资产编号	03001	固定资产名称	波峰焊机
类别编号	03	类别名称	机器设备
规格型号		使用部门	组装车间
增加方式	直接购入	存放地点	
使用状况	在用	使用年限(月) 96	折旧方法 平均年限法(一)
开始使用日期	2013-02-01	已计提月份 4	币种 人民币
原值	45000.00	净残值率 5%	净残值 2250.00
累计折旧	1782.00	月折旧率 0.0099	本月计提折旧额 445.50
应交税费--应交增值税	7650		
净值	43218.00	对应折旧科目 510101,折旧费	项目

录入人	张东明	录入日期	2013-07-01

图 5-28 原始卡片录入窗口

特别提示：

请同学们观察一下两张固定资产的原始卡片录入界面有何不同？图 5-28 比图 5-27 是否多了一项卡片项目：应交税费——应交增值税，为什么呢？

增值税一般纳税人自 2009 年 1 月 1 日起，购进（包括接受捐赠、实物投资）固定资产发生的进项税额，凭增值税专用发票、海关进口增值税专用缴款书和运输费用结算单据从销项税额中抵扣。同时，取消进口设备免征增值税和外商投资企业采购国产设备增值税退税政策。

为保证政策调整平稳过渡，财税〔2008〕176 号文规定，外商投资企业在 2009 年 6 月 30 日以前购进的国产设备，在增值税专用发票稽核信息核对无误的情况下，可选择按原规定继续执行增值税退税政策，外商投资企业购进的已享受增值税退税政策的国产设备，由主管税务机关负责监管，监管期为 5 年。

3. 实施固定资产与总账初始对账

操作步骤：

（1）单击"财务会计"/"固定资产"/"处理"/"对账"，系统弹出"与财务对账结果"提示框，如图 5-29 所示。

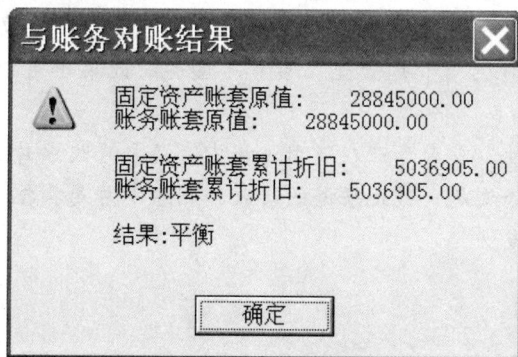

图 5-29 期初对账窗口

（2）单击"确定"完成对账，如果对账不平衡则需要检查双方的初始数据。

特别提示：

①当固定资产系统的原始卡片未能一次性录入完毕时，固定资产系统的数据自然小于

总账系统。此时对账没有意义。

②只有当固定资产系统的原始卡片在启用月一次性录入完毕时，固定资产系统的数据才能等于总账系统的数据。此时有必要实施对账。

学习子情境二　固定资产日常业务处理

任务一　固定资产卡片管理

[任务名称]

对河北新华有限责任公司的固定资产卡片进行管理。

[任务内容]

7月10日，根据企业需要，将卡片编号为"00002"的厂房使用年限从30年改为使用20年。

[任务要求]

财产物资会计查询、打印、修改固定资产卡片。

[知识链接]

固定资产卡片查询在经营活动中是一项经常性的工作，通过它可以了解固定资产的所有信息。但是卡片的查询不能在"原始卡片录入"、"固定资产增加"或"固定资产减少"菜单下进行，而必须在"卡片管理"菜单下实施。此菜单可以实现固定资产各种变动信息的查询。

当卡片录入有错误时，或者资产在使用过程中有必要修改卡片上的一些内容时，可通过卡片修改来实现，此修改是一种无痕迹的修改；删除卡片是指把卡片资料从系统中彻底删除，不是资产清理或减少。

[工作示范]

1. 卡片查询与打印

操作步骤：

（1）单击"卡片"／"卡片管理"，打开"卡片管理"窗口，显示所有固定资产详细信息，如图5-30所示。

图 5-30　卡片管理窗口

栏目说明：

①卡片管理界面左上方，提供了三种卡片分类查询条件选择。它们是"按部门查询"、"按类别查询"和"自定义查询"。

②卡片管理界面右上方，提供了两种卡片分类查询条件选择。它们是"在役资产"查询和"已减少资产"查询。

（2）选择厂房所在行，双击打开该固定资产卡片查看单张卡片信息，如图 5-31 所示。

图 5-31　卡片查询窗口

栏目说明：

固定资产卡片上方，提供了七种卡片信息查询选择。它们是"固定资产卡片"、"附属设备"、"大修理记录"、"资产转移记录"、"停启用记录"、"原值变动"和"拆分/减少信息"，如图 5-32 所示。在此可以查询到固定资产的各种信息。

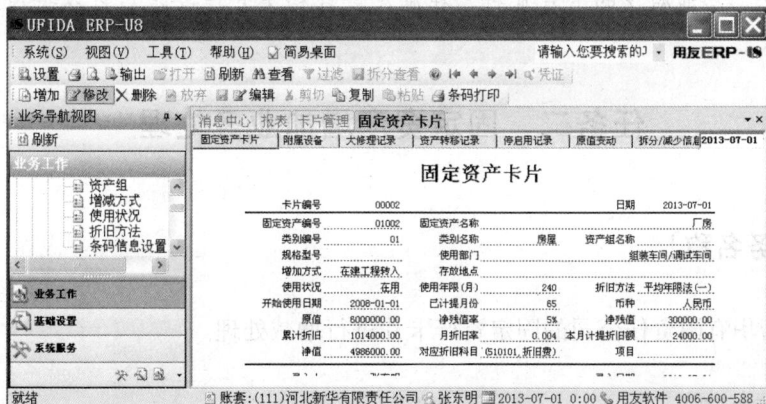

图 5-32　卡片修改窗口

（3）单击卡片左上方的"打印"选项可以打印单张卡片。

2. 卡片的修改与删除

操作步骤：

（1）单击"卡片"／"卡片管理"，打开"卡片管理"窗口，选择厂房所在行，双击打开该固定资产卡片，如图5-32所示。

栏目说明：

①固定资产原始卡片的原值、使用部门、名称、使用状况、累计折旧、净残值（率）、折旧方法、使用年限（月）、类别名称在没有做变动单或评估单的情况下，在录入的当月可修改。如果做过变动单，只有删除变动单后才能修改。

②通过资产增加录入系统的卡片如果没有制作凭证和变动单、评估单情况下，录入当月可修改。如果做过变动单，只有删除变动单后才能修改。如果已制作凭证，必须删除凭证后才能修改。

③原值、使用部门、使用状况、累计折旧、净残值（率）、折旧方法、使用年限、类别名称各项目在做过一次月末结账后，只能通过变动单或评估单调整，不能通过卡片修改功能改变。

（2）单击"修改"选项激活要修改的项目，将使用年限（月）从"360"修改为"240"，单击"保存"，如图5-33所示。

图5-33 修改成功提示

（3）针对要删除的卡片，单击工具栏"删除"选项即可删除。

特别提示：

①不是本月录入的卡片，不能删除。

②已制作过凭证的卡片删除时，提示请删除相应凭证，然后删除卡片。

③删除卡片功能只有在下面两种情况下有效：当月录入的卡片如有错误可以删除；通过"资产减少"功能减少的卡片资料，在满足会计档案管理要求后可以将原始资料从系统中彻底清除。

任务二　固定资产增加业务处理

[任务名称]

对河北新华有限责任公司的固定资产卡片进行增减处理。

[任务内容]

河北新华有限责任公司的财产物资会计张东明对7月份固定资产的增加变动进行业务

处理，根据购入固定资产所获得的增值税抵扣联（如图 5-34 所示）和固定资产交接单（如图 5-37 所示）等原始单据，录入固定资产卡片并生成凭证。具体业务及原始单据如图 5-34、图 5-35、图 5-36、图 5-37 所示。

1. 8 日从北方机械厂购入示波器一台，价值 10 000 元，组装车间使用，使用年限 5 年，折旧方法采用“平均年限法（一）”，净残值率为 5%，以银行存款（农行）支付11 700元。

河北省增值税专用发票

抵扣联

NO 20130789

开票日期：2013年 7月8日

购货单位	名　　称：河北新华有限责任公司 纳税人识别号：050000510222566 地 址、电 话：河北省新华区友谊大街99号85327111 开户行及账号：农行天山支行6228480631045889923				密码区	略	
货物或应税劳务名称	规格型号	单 位	数 量	单 价	金　额	税率	税　额
示波器	32#	台	1	10000	10,000.00	17%	1,700.00
合　计					¥10,000.00	17%	1,700.00
价税合计（大写）	壹万壹仟柒佰元整				（小写）11700.00		
销货单位	名　　称：北方机械厂 纳税人识别号：226568953246589 地 址、电 话：石家庄市中华大街49号 876321 开户行及账号：中国农业银行 1235664568			备注	北方机械厂 226568953246589 发票专用章		

收款人：　　复核：王成　　开票人：李丽

第二联 抵扣联 购货方抵扣凭证

图 5-34　增值税专用发票（抵扣联）

河北省增值税专用发票

发票联

NO 20130789

开票日期：2013年 7月8日

购货单位	名　　称：河北新华有限责任公司 纳税人识别号：050000510222566 地 址、电 话：河北省新华区友谊大街99号85327111 开户行及账号：农行天山支行6228480631045889923				密码区		
货物或应税劳务名称	规格型号	单 位	数 量	单 价	金　额	税率	税　额
示波器	32#	台	1	10000	10,000.00	17%	1,700.00
合　计					¥10,000.00	17%	1,700.00
价税合计（大写）	壹万壹仟柒佰元整				（小写）11700.00		
销货单位	名　　称：北方机械厂 纳税人识别号：226568953246589 地 址、电 话：石家庄市中华大街49号 876321 开户行及账号：中国农业银行 1235664568			备注	北方机械厂 226568953246589 发票专用章		

收款人：　　复核：　王成　　开票人：李丽　　销货单位：(章)

第三联 发票联 购货方记账凭证

图 5-35　增值税专用发票（发票联）

2. 19 日调试车间石家庄东成有限公司购进频谱分析仪一台，价值为 100 000 元，销售部使用，使用年限 8 年，净残值率 5%，款项尚未支付。

中国农业银行	中国农业银行　　　　转账支票　　Ⅷ01018892

中国农业银行
转账支票存根
支票号码：Ⅷ01018892
科　　目：＿＿＿＿
对方科目：＿＿＿＿
出票日期：2013 年 07 月
09 日
收款人：北方机械厂
金　额：11700.00
用　　途：支付设备款
单位主管：王成
会计：李丽

出票日期（大写）　　2013 年 07 月 09 日　付款行名称：农业银行
收款人：北方机械厂　　　　　　　　　出票人账号：1235664568

人民币（大写）壹万壹仟柒佰元整	千	百	十	万	千	百	十	元	角	分
				¥	1	1	7	0	0	0	0

用途＿支付设备款
上列款项请从
我账户内支付
出票人签章

科目（借）
对方科目（贷）
付讫日期　2013 年 07 月 09 日
出纳 孙彬　复核 王成 记账 李丽
贴对号单处　　　　Ⅷ01018892

图 5-36　转账支票

固定资产交接单　　　　　　　　　2013 年 07 月 08 日

移交单位	北方机械厂	接受单位	河北新华有限责任公司
固定资产名称	示波器	规格	32#
技术特征		数量	1 台
附件	3		
建造企业	—	出厂日期	2013/07/07
安装单位	—	安装完工年月	
原值	¥10000.00	其中：安装费	—
移交单位负责人	王成	接受单位负责人	张东明

图 5-37　固定资产交接单

@ **［任务要求］**

增加固定资产卡片并生成凭证。

● **［知识链接］**

"资产增加"属于新卡片录入，与"原始卡片录入"相对应。当固定资产开始使用的会计期间等于录入会计期间时，才能通过"资产增加"菜单录入。此处录入的卡片不参与本期折旧计提的计算，按照会计制度规定从下月开始计提折旧。此操作不受任何限制。

✎ **［工作示范］**

操作步骤：

（1）单击"卡片"/"资产增加"，系统弹出"资产类别参照"对话框。选择所属的资产类别"机器设备"，单击"确定"按钮，打开"固定资产卡片录入"窗口。

修改固定资产名称为"示波器",选择输入部门名称"组装车间",选择增加方式"直接购入",选择使用状况"在用",输入使用年限"5年",输入开始使用日期"2013-07-08",输入原值"10 000"元,输入净残值率"5%",结果如图5-38、图5-39所示。

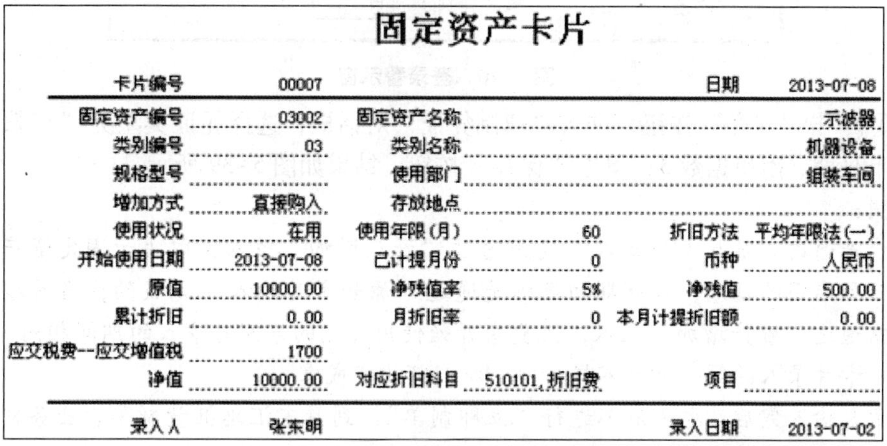

固定资产卡片

卡片编号	00007		日期	2013-07-08
固定资产编号	03002	固定资产名称		示波器
类别编号	03	类别名称		机器设备
规格型号		使用部门		组装车间
增加方式	直接购入	存放地点		
使用状况	在用	使用年限(月)	60	折旧方法　平均年限法(一)
开始使用日期	2013-07-08	已计提月份	0	币种　人民币
原值	10000.00	净残值率	5%	净残值　500.00
累计折旧	0.00	月折旧率	0	本月计提折旧额　0.00
应交税费--应交增值税	1700			
净值	10000.00	对应折旧科目	510101,折旧费	项目
录入人	张东明		录入日期	2013-07-02

图5-38　资产增加卡片

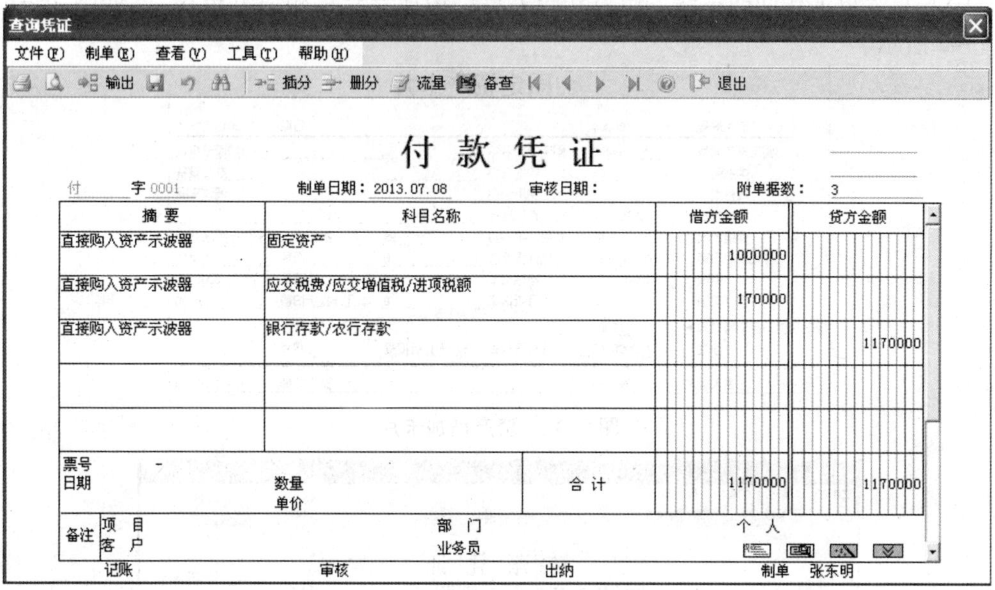

图5-39　购入示波器业务凭证

栏目说明:

①日期:登录日期,不能修改。录入卡片时注意选择操作日期。

②卡片编号:系统自动编号,不能修改。

特别提示:

固定资产系统实行严格的操作日期序时控制。下次登录的日期必须大于等于上次登录日期,否则登录失败,如图5-40所示。不是本月录入的卡片,不能删除。

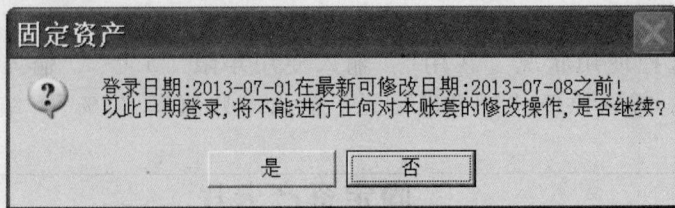

图 5-40　登录警示窗

（2）单击"保存"按钮，进入"填制凭证"对话框，选择凭证类型为"付款凭证"，修改制单日期、附单据数3，单击"保存"按钮，结果如图5-39所示。

栏目说明：

①资产通过"原始卡片录入"还是通过"资产增加"录入，取决于固定资产系统在本单位开始启用的日期，只有期初数据是通过"原始卡片录入"完成的，当月增加的固定资产需通过"资产增加"录入，且要求开始使用日期的期间与录入的期间相同。

②新卡片录入的第一个月不提折旧，折旧额为空或零。

③卡片输入完后，也可以不进行"立即制单"，到月末汇总批量制单。业务发生后是否立即制单是由选项参数决定的。

（3）重复以上相同的步骤，做另外一笔资产增加——"频谱分析仪"，如图5-41和图5-42所示。

固定资产卡片

卡片编号	00008		日期	2013-07-19
固定资产编号	04002	固定资产名称		频谱分析仪
类别编号	04	类别名称		办公设备
规格型号		使用部门		调试车间
增加方式	直接购入	存放地点		
使用状况	在用	使用年限（月）	96	折旧方法　平均年限法（一）
开始使用日期	2013-07-19	已计提月份	0	币种　人民币
原值	100000.00	净残值率	5%	净残值　5000.00
累计折旧	0.00	月折旧率	0	本月计提折旧额　0.00
应交税费—应交增值税	17000			
净值	100000.00	对应折旧科目	510101,折旧费	项目
录入人	张东明		录入日期	2013-07-19

图 5-41　资产增加卡片

转账凭证

摘要	科目名称	借方金额	贷方金额
直接购入资产.	固定资产	10000000	
直接购入资产.	应交税费/应交增值税/进项税额	1700000	
直接购入资产.	应付账款		11700000
	合计	11700000	11700000

记账　　审核　　出纳　　制单　张东明

图 5-42　购入频谱分析仪业务凭证

特别提示：

①盘盈固定资产应作为当月增加来处理，按照企业会计准则的规定，盘盈固定资产应通过"以前年度损益调整"科目进行处理。卡片中开始使用日期应为当月。

②已提折旧月份应从固定资产真正开始使用的日期算起。

③针对固定资产盘盈业务也可以不立即制单，等到期末通过"批量制单"生成凭证。

任务三　计提固定资产折旧

[任务名称]

对河北新华有限责任公司的固定资产计提折旧。

[任务内容]

财产物资会计计提 2013 年 7 月份固定资产折旧并查询折旧清单，生成凭证。

[任务要求]

计提 2013 年 7 月份固定资产折旧，并查看折旧清单，生成凭证。

[知识链接]

自动计提折旧是固定资产子系统最主要的功能，系统每期计提折旧一次。根据其录入的资料自动计算每项资产的折旧额，并自动生成折旧费用分配表及折旧清单，然后制作记账凭证，传递到总账系统。用友软件对必须在计提折旧后才能进行的业务操作实施了相关的控制。为了避免不当操作，建议在原始卡片录入后或每月的月初实施计提折旧的操作，这样更加符合会计核算的要求。

[工作示范]

操作步骤：

（1）单击单击"固定资产"/"处理"/"计提本月折旧"，系统弹出"是否要查看折旧清单？"提示框，如图 5-43 所示。

（2）单击"是"，系统弹出操作提示，如图 5-44 所示。

（3）单击"是"完成计提操作，系统显示固定资产折旧清单，如图 5-45 所示。

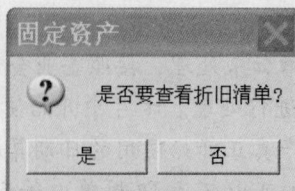

图 5-43 查看折旧清单提示框

图 5-44 计提折旧提示框

图 5-45 固定资产折旧清单窗口

栏目说明：

①在一个会计期间可以多次计提折旧，每次计提折旧后，只是将计提的折旧累加到月初的累计折旧上。

②若上次计提折旧已制单并传递到总账系统，则必须删除该凭证后才能重新计提折旧。

③计提折旧后又对账套进行了影响折旧计算或分配的操作，必须重新计提折旧，否则系统不允许结账。

（4）单击"退出"按钮，打开"折旧分配表"信息框，如图5-46所示。

图 5-46 折旧分配表

（5）单击"凭证"，生成各部门计提折旧的凭证，如图5-47、图5-48所示。

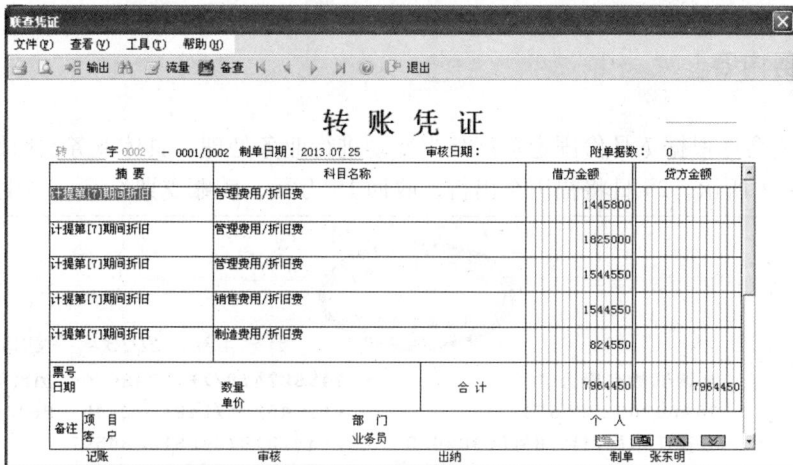

图 5-47　计提折旧凭证

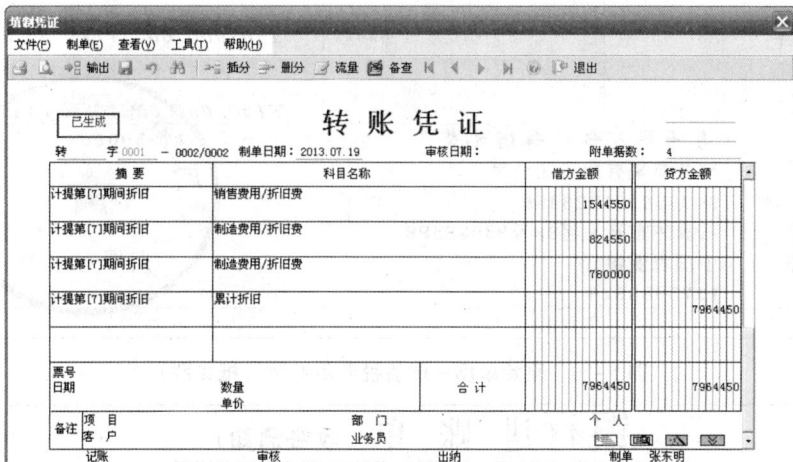

图 5-48　计提折旧凭证

（6）显示"计提折旧完成！"对话框，如图 5-49 所示。

图 5-49　计提折旧完成对话框

任务四　固定资产减少业务处理

[任务名称]

对河北新华有限责任公司的固定资产减少进行处理。

[任务内容]

财产物资会计根据 7 月份固定资产减少变动进行业务处理。具体业务及原始单据如图 5-50、图 5-51 所示。25 日将福田车出售，收回 15 万元，转账支票结算，并生成凭证。

河北增值税专用发票

（全国统一发票监制章 河北 国家税务局监制）抵 联

NO 05763

开票日期：2013年 7月25日

购货单位	名　称：永通机械有限公司 纳税人识别号：364069092335679 地址、电话：石家庄市海河路18号86982453 开户行及账号：中国银行 32155664568990	密码区	245687478/>+<1248<-<　加密版本:01 *+--457-</148<-22-45　8641516972 *-4-78>879458136845<7+0　147854 9/92/279>>->98>><1　478131

货物或应税劳务名称	规格型号	单位	数量	单价	金额	税率	税额
福田汽车	A3	台	1	#####	150,000.00	17%	25,500.00
合　计					¥150,000.00		¥25,500.00
价税合计（大写）	壹十柒万伍仟伍佰元整				（小写）¥175500.00		

销货单位	名　称：河北新华有限责任公司 纳税人识别号：343958981223456 地址、电话：石家庄市开发区88号83088588 开户行及账号：中国农业银行 1275988626	备注	（河北新华有限责任公司 发票专用章）

收款人：　　复核：王成　　开票人：李丽

第二联 抵扣联 购货方抵扣凭证

图 5-50　原始单据—增值税专用发票（抵扣联）

银行进账单（收账通知）

2013 年 7 月 5 日　　1

签发人	全　称	永通机械有限公司	收款人	全　称	河北新华有限责任公司
	账　号	32155664568990		账　号	1275988626
	开户银行	中国银行		开户银行	中国农业银行
人民币（大写）	壹拾柒万伍仟伍佰元整		千百十万千百十元角分	¥17550000	
票据种类		票据张数	1		
票据号码	78687677554				

（中国农业银行开发区支行 2013年7月25日 转讫）

单位主管　　会计　　复核　　记账　　开户银行签章

此联出票人开户银行交给出票人的回单

图 5-51　原始凭证—中国银行进账单（收账通知）

[任务要求]

恰当进行资产减少的业务处理。

[知识链接]

资产在使用过程中，会由于各种原因，如毁损、盘亏等退出企业，该部分操作称为"资产减少"。只有当月计提折旧后才可以使用本功能，如果尚未计提折旧系统，会提示"本账套需要进行计提折旧后才能减少资产"。

[工作示范]

操作步骤：

（1）单击"卡片"／"资产减少"系统弹出"资产减少"对话框，如图5-52所示。

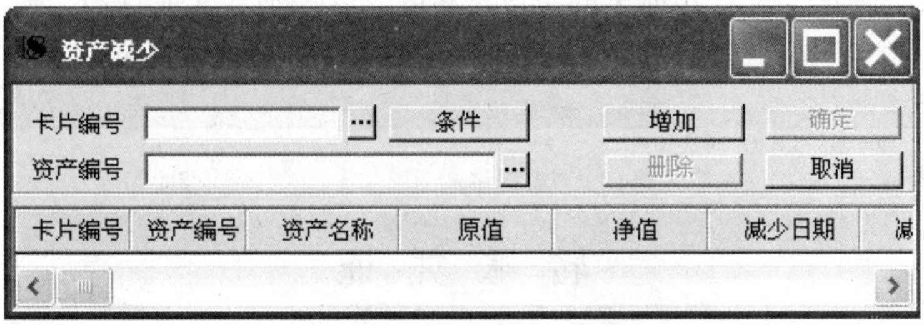

图5-52　资产减少对话框

（2）单击"卡片编号"参照按钮，打开"卡片参照"信息框，如图5-53所示。

图5-53　卡片参照信息框

（3）选择要删除的固定资产"福田轿车"，单击"确定"，返回"资产减少"界面，单击"增加"出现减少方式对话信息行，如图5-54所示。

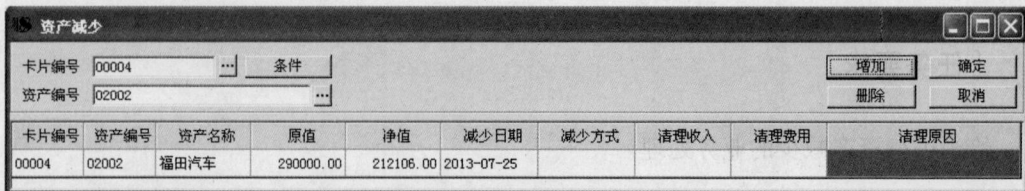

图 5-54　资产减少信息页

（4）单击"减少方式"参照按钮⋯，选择"出售"减少方式。输入清理收入 150
000 元和清理原因等信息，如图 5-55 所示。

图 5-55　资产减少信息页

（5）单击"确定"进入凭证生成窗口，修改凭证类别、凭证日期、附件张数和摘要
等信息，最后保存凭证，结果如图 5-56、图 5-57 所示。

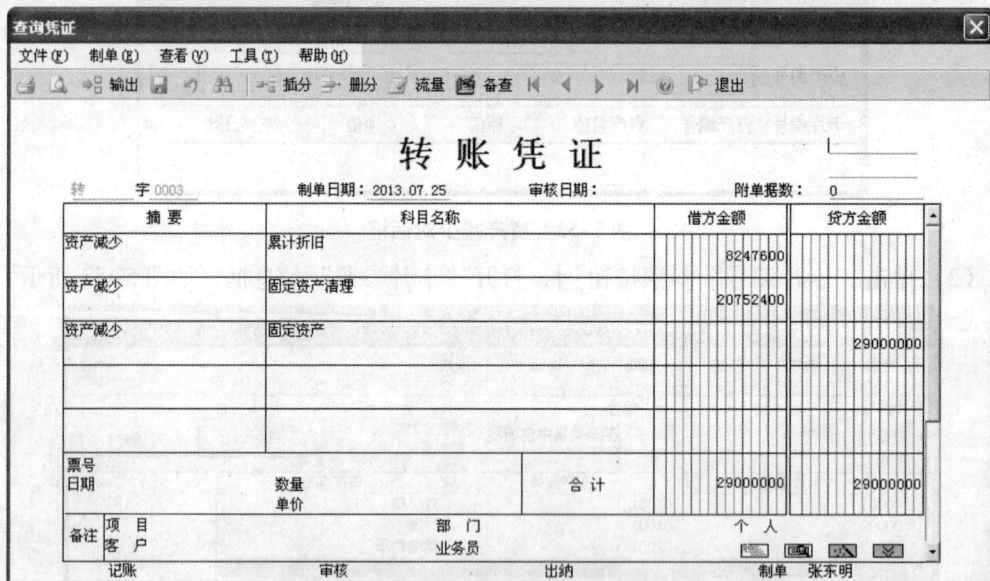

图 5-56　资产出售业务凭证

图 5-57　卡片减少提示

特别提示：

①针对固定资产清理的各种业务在固定资产系统只能完成到以上操作，后续业务均需要到总账系统做补充处理（如清理收入或清理费用），进而进行营业外收支的结转。

如上例中，收到 150 000 元的清理收入时，应当借记"银行存款"175 500 元，贷记"固定资产清理"150 000 元、"应交税费——应交增值税（销项税额）"25 500 元。结转营业外收支时，借记"营业外支出"57 524 元，贷记"固定资产清理"57 524 元，"固定资产清理"账户余额为零。

②卡片上的清理费用或收入只是一个信息记录。

③已做减少操作后如果想撤销"减少"操作，可以在"卡片管理"界面实施。在"卡片管理"界面选择"已减少资产"类别，系统显示已减少资产信息行，如图 5-58 所示。

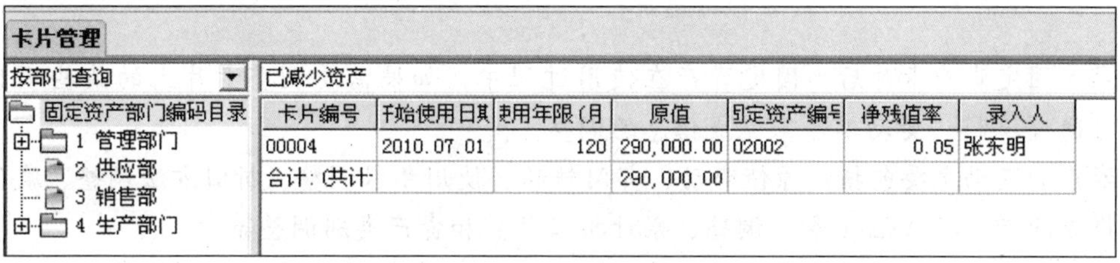

图 5-58　撤销操作信息页

选择要撤销的资产所在行，单击"卡片"菜单下的"撤销减少"，系统弹出"确实要恢复××号卡片的资产吗？"提示框，如图 5-59 所示。

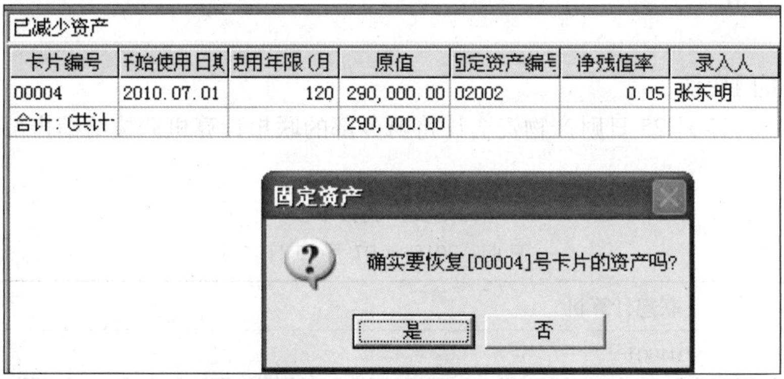

图 5-59　撤销操作提示框

单击"确定"撤销减少操作，即恢复原来卡片，此时该卡片重新列示在"在役资产"类别中。

任务五　固定资产变动业务处理

[任务名称]

对河北新华有限责任公司的固定资产卡片进行变动业务处理。

@ [任务内容]

固定资产变动业务处理：假设 2013 年 7 月财产物资会计将财务部的联想计算机调拨给销售部使用。

@ [任务要求]

固定资产变动业务处理。

◎ [知识链接]

录入固定资产卡片后，固定资产在使用过程中，如果需要调整卡片上的某些项目信息，可通过填制"变动单"来完成信息的调整。

资产的变动主要包括：原值变动、部门转移、使用年限调整、折旧方法调整、减值准备计提或冲回、净残值（率）调整、累计折旧调整和资产类别调整等。

以上的变动除"减值准备计提或冲回"外均不能在初始月进行变动处理，但可以在下月实施。

✎ [工作示范]

1. 使用部门变动

假设 2013 年 7 月 25 日财产物资会计将财务部的联想计算机调拨给销售部使用，详见表 5-5。

表 5-5
固定资产调拨单

日期：2013 年 07 月 25 日

固定资产名称	联想计算机		
固定资产编号	04001		
申请调出原因	工作需要		
调出部门	财务部	调入部门	销售部
使用人		使用人	
企管部			
财务经理			
总经理			
备注			

操作步骤：

（1）单击"卡片"/"变动单"/"部门转移"，进入"固定资产变动单"窗口，如

图 5-60 所示。

图 5-60　变动单录入窗口

（2）在变动单窗口中，选择"卡片编号"或"固定资产编号"，自动带出卡片参照信息窗。选择要变动的固定资产，选择"变动后的部门"，输入"变动原因"，如图 5-61 所示。

图 5-61　变动单录入窗口

（3）单击工具栏中的"保存"按钮，系统弹出保存成功提示框，如图 5-62 所示。

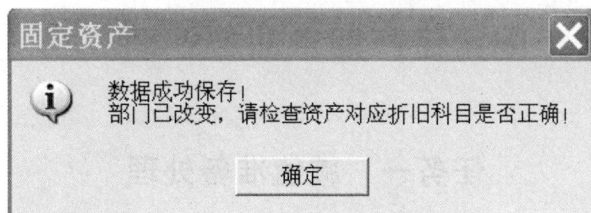

图 5-62　变动成功对话框

特别提示：

①初始月除"减值准备计提或冲回"之外的其他变动都可以通过"修改"功能来实现，而不需做变动的操作。

②在 2013 年 7 月份结账后，以 8 月份的时间登录系统进行以上的变动操作。

2. 使用年限调整

假设 7 月 25 日财产物资会计将波峰焊机使用年限由 8 年改为 5 年。

操作步骤：

（1）单击“卡片”/“变动单”/“使用年限调整”，进入“固定资产变动单”窗口。输入变动后的年限，如图 5-63 所示。

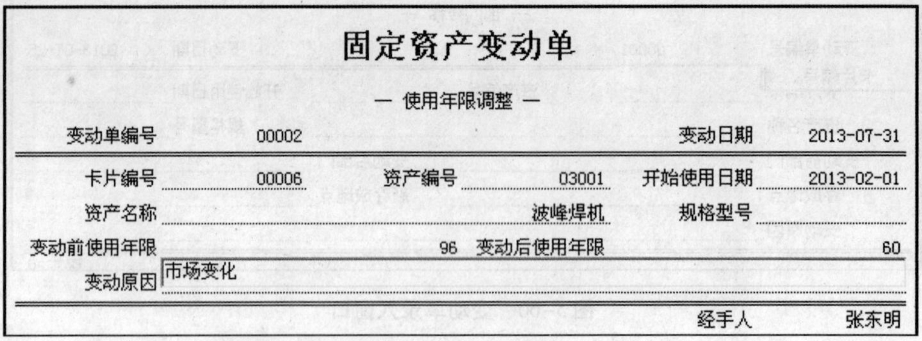
固定资产变动单
— 使用年限调整 —
变动单编号 00002
变动日期 2013-07-31
卡片编号 00006
资产编号 03001
开始使用日期 2013-02-01
资产名称 波峰焊机
规格型号
变动前使用年限 96
变动后使用年限 60
变动原因 市场变化
经手人 张东明

图 5-63　变动单录入窗口

（2）单击工具栏上的“保存”按钮，系统提示保存成功，如图 5-64 所示。

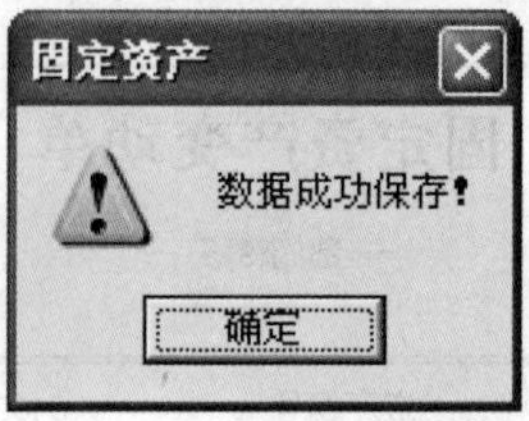
固定资产
数据成功保存！
确定

图 5-64　变动成功提示

特别提示：

①以下变动单在当月发挥效力：部门转移变动在当月改变折旧对应的部门费用科目；折旧方法调整和使用年限调整会引起当月折旧额的改变。

②以下变动单在次月发挥效力：原值增减、使用状况变动、累计折旧调整、净残值（率）调整和计提减值准备，在次月才能引起折旧额的变化。

学习子情境三　固定资产期末业务处理

任务一　减值准备处理

[任务名称]

为河北新华有限责任公司固定资产计提减值准备。

[任务内容]

计提固定资产减值准备。

[任务要求]

在月末进行有关固定资产减值准备处理。

[知识链接]

减值准备处理：按照会计制度规定，企业至少应当与每年年度终了，对固定资产使用寿命和预计净残值进行复核。如有确凿证据表明固定资产使用寿命预计数与原先估计数有差别，应当调整其寿命；固定资产预计净残值预计数与原先估计数有差异，应当调整预计净残值。

[知识拓展]

企业在期末或至少每年年度终了，应对固定资产逐项进行检查，如果由于市价持续下跌或技术陈旧等原因导致其可收回金额低于账面价值的，应当计提固定资产减值准备。在固定资产管理系统中减值准备按单项资产计提。

[工作示范]

操作步骤：

（1）单击"卡片"／"变动单"／"计提减值准备"，进入"固定资产变动单—计提减值准备"对话框，如图 5-65 所示。

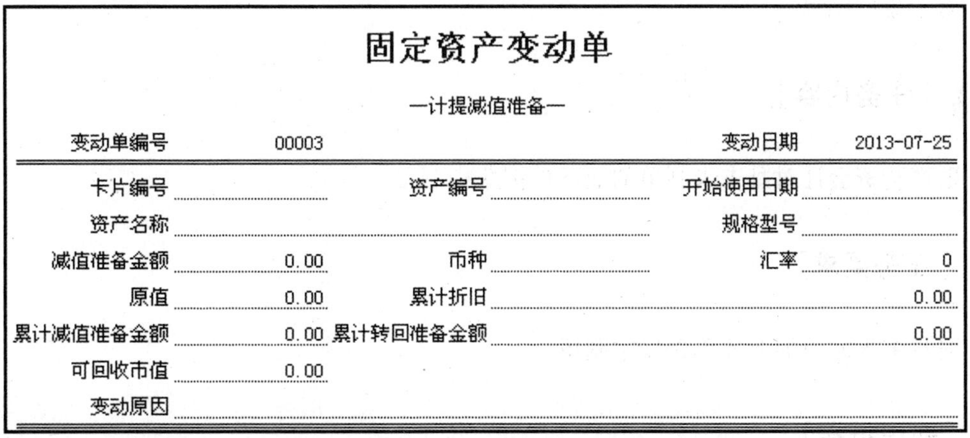

固定资产变动单

—计提减值准备—

变动单编号	00003		变动日期	2013-07-25
卡片编号		资产编号	开始使用日期	
资产名称			规格型号	
减值准备金额	0.00	币种	汇率	0
原值	0.00	累计折旧		0.00
累计减值准备金额	0.00	累计转回准备金额		0.00
可回收市值	0.00			
变动原因				

图 5-65 减值变动单录入窗口

（2）单击"卡片编号"调出卡片参照信息窗，选择计提减值准备的固定资产，返回"固定资产变动单—计提减值准备"界面，输入相关信息。结果如图 5-66 所示。

固定资产变动单

—计提减值准备—

变动单编号	00003			变动日期	2013-07-25
卡片编号	00007	资产编号	03002	开始使用日期	2013-07-08
资产名称			示波器	规格型号	
减值准备金额	2000.00	币种	人民币	汇率	1
原值	10000.00	累计折旧			0.00
累计减值准备金额	2000.00	累计转回准备金额			0.00
可回收市值	8000.00				
变动原因					市场变化

图 5-66　减值变动单

特别提示:

①企业会计准则规定:只对发生减值的固定资产计提减值准备,未发生减值的不计提。

②按照现行制度的规定:固定资产减值准备一经计提后不能在以后期间转回。

任务二　业务制单与凭证查询

[任务名称]

月末集中制单。

[任务内容]

财产物资会计对月末未制单的业务单据集中制单。

[任务要求]

对月末未制单的业务单据集中制单。

[知识链接]

固定资产业务制单保存后会自动传输到总账系统,传输的媒介就是记账凭证。在固定资产系统制作记账凭证有两种方式,即"立即制单"和"批量制单"。如果在"选项"中设置了"业务发生后立即制单",则业务单据保存后系统自动调出凭证保存界面;如果在"选项"中未选取"业务发生后立即制单",则可以利用本系统提供的"批量制单"

来完成制单工作。

[工作示范]

1. 业务制单

操作步骤：

（1）单击"处理"/"批量制单"，打开"批量制单"对话框。

（2）单击"制单选择"页签，在每个业务行的"选择"栏双击选中，如图5-67所示。

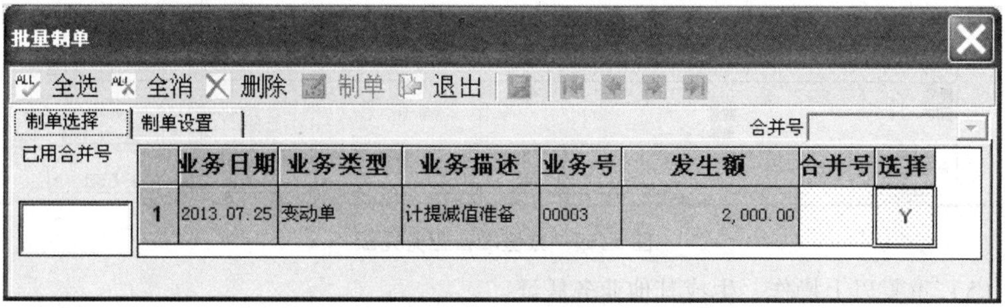

图5-67 制单选择

（3）单击"制单设置"按钮，系统弹出"制单设置"对话框，如图5-68所示。

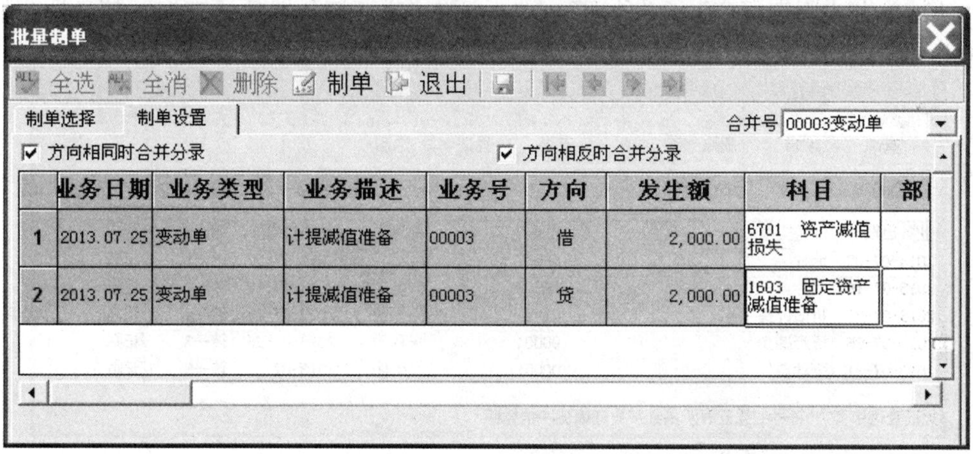

图5-68 制单设置

栏目说明：

①科目：是在"设置"菜单中"增减方式"窗口所设置的"对应入账科目"。如果那里未进行设置那么此处就不能自动带出所对应的科目。

②方向相同时合并分录：是指将科目或辅助项相同的分录进行合并，结果将看不到单笔业务所引起的凭证信息。

（4）单击工具栏中的"制单"按钮，进入"填制凭证"界面，选择凭证类别、输入摘要，最后保存凭证，结果如图5-69所示。

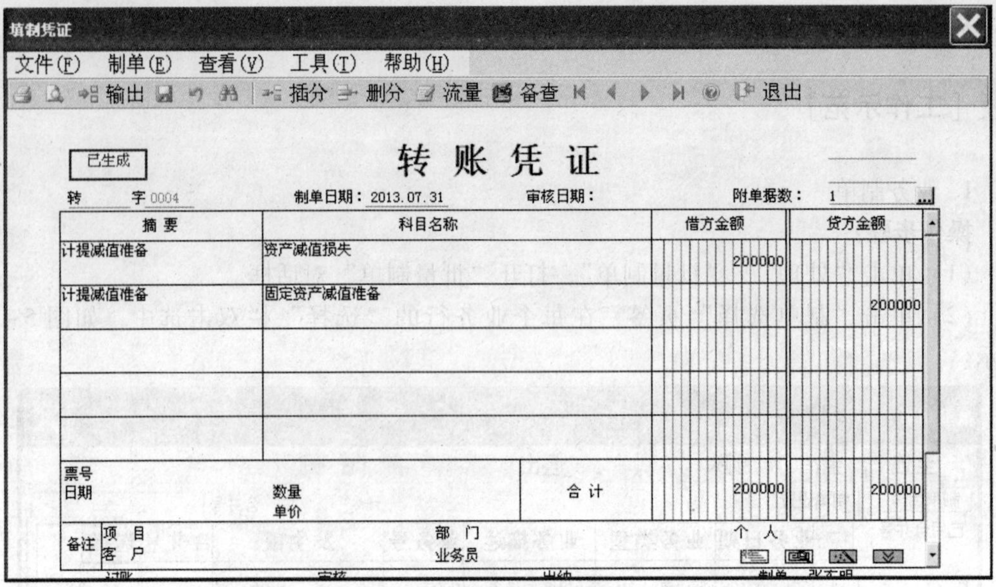

图 5-69　减值准备业务凭证

（5）重复以上操作，生成其他业务凭证。

2. 凭证查询

操作步骤：

（1）单击"固定资产"/"处理"/"凭证查询"，打开"凭证查询"信息框，如图 5-70 所示。

图 5-70　凭证查询窗口

（2）将光标停留在要查询的凭证信息行，单击工具栏中"凭证"即可显示凭证。

任务三　固定资产系统与总账系统对账

[任务名称]

固定资产系统与总账系统对账。

@ [任务内容]

2013 年 7 月 31 日，进行期末对账。

@ [任务要求]

总账系统出纳对固定资产系统传来的凭证进行出纳签字。
会计主管进行审核、记账。
财产物资会计实施对账操作。

[知识链接]

固定资产系统所生成的凭证传入总账系统后，仍然需要"签字"、"审核"，然后才能记账。只有总账系统记账后固定资产才能与总账实现对账平衡。

[工作示范]

操作步骤：

（1）单击"固定资产"/"处理"/"对账"，系统自动实施对账，最终弹出对账提示框。提示"对账平衡"或"对账不平衡"，如图 5-71 所示。

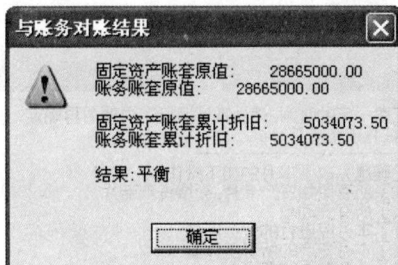

图 5-71 期末对账信息框

（2）如果对账不平衡，则需要检查是否属正常情况。如果已经全部将固定资产卡片录入了系统那么必须调整，直至对账平衡。

任务四　结账与反结账

[任务名称]

结账与反结账。

[任务内容]

财产物资会计进行固定资产系统的结账操作。

[任务要求]

对固定资产系统进行月末结账。

[知识链接]

月末结账完成后，用户将不能再对此账套本月的任何数据进行修改，如果要开始下一会计期间的业务处理，需要执行"系统"／"重新注册"用下一会计期间日期登录系统。

本期不结账，将不能处理下期的数据；结账前一定要进行数据备份，否则数据一旦丢失，将造成无法挽回的后果。

[工作示范]

1. 结账

操作步骤：

（1）单击"固定资产"／"处理"／"月末结账"，打开月末结账对话框，如图 5-72 所示。

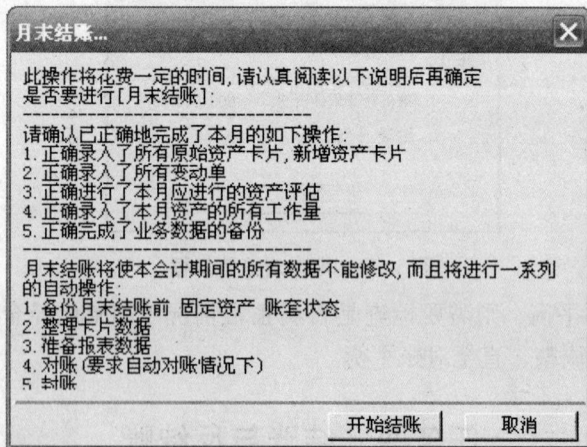

图 5-72　结账提示

（2）单击"开始结账"按钮，系统弹出"与账务对账结果"提示信息对话框，如图 5-73 所示。

（3）单击"确定"按钮，系统弹出"月末结账成功完成！"提示信息对话框，如图 5-74所示。

（4）单击"确定"按钮，系统弹出不可修改本月信息提示对话框。如图 5-75 所示。

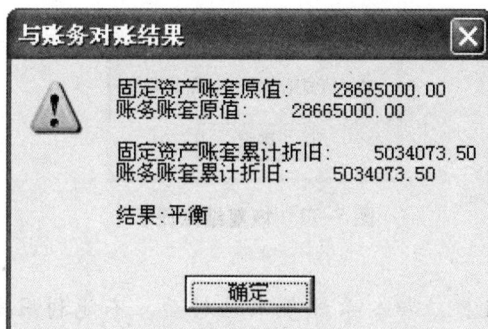

图 5-73　对账报告

图 5-74　结账时间报告

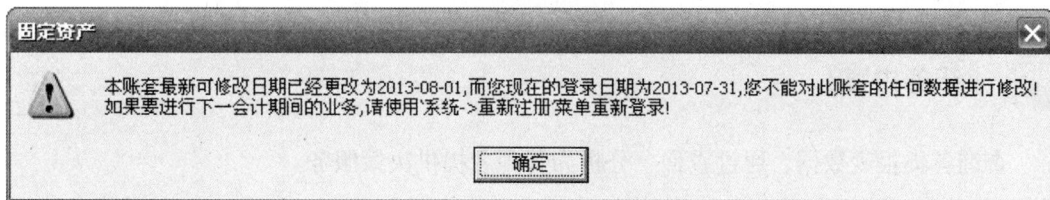

图 5-75　注册提示

2. 反结账

操作步骤：

（1）单击"处理"/"恢复月末结账前状态"，系统弹出提示信息对话框，如图 5-76 所示。

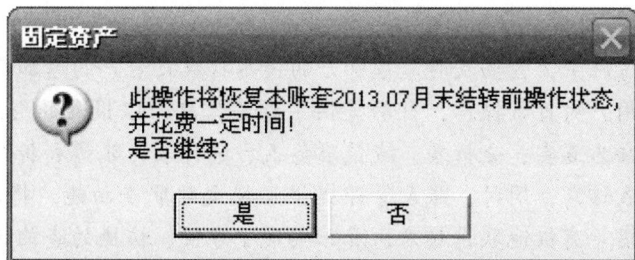

图 5-76　恢复结账提示

（2）单击"是"按钮，系统即执行反结账操作。反结账完成后，系统提示"成功恢复账套月末结账前状态！"，如图 5-77 所示，单击"确定"按钮。

图 5-77　恢复结账提示

特别提示：

①不能跨年度恢复数据，即本系统年末结转后，不能利用本功能恢复年末结转前状况。

②恢复到某个月月末结账前状态，完成工作后仍需要再次结账。

任务五　账表查询

［任务名称］

账表查询。

［任务内容］

查询各类报表数据，通过查询、分析为管理者提供决策服务。

［任务要求］

查询各类报表数据，通过查询、分析为管理者提供决策服务。

［知识链接］

固定资产管理过程中，需要及时掌握资产的使用状况及资产的增加、减少、报废等相关信息。系统根据用户对日常操作，自动提供了相关信息，以报表的形式提供给使用者。系统所提供的账表分为五类：分析表、减值准备表、统计表、账簿和折旧表。选择相应账表可以查看各种报表信息，同时，账表管理提供了强大的联查功能，将各类账表与部门、类别明细和原始单据等有机地联系起来，真正实现了方便、快捷的查询模式。

分析表查询包括部门构成分析表、固定资产使用状况分析表、价值结构分析表和类别构成分析表四种。管理者可以通过这些表了解企业资产计提折旧的程度。

固定资产统计表包括固定资产原值统计表、固定资产到期提示表、固定资产统计表、盘盈盘亏报告表、评估变动表、评估汇总表、役龄资产统计表、逾龄资产统计表八种。这些表从不同侧面对固定资产进行统计分析，使管理者可以全面细致地了解资产的分布情况，为及时掌握资产的价值、数量以及新旧程度等指标提供依据。

系统自动生成的账簿有（部门、类别）明细账、（单个）固定资产明细账、固定资产登记簿和固定资产总账。这些账簿以不同方式，序时地反映了资产变化情况，在查询过程中可联查某时期（部门、类别）明细及相应原始凭证，以获得所需财务信息。

系统提供了五种折旧表：（部门）折旧计提汇总表、固定资产及累计折旧表（一）、固定资产及累计折旧表（二）、固定资产计算明细表、固定资产折旧清单表。通过这些表可以了解并掌握企业所有资产本期、本年乃至某部门计提折旧及其明细情况。

[工作示范]

1. 查询分析表

操作步骤：

（1）单击"固定资产"／"账表"／"我的账表"，单击"分析表"，打开"分析表"所属报表。将光标锁定在"部门构成分析表"上，单击工具栏上的"打开"菜单，系统弹出条件选择对话框，如图5-78所示。

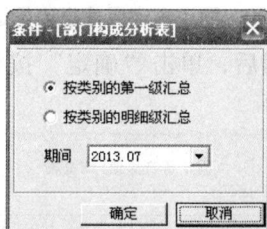

图5-78　部门构成分析表查询筛选框

（2）选择分析条件和汇总期间后，单击"确定"按钮，显示"部门构成分析表"，如图5-79所示。

使用部门	资产类别	数量	计量单位	期末原值	占部门百分比%	占总值百分比%
管理部门(1)		2.50		,510,000.00	100.000	40.15
财务部(101)		1.25		,510,000.00	47.871	19.22
	房屋(01)	0.25		,500,000.00	47.785	19.19
	办公设备(04)	1.00		10,000.00	0.087	0.03
办公室(102)		1.25		,000,000.00	52.129	20.93
	房屋(01)	0.25		,500,000.00	47.785	19.19
	车辆(02)	1.00		500,000.00	4.344	1.74
供应部(2)		0.25		,500,000.00	100.000	19.19
	房屋(01)	0.25		,500,000.00	100.000	19.19
销售部(3)		0.25		,500,000.00	100.000	19.19
	房屋(01)	0.25		,500,000.00	100.000	19.19
生产部门(4)		4.00		,155,000.00	100.000	21.47
组装车间(401)		2.50		,055,000.00	49.634	10.66
	房屋(01)	0.50		,000,000.00	48.741	10.47
	机器设备(03)	2.00		55,000.00	0.894	0.19
调试车间(402)		1.50		,100,000.00	50.366	10.81
	房屋(01)	0.50		,000,000.00	48.741	10.47
	办公设备(04)	1.00		100,000.00	1.625	0.35
合计		7.00		,665,000.00	100.000	100.00

图5-79　部门构成分析表

特别提示：

双击要查询的各级使用部门或资产类别，可查询本期间的（部门、类别）明细账。

（3）以同样的方法可以查询其他分析表。

2. 查询统计表

操作步骤：

（1）单击“账表”/“我的账表”，单击“统计表”，双击“（固定资产原值）一览表”，系统弹出条件选择对话框，如图5-80所示。

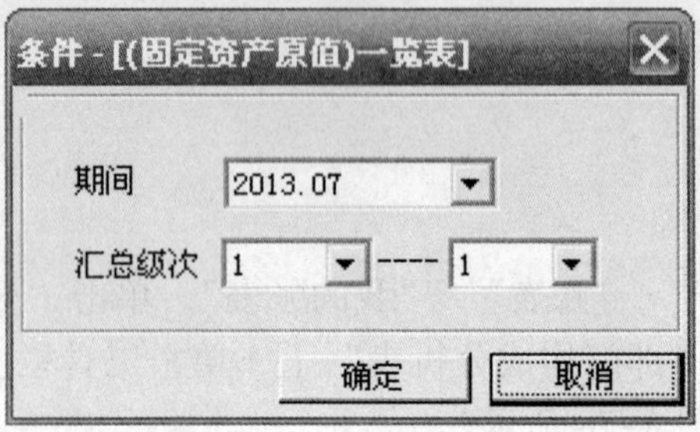

图5-80　固定资产原值查询筛选框

（2）选择统计期间和汇总部门后，单击“确定”按钮，显示“（固定资产原值）一览表”，如图5-81所示。

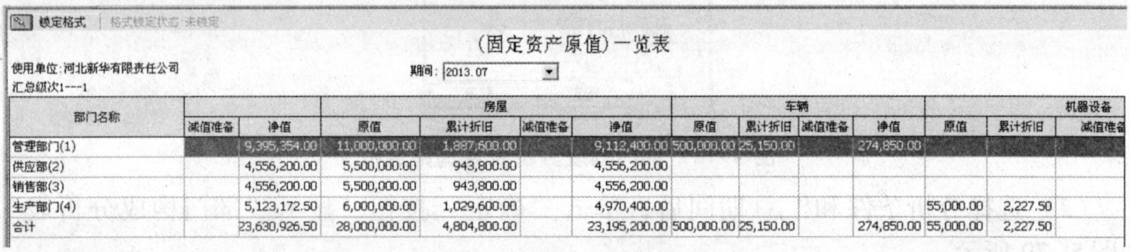

锁定格式 | 格式锁定状态 未锁定

（固定资产原值）一览表

使用单位：河北新华有限责任公司　　期间：2013. 07

汇总级次1---1

部门名称			房屋				车辆				机器设备		
	减值准备	净值	原值	累计折旧	减值准备	净值	原值	累计折旧	减值准备	净值	原值	累计折旧	减值准备
管理部门(1)		9,395,354.00	11,000,000.00	1,887,600.00		9,112,400.00	500,000.00	25,150.00		274,850.00			
供应部(2)		4,556,200.00	5,500,000.00	943,800.00		4,556,200.00							
销售部(3)		4,556,200.00	5,500,000.00	943,800.00		4,556,200.00							
生产部门(4)		5,123,172.50	6,000,000.00	1,029,600.00		4,970,400.00					55,000.00	2,227.50	
合计		23,630,926.50	28,000,000.00	4,804,800.00		23,195,200.00	500,000.00	25,150.00		274,850.00	55,000.00	2,227.50	

图5-81　（固定资产原值）一览表

（3）以同样的方法可以查询其他统计表。

3. 查询账簿

操作步骤：

（1）单击“我的账表”/“账簿”，双击“（部门、类别）明细账”，系统弹出条件选择对话框，如图5-82所示。

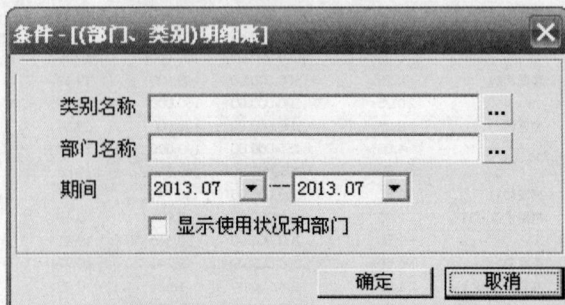

图5-82　部门、类别查询筛选框

（2）参照输入要进行资产管理的类别名称、部门名称和查询的期间范围，并选择是否在明细账里显示使用状况和部门，确定后，显示"（部门、类别）明细账"，如图5-83所示。

使用单位:河北新华有限责任公司							期间:2013.07---2013.07					
资产类别:							使用部门:					
日期	资产编号	业务单号	凭证号	摘要	资产名称	数量	原值 借方	原值 贷方	原值 余额	累计折旧 借方	累计折旧 贷方	累计折旧 余额
2013-07-01	01001	00001		录入原始卡片	办公楼	1.00	22,000,000.00		22,000,000.00		3,718,000.00	3,718,000.00
2013-07-01	01002	00002		录入原始卡片	厂房	1.00	6,000,000.00		28,000,000.00		1,014,000.00	4,732,000.00
2013-07-01	02001	00003		录入原始卡片	奥迪轿车	1.00	500,000.00		28,500,000.00		221,200.00	4,953,200.00
2013-07-01	02002	00004		录入原始卡片	福田汽车	1.00	290,000.00		28,790,000.00		80,185.00	5,033,385.00
2013-07-01	04001	00005		录入原始卡片	联想计算机	1.00	10,000.00		28,800,000.00		1,738.00	5,035,123.00
2013-07-01	03001	00006		录入原始卡片	波峰焊机	1.00	45,000.00		28,845,000.00		1,782.00	5,036,905.00
2013-07-02	03002	00007	付-1	新增固定资产	示波器	1.00	10,000.00		28,855,000.00			5,036,905.00
2013-07-19	04002	00008	转-1	新增固定资产	频谱分析仪	1.00	100,000.00		28,955,000.00			5,036,905.00
2013-07-25	02002	00004	转-3	资产减少	福田汽车	-1.00		290,000.00	28,665,000.00	82,476.00		4,954,429.00
2013-07-31		01	转-2	计提折旧					28,665,000.00		79,644.50	5,034,073.50
				本期合计		7.00	28,955,000.00	290,000.00	28,665,000.00	82,476.00	5,116,549.50	5,034,073.50

图5-83 （部门、类别）明细账

（3）双击明细账记录行，可联查相关的固定资产卡片或记账凭证。以同样的方法可以查询其他账簿。

4. 查询折旧表

操作步骤：

（1）单击"折旧表"，双击"（部门）折旧计提汇总表"，系统弹出条件选择对话框，如图5-84所示。

图5-84 折旧汇总表条件筛选框

（2）选择汇总期间和部门后，单击"确定"按钮，显示"（部门）折旧计提汇总表"，如图5-85所示。

	计提原值	折旧额
部门名称		
管理部门(1)	11,510,000.00	32,708.00
供应部(2)	5,645,000.00	15,445.50
销售部(3)	5,645,000.00	15,445.50
生产部门(4)	6,045,000.00	16,045.50
合计	28,845,000.00	79,644.50

使用单位:河北新华有限责任公司　期间:2013.07---2013.07　汇总级次1---1

图5-85 （部门）折旧计提汇总表

（3）以同样的方法可以查询其他折旧表。

本情境主要概念

原始卡片　资产增减　折旧　变动

情境总结

固定资产管理系统的主要功能：（1）固定资产管理，包括卡片管理、固定资产的增减处理、固定资产变动；（2）折旧管理；（3）统计分析。

本学习情境主要介绍了固定资产账套的建立、固定资产日常业务的处理及期末处理。

重点难点

重点：原始卡片的建立、固定资产系统与总账系统对账。

难点：固定资产减少的处理、计提固定资产折旧。

同步测试

（一）单项选择题

1. 录入生产部门的固定资产卡片时，错误地将其所属部门录为管理部门，日后将影响其（　　）。

A. 月折旧金额　　　　　　B. 折旧入账科目　　　　C. 月折旧率　　　　　　D. 净残值

2. 操作员发现对车床错误地进行了固定资产减少操作，以下处理中正确的是（　　）。

A. 增加车床的原始卡片　　　　　　　　　B. 执行固定资产增加，增加车床的卡片

C. 执行撤销资产减少操作　　　　　　　　D. 查询已减少固定资产，删除车床卡片

3. 某项固定资产卡片编号为001，则其对应的图片文件的名称可能是（　　）。

A. 004. GIF　　　　　　B. 001. BMP　　　　　　C. 003. BMP　　　　　　D. 002. JPG

4. 固定资产管理系统初始化过程中，对折旧信息的设置，使用单位可以根据自己的需要来确定资产的折旧分配周期，系统缺省的折旧分配周期为（　　）。

A. 1 年　　　　　　　　B. 半年　　　　　　　　C. 1 个季度　　　　　　D. 1 个月

5. 固定资产子系统对固定资产采用严格序时管理，序时到（　　）。

A. 年　　　　　　　　　B. 月　　　　　　　　　C. 日　　　　　　　　　D. 季

（二）多项选择题

1. 需要生成凭证传递到总账系统的系统有（　　）。

A. 工资管理系统　　　　　　　　　　　　B. 固定资产管理系统

C. 应收款管理系统　　　　　　　　　　　D. 报表管理系统

2. 2013 年 3 月 1 日启用固定资产系统，期初余额需整理（　　）。

A. 3 月初的固定资产数据　　　　　　　　B. 3 月初的累计折旧数据

C. 3 月增加的固定资产数据　　　　　　　D. 3 月计提的累计折旧

3. 固定资产报废，需要在固定资产系统中（　　）。

A. 增加原始卡片　　　　　　　　　　　　B. 进行资产增加操作

C. 进行资产减少操作　　　　　　　　　　D. 超出保存时限后删除卡片

4. 在固定资产系统缺省的增减方式中，（　　）是不能修改和删除的，因为本系统提供的报表中有固定资产盘盈盘亏报告表。

A. 报废　　　　　　　　B. 盘盈　　　　　　　　C. 盘亏　　　　　　　　D. 毁损

5. 固定资产系统建账完成后，在"设置/选项"中不可修改的账套参数有（　　）。

A. 本账套是否计提折旧　　　　　　　　　B. 账套启用月份

C. 资产编号选为自动编码方式　　　　　　D. 与财务系统进行对账

6. 删除固定资产卡片是指把卡片资料从系统内彻底清除，该功能只有在（　　）情况下有效。

A. 当月录入的卡片如有错误，可通过"卡片管理"的"删除"实现

B. 可以通过"卡片查询"功能删除卡片

C. 可通过"资产减少"功能减少的卡片资料，在满足会计档案管理要求后可以从系统中彻底清除

D. 可以通过"卡片变动"功能删除卡片

（三）判断题

1. 发生固定资产毁损，在固定资产系统将其卡片删除即可。 （ ）

2. 当月新增加的固定资产当月不计提折旧。 （ ）

3. 本月减少的固定资产本月仍需计提折旧，因此资产减少要在计提折旧后进行。 （ ）

4. 如果在选项中选择了"每次登录系统时显示资产到期提示表"，则无论是否有到期的固定资产，都会显示资产到期提示表。 （ ）

5. 在录入固定资产原始卡片时，开始使用日期必须采用 YYYY-MM-DD 的形式录入。 （ ）

本情境综合实训

【实训要求】

本次实训内容涉及财产物资会计、出纳、财务主管三个工作岗位，采用学生分组训练的形式，每组三人；组长选举产生，分派组员岗位，阐明岗位分工及职责。

财产物资会计负责固定资产账套的建立、基础设置、日常业务和期末处理。出纳负责对固定资产系统传递到总账系统的凭证进行出纳签字，财务主管负责对固定资产系统传递到总账系统的凭证进行审核和记账。

【情境引例】

石家庄正道轮胎有限公司 2013 年 8 月 1 日启用固定资产系统，账套信息如下：

1. 固定资产折旧要求：

采用"平均年限法（二）"计提折旧，按使用部门逐月分摊，折旧分配周期为一个月；在固定资产可使用的最后一个月，将剩余折旧全部提足；企业在经营过程中如遇折旧要素发生变动，按变动后的要素计提折旧。

2. 固定资产编码规则要求：

固定资产类别编码方式为 2-2-2-2，编码方式采用"手工输入"。

3. 固定资产与财务接口要求：

要求与总账系统进行对账，在对账不平衡的情况下允许该系统月末结账。

4. 公司固定资产核算要求如下：

（1）业务发生后立即制作凭证；月末结账前要完成制单业务；固定资产的缺省入账科目为"固定资产"，累计折旧的缺省入账科目为"累计折旧"。

（2）部门对应折旧科目见表 5-6。

表 5-6　　部门对应折旧科目

部门名称	折旧科目	部门名称	折旧科目
综合部	管理费用	采购部	管理费用
财务部	管理费用	销售部	销售费用
生产部	制造费用	仓储部	管理费用

（3）固定资产分类情况表见表 5-7。

表 5-7　　固定资产分类情况表

类别编号	类别名称	计提属性	折旧方式	净残值率
01	房屋建筑物	正常计提	平均年限法	4%
02	生产设备	正常计提	平均年限法	4%
03	办公设备	正常计提	平均年限法	4%
04	交通工具	正常计提	平均年限法	4%

（4）固定资产增减方式见表5-8。

表5-8   固定资产增减方式表

增加方式	对应入账科目	减少方式	对应入账科目
直接购入	工行存款	出售	固定资产清理
投资者投入	实收资本	盘亏	待处理财产损溢
接受捐赠	营业外收入	投资转出	固定资产清理
盘盈	以前年度损益调整	捐赠转出	固定资产清理
在建工程完工转入	在建工程	报废	固定资产清理
融资租入	长期应付款	毁损	固定资产清理

5. 2013年7月31日固定资产期末余额见表5-9，所有资产均为"在用"、"直接购入"、净残值率4%。

表5-9   2013年7月31日固定资产期末余额

编号	名称	原值（元）	使用部门	折旧方法	累计折旧（元）	年限	启用日期
CHF	厂房	400 000	一车间（60%）二车间（40%）	平均年限法（二）	192 000	16	2002-01-30
BCH	刨床	23 000	一车间	平均年限法（二）	1 380	16	2009-01-18
AOD	江淮货车	200 000	销售部	平均年限法（二）	0	8	2010-01-02
CCH	车床	200 000	二车间	平均年限法（一）	6 000	8	2009-10-25
YZH	圆桌	50 000	综合部	平均年限法（二）	1 500	8	2009-10-26
XCH	切割机	600 000	一车间	平均年限法（二）	0	10	2010-01-17
合计		1 473 000			200 880		

6. 8月份公司发生了如下与固定资产相关的经济业务：

（1）8月3日，财务部用转账支票ZZ003购入联想牌（台式）计算机，单价3 600元。制度规定使用年限5年、按平均年限法（二）计提折旧、净残值率为4%。附单据3张（普通发票发票联、转账支票存根、入库单）。

（2）8月10日，经研究决定报废一车间使用的刨床，原值23 000元，已提折旧1 495元，残值收入300元收到现金。附件2张（报废申请及批示、收据）。

7. 财务人员完成凭证填制工作、查询凭证、出纳签字、审核、记账及与财务系统进行期末对账，同时完成固定资产系统本月月末结账。

【工作任务】

1. 建立固定资产账套。

2. 选项设置。

3. 设置基础档案。

4. 修改固定资产卡片。

5. 增加固定资产。

6. 计提固定资产折旧。

7. 固定资产减少。

8. 固定资产变动。

9. 批量制单。

10. 折旧处理。

11. 生成增加固定资产的记账凭证。

12. 对账。

13. 结账。

14. 账表管理。

15. 账套备份。

学习情境六　薪资管理系统

【职业能力目标】

专业能力：

能运用薪资管理系统进行薪资管理系统的初始设置；计算员工的薪金报酬并及时进行发放；能顺利完成薪资管理系统月末结账和账表查询工作。

职业核心能力：

能根据掌握的知识进行独立思考和学习，具有团队合作精神，顺利完成薪资核算的各项工作。

【本情境结构图】

本情境结构如图6-1所示。

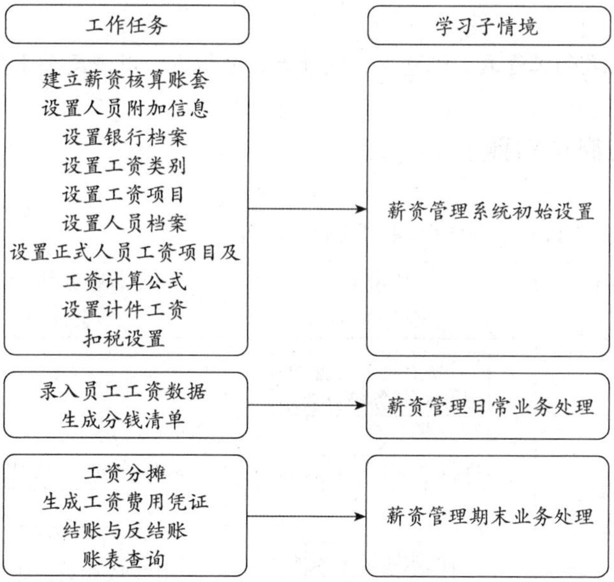

图6-1　学习情境六结构图

【引例】

工资核算是企业一项基本核算业务，手工核算、核对工资工作量大，核算速度慢、准确度不高，有可能造成不能按时发放工资，无法快速做好成本和费用预算，为企业决策提供依据。因此河北新华有限责任公司决定启用薪资管理和计件工资系统进行工资业务的核算，会计主管请小孙先给大家介绍一下薪资管理系统的操作流程。你知道薪资管理系统能完成哪些工作吗？

【引例分析】

薪资管理系统是用友 ERP-U8 应用系统的一个子系统，可以帮助用户及时准确地核算每个职工的工资，并按照工资的用途将工资费用计入相关账户，自动生成转账凭证，传递到总账系统，该系统提供了多种报表形式，可以多角度反映工资核算的结果。薪资管理系统的主要功能包括以下几部分：

1. 初始化设置

用户使用工资管理系统进行工资核算处理，需建立工资核算账套并设置各项基础信息，为工资业务的处理奠定基础，具体内容包括：

（1）薪资账套参数设置。

通过建立工资账套，选择单类别或多类别核算，选择工资核算币种，选择是否扣零处理，选择是否进行个人所得税扣税处理，是否核算计件工资等工资账套参数。

（2）基础档案设置。

基础档案包括人员附加信息设置、工资项目、人员档案、代发工资的银行信息等，企业可根据实际情况设置工资项目及计算公式。

2. 薪资业务处理

可进行工资数据的录入，系统自动进行计算与汇总；自动计算个人所得税；按照期初设置进行扣零，也可以向代发工资的银行传输工资数据；可进行工资分摊设置，自动生成凭证传递到总账系统；可进行月末处理和年末处理。

3. 统计分析

系统提供各种形式的工资表、汇总表、统计表、分析表，以满足企业查询及管理的需要。

［工作过程与岗位对照］

本学习情境的工作过程与岗位对照如图 6-2 所示。

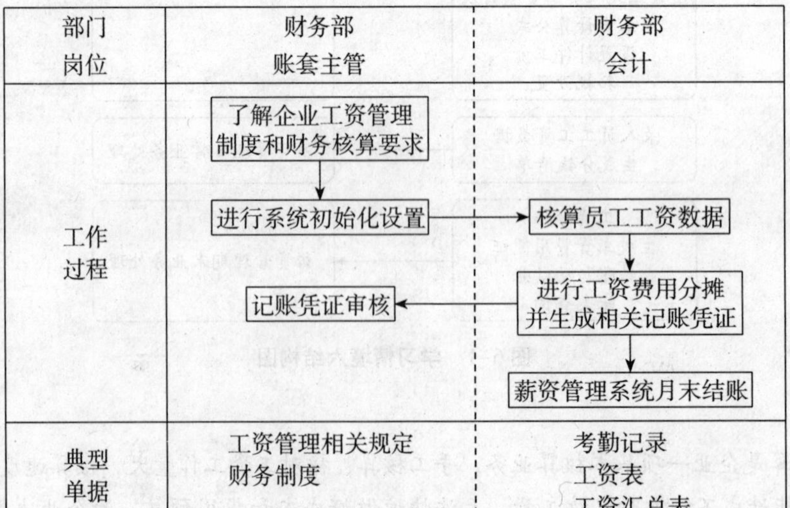

图 6-2　薪资管理系统工作过程与岗位对照

学习子情境一 薪资管理系统初始设置

任务一 建立工资核算账套

[任务名称]

建立河北新华有限责任公司工资核算账套。

[任务内容]

河北新华有限责任公司工资核算分两种类型：临时人员只发放基本工资；正式人员除了基本工资外还发放各种补贴，其中，生产工人发放计件工资代替奖金。正式人员工资由中国农业银行代发，临时人员工资直接发放现金。工资核算本位币为人民币，从工资中代扣个人所得税，发放现金工资时进行扣零设置且扣零到角。

[任务要求]

正确设置工资核算账套。

[工作示范]

操作步骤：

（1）单击"开始"/"程序"/"用友 ERP-U872"/"企业应用平台"，操作员输入账套主管王志强的编号"01"和密码，账套选择"111 河北新华有限责任公司"，操作日期为"2013-07-01"，确定进入"用友 ERP-U872［企业应用平台］"窗口。

（2）单击"人力资源"/"薪资管理"，系统自动弹出"建立工资套"对话框。工资类别为"多个"，币别名称为"人民币 RMB"，选中"是否核算计件工资"复选框，如图6-3 所示。

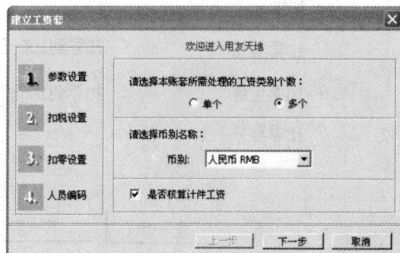

图6-3 参数设置

栏目说明：

①工资类别个数：当核算单位对所有人员的工资实行单一标准进行管理时，可选择"单个"工资类别；如果单位按周或每月多次发放工资，或者不同职工工资项目、计算公式等采取不同的设置，但须进行统一工资核算管理，可采取"多个"工资类别。

②币别：若选择账套本位币以外的其他币别，还需在工资类别参数维护中设置汇率，核算币种经过一次工资数据处理后则不能再修改。

③计件工资是按计件单价支付劳动报酬的一种形式，只有选中"是否核算计件工资"选项，与计件工资核算相关的功能才能使用。

（3）单击"下一步"按钮，在扣税设置环节，选择"是否从工资中代扣个人所得税"复选框，如图6-4所示。

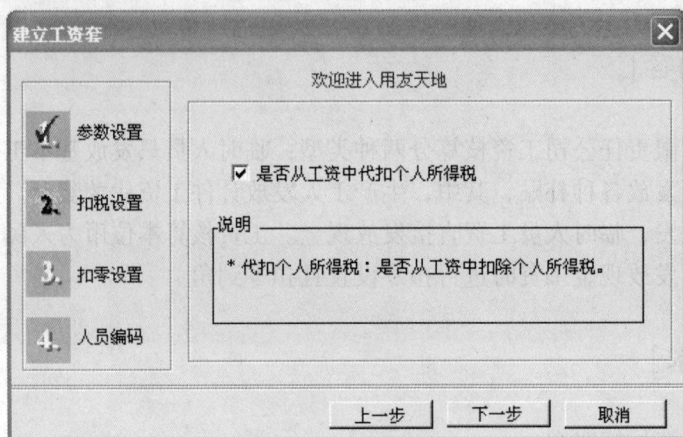

图6-4 扣税设置

特别提示：

选择扣税项，工资核算时系统会根据设置的税率自动计算个人所得税额。

（4）单击"下一步"按钮，在扣零设置环节，选择"扣零"复选框，并设置"扣零至角"，如图6-5所示。

图6-5 扣零设置

特别提示：

如果选择"扣零处理"，系统自动在固定工资项目中增加"本月扣零"和"上月扣零"两个项目，用户不需设置扣零处理的公式。

（5）单击"下一步"按钮，进入人员编码设置环节，如图6-6所示，单击"完成"按钮，完成工资账套建立。

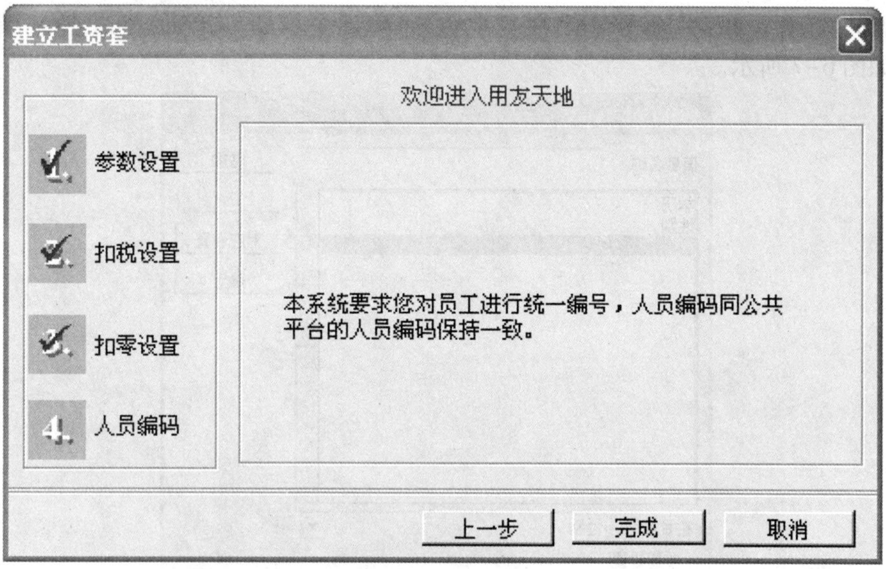

图6-6　人员编码

特别提示：

建账完成后，部分参数可在建立工资类别后通过"设置"/"选项"修改。

任务二　设置人员附加信息

［任务名称］

设置河北新华有限责任公司人员附加信息。

［任务内容］

河北新华有限责任公司需要在人员档案中体现员工的学历和性别（男、女）等附加信息。

［任务要求］

正确设置人员附加信息。

[工作示范]

操作步骤:

(1) 双击"设置"/"人员附加信息设置",打开"人员附加信息设置"对话框,单击"增加"按钮,在栏目参照中选择"学历",单击"增加"按钮。同上所述增加"性别"。如图6-7所示。

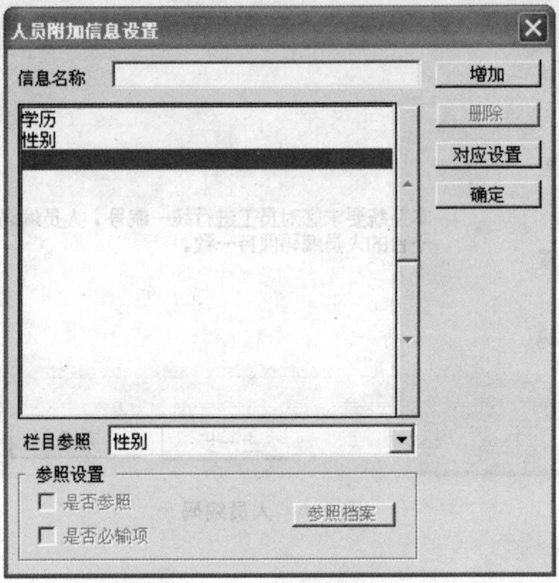

图6-7 附加信息设置

(2) 选择"性别"信息项,选择"是否参照"复选框,如图6-8所示。

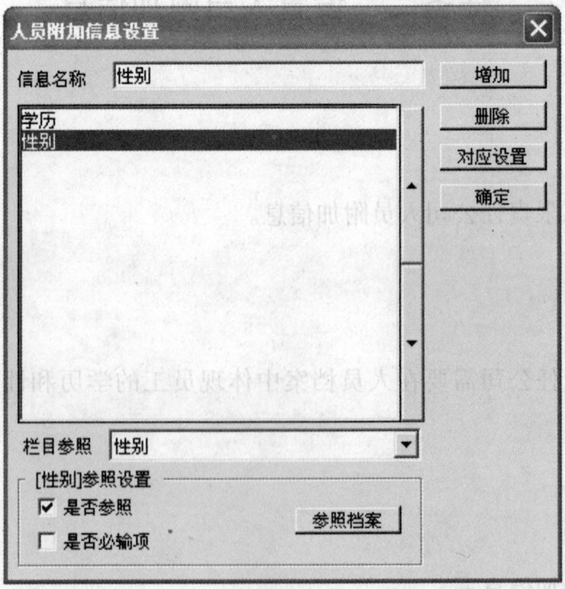

图6-8 设置附加信息——参照设置

栏目说明：

①是否参照：选择"是否参照"按钮可以录入参照档案，在录入人员档案时可以参照档案录入相关信息；否则不可以录入参照档案。

②是否必输项：选择"是否必输项"按钮后，该附加信息在录入人员档案时必须输入，否则不予保存。

（3）单击"参照档案"按钮，系统弹出"工资人员附加信息"对话框，在参照信息栏输入"男"，单击"增加"按钮，同理输入"女"，如图6-9所示，单击"确认"按钮。

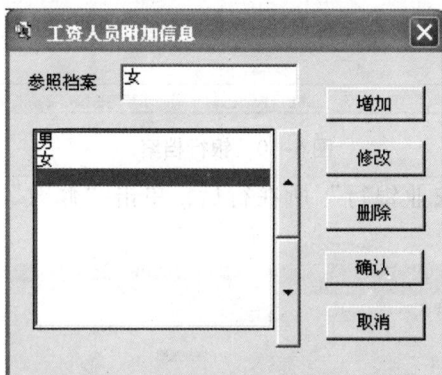

图6-9　工资人员附加信息——性别参照档案

任务三　设置银行档案

［任务名称］

设置河北新华有限责任公司银行档案。

［任务内容］

河北新华有限责任公司正式人员工资由中国农业银行代发，个人账户的账号定长为19位，自动带出账号长度为15位。

［任务要求］

正确设置代发银行信息。

［工作示范］

操作步骤：

（1）以账套主管王志强身份登录"企业应用平台"，在"业务导航视图"中选择

"基础设置"，双击"基础档案"/"收付结算"/"银行档案"，打开"银行档案"窗口，如图 6-10 所示。

图 6-10 银行档案

（2）单击选中"中国农业银行"所在行后，单击"修改"按钮，修改个人账户信息，如图 6-11 所示。

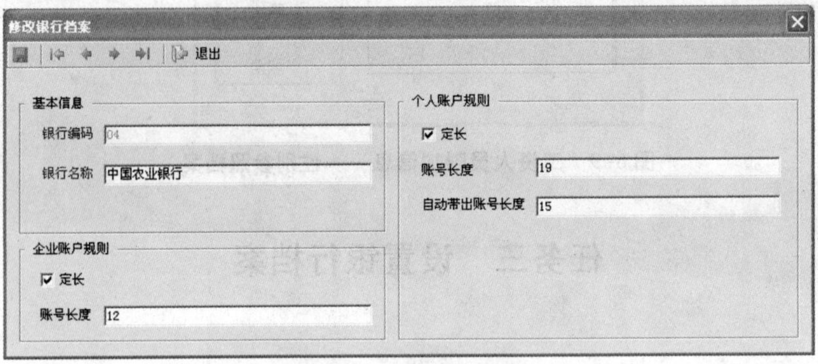

图 6-11 修改银行档案

任务四　设置工资类别

[任务名称]

设置河北新华有限责任公司工资类别。

[任务内容]

河北新华有限责任公司工资类别为"正式人员"和"临时人员"。正式人员分布在各个部门，临时人员只属于办公室。

[任务要求]

正确设置工资类别。

✎ [工作示范]

操作步骤：

（1）双击"工资类别"／"新建工资类别"，打开"新建工资类别"对话框，输入新建工资类别名称"正式人员"，如图6-12所示。

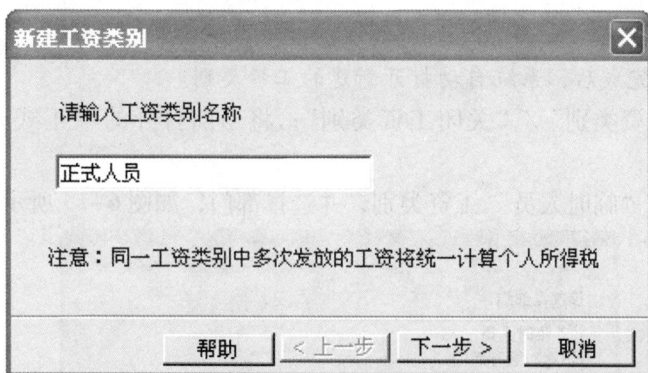

图6-12 新建工资类别

（2）单击"下一步"按钮，选择新建工资类别所包含的部门，根据案例资料，选择全部部门，如图6-13所示。

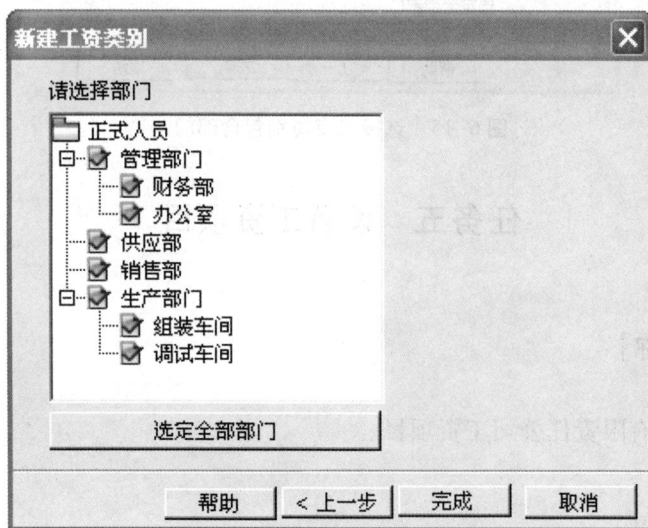

图6-13 选择工资类别包含部门

特别提示：

①在此选择该工资类别核算人员所处的部门，需先选择上级部门，再选择下级部门，同一个部门可被多个工资类别选中。

②如果尚未建立部门档案，则无法完成工资类别设置。

（3）单击"完成"按钮，确定工资类别的启用日期，如图6-14所示。单击"是"按钮，完成"正式人员"工资类别的建立。

图 6-14　确定工资类别启用日期

特别提示：

建立工资类别完成后，系统自动打开新建的工资类别。

（4）双击"工资类别"/"关闭工资类别"，将当前打开的"正式人员"工资类别关闭。

（5）同理建立"临时人员"工资类别，并选择部门，如图 6-15 所示。

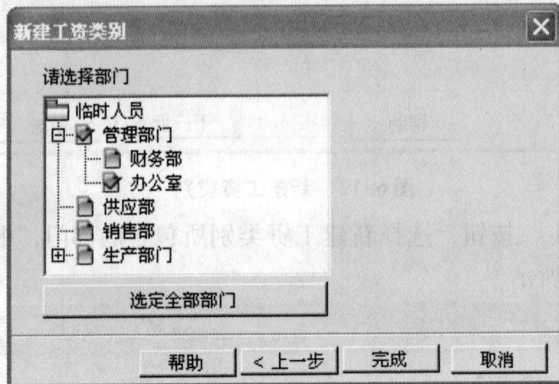

图 6-15　选择工资类别包含部门

任务五　设置工资项目

[任务名称]

设置河北新华有限责任公司工资项目。

[任务内容]

河北新华有限责任公司工资项目见表 6-1。

表 6-1　　　　　　　　　　　　　　　工资项目

工资项目名称	类型	长度	小数	增减项	正式人员工资项目	临时人员工资项目
基本工资	数字	8	2	增项	√	√
职务补贴	数字	8	2	增项	√	

续表

工资项目名称	类型	长度	小数	增减项	正式人员工资项目	临时人员工资项目
福利补贴	数字	8	2	增项	√	
交通补贴	数字	8	2	增项	√	
奖金	数字	8	2	增项	√	
缺勤天数	数字	8	2	其他	√	
缺勤扣款	数字	8	2	减项	√	
计件工资	数字	8	2	增项	√	
养老保险扣款	数字	8	2	减项	√	
医疗保险扣款	数字	8	2	减项	√	
失业保险扣款	数字	8	2	减项	√	
住房公积金扣款	数字	8	2	减项	√	

[任务要求]

正确设置工资项目。

[工作示范]

操作步骤:

(1) 双击"设置"/"工资项目设置",打开工资项目设置对话框,如图6-16所示。

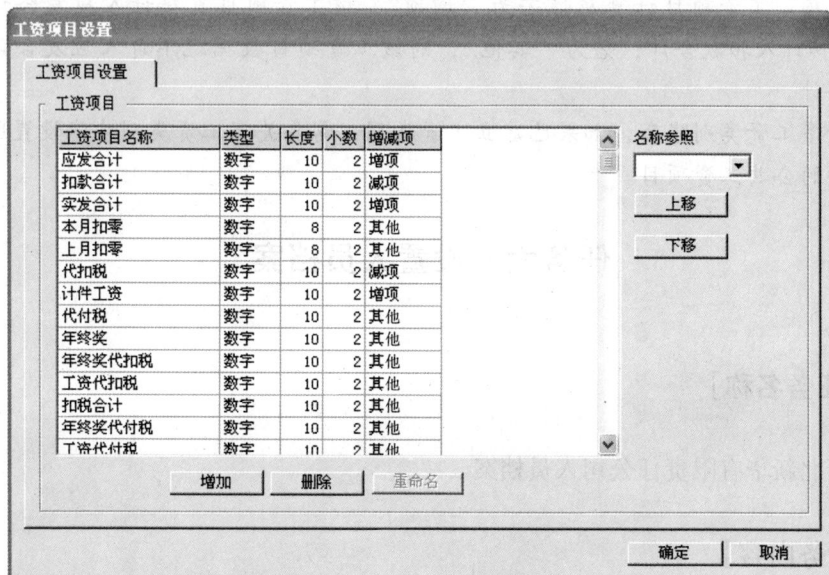

图6-16　工资项目设置

（2）单击"增加"按钮，从"名称参照"下拉列表中选择系统提供的工资项目"基本工资"，也可以直接输入，并设置该工资项目的类型、长度、小数及增减项。同理设置其他工资项目，并通过"上移"和"下移"按钮调整工资项目的排列顺序，设置结果如图6-17所示。

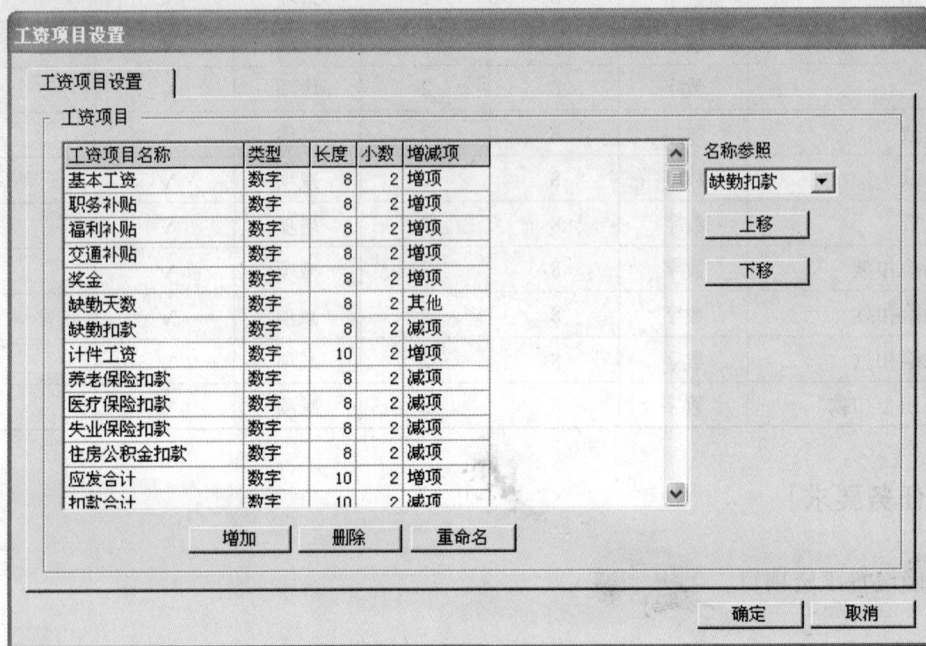

图6-17　工资项目设置结果

特别提示：

①工资项目类型：系统提供数字和字符两种类型。

②增减项：工资项目计算属性若为"增项"，该工资项目直接计入应发合计；若为"减项"直接计入扣款合计；若为"其他"，则该工资项目数据既不计入应发合计，也不计入扣款合计。

③对于多工资类别账套，如果已建立工资类别，需要关闭工资类别才能设置所有工资类别所需要的公共工资项目。

任务六　设置人员档案

[任务名称]

设置河北新华有限责任公司人员档案。

[任务内容]

河北新华有限责任公司人员档案见表6-2、表6-3。

表6-2　　　　　　　　　　　　　　　正式人员档案

人员编码	人员姓名	人员类别	薪资部门	银行名称	核算计件工资	银行账号	学历	性别
101	王志强	行政人员	财务部	中国农业银行	否	6228480689121110001	研究生	男
102	李明轩	行政人员	财务部	中国农业银行	否	6228480689121110002	研究生	男
103	张东明	行政人员	财务部	中国农业银行	否	6228480689121110003	研究生	男
104	孙丹丹	行政人员	财务部	中国农业银行	否	6228480689121110004	本科	女
105	李明刚	行政人员	办公室	中国农业银行	否	6228480689121110006	专科	男
106	周永芳	行政人员	办公室	中国农业银行	否	6228480689121110005	本科	女
201	王思燕	采购人员	供应部	中国农业银行	否	6228480689121110007	本科	女
301	李振东	销售人员	销售部	中国农业银行	否	6228480689121110008	本科	男
401	吴启天	生产人员	组装车间	中国农业银行	是	6228480689121110009	本科	男
402	张诚	生产人员	调试车间	中国农业银行	是	6228480689121110010	本科	男

表6-3　　　　　　　　　　　　　临时人员档案

人员编码	人员姓名	性别	人员类别	薪资部门	现金发放
901	李彩云	女	其他	办公室	是
902	陈颖	女	其他	办公室	是

［任务要求］

正确设置人员档案。

［工作示范］

操作步骤：

（1）双击"工资类别"/"打开工资类别"，打开"打开工资类别"对话框，选择"正式人员"，单击"确认"按钮，打开"正式人员"工资类别。

（2）双击"设置"/"人员档案"，打开"人员档案"编辑窗口。

（3）单击工具栏"批增"按钮，打开"人员批量增加"对话框，选择"行政人员、采购人员、销售人员和生产人员"，如图6-18所示。

（4）单击"确定"按钮，完成人员档案的批量导入，如图6-19所示。

（5）单击工具栏"修改"按钮，打开"人员档案明细"对话框，根据资料补充录入属于"正式人员"工资类别人员的基本信息与附加信息，如图6-20和图6-21所示。

（6）单击"确定"按钮，系统弹出"写入该人员档案信息吗?"对话框，如图6-22所示，单击"确定"保存。

（7）同理完成其他人员档案信息的修改，修改结果如图6-23所示。

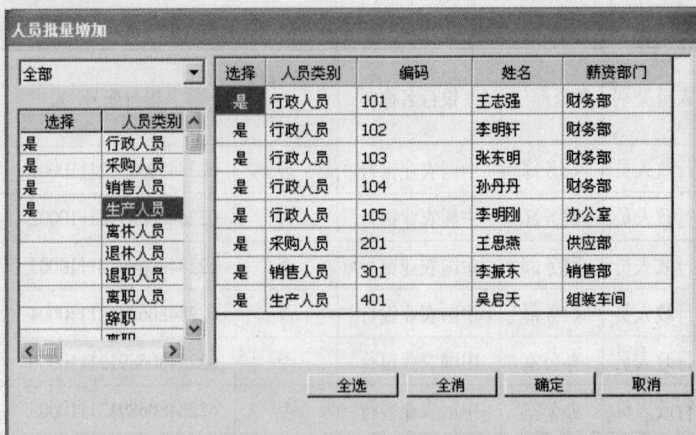

图 6-18　人员批量增加

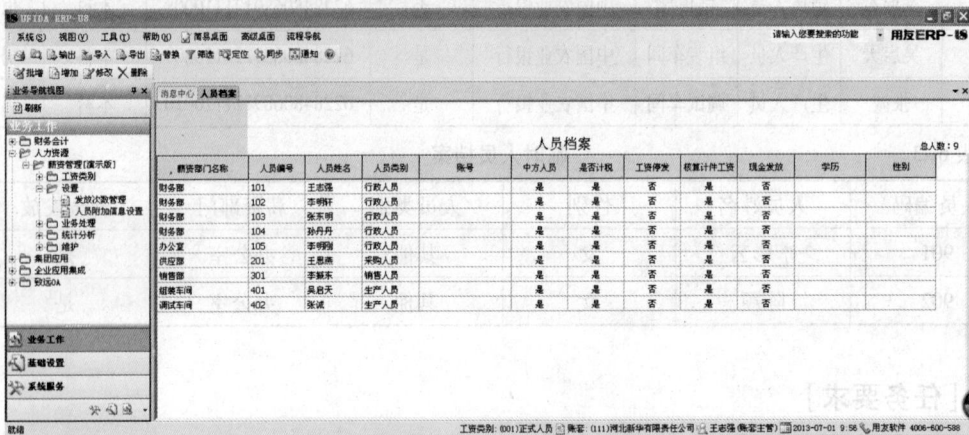

图 6-19　人员档案

图 6-20　人员档案明细—基本信息

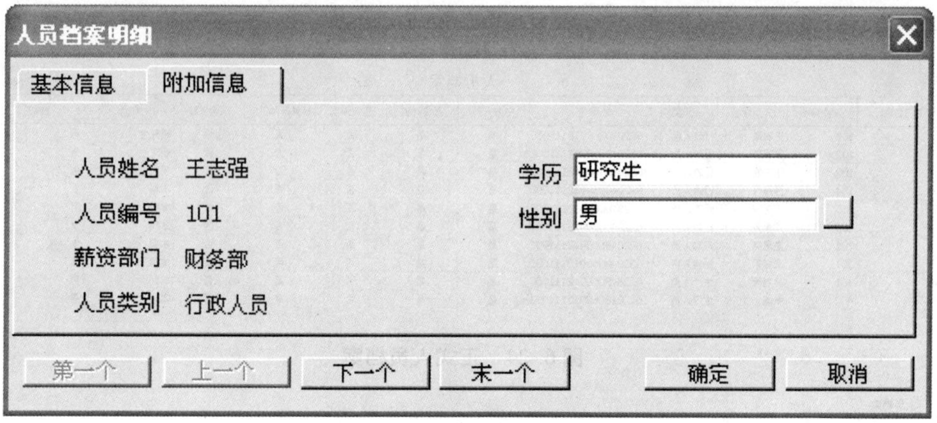

图 6-21　人员档案明细—附加信息

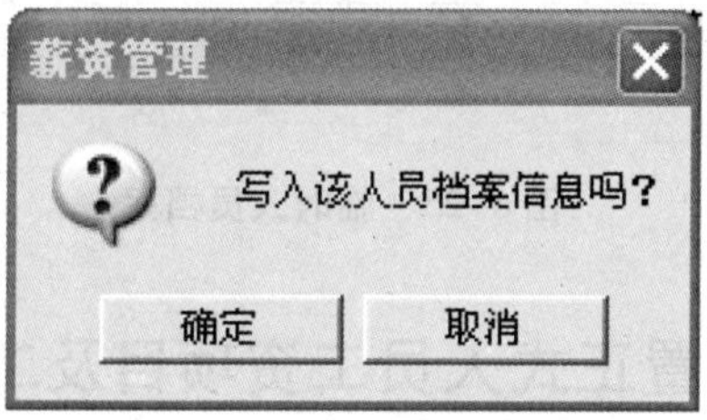

图 6-22　确定写入信息对话框

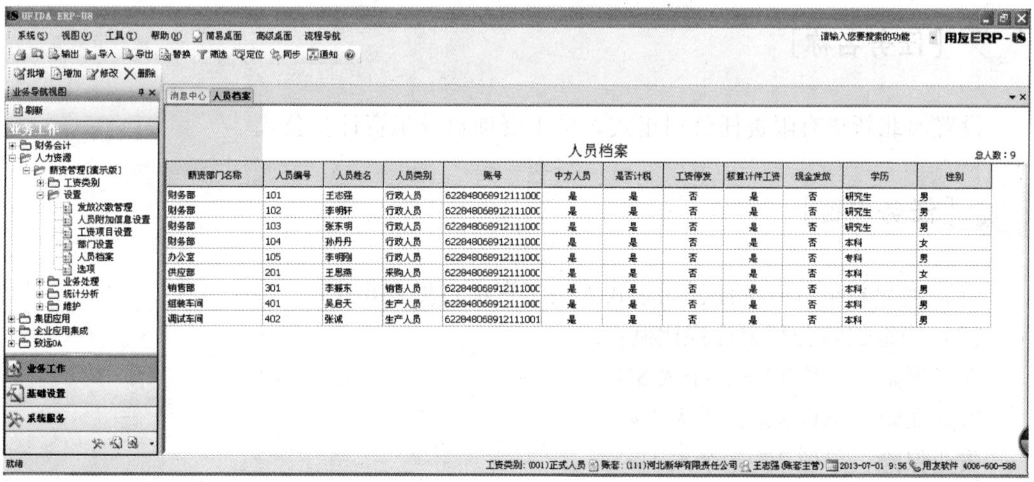

图 6-23　人员档案

特别提示：

人员编号、人员姓名、人员类别来源于公共平台的人员档案信息，薪资管理系统不能修改，要在公共平台中修改，系统会自动将修改信息同步到薪资管理系统。

（8）在"业务导航视图"中选择"基础设置"，双击"基础档案"/"机构人员"/"人员档案"，输入周永芳的信息，并在薪资管理系统中补充完整周永芳的信息，正式人员档案信息最终结果如图 6-24 所示。

（9）按照上述方法在"临时人员"类别中录入临时人员档案，结果如图 6-25 所示。

消息中心 人员档案

人员档案

总人数：10

薪资部门名称	人员编号	人员姓名	人员类别	账号	中方人员	是否计税	工资停发	核算计件工资	现金发放	学历	性别
财务部	101	王志强	行政人员	62284806891211100C	是	是	否	否	否	研究生	男
财务部	102	李明轩	行政人员	62284806891211100C	是	是	否	否	否	研究生	男
财务部	103	张东明	行政人员	62284806891211100C	是	是	否	否	否	研究生	男
财务部	104	孙丹丹	行政人员	62284806891211100C	是	是	否	否	否	本科	女
办公室	105	李明刚	行政人员	62284806891211100C	是	是	否	否	否	专科	男
办公室	106	周永芳	行政人员	62284806891211100C	是	是	否	否	否	本科	女
供应部	201	王思燕	采购人员	62284806891211100C	是	是	否	否	否	本科	女
销售部	301	李振东	销售人员	62284806891211100C	是	是	否	否	否	本科	男
组装车间	401	吴启天	生产人员	62284806891211100C	是	是	否	是	否	本科	男
调试车间	402	张诚	生产人员	622848068912111001	是	是	否	是	否	本科	男

图 6-24 正式人员档案

消息中心 人员档案

人员档案

总人数：2

薪资部门名称	人员编号	人员姓名	人员类别	账号	中方人员	是否计税	工资停发	核算计件工资	现金发放	学历	性别
办公室	901	李彩云	其他		是	是	否	否	是		
办公室	902	陈颖	其他		是	是	否	否	是		

图 6-25 临时人员档案

任务七 设置正式人员工资项目及工资计算公式

[任务名称]

设置河北新华有限责任公司正式人员工资项目及工资计算公式。

[任务内容]

（1）河北新华有限责任公司正式人员工资项目见表 6-1。

（2）当地保险公积金计提比例：

养老保险：单位 12%，个人 8%

医疗保险：单位 9%，个人 2%

失业保险：单位 2%，个人 1%

工伤保险：单位 2%

生育保险：单位 1.5%

住房公积金：单位 20%，个人 10%

（3）根据《河北新华有限责任公司工资管理制度》的相关规定，员工工资计算以月为计算期，月平均工作日为 22 天，员工在休假期间按照实际休假天数扣除当月基本工资，即当月基本工资扣发额 = 当月基本工资 ÷22× 休假天数，其他福利待遇不变。

（4）对采购人员和销售人员每月发放交通补贴 200 元，其他人员不发放交通补贴。

[任务要求]

正确设置正式人员工资项目及工资计算公式。

[知识链接]

在关闭工资类别情况下，已设置了各种工资类别所需要的全部工资项目。由于不同工资类别的工资项目、计算公式不尽相同，因此需要打开各个工资类别，选择本类别所需要的工资项目，并设置其工资项目计算公式。

[工作示范]

操作步骤：

（1）在"正式人员"工资类别中，单击"设置"／"工资项目设置"，打开"工资项目设置"对话框。

（2）单击"增加"按钮，在工资项目列表中加一空行，从"名称参照"下拉列表中选择本工资类别所需要的工资项目。调整顺序后结果如图6-26所示。

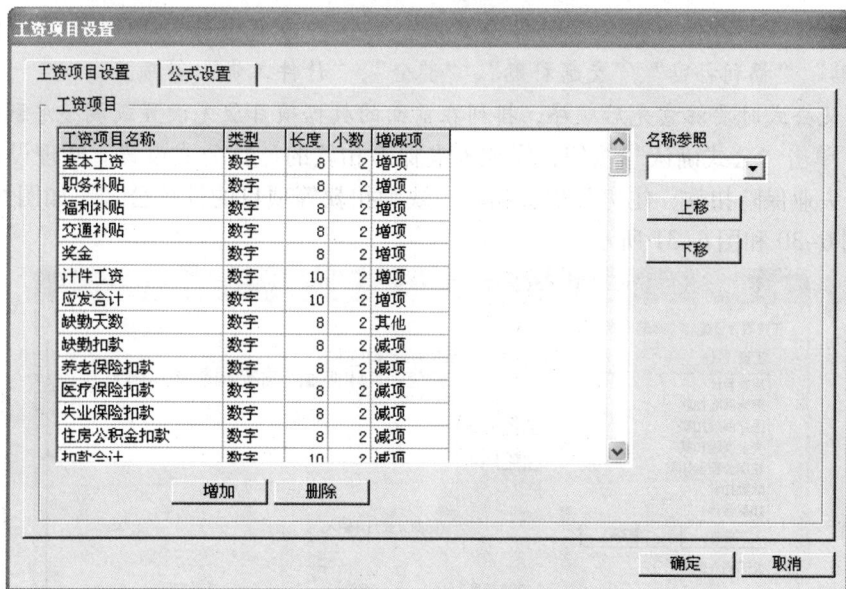

工资项目名称	类型	长度	小数	增减项
基本工资	数字	8	2	增项
职务补贴	数字	8	2	增项
福利补贴	数字	8	2	增项
交通补贴	数字	8	2	增项
奖金	数字	8	2	增项
计件工资	数字	10	2	增项
应发合计	数字	10	2	增项
缺勤天数	数字	8	2	其他
缺勤扣款	数字	8	2	减项
养老保险扣款	数字	8	2	减项
医疗保险扣款	数字	8	2	减项
失业保险扣款	数字	8	2	减项
住房公积金扣款	数字	8	2	减项
扣款合计	数字	10	2	减项

图6-26　正式职工工资项目设置

特别提示：

名称参照处的工资项目源自在关闭工资类别状态下所设置的工资项目，增加某个工资类别下的工资项目时，只能从中选入，不能在此新增任何项目。

（3）单击选择"公式设置"选项卡，设置"正式职工"计算公式。

（4）单击"增加"按钮，从"工资项目"下拉列表中选择"养老保险扣款"，单击公式定义区，进行养老保险扣款项目的公式定义，如图6-27所示。

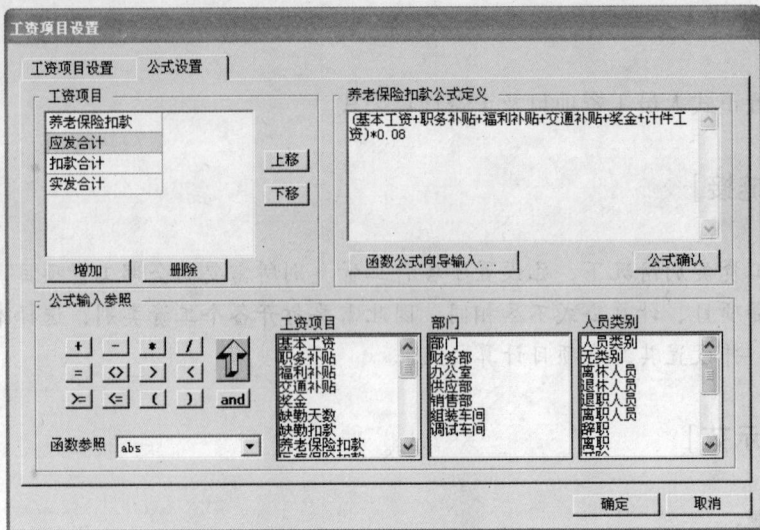

图6-27 养老保险扣款公式设置

特别提示：

①应发合计、扣款合计和实发合计公式不用设置，工资项目中的增项直接计入"应发合计"，减项直接计入"扣款合计"。

②在设置"养老保险扣款"计算公式时，需将"应发合计"分解为"基本工资"、"职务补贴"、"福利补贴"、"交通补贴"、"奖金"、"计件工资"等项目。

③定义公式时要注意先后顺序，排列在前面的数据项应先设置或调整序到前面。

（5）单击"公式确认"按钮，完成养老保险扣款的计算公式设置。同理设置医疗保险扣款、失业保险扣款、住房公积金扣款、缺勤扣款等项目的计算公式，如图6-28、图6-29、图6-30和图6-31所示。

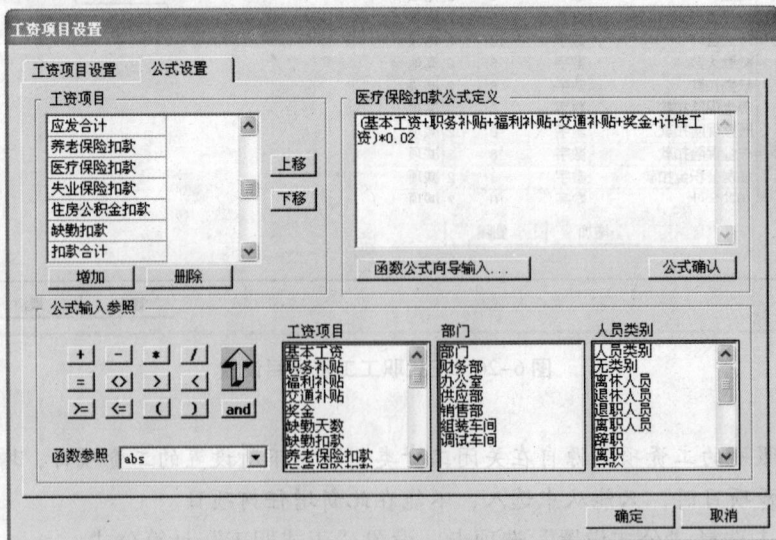

图6-28 医疗保险扣款公式设置

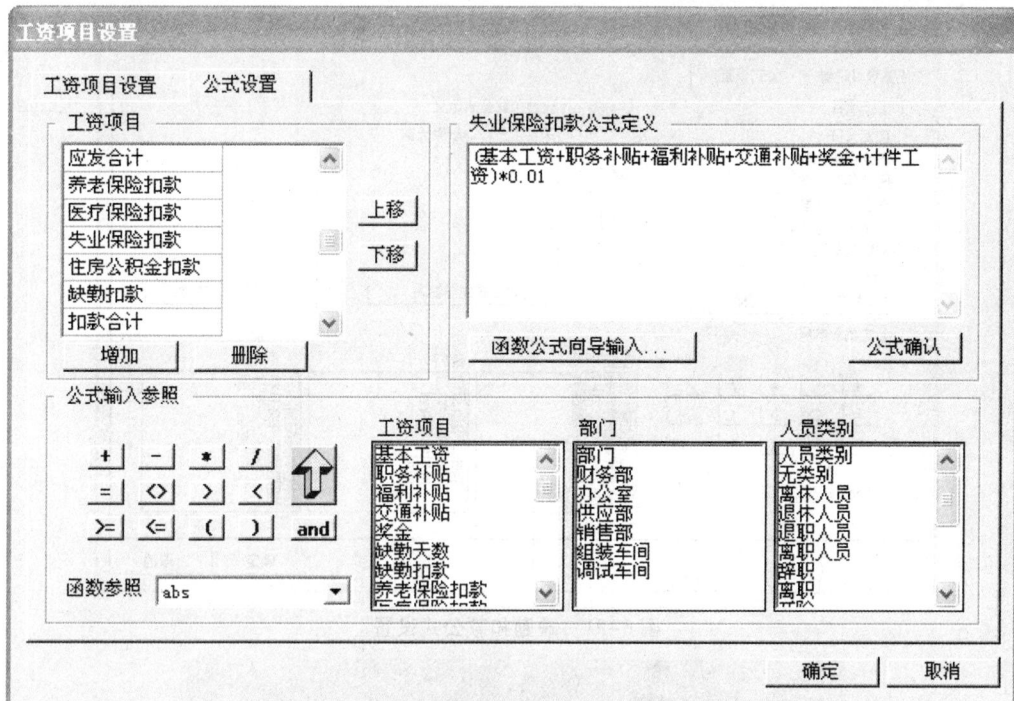

图6-29 失业保险扣款公式设置

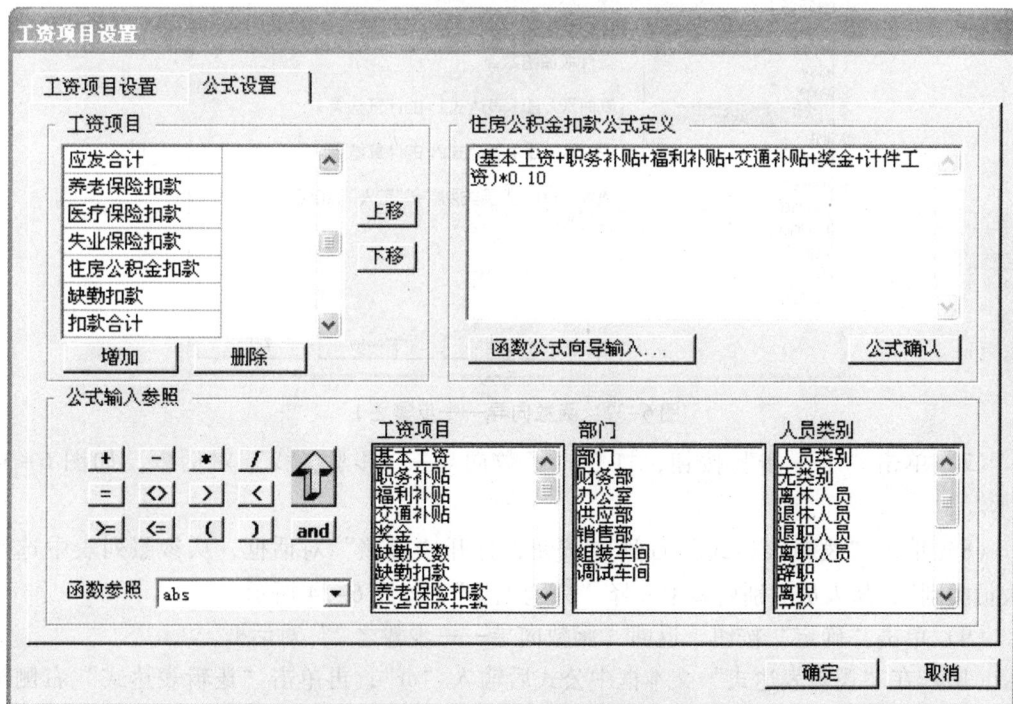

图6-30 住房公积金扣款公式设置

（6）从"工资项目"下拉列表中选择"交通补贴"，单击"函数公式向导输入"按钮，打开"函数向导——步骤之1"对话框，选择"iff"函数，如图6-32所示。

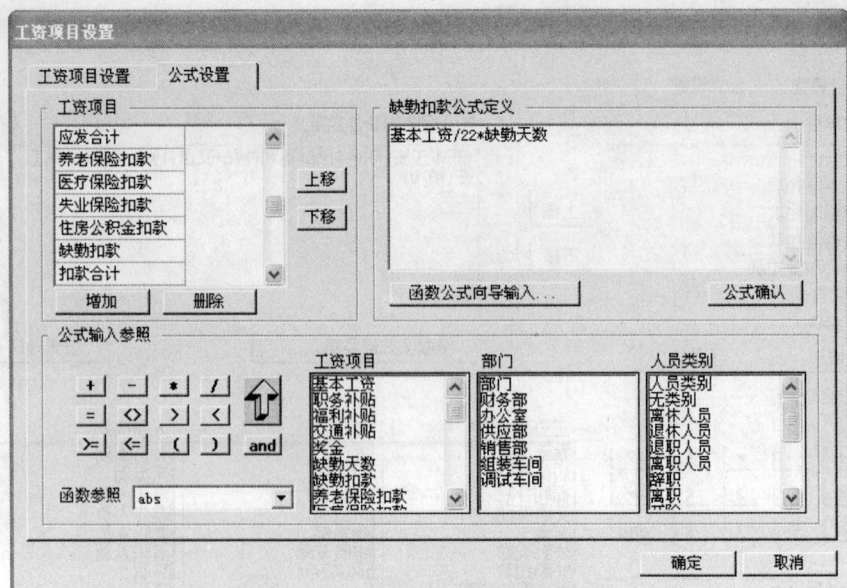

图6-31　缺勤扣款公式设置

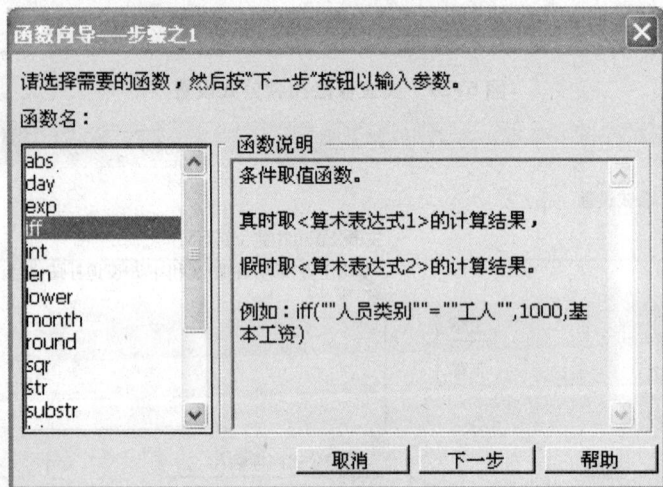

图6-32　函数向导——步骤之1

（7）单击"下一步"按钮，打开"函数向导——步骤之2"对话框，如图6-33所示。

（8）单击"逻辑表达式"右侧🔍按钮，打开"参照"对话框，从参照列表中选择"人员类别"，从人员类别列表中选择"采购人员"，如图6-34所示。

（9）单击"确定"按钮，返回"函数向导——步骤之2"对话框。

（10）在"逻辑表达式"文本框中公式后输入"or"，再单击"逻辑表达式"右侧按钮，打开"参照"对话框，从参照列表中选择"人员类别"，从人员类别列表中选择"销售人员"，单击"确定"按钮，返回"函数向导——步骤之2"对话框。

（11）在"算术表达式1"文本框中输入"200"，在"算术表达式2"文本框中输入"0"。结果如图6-35所示。

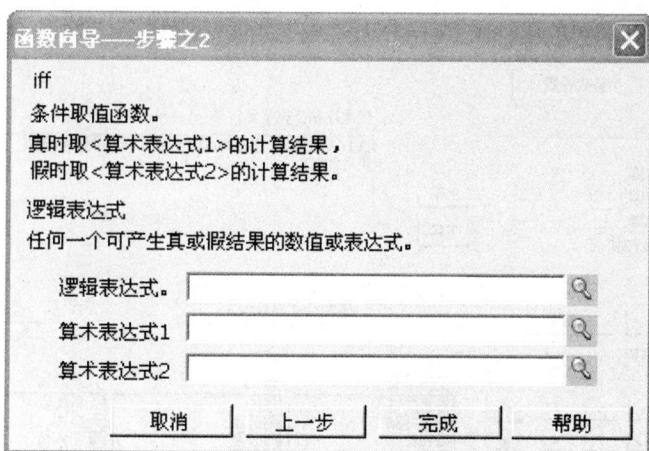

图6-33 函数向导——步骤之2

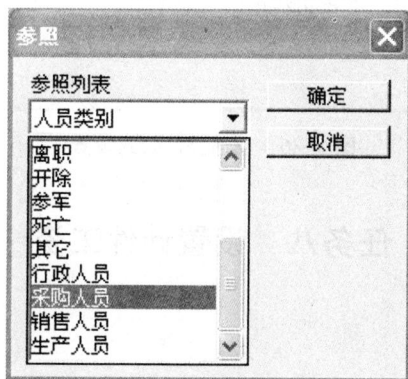

图6-34 参照

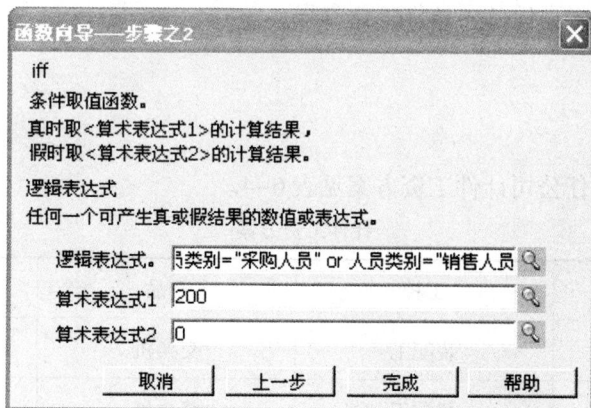

图6-35 函数向导——步骤之2填充信息窗口

特别提示：

"or"的前后需加空格。

（12）单击"完成"按钮，返回"公式设置"选项卡，结果如图6-36所示。单击"公式确认"按钮保存公式设置。

（13）单击"确定"按钮，保存正式人员工资项目和公式设置结果。

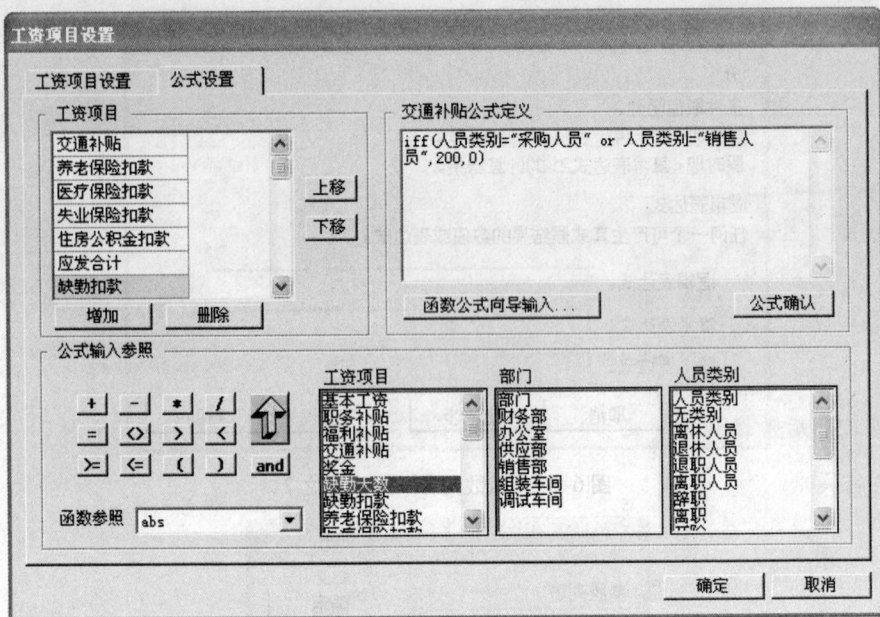

图 6-36　交通补助公式设置

任务八　设置计件工资

［任务名称］

设置河北新华有限责任公司计件工资方案。

［任务内容］

河北新华有限责任公司计件工资方案见表 6-4。

表 6-4　　　　　　　　　　　　计件工资方案　　　　　　　　　　金额单位：元

产品名称	工种	产品	计件单价
交换机组装	装配工	交换机	30.00
路由器组装	装配工	路由器	5.00
基站发射机组装	装配工	基站发射机	150.00
交换机调试	调试工	交换机	10.00
路由器调试	调试工	路由器	5.00
基站发射机调试	调试工	基站发射机	50.00

[任务要求]

正确设置计件工资方案。

[知识链接]

计件工资是薪资核算系统的组成部分，主要用于核算制造型企业员工的计件工资，并将计件工资数据传递到薪资系统。计件工资模块必须与薪资管理结合使用。首先需要进入薪资管理设置工资类别、人员档案，并设置工资类别是否核算计件工资、设置计件人员，计件工资汇总后传递到工资变动的计件工资项目中，完成计件工资的核算功能。

[工作示范]

操作步骤：

（1）双击"人力资源"／"计件工资"／"设置"／"计价要素设置"，系统自动弹出"计价要素设置"对话框。单击"编辑"按钮，启动"增加"按钮，在空行中输入名称为"工种"、类型为"标准"、数据类型为"字符型"，并启用该要素。

（2）启用"产品"、"工种"、"工价"和"合格数量"四个计价要素，将其他要素关闭，并调整要素的排列顺序，结果如图6-37所示。

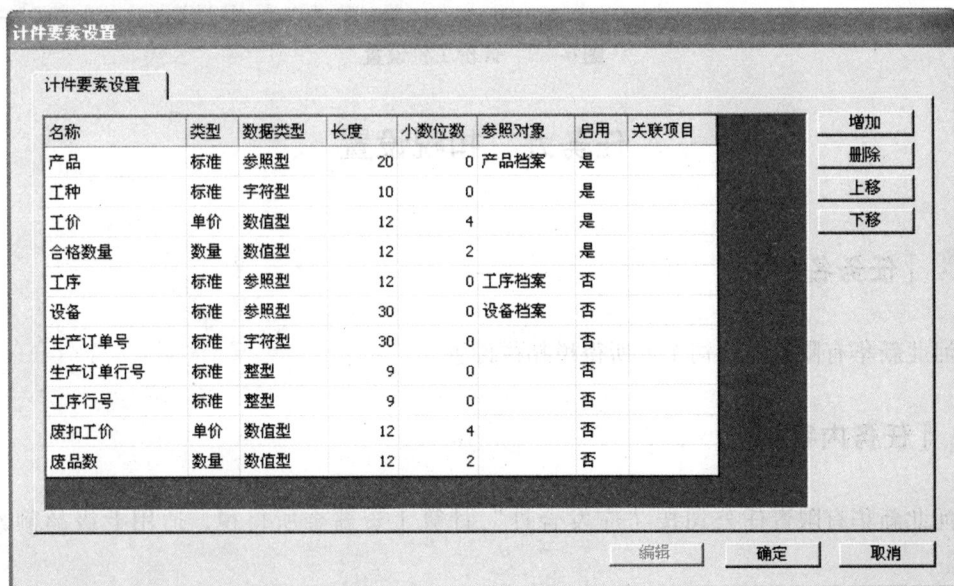

名称	类型	数据类型	长度	小数位数	参照对象	启用	关联项目
产品	标准	参照型	20	0	产品档案	是	
工种	标准	字符型	10	0		是	
工价	单价	数值型	12	4		是	
合格数量	数量	数值型	12	2		是	
工序	标准	参照型	12	0	工序档案	否	
设备	标准	参照型	30	0	设备档案	否	
生产订单号	标准	字符型	30	0		否	
生产订单行号	标准	整型	9	0		否	
工序行号	标准	整型	9	0		否	
废扣工价	单价	数值型	12	4		否	
废品数	数量	数值型	12	2		否	

图6-37　计价要素设置

（3）单击"确定"按钮，系统弹出提示信息对话框，如图6-38所示，单击"确定"退出。

（4）在"人力资源"／"计件工资"模块双击"设置"／"计价工价设置"，打开

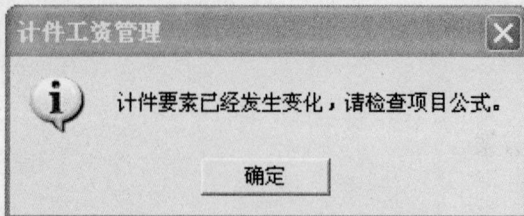

图6-38 计件要素设置提示信息

"计价工价设置"窗口。

（5）单击工具栏"增加"按钮，逐行输入计件工资方案信息。结果如图6-39所示。

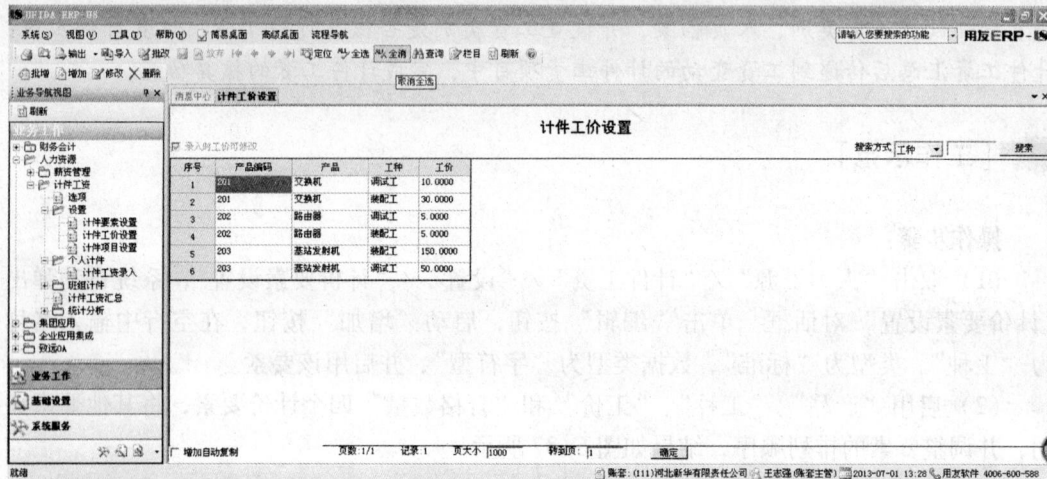

图6-39 计价工价设置

任务九 扣税设置

[任务名称]

河北新华有限责任公司个人所得税扣税设置。

[任务内容]

河北新华有限责任公司按"应发合计"计算工资薪金所得税，适用七级超额累进税率。

[任务要求]

正确进行河北新华有限责任公司个人所得税扣税设置。

[工作示范]

操作步骤:

(1) 在"人力资源"/"薪资管理"模块,打开"正式人员"工资类别,双击"设置"/"选项",打开"选项"设置对话框,选择"扣税设置"页签,单击"编辑"按钮,选择"收入额合计"对应的工资项目为"应发合计",如图6-40所示。

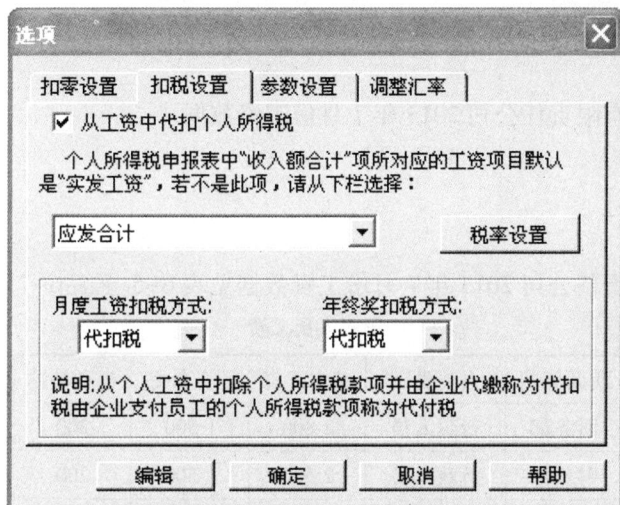

图6-40 选项——扣税设置

(2) 单击"税率设置",打开"个人所得税申报表——税率表"对话框,修改计税基数为"3 500"元、附加费用为"1 300"元及代扣税的税率表,结果如图6-41所示。

级次	应纳税所得额下限	应纳税所得额上限	税率(%)	速算扣除数
1	0.00	1500.00	3.00	0.00
2	1500.00	4500.00	10.00	105.00
3	4500.00	9000.00	20.00	555.00
4	9000.00	35000.00	25.00	1005.00
5	35000.00	55000.00	30.00	2755.00
6	55000.00	80000.00	35.00	5505.00
7	80000.00		45.00	13505.00

图6-41 个人所得税申报表——税率表

(3) 单击"确定"按钮退出。

(4) 同理设置"临时人员"类别下的个人所得税扣税设置。

学习子情境二 薪资管理日常业务处理

任务一 录入员工工资数据

[任务名称]

录入河北新华有限责任公司 2013 年 7 月份工资数据。

[任务内容]

河北新华有限责任公司 2013 年 7 月份工资数据见表 6-5 至表 6-7。

表 6-5 正式人员工资 金额单位：元

职员编号	姓名	所属部门	人员类别	基本工资	职务补贴	福利补贴	奖金	缺勤天数
101	王志强	财务部	行政人员	2 800	1 500	200	1 200	
102	李明轩	财务部	行政人员	2 500	1 500	200	1 200	
103	张东明	财务部	行政人员	2 300	1 000	200	1 000	3
104	孙丹丹	财务部	行政人员	1 600	900	200	800	
105	李明刚	办公室	行政人员	2 000	800	200	1 100	1
106	周永芳	办公室	行政人员	2 000	900	200	800	
201	王思燕	供应部	采购人员	2300	1 600	200	1 400	
301	李振东	销售部	销售人员	2 300	2 000	200	1 400	
401	吴启天	组装车间	生产人员	1 000	1 500	200	0	
402	张诚	调试车间	生产人员	1 300	1 500	200	0	

表 6-6 计件工资统计

职员编号	姓名	所属部门	合格产品数量（台）		
			交换机	路由器	基站发射机
401	吴启天	组装车间	20	40	10
402	张诚	调试车间	20	40	20

表 6-7 临时人员工资

人员编码	人员姓名	所属部门	人员类别	基本工资（元）
901	李彩云	办公室	其他	3 000
902	陈颖	办公室	其他	2 500

［任务要求］

正确核算河北新华有限责任公司 2013 年 7 月份的工资数据。

［工作示范］

1. 正式人员基本工资数据录入

操作步骤：

（1）单击"开始"／"程序"／"用友 ERP-U872"／"企业应用平台"，操作员输入张东明的编号"03"和密码，账套选择"111 河北新华有限责任公司"，操作日期为"2013-07-31"，确定进入"用友 ERP-U872［企业应用平台］"窗口。

（2）在"正式人员"类别，双击"业务处理"／"工资变动"，打开"工资变动"窗口，如图 6-42 所示。

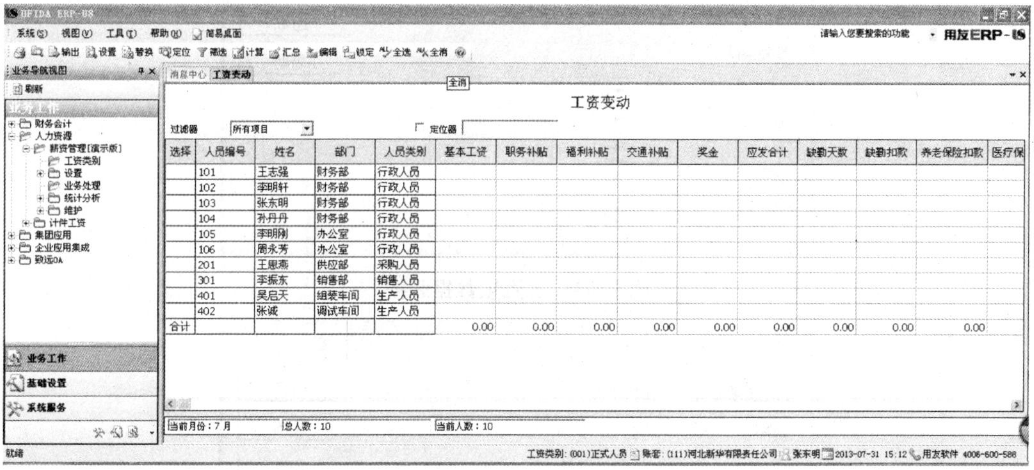

图6-42　工资变动

特别提示：

系统默认对"工资权限"进行"数据权限控制设置"，为保证张东明运用薪资管理系统进行正常工作，需提前取消该项控制。取消路径为"系统服务"／"权限"／"数据权限控制设置"。

（3）将光标定位于"基本工资"，依据表 6-5 录入正式人员基本工资和职务补贴数据，结果如图 6-43 所示。

（4）单击"替换"按钮，打开"工资项数据替换"对话框，如图 6-44 所示。

（5）选择工资项目"福利补贴"，在"替换成"文本栏输入"200"，并设置替换条件，设置结果如图 6-45 所示。

（6）单击"确定"按钮，系统提示如图 6-46 所示。

（7）单击"是"按钮，系统再次提示如图 6-47 所示。

（8）单击"是"按钮完成替换。

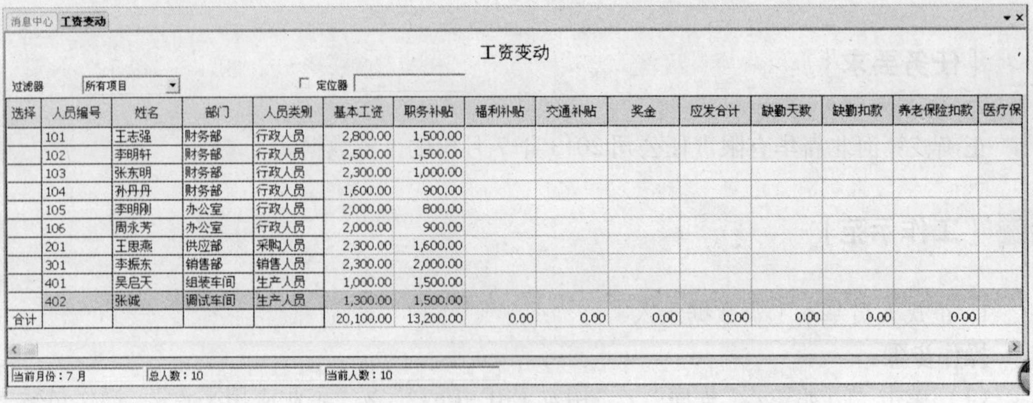

图 6-43　工资变动

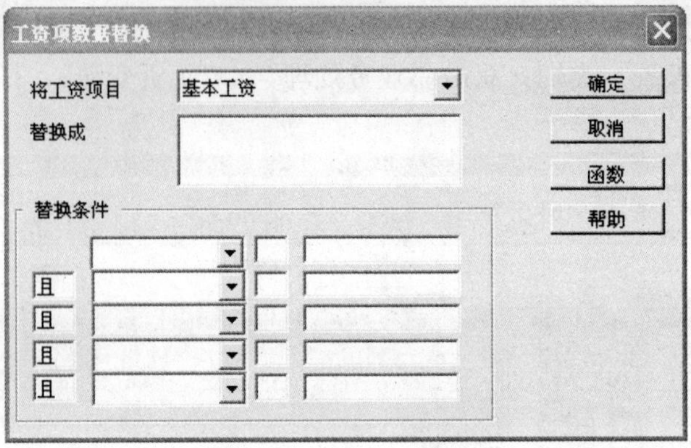

图 6-44　工资项数据替换

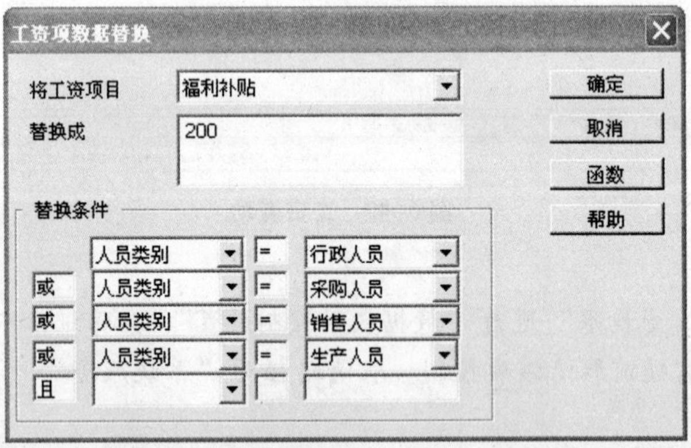

图 6-45　工资项数据替换——福利补贴

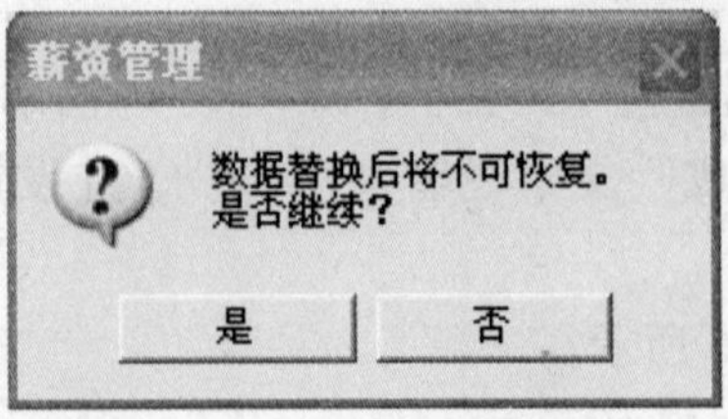

图 6-46　是否继续替换提示

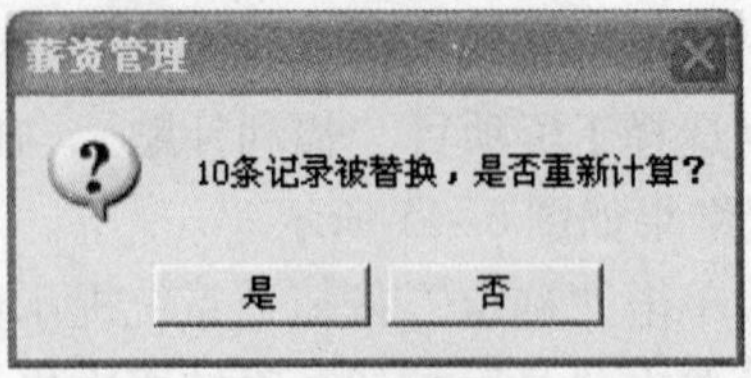

图 6-47　提示是否重新计算

（9）同理输入“奖金”和“缺勤天数”数据。

（10）单击工具栏“计算”按钮，工资变动结果如图 6-48 所示。

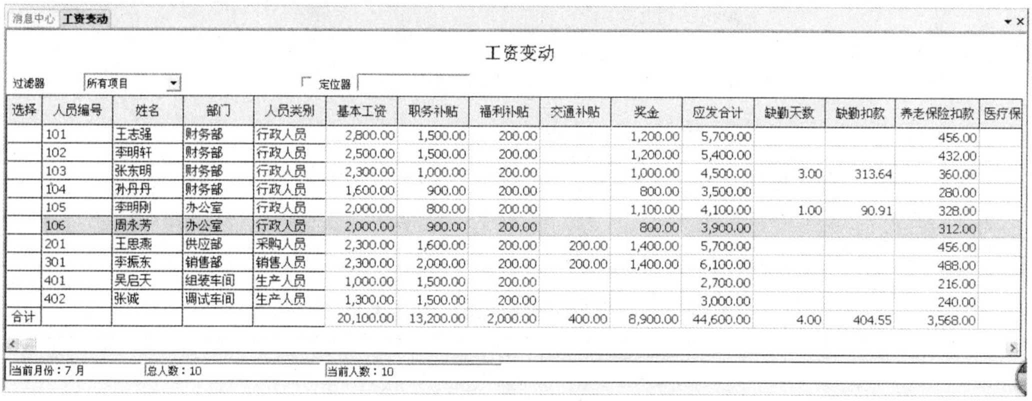

消息中心 工资变动

工资变动

过滤器 所有项目　　定位器

选择	人员编号	姓名	部门	人员类别	基本工资	职务补贴	福利补贴	交通补贴	奖金	应发合计	缺勤天数	缺勤扣款	养老保险扣款	医疗保
	101	王志强	财务部	行政人员	2,800.00	1,500.00	200.00		1,200.00	5,700.00			456.00	
	102	李明轩	财务部	行政人员	2,500.00	1,500.00	200.00		1,200.00	5,400.00			432.00	
	103	张东明	财务部	行政人员	2,300.00	1,000.00	200.00		1,000.00	4,500.00	3.00	313.64	360.00	
	104	孙丹丹	财务部	行政人员	1,600.00	900.00	200.00		800.00	3,500.00			280.00	
	105	李明刚	办公室	行政人员	2,000.00	800.00	200.00		1,100.00	4,100.00	1.00	90.91	328.00	
	106	周永芳	办公室	行政人员	2,000.00	900.00	200.00		800.00	3,900.00			312.00	
	201	王思燕	供应部	采购人员	2,300.00	1,600.00	200.00	200.00	1,400.00	5,700.00			456.00	
	301	李振东	销售部	销售人员	2,300.00	2,000.00	200.00	200.00	1,400.00	6,100.00			488.00	
	401	吴启天	组装车间	生产人员	1,000.00	1,500.00	200.00			2,700.00			216.00	
	402	张诚	调试车间	生产人员	1,300.00	1,500.00	200.00			3,000.00			240.00	
合计					20,100.00	13,200.00	2,000.00	400.00	8,900.00	44,600.00	4.00	404.55	3,568.00	

当前月份：7 月　总人数：10　当前人数：10

图 6-48　工资变动

2. 临时人员工资数据录入

操作步骤：

同理在“临时人员”工资类别下输入临时人员基本工资数据，如图 6-49 所示。

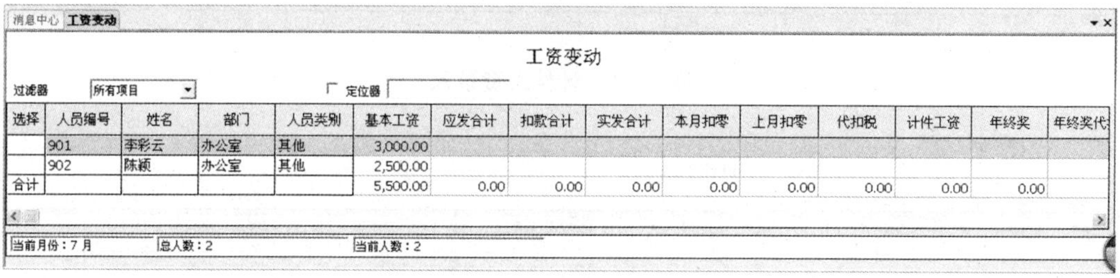

消息中心 工资变动

工资变动

过滤器 所有项目　　定位器

选择	人员编号	姓名	部门	人员类别	基本工资	应发合计	扣款合计	实发合计	本月扣零	上月扣零	代扣税	计件工资	年终奖	年终奖代
	901	李彩云	办公室	其他	3,000.00									
	902	陈颖	办公室	其他	2,500.00									
合计					5,500.00	0.00	0.00	0.00	0.00	0.00	0.00	0.00	0.00	

当前月份：7 月　总人数：2　当前人数：2

图 6-49　临时人员工资变动

3. 计件工资数据录入

操作步骤：

（1）在“人力资源”/“计件工资”模块，双击“个人计件”/“计件工资录入”，打开“计件工资录入”窗口。

（2）单击工具栏“批增”按钮旁边的 ▾，选择“人员录入”，打开“批量增加计件工资（人员）”窗口。

（3）输入表头信息后，单击“增行”按钮，依次录入“工种”、“产品”、“合格数量”等人员计件统计数据。单击“计算”按钮，系统自动计算计件工资数据，如图 6-50 所示。单击“确定”按钮保存。

（4）同理录入所有人员计件工资统计数据，结果如图 6-51 所示。

（5）在“人力资源”/“计件工资”模块，双击“计件工资汇总”，打开“计件工资汇总”窗口。

（6）单击工具栏“汇总”按钮，完成本月计件工资数据汇总，结果如图 6-52 所示。

（7）在“人力资源”/“薪资管理”模块中，打开“正式人员”工资类别，双击“业务处理”/“工资变动”。在“工资变动”窗口中，单击工具栏“计算”按钮，计件工资数据传递到薪资管理系统的结果如图 6-53 所示。

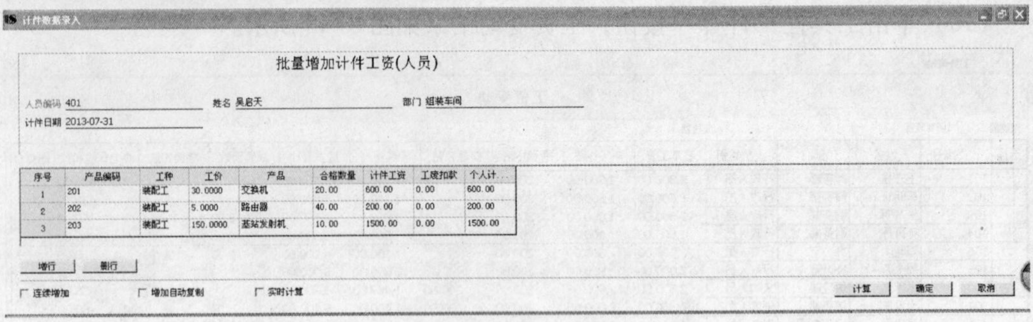

计件数据录入

批量增加计件工资(人员)

人员编码 401　姓名 吴启天　部门 组装车间

计件日期 2013-07-31

序号	产品编码	工种	工价	产品	合格数量	计件工资	工废扣款	个人计...
1	201	装配工	30.0000	交换机	20.00	600.00	0.00	600.00
2	202	装配工	5.0000	路由器	40.00	200.00	0.00	200.00
3	203	装配工	150.0000	基站发射机	10.00	1500.00	0.00	1500.00

增行　删行

连续增加　增加自动复制　实时计算　计算　确定　取消

图 6-50　批量增加计件工资（人员）

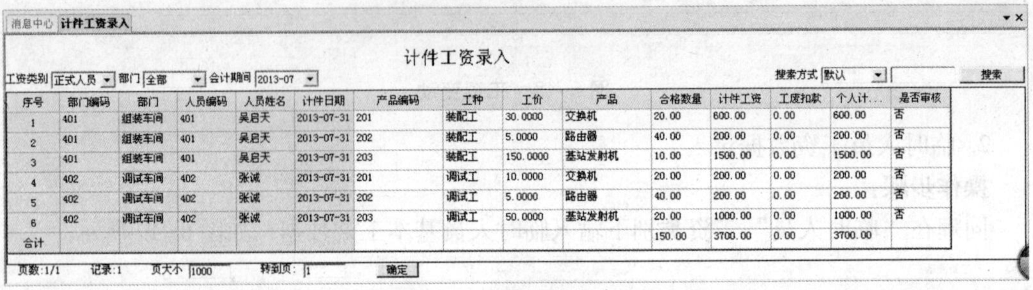

消息中心　计件工资录入

计件工资录入

工资类别 正式人员　部门 全部　会计期间 2013-07　搜索方式 默认　搜索

序号	部门编码	部门	人员编码	人员姓名	计件日期	产品编码	工种	工价	产品	合格数量	计件工资	工废扣款	个人计...	是否审核
1	401	组装车间	401	吴启天	2013-07-31	201	装配工	30.0000	交换机	20.00	600.00	0.00	600.00	否
2	401	组装车间	401	吴启天	2013-07-31	202	装配工	5.0000	路由器	40.00	200.00	0.00	200.00	否
3	401	组装车间	401	吴启天	2013-07-31	203	装配工	150.0000	基站发射机	10.00	1500.00	0.00	1500.00	否
4	402	调试车间	402	张诚	2013-07-31	201	调试工	10.0000	交换机	20.00	200.00	0.00	200.00	否
5	402	调试车间	402	张诚	2013-07-31	202	调试工	5.0000	路由器	40.00	200.00	0.00	200.00	否
6	402	调试车间	402	张诚	2013-07-31	203	调试工	50.0000	基站发射机	20.00	1000.00	0.00	1000.00	否
合计										150.00	3700.00	0.00	3700.00	

页数:1/1　记录:1　页大小 1000　转到页: 1　确定

图 6-51　计件工资录入

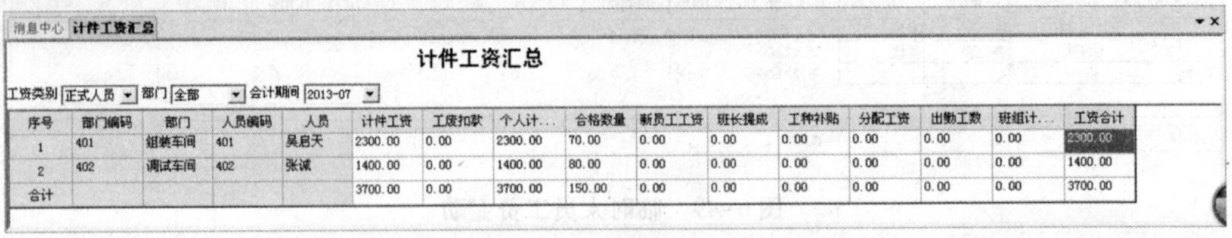

消息中心　计件工资汇总

计件工资汇总

工资类别 正式人员　部门 全部　会计期间 2013-07

序号	部门编码	部门	人员编码	人员	计件工资	工废扣款	个人计...	合格数量	新员工工资	班长提成	工种补贴	分配工资	出勤工数	班组计...	工资合计
1	401	组装车间	401	吴启天	2300.00	0.00	2300.00	70.00	0.00	0.00	0.00	0.00	0.00	0.00	2300.00
2	402	调试车间	402	张诚	1400.00	0.00	1400.00	80.00	0.00	0.00	0.00	0.00	0.00	0.00	1400.00
合计					3700.00	0.00	3700.00	150.00	0.00	0.00	0.00	0.00	0.00	0.00	3700.00

图 6-52　计件工资汇总

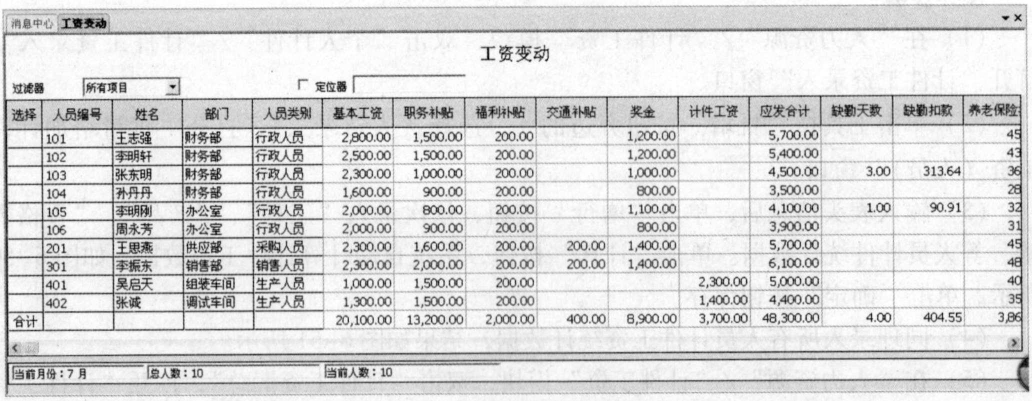

消息中心　工资变动

工资变动

过滤器 所有项目　定位器

选择	人员编号	姓名	部门	人员类别	基本工资	职务补贴	福利补贴	交通补贴	奖金	计件工资	应发合计	缺勤天数	缺勤扣款	养老保险
	101	王志强	财务部	行政人员	2,800.00	1,500.00	200.00		1,200.00		5,700.00			45
	102	李明轩	财务部	行政人员	2,500.00	1,500.00	200.00		1,200.00		5,400.00			43
	103	张东明	财务部	行政人员	2,300.00	1,000.00	200.00		1,000.00		4,500.00	3.00	313.64	36
	104	孙丹丹	财务部	行政人员	1,600.00	900.00	200.00		800.00		3,500.00			28
	105	李明刚	办公室	行政人员	2,000.00	800.00	200.00		1,100.00		4,100.00	1.00	90.91	32
	106	周永芳	办公室	行政人员	2,000.00	900.00	200.00		800.00		3,900.00			31
	201	王思燕	供应部	采购人员	2,300.00	1,600.00	200.00	200.00	1,400.00		5,700.00			45
	301	李振东	销售部	销售人员	2,300.00	2,000.00	200.00	200.00	1,400.00		6,100.00			48
	401	吴启天	组装车间	生产人员	1,000.00	1,500.00	200.00			2,300.00	5,000.00			40
	402	张诚	调试车间	生产人员	1,300.00	1,500.00	200.00			1,400.00	4,400.00			35
合计					20,100.00	13,200.00	2,000.00	400.00	8,900.00	3,700.00	48,300.00	4.00	404.55	3,86

当前月份：7 月　总人数：10　当前人数：10

图 6-53　正式人员工资变动

任务二　生成分钱清单

［任务名称］

设置河北新华有限责任公司临时人员的分钱清单。

［任务内容］

河北新华有限责任公司临时人员工资采取现金发放方式，为便于工资发放，薪酬会计根据工资数据生成7月份临时人员的分钱清单。

［任务要求］

完成临时人员分钱清单的设置。

［知识链接］

工资分钱清单是按单位计算的工资发放分钱票面额清单，会计人员根据此表从银行取款并发给各部门。执行此功能必须在个人工资数据输入之后，如果个人数据在计算后又做了修改，须重新执行计算功能以保证数据的正确性。本功能有部门分钱清单、人员分钱清单、工资发放取款单三部分。全部采用银行代发工资的企业一般无需进行工资分钱清单的处理。

［工作示范］

操作步骤：

（1）在"人力资源"/"薪资管理"模块中，打开"临时人员"工资类别。

（2）单击"业务处理"/"工资分钱清单"，打开"票面额设置"对话框，根据单位需要选择票面额种类，结果如图6-54所示。

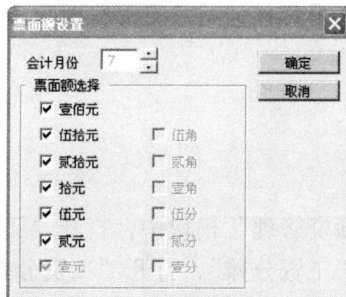

图6-54　票面额设置

（3）单击"确定"按钮，进入"分钱清单"窗口，可进行"部门"分钱和"人员"分钱以及"工资发放取款单"的查询，结果如图6-55所示。

人员编号	人员姓名	壹佰元	伍拾元	贰拾元	拾元	伍元	贰元	壹元	金额合计
901	李彩云	29		1		1			2925.00
902	陈颖	24	1	1		1			2475.00
票面合计数	------	53	1	2	0	2	0	0	------
金额合计数	------	5300.00	50.00	40.00	0.00	10.00	0.00	0.00	5400.00

图6-55 工资分钱清单

学习子情境三 薪资管理期末业务处理

任务一 工资分摊

[任务名称]

对河北新华有限责任公司的工资数据进行分配。

[任务内容]

河北新华有限责任公司月末进行工资数据的分配，并计提各项费用，有关计提比例如下：按工资总额的14%计提福利费，工会经费（2%），职工教育经费（1.5%），养老保险（单位20%，个人8%），医疗保险（单位8%，个人2%），失业保险（单位2%，个人1%），住房公积金（单位15%，个人10%）。

[任务要求]

正确分配和计提河北新华有限责任公司的工资费用。

[工作示范]

操作步骤：

（1）在"人力资源"/"薪资管理"模块中，打开"正式人员"工资类别。

（2）双击"业务处理"/"工资分摊"，打开"工资分摊"对话框，如图6-56所示。

（3）单击"工资分摊设置"按钮，打开"分摊类型设置"对话框，如图6-57所示。

（4）单击"增加"按钮，打开"分摊计提比例设置"对话框，输入计提类型名称和分摊计提比例，结果如图6-58所示。

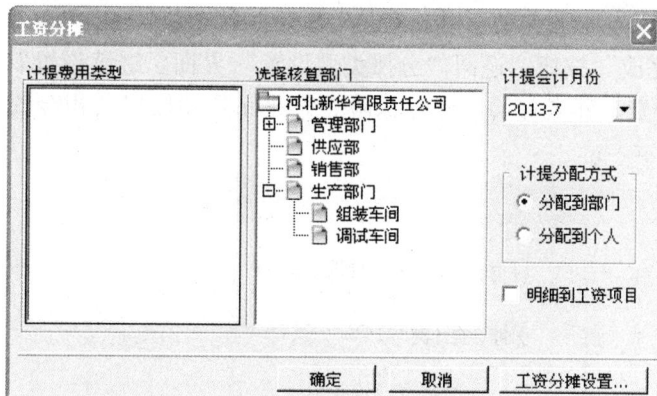

图6-56　工资分摊

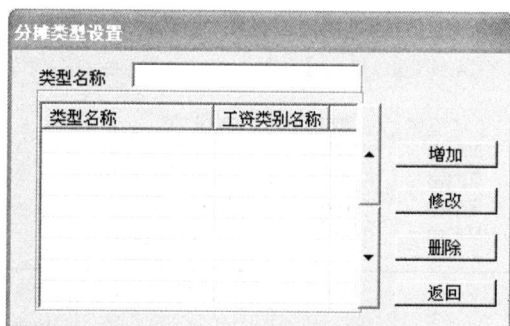

图6-57　分摊类型设置

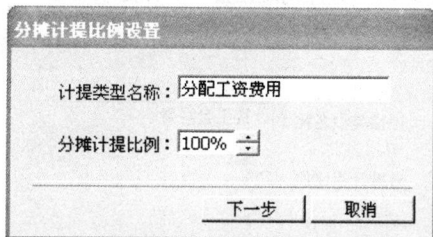

图6-58　分摊计提比例设置——分配工资费用

（5）单击"下一步"按钮，打开"分摊构成设置"对话框，参照输入部门名称、人员类别、工资项目、借贷方科目等栏目，结果如图6-59所示。

部门名称	人员类别	工资项目	借方科目	借方项目大类	借方项目	贷方科目	贷方项目大类
财务部,办公室	行政人员	应发合计	660205			221101	
供应部	采购人员	应发合计	660205			221101	
销售部	销售人员	应发合计	660103			221101	
组装车间,调试...	生产人员	应发合计	510102			221101	

图6-59　分摊构成设置——分配工资费用

特别提示：

部门不同但人员类别相同的，可设置相同的分摊科目。

（6）单击"完成"按钮，返回"分摊类型设置"界面。继续设置职工福利费、工会经费、职工教育经费、养老保险、医疗保险、失业保险和住房公积金的分摊类型。如图6-60至图6-73所示。

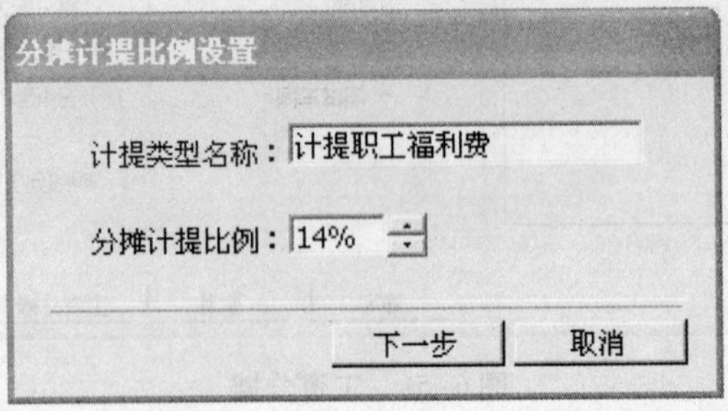

图6-60　分摊计提比例设置——计提职工福利费

部门名称	人员类别	工资项目	借方科目	借方项目大类	借方项目	贷方科目	贷方项目大类
财务部,办公室	行政人员	应发合计	660207			221102	
供应部	采购人员	应发合计	660207			221102	
销售部	销售人员	应发合计	660103			221102	
组装车间,调试...	生产人员	应发合计	510102			221102	

图6-61　分摊构成设置——计提职工福利费

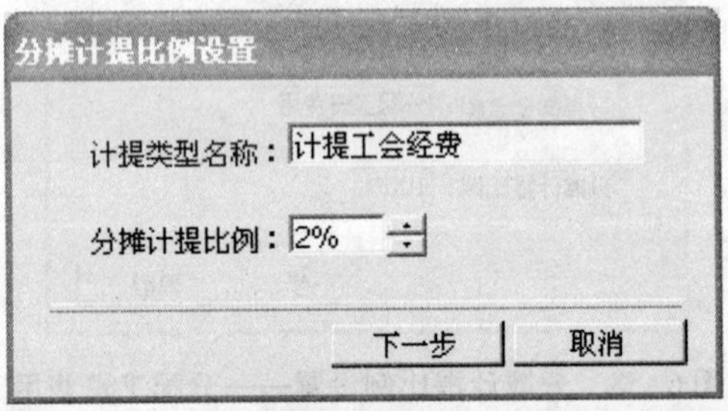

图6-62　分摊计提比例设置——计提工会经费

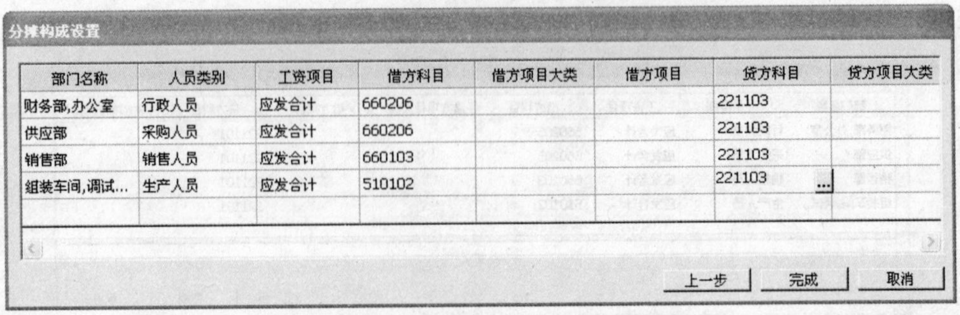

部门名称	人员类别	工资项目	借方科目	借方项目大类	借方项目	贷方科目	贷方项目大类
财务部,办公室	行政人员	应发合计	660206			221103	
供应部	采购人员	应发合计	660206			221103	
销售部	销售人员	应发合计	660103			221103	
组装车间,调试...	生产人员	应发合计	510102			221103	

图6-63　分摊构成设置——计提工会经费

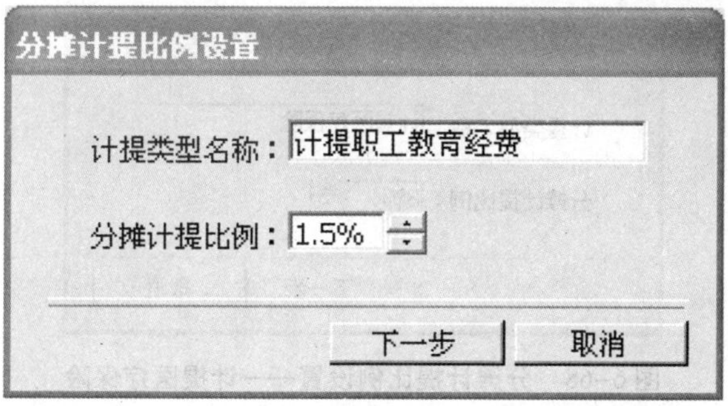
分摊计提比例设置
计提类型名称：计提职工教育经费
分摊计提比例：1.5%
下一步
取消

图 6-64 分摊计提比例设置——计提职工教育经费

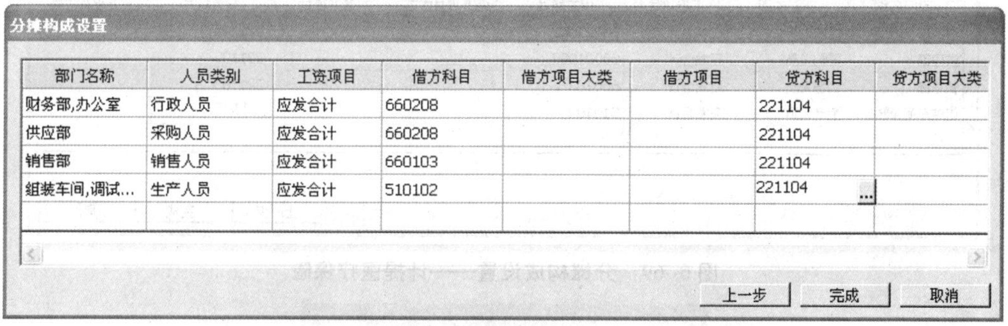
分摊构成设置
部门名称 人员类别 工资项目 借方科目 借方项目大类 借方项目 贷方科目 贷方项目大类
财务部,办公室 行政人员 应发合计 660208 221104
供应部 采购人员 应发合计 660208 221104
销售部 销售人员 应发合计 660103 221104
组装车间,调试… 生产人员 应发合计 510102 221104
上一步
完成
取消

图 6-65 分摊构成设置——计提职工教育经费

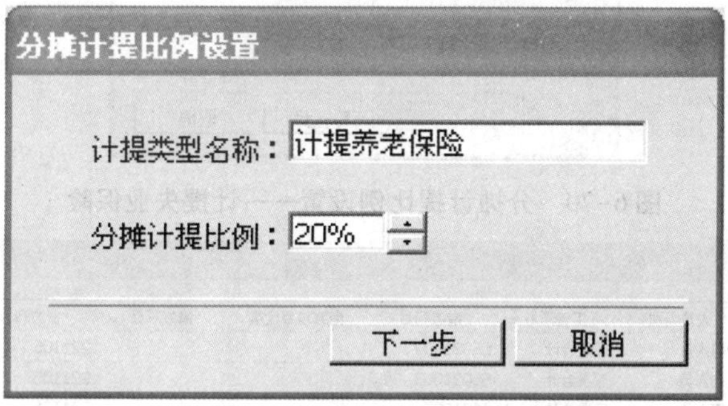
分摊计提比例设置
计提类型名称：计提养老保险
分摊计提比例：20%
下一步
取消

图 6-66 分摊计提比例设置——计提养老保险

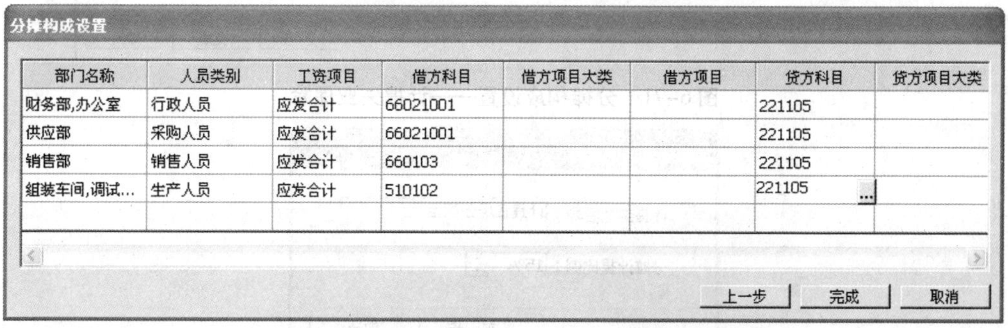
分摊构成设置
部门名称 人员类别 工资项目 借方科目 借方项目大类 借方项目 贷方科目 贷方项目大类
财务部,办公室 行政人员 应发合计 66021001 221105
供应部 采购人员 应发合计 66021001 221105
销售部 销售人员 应发合计 660103 221105
组装车间,调试… 生产人员 应发合计 510102 221105
上一步
完成
取消

图 6-67 分摊构成设置——计提养老保险

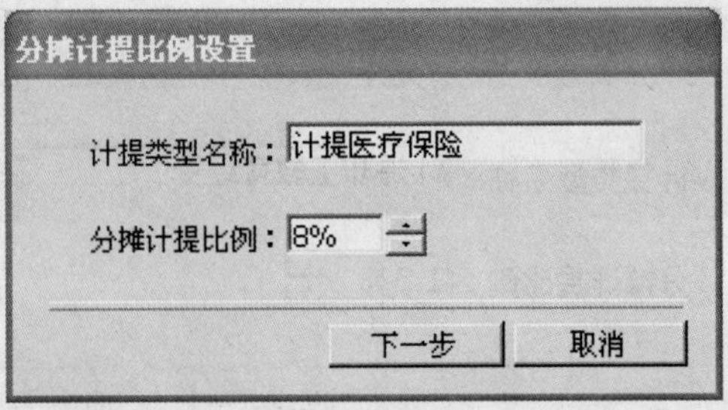

图 6-68　分摊计提比例设置——计提医疗保险

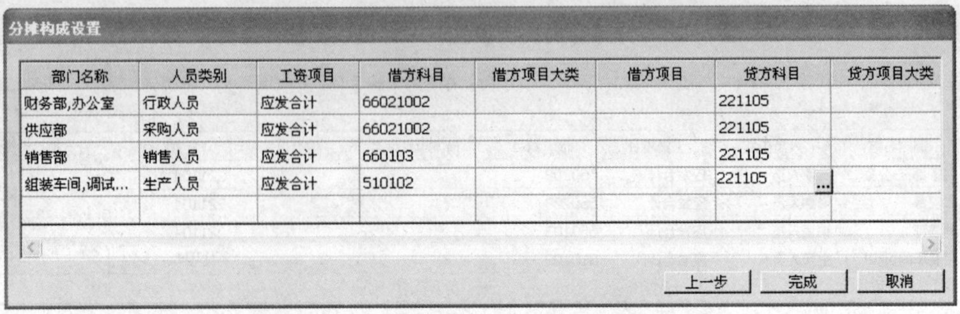

图 6-69　分摊构成设置——计提医疗保险

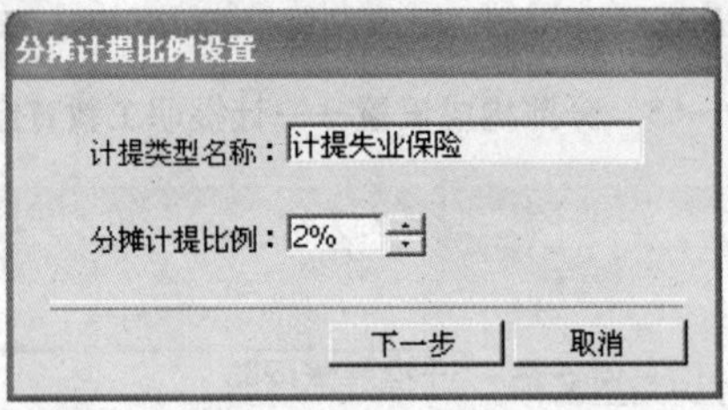

图 6-70　分摊计提比例设置——计提失业保险

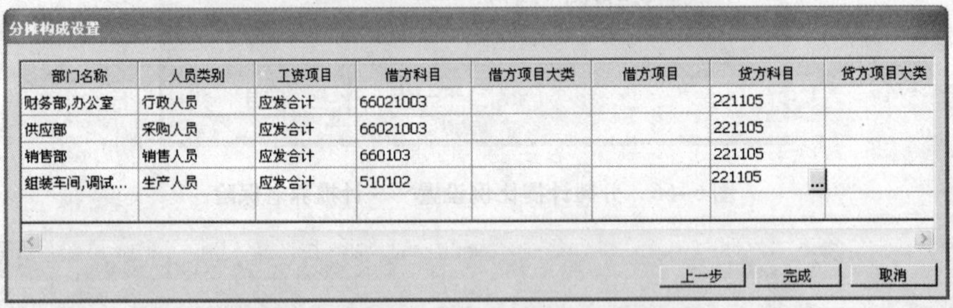

图 6-71　分摊构成设置——计提失业保险

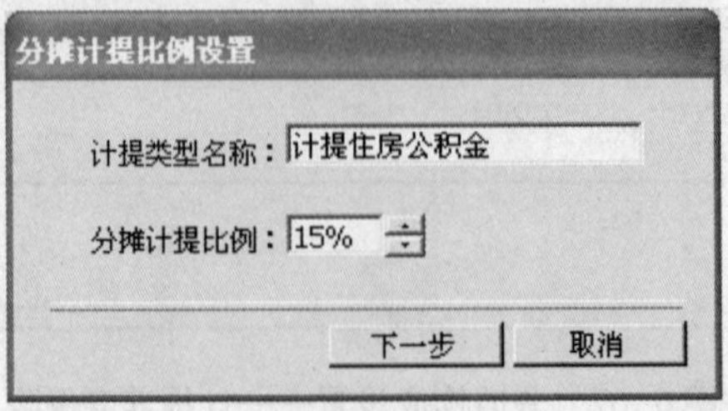

图 6-72　分摊计提比例设置——计提住房公积金

图 6-73　分摊构成设置——计提住房公积金

（7）同理进行临时人员工资分摊的设置。

任务二　生成工资费用凭证

［任务名称］

生成河北新华有限责任公司的工资费用相关凭证。

［任务内容］

生成工资数据的分配和各项费用计提的记账凭证。

［任务要求］

正确分配和计提河北新华有限责任公司的工资费用。

［工作示范］

操作步骤：

（1）在"人力资源"／"薪资管理"模块中，打开"正式人员"工资类别。

（2）双击"业务处理"／"工资分摊"，打开"工资分摊"对话框，如图 6-74 所示。

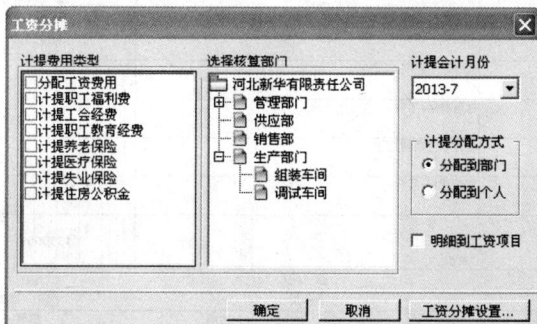

图 6-74　工资分摊

（3）在"计提费用类型"处选择"分配工资费用"，选择参与核算的部门，选择计提分配方式为"分配到部门"，选中"明细到工资项目"。结果如图6-75所示。

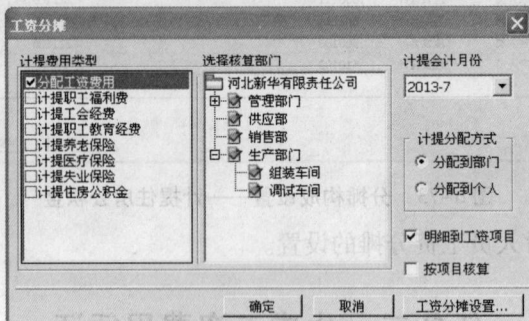

图6-75　工资分摊

（4）单击"确定"按钮，打开"分配工资费用一览表"，如图6-76所示。

图6-76　分配工资费用一览表

（5）单击工具栏"制单"按钮，弹出"填制凭证"对话框，选择凭证类别后，单击"保存"按钮，如图6-77所示。

图6-77　分配工资费用记账凭证

（6）同理生成其他工资费用凭证，结果如图 6-78 至图 6-84 所示。

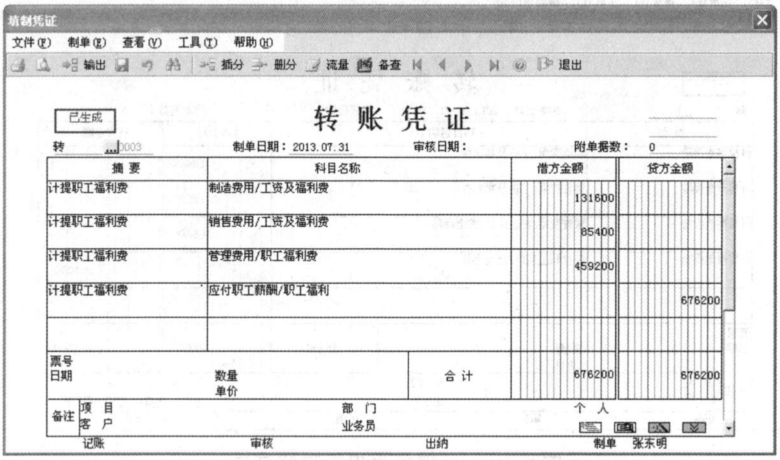

填制凭证

文件(F) 制单(E) 查看(V) 工具(T) 帮助(H)

输出 插分 删分 流量 备查 退出

已生成

转账凭证

转 0003 制单日期：2013.07.31 审核日期： 附单据数：0

摘要	科目名称	借方金额	贷方金额
计提职工福利费	制造费用/工资及福利费	131600	
计提职工福利费	销售费用/工资及福利费	85400	
计提职工福利费	管理费用/职工福利费	459200	
计提职工福利费	应付职工薪酬/职工福利		676200
票号 日期	数量 单价 合计	676200	676200

备注 项目 客户 部门 业务员 个人

记账 审核 出纳 制单 张东明

图 6-78 计提职工福利费记账凭证

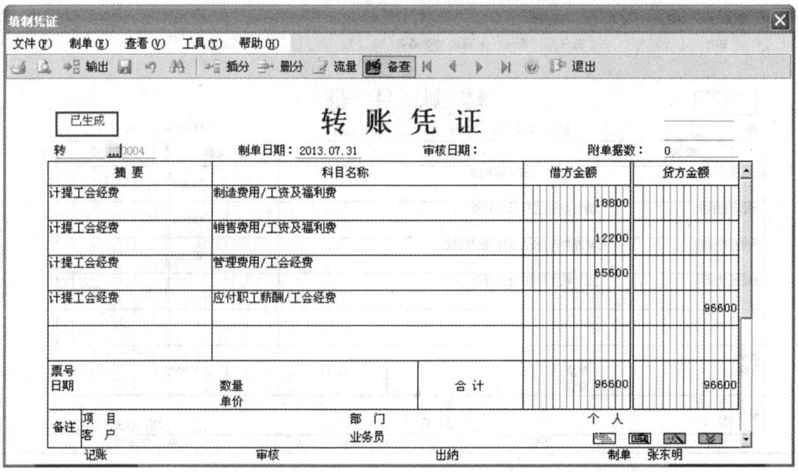

填制凭证

文件(F) 制单(E) 查看(V) 工具(T) 帮助(H)

输出 插分 删分 流量 备查 退出

已生成

转账凭证

转 0004 制单日期：2013.07.31 审核日期： 附单据数：0

摘要	科目名称	借方金额	贷方金额
计提工会经费	制造费用/工资及福利费	18800	
计提工会经费	销售费用/工资及福利费	12200	
计提工会经费	管理费用/工会经费	65600	
计提工会经费	应付职工薪酬/工会经费		96600
票号 日期	数量 单价 合计	96600	96600

备注 项目 客户 部门 业务员 个人

记账 审核 出纳 制单 张东明

图 6-79 计提工会经费记账凭证

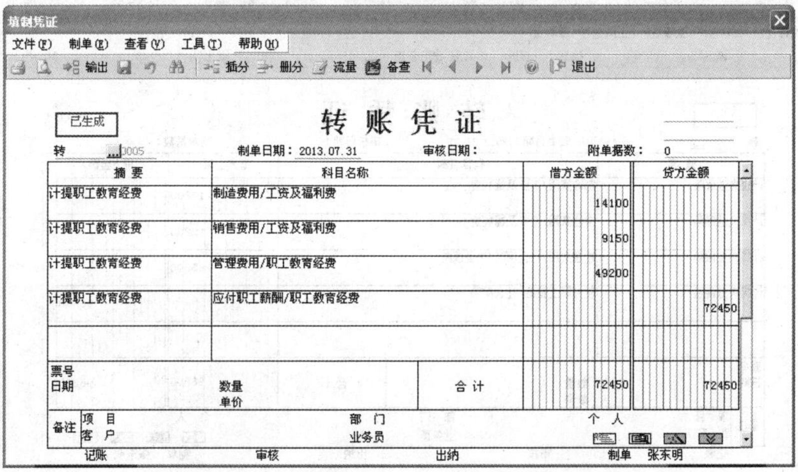

填制凭证

文件(F) 制单(E) 查看(V) 工具(T) 帮助(H)

输出 插分 删分 流量 备查 退出

已生成

转账凭证

转 0005 制单日期：2013.07.31 审核日期： 附单据数：0

摘要	科目名称	借方金额	贷方金额
计提职工教育经费	制造费用/工资及福利费	14100	
计提职工教育经费	销售费用/工资及福利费	9150	
计提职工教育经费	管理费用/职工教育经费	49200	
计提职工教育经费	应付职工薪酬/职工教育经费		72450
票号 日期	数量 单价 合计	72450	72450

备注 项目 客户 部门 业务员 个人

记账 审核 出纳 制单 张东明

图 6-80 计提职工教育经费记账凭证

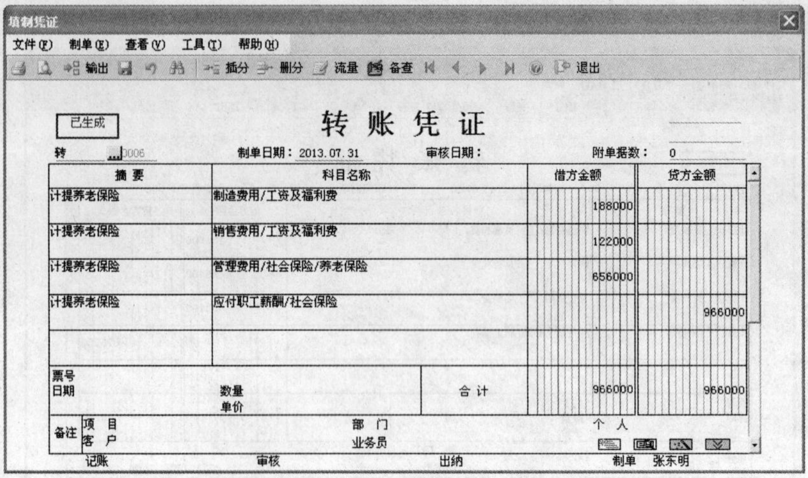

摘要	科目名称	借方金额	贷方金额
计提养老保险	制造费用/工资及福利费	188000	
计提养老保险	销售费用/工资及福利费	122000	
计提养老保险	管理费用/社会保险/养老保险	656000	
计提养老保险	应付职工薪酬/社会保险		966000
票号 日期	数量 单价 合计	966000	966000

图 6-81　计提养老保险记账凭证

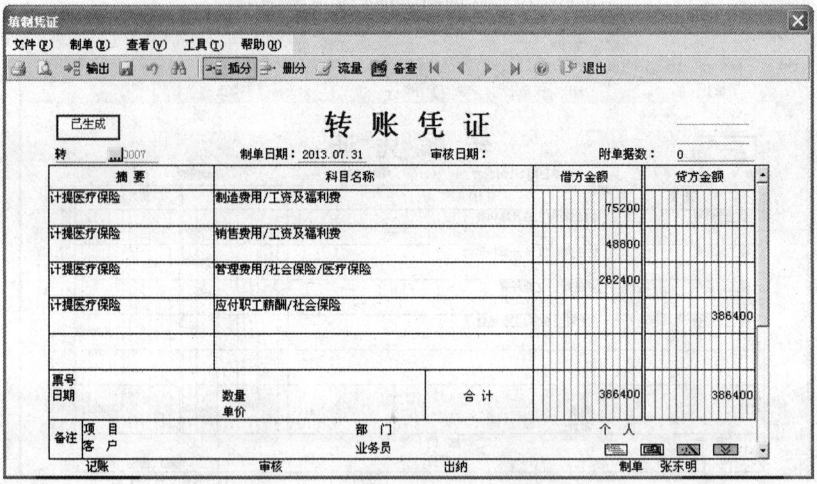

摘要	科目名称	借方金额	贷方金额
计提医疗保险	制造费用/工资及福利费	75200	
计提医疗保险	销售费用/工资及福利费	48800	
计提医疗保险	管理费用/社会保险/医疗保险	262400	
计提医疗保险	应付职工薪酬/社会保险		386400
票号 日期	数量 单价 合计	386400	386400

图 6-82　计提医疗保险记账凭证

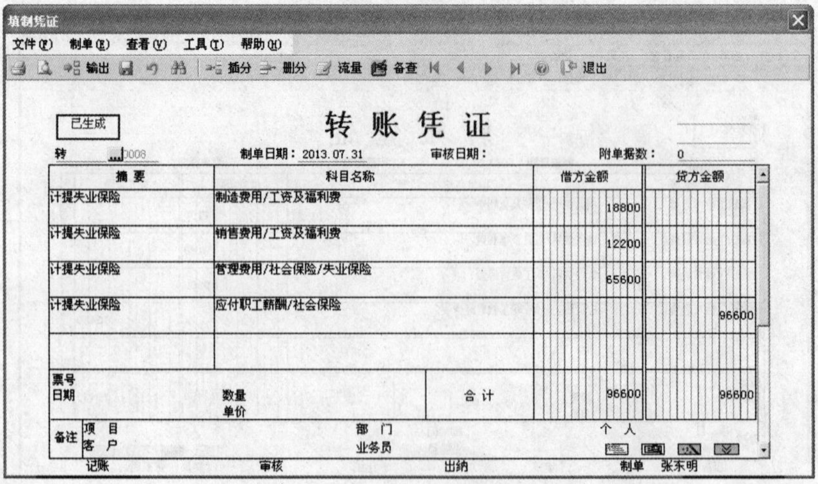

摘要	科目名称	借方金额	贷方金额
计提失业保险	制造费用/工资及福利费	18800	
计提失业保险	销售费用/工资及福利费	12200	
计提失业保险	管理费用/社会保险/失业保险	65600	
计提失业保险	应付职工薪酬/社会保险		96600
票号 日期	数量 单价 合计	96600	96600

图 6-83　计提失业保险记账凭证

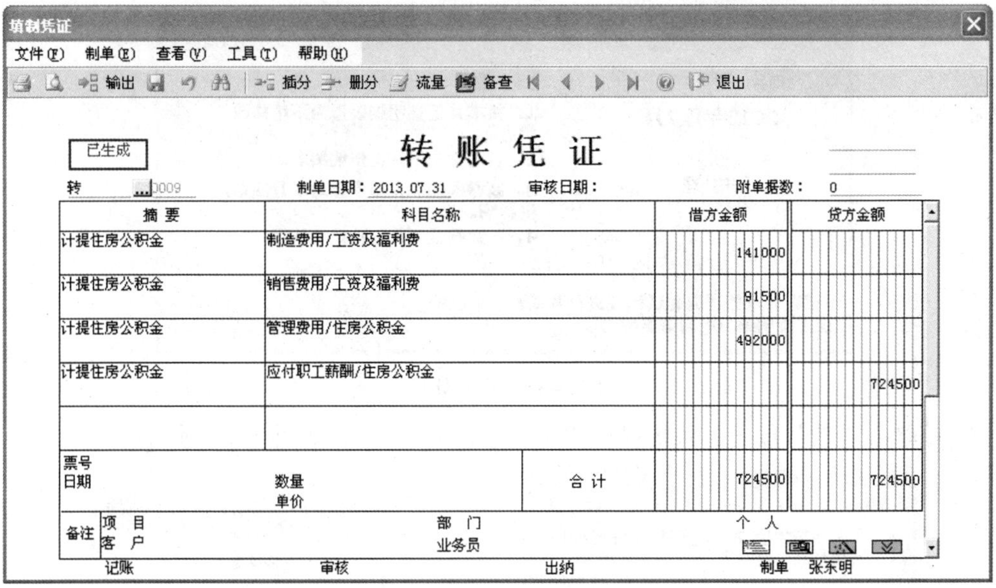

图6-84　计提住房公积金记账凭证

（7）同理进行"临时人员"类别的制单操作。

任务三　结账与反结账

[任务名称]

薪资核算账套结账。

[任务内容]

对河北新华有限责任公司的薪资核算账套7月份数据进行结账操作。

[任务要求]

正确进行薪资核算账套的结账操作。

[工作示范]

操作步骤：

（1）在"人力资源"／"薪资管理"模块中，打开"正式人员"工资类别。双击"业务处理"／"月末处理"，打开"月末处理"提示框，如图6-85所示。

（2）单击"确认"按钮，弹出系统提示，如图6-86所示。

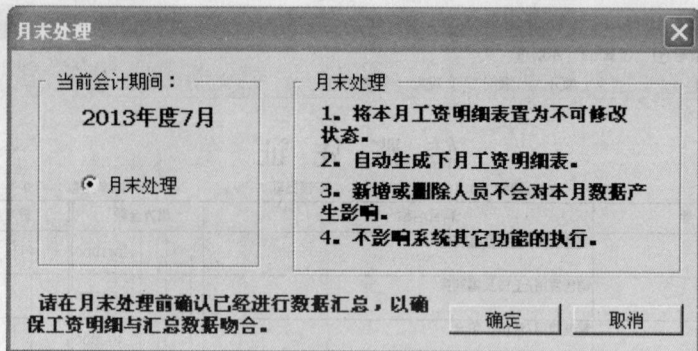

图6-85　月末处理

（3）单击"是"按钮，系统提示"是否选择清零项"，如图6-87所示。

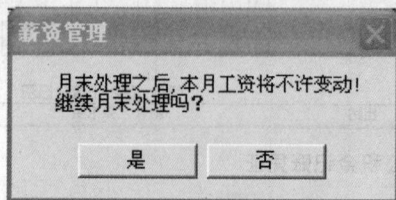

图6-86　系统结账提示

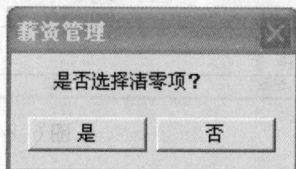

图6-87　是否选择清零项

（4）单击"是"按钮，可选择需清零项目，如图6-88所示。

（5）单击"确认"按钮，系统提示"月末处理完毕"，如图6-89所示。

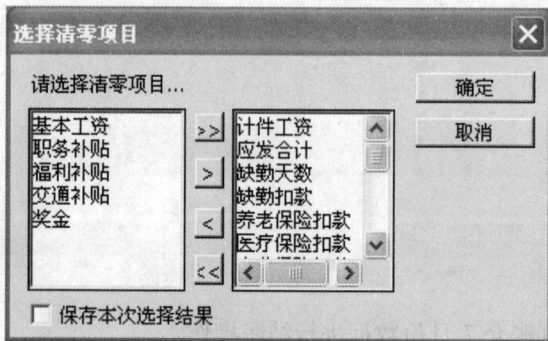

图6-88　选择清零项目对话框

图6-89　月末处理完毕

（6）同理进行"临时人员"类别的月末处理。

特别提示：

若为处理多个工资类别，则应打开工资类别，分别进行月末结账。

[技能拓展]

在工资管理系统结账后，发现还有一些业务或其他事项需要在已结账月进行账务处理，此时需要使用反结账功能，取消已结账标记。

假设河北新华有限责任公司完成月末处理后，薪酬会计发现正式人员工资数据存在问题，进行正式人员类别的反结账处理。

操作步骤：

（1）关闭工资类别，双击"业务处理"/"反结账"，打开"反结账"对话框，如图 6-90 所示。

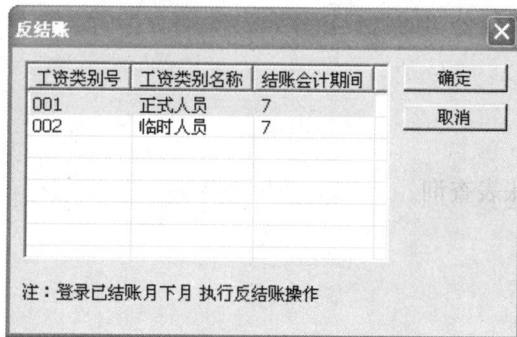

图 6-90　反结账

（2）选择"正式人员"所在行，单击"确定"按钮，系统提示如图 6-91 所示。

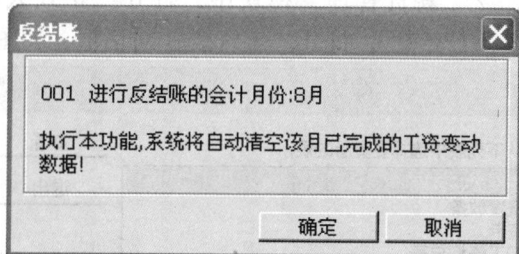

图 6-91　反结账提示

（3）单击"确定"按钮，完成反结账操作。系统提示如图 6-92 所示。

特别提示：

①总账系统已结账，工资管理系统不允许反结账。

②本月工资分摊、计提凭证传输到总账系统，如果总账系统已制单并记账，需做红字冲销凭证后，才能反结账；如果总账系统未做任何操作，只需删除此凭证即可反结账。

③如果凭证已经由出纳签字/主管签字，需取消出纳签字/主管签字，并删除该张凭证后，才能反结账。

图 6-92　反结账已成功完成

任务四　账表处理

[任务名称]

薪资核算账表查询。

[任务内容]

查询河北新华有限责任公司的薪资核算账表。

[任务要求]

正确进行薪资核算账表查询。

[工作示范]

1. 查询工资表

操作步骤:

(1) 在"人力资源"/"薪资管理"模块中,打开"正式人员"工资类别。双击"统计分析"/"账表"/"工资表",打开"工资表"对话框,如图6-93所示。

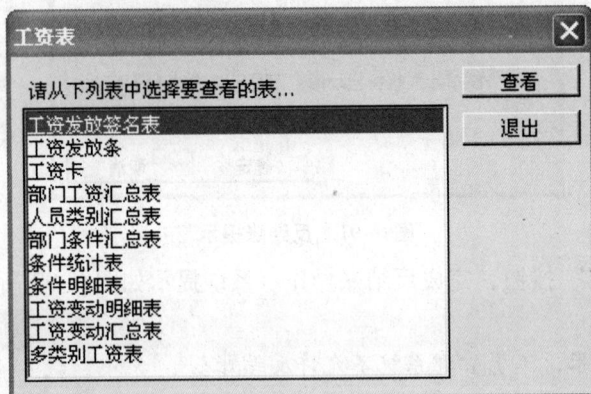

图6-93 工资表

(2) 选择"工资发放条"筛选条件后,单击"查看"按钮,系统弹出"选择分析部门"对话框,如图6-94所示。

图6-94 选择分析部门

(3) 选择全部部门,单击"确定"按钮,打开"工资发放条"窗口,如图6-95所示。

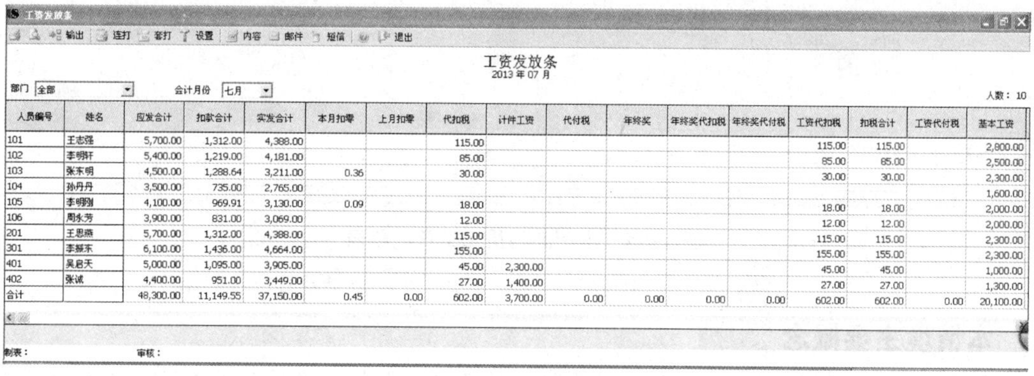

人员编号	姓名	应发合计	扣款合计	实发合计	本月扣零	上月扣零	代扣税	计件工资	代付税	年终奖	年终奖代扣税	年终奖代付税	工资代扣税	扣税合计	工资代付税	基本工资
101	王志强	5,700.00	1,312.00	4,388.00			115.00						115.00	115.00		2,800.00
102	李明轩	5,400.00	1,219.00	4,181.00			85.00						85.00	85.00		2,500.00
103	张东明	4,500.00	1,288.64	3,211.00	0.36		30.00						30.00	30.00		2,300.00
104	孙丹丹	3,500.00	735.00	2,765.00												1,600.00
105	李明刚	4,100.00	969.91	3,130.00	0.09		18.00						18.00	18.00		2,000.00
106	周永芳	3,900.00	831.00	3,069.00			12.00						12.00	12.00		2,000.00
201	王思燕	5,700.00	1,312.00	4,388.00			115.00						115.00	115.00		2,300.00
301	李振东	6,100.00	1,436.00	4,664.00			155.00						155.00	155.00		2,300.00
401	吴启天	5,000.00	1,095.00	3,905.00			45.00	2,300.00					45.00	45.00		1,000.00
402	张诚	4,400.00	951.00	3,449.00			27.00	1,400.00					27.00	27.00		1,300.00
合计		48,300.00	11,149.55	37,150.00	0.45	0.00	602.00	3,700.00	0.00	0.00	0.00	0.00	602.00	602.00	0.00	20,100.00

图 6-95　工资发放条

（4）同理查询其他工资表。

2. 查询工资分析表

操作步骤：

（1）在“人力资源”/“薪资管理”模块中，打开“正式人员”工资类别。双击“统计分析”/“账表”/“工资分析表”，打开“工资分析表”对话框，如图 6-96 所示。

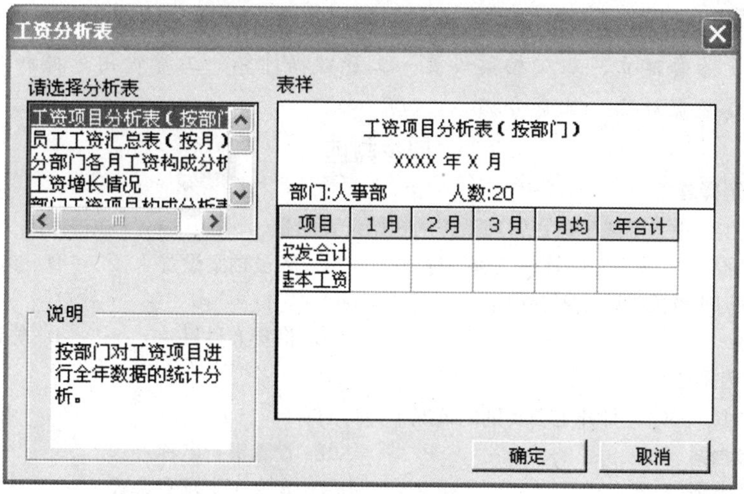

图 6-96　工资分析表

（2）选择“员工工资汇总表（按月）”，单击“确定”按钮，打开“员工工资汇总表选项”对话框，如图 6-97 所示。

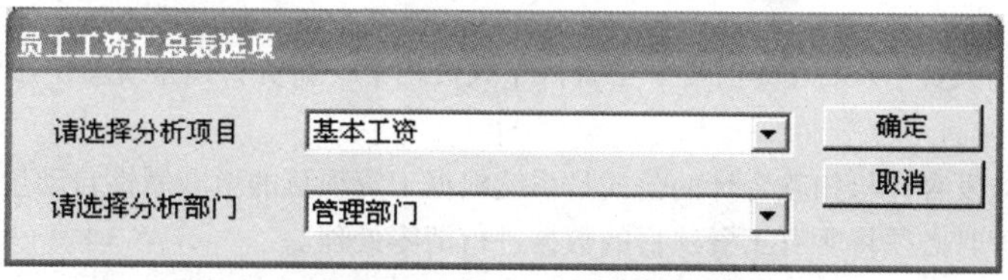

图 6-97　员工工资汇总表选项

（3）选择要分析的项目为“实发合计”，查询的部门为“生产部门”，单击“确定”按钮，打开生产部门“员工工资汇总表”，如图 6-98 所示。

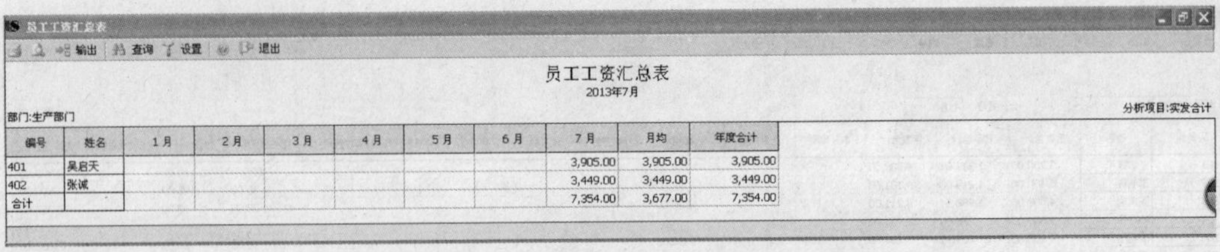

编号	姓名	1月	2月	3月	4月	5月	6月	7月	月均	年度合计
401	吴启天							3,905.00	3,905.00	3,905.00
402	张诚							3,449.00	3,449.00	3,449.00
合计								7,354.00	3,677.00	7,354.00

图 6-98　生产部门员工工资汇总表

本情境主要概念

薪资账套　工资类别　人员附加信息　工资项目　人员档案　计件工资　工资分摊

情境总结

薪资管理系统可服务于企业、事业及行政单位，提供方便的工资核算功能及工资分析和管理功能。本学习情境主要介绍了薪资业务处理的数据准备工作，包括薪资核算账套建立、基础档案设置和工资类别设置；薪资业务日常处理工作，包括工资数据录入、计算和汇总；薪资业务期末业务处理工作，包括工资费用计提和分摊、结账和账表查询。

重点难点

重点：薪资账套建立、基础档案设置、工资数据计算、工资费用分摊和计提、结账。

难点：工资数据计算、工资分摊。

同步测试

（一）单项选择题

1. 以下各项工作中，不属于薪资管理系统的初始设置的是(　　)。

A. 人员类别设置　B. 计件工资统计　C. 人员档案设置　D. 参数设置

2. 工资分摊构成设置时，不需要设置(　　)。

A. 人员类别　B. 部门　C. 借贷方科目　D. 凭证类别

（二）多项选择题

1. 以下操作中，必须在打开工资类别的情况下进行的有(　　)。

A. 增加人员档案　B. 设置银行名称

C. 关闭工资类别　D. 定义工资项目公式

2. 建立工资账套时，选择的参数包括(　　)。

A. 是否核算计件工资　B. 是否代扣个人所得税

C. 是否扣零　D. 是否进行客户分类

（三）判断题

1. 如果在“机构人员”/“人员档案”中录入了人员档案，薪资管理系统就不用录入人员档案了。(　　)

2. 工资项目中应发合计与扣款合计的公式是系统根据工资项目的增减属性自动生成的。(　　)

3. 进行月末处理时必须将所有工资项目的数据进行清零处理。(　　)

4. 总账系统结账后，仍可进行薪资系统的反结账处理。(　　)

5. 薪资系统传递到总账系统的记账凭证发现错误，可直接在总账系统里进行修改。(　　)

本情境综合实训

【实训要求】

本次实训内容涉及薪资会计和账套主管两个工作岗位，采用学生分组训练的形式，每组四人，选举产生组长，组长分派组员岗位，阐明岗位分工及职责。

【情境引例】

石家庄正道轮胎有限公司决定 2013 年 8 月启用工资管理系统，核算要求如下：

1. 核算本位币为人民币；该公司的管理人员和部分生产人员的工资核算方法不同，生产部门部分生产人员采取计件工资制，其他人员均采用固定工资制（即月工资制）；均需要从工资中代扣个人所得税；由中国工商银行代发工资；职工人数不超过三位数。

2. 公司需要在人员档案中体现职工的性别（男、女）信息。

3. 公司职员分为：行政管理人员、生产管理人员、生产人员和销售人员四个类别。

4. 公司所有的工资项目见表 6-8。

表 6-8　　　　　　　　　　　**公司所有的工资项目**

项目＼姓名	基本工资	岗位工资	计件工资	奖金	交通补贴	应发合计	养老扣款	医保扣款	公积金扣款	应税工资	代扣税	扣款合计	实发合计

5. 根据核算需要，公司把核算类别分为"固定工资制"和"计件工资制"两类。

6. 各部门职工信息、工资项目、计算方案如下：

（1）职员信息表见表 6-9。

表 6-9　　　　　　　　　　　**职员信息表**

部门名称	职员姓名	性别	人员类别	银行账号	工资类别
综合部	刘军强	男	行政管理人员	3222021702010763001	固定工资制
综合部	高贵	男	行政管理人员	3222021702010763002	固定工资制
财务部	王强	女	行政管理人员	3222021702010763003	固定工资制
财务部	朱军	女	行政管理人员	3222021702010763004	固定工资制
财务部	李华	男	行政管理人员	3222021702010763005	固定工资制
财务部	田田	女	行政管理人员	3222021702010763006	固定工资制
财务部	陈立	女	行政管理人员	3222021702010763007	固定工资制
财务部	张亮	女	行政管理人员	3222021702010763008	固定工资制
一车间	王立辉	男	生产管理人员	3222021702010763009	固定工资制
一车间	胡自强	男	生产人员	3222021702010763010	固定工资制
二车间	高超	男	生产管理人员	3222021702010763011	固定工资制
二车间	吴健	男	生产人员		计件工资制
二车间	张琳琳	男	生产人员		计件工资制
供应部	邓玲	女	采购人员	3222021702010763012	固定工资制
供应部	刘鹏	男	采购人员	3222021702010763013	固定工资制
销售部	高雅静	男	销售人员	3222021702010763014	固定工资制
销售部	温升	男	销售人员	3222021702010763015	固定工资制
仓储部	周瑞雪	男	生产管理人员	3222021702010763016	固定工资制
仓储部	姚婧	男	生产管理人员	3222021702010763017	固定工资制

（2）固定工资制的工资项目表见表6-10。

表6-10 固定工资制的工资项目

人员编号 项目 姓名	人员类别	基本工资	岗位工资	奖金	交通补贴	养老扣款	医保扣款	公积金扣款	应发合计	应税工资	代扣税	扣款合计	实发合计

各项目之间的关系如下：

"行政管理人员"和"销售人员"的交通补贴是100元，其他人员是80元；

养老保险扣款＝（基本工资+岗位工资+奖金+交通补贴）×20%；

医疗保险扣款＝（基本工资+岗位工资+奖金+交通补贴）×2%；

住房公积金扣款＝（基本工资+岗位工资+奖金+交通补贴）×10%；

应税工资=应发合计-"五险一金"扣款合计。

（3）计件工资制的工资项目见表6-11。

表6-11 计件工资制的工资项目

人员编号 项目 姓名	人员类别	部门	计件工资	应发合计	应税工资	代扣税	扣款合计	实发合计

应税工资=计件工资。

生产工人分为"车工"和"总装工"，负责对半成品和产成品的机加工及组装。生产工艺及计件工资方案见表6-12和表6-13。

表6-12 生产工艺

车间	职员编号	工艺成员	工种	工艺名称
二车间	001	吴健	车工	车 YH 内胎面
				车 EH 内胎面
				车 YH 外胎面
				车 EH 外胎面
	002	张琳琳	总装工	子午线轮胎 YH 总装
				子午线轮胎 EH 总装

表6-13 计件工资方案

方案编号	方案名称	工种	产品	计件单价（元/件）
01	车 YH 内胎面	车工	YH 内胎面	30
02	车 EH 内胎面	车工	EH 内胎面	40
03	车 YH 外胎面	车工	YH 外胎面	50
04	车 EH 外胎面	车工	EH 外胎面	60
05	子午线轮胎 YH 总装	总装工	子午线轮胎 YH	15
06	子午线轮胎 EH 总装	总装工	子午线轮胎 EH	20

7. 下面是 2013 年 8 月份职工工资数据。

（1）固定工资制员工工资数据见表 6-14。

表 6-14 固定工资制员工工资数据

人员编号	姓名	部门	人员类别	基本工资（元）	岗位工资（元）	奖金（元）
001	刘军强	综合部	行政管理人员	1 500	500	1 000
002	高贵	综合部	行政管理人员	1 000	400	800
003	王强	财务部	行政管理人员	1 000	400	800
004	朱军	财务部	行政管理人员	1 000	400	800
005	李华	财务部	行政管理人员	1 000	400	800
006	田田	财务部	行政管理人员	1 000	400	800
007	陈立	财务部	行政管理人员	1 000	400	800
008	张亮	财务部	行政管理人员	1 000	400	800
009	王立辉	一车间	生产管理人员	1 200	500	1 000
010	胡自强	一车间	生产人员	1 000	400	800
011	高超	二车间	生产管理人员	1 200	500	1 000
012	邓玲	供应部	采购人员	1 200	500	1 000
013	刘鹏	供应部	采购人员	1 200	500	1 000
014	高雅静	销售部	销售人员	1 000	600	1 000
015	温升	销售部	销售人员	1 000	600	1 000
016	周瑞雪	仓储部	生产管理人员	1 200	500	1 000
017	姚婧	仓储部	生产管理人员	1 200	500	1 000

（2）2013 年 8 月 31 日计件工资数据统计见表 6-15。

表 6-15 2013 年 8 月 31 日计件工资数据

人员编号	姓名	部门	人员类别	工种	计件方案	数量（件）
001	吴健	二车间	生产人员	车工	车 YH 内胎面	20
					车 EH 内胎面	20
					车 YH 外胎面	15
					车 EH 外胎面	10
002	张琳琳	二车间	生产人员	总装工	子午线轮胎 YH 总装	70
					子午线轮胎 EH 总装	80

8. 薪酬会计或账套主管按照个人所得税法之规定，设置所有工资类别的个人所得税扣缴。计算个人所得税，生成所得税申报表。

9. 工资等费用的分配方案为：所有"生产人员"工资费用的60%由子午线轮胎YH承担、40%由子午线轮胎EH承担；"生产人员"工会经费与职工教育经费全部由子午线轮胎EH承担。

10. 财务人员进行月末处理和报表查询。

【工作任务】

1. 账套主管进行薪资管理系统和计件工资系统初始设置。

2. 薪资会计进行工资业务日常处理和期末处理。

学习情境七　　应收款管理系统

专业能力：

运用应收款管理模块完成企业核算账套的初始设置、日常业务处理、期末处理等操作；能够进行系统参数设置、基础信息设置、录入期初余额、应收单处理、收款单处理、转账处理、坏账处理、月末结账等；并对用友 ERP-U872 使用中出现的系统运行问题进行简单维护。

职业核心能力：

能根据学习情境的设计需要查阅有关资料，具有团队合作精神，能完成应收款管理系统相关工作。

❖❖【本情境结构图】

本情境结构如图 7-1 所示。

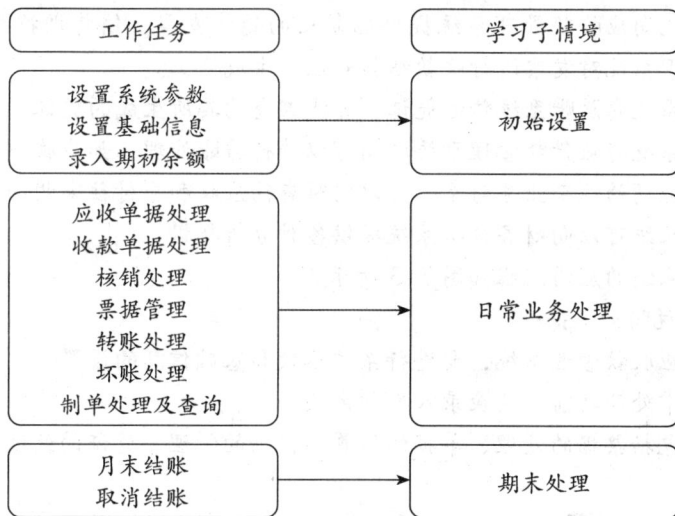

工作任务	学习子情境
设置系统参数 设置基础信息 录入期初余额	初始设置
应收单据处理 收款单据处理 核销处理 票据管理 转账处理 坏账处理 制单处理及查询	日常业务处理
月末结账 取消结账	期末处理

图 7-1　学习情境七结构图

❖❖【引例】

某高职会计电算化专业学生小孙大学毕业后被招聘到河北新华有限责任公司从事会计核算工作，正好赶上公司进行用友 ERP-U872 系统实施，由于上学时小张学习过用友软件，在前期的工作中已经完成了总账模块的相关工作，领导让他协助会计主管完成应收款模块的初始设置工作, 并能够利用应收款模块, 完成企业应收款日常业务处理, 如应收单及收款单的处理、坏账核销等, 并进行月末结账。应收款模块的初始设置工作是从系统启用开始的, 初始设置与总账模块有所不同, 你能看到有哪些不同吗?

❀ 【引例分析】

应收款管理系统主要实现工商企业对业务往来账款进行核算与管理, 以销售发票、费用单、其他应收单等原始单据为依据, 记录销售业务及其他业务所形成的往来款项, 处理应收款项的收回、坏账、转账等情况, 及时、准确地提供客户的往来账款余额资料; 应收款管理系统还提供各种分析报表, 如账龄分析表、周转分析表、欠款分析表、坏账分析表、回款情况分析表等, 通过各种分析报表, 便于企业合理地进行资金调配, 提高资金的利用效率。同时提供票据处理的功能, 实现对承兑汇票的管理。根据对客户往来款项核算和管理的程度不同, 系统提供了两种应用方案: 详细核算和简单核算。本情境着重介绍详细核算的相关处理方法。

应收款管理系统与其他系统的关系如图7-2所示。

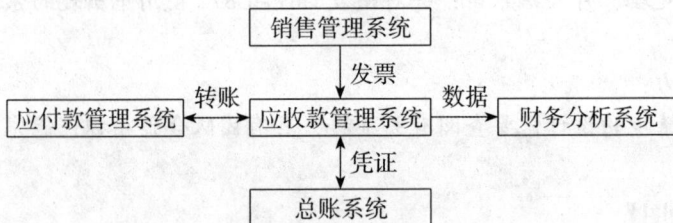

图7-2 应收款管理系统与其他系统的关系

销售管理系统向应收款管理系统提供已复核的销售发票、销售调拨单以及代垫费用单, 在应收款管理系统对发票进行收款结算处理, 生成凭证。

应收款管理系统向总账系统传递凭证, 并能够查询其所生成的凭证。

应收款管理系统与应付款管理系统之间可以进行转账处理, 如应收冲应付; 同时对于既是客户又是供应商的往来业务对象, 可以同时查询应收和应付往来明细。

应收款管理系统可以向财务分析系统提供各种分析数据。

应收款管理系统的应用流程如图7-3所示。

图7-3具体说明如下:

①初次进入应收款管理系统, 要进行系统参数和基础信息的设置。

②在进行正常处理之前, 还应录入期初余额。

③日常处理包括票据的处理、单据的结算、票据的管理、凭证的处理, 以及坏账和转账处理等。

④月末处理包括汇兑损益的处理及月末结账的处理。

本模块共分为三个部分:

一、初始设置

系统设置是指手工记账和计算机记账的交接过程。在启动应收款管理系统后, 进行正常应收业务处理前, 根据企业核算要求和实际业务情况进行相关的设置, 主要内容包括选项设置、初始设置、基础档案、单据设计及录入期初余额。

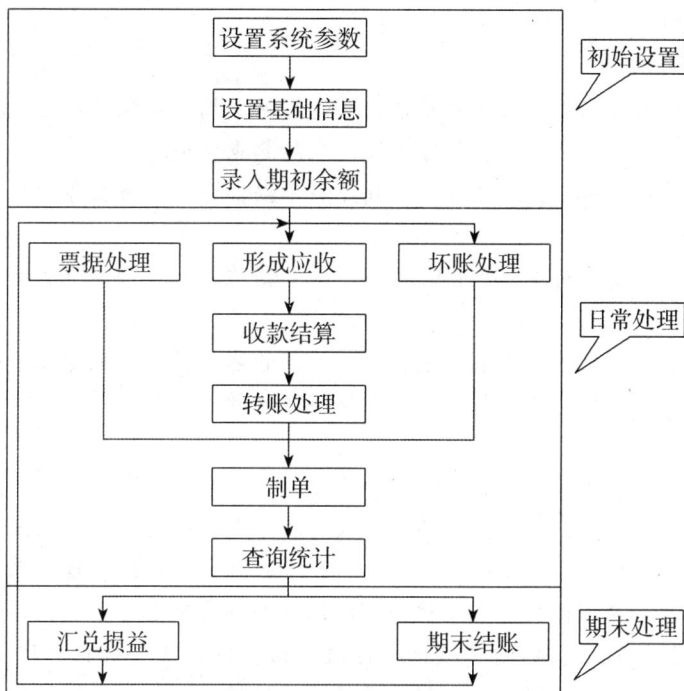

图 7-3　应收款管理系统的应用流程

1. 设置系统参数

（1）启用与注册

启用应收款管理系统有两种方法：一是在建账完毕后直接进入系统启用设置，进行应收款管理系统的启用；二是通过"企业门户"/"基础信息"/"系统启用"功能进行应收款管理系统的启用设置。具体操作同"总账管理系统"的启用设置。

（2）选项

系统参数是一个系统的灵魂，它将影响整个账套的使用效果，有些选项在系统使用后就不能修改，所以在选择时要结合本单位实际情况，事先进行慎重选择。在启动应收款管理系统后应先在此设置运行所需要的账套参数，以便系统根据所设定的选项进行相应的处理。

2. 设置基础信息

在应用应收款管理系统之前应先进行基础信息设置，目的是建立应收款管理的基础数据，确定使用哪些单据处理应收业务，确定需要进行账龄管理的账龄区间，以便选择使用自己定义的单据类型，使应收业务管理更符合企业的需要，包括凭证科目设置、坏账初始设置、账龄区间设置、单据类型设置、报警级别设置等五项。

3. 录入期初余额

初次使用应收款管理系统时，必须将启用应收款管理系统时未处理完的应收账款、预收账款、应收票据等录入到系统中，以便以后的核销处理。通过录入期初单据的形式建立期初数据，并对其进行后续处理，以详细记录每一笔往来业务，加强往来款项的处理。

二、日常处理

1. 应收单据处理

销售发票和应收单据是应收账款日常核算的原始单据。应收单据处理指企业进行单据录入和单据管理的工作，是应收款管理系统处理的起点。通过单据录入和单据管理，可记录各种应收业务单据的内容，查阅各种应收业务单据，完成应收业务管理的日常工作。

2. 收款单据处理

收款单据处理主要是对结算单据进行管理，包括收款单、付款单的录入及单张结算单的核销。

应收款管理系统的收款单用来记录企业所收到的客户款项，款项性质包括应收款、预收款、其他费用等。其中，应收款、预收款性质的收款单将与发票、应收单、付款单进行核销勾对。

3. 核销处理

单据核销是指确定收款单与原始的发票或应收单之间的对应关系的操作。通过建立收款与应收款的核销记录，监督应收款及时核销，加强往来款项的管理。系统提供了两种核销方式：手工核销和自动核销。手工核销可以根据查询条件选择需要核销的单据，然后手工核销，加强了往来款项核销的灵活性。自动核销可以根据查询条件选择需要核销的单据，然后系统自动核销，加强了往来款项核销的效率性。

4. 票据管理

一个企业一般情况下都有应收票据，本系统具有强大的票据管理功能。可以在此对银行承兑汇票和商业承兑汇票进行管理，记录票据详细信息、票据处理情况。

5. 转账处理

在日常处理中经常会发生如下几种转账处理的情况：某客户有预收款时，可用该客户的一笔预收款冲一笔应收款；若某客户既是销售客户又是供应商，则可能发生应收款冲应付款的情况；当发生退货时，用红字单据对冲蓝字单据；当一个客户为另一个客户代付款时，发生应收款冲应收款的情况。

6. 坏账处理

坏账处理包括坏账计提、坏账发生及坏账收回等。坏账处理的作用是系统自动计提应收款的坏账准备，当坏账发生时即可进行坏账核销，当被核销坏账又收回时，即可进行相应处理。在进行坏账处理之前，首先应在系统选项中选择坏账处理方式，然后在初始设置中设置坏账准备参数。

7. 制单处理及单据查询账表管理

制单即生成凭证，并将凭证传递至总账记账。系统在单据处理、转账处理、票据处理及坏账处理等业务处理的过程中都提供了实时制单的功能。除此之外，系统还提供了一个统一制单的平台，可以在此快速、成批生成凭证，并可依据规则进行合并制单等处理。

8. 单据查询

单据查询包括发票、应收单、结算单和凭证的查询。可以查询已经审核的各类型应收单据的应收、结余情况，也可以查询结算单的使用情况，还可以查询本系统所生成的凭证，并且对其进行修改、删除、冲销等操作。

9. 账表管理

（1）业务账表查询

业务账表查询可以进行总账、余额表、明细账和对账单的查询，并可以实现总账、明细账的联查。

（2）科目账表查询

科目账表查询包括科目余额表查询和科目明细表查询，并且可以通过一个"总账"和"明细"的切换按钮进行联查，实现总账、明细账、凭证的联查。

三、期末处理

如果确认本月的各项处理已经结束，可以选择执行月末结账处理。只有月末结账后，才可以开始下月工作。执行了月末结账功能后，该月将不能再进行任何处理。

[工作过程与岗位对照]

本学习情境的工作过程与岗位对照如图7-4所示。

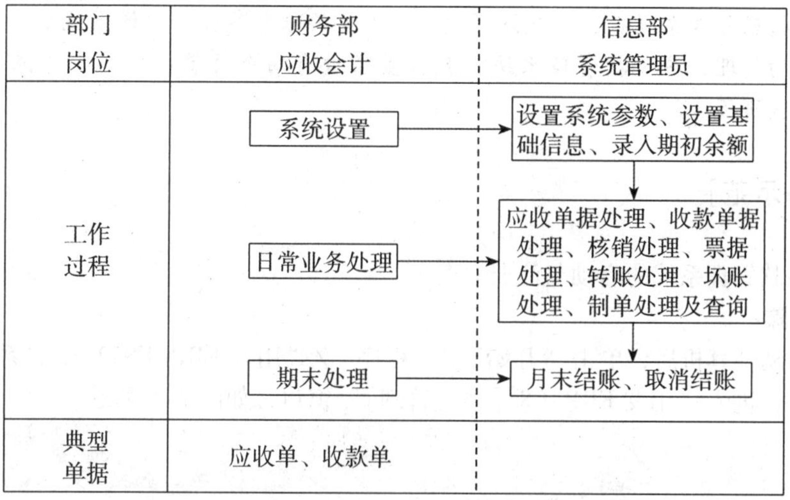

部门 岗位	财务部 应收会计	信息部 系统管理员
工作 过程	系统设置 →	设置系统参数、设置基础信息、录入期初余额
	日常业务处理 →	应收单据处理、收款单据处理、核销处理、票据处理、转账处理、坏账处理、制单处理及查询
	期末处理 →	月末结账、取消结账
典型 单据	应收单、收款单	

图7-4　应收款管理系统工作过程与岗位对照

学习子情境一　应收款管理系统初始设置

任务一　设置系统参数

[任务名称]

初始设置河北新华有限责任公司核算账套应收款管理系统参数。

[任务内容]

根据业务需要，应收款管理系统系统参数应设置为：应收款核销方式"按单据"；应收账款核算类型"详细核算"；单据审核日期"依据单据日期"；受控科目制单依据"明细到客户"；坏账处理方式"应收余额百分比法"；非受控科目制单方式"汇总方式"；代垫费用类型"其他应收单"。

[任务要求]

完成企业应收款管理系统参数设置。

[知识链接]

启动应收款管理系统后，应先设置运行所需要的账套参数，以便系统根据所设定的选项进行相应的处理，应收款管理系统参数设置窗口有四个页签：常规、凭证、权限与预警、核销设置页签。

[工作示范]

1. 应收款管理系统的启动与注册

操作步骤：

（1）启动计算机后，单击"开始"/"程序"/"用友 ERP-U872"/"系统服务"/"系统管理"，进入"用友 ERP-U8［系统管理］"窗口，如图7-5所示。

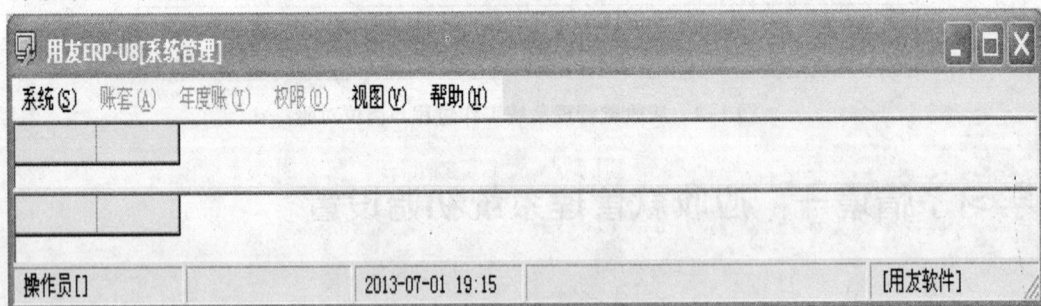

图7-5 系统管理

（2）单击"系统"/"注册"，打开"登录"对话框，如图7-6所示。

（3）"操作员"文本框显示用友 ERP-U8 默认的系统管理员"admin"，密码默认为空，点击"确定"后完成注册。

（4）注册。

启动应收款管理系统应在已经启用应收款管理系统的前提下，在启动"企业应用平台"后直接进入应收款管理系统。

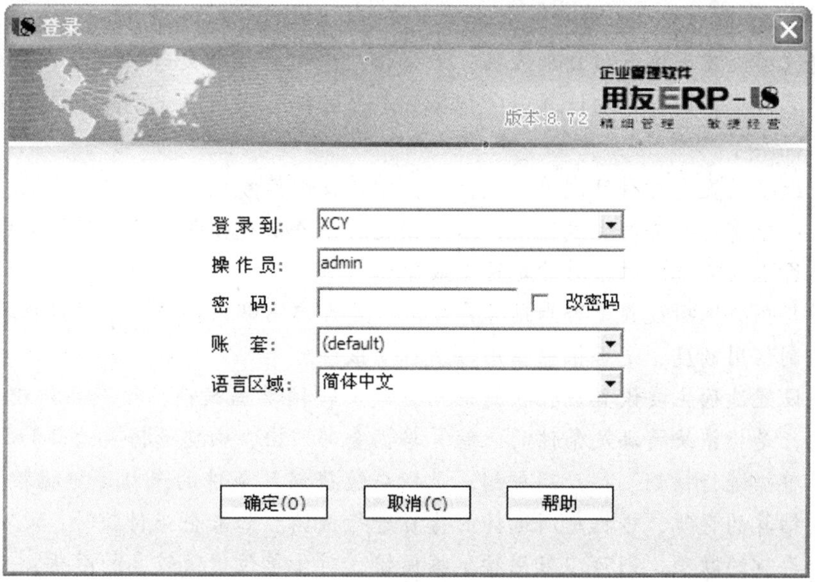

图 7-6　系统管理登录

2. 系统参数设置

操作步骤：

（1）单击"设置"/"选项"，打开"账套参数设置"对话框，应收款管理系统参数设置界面有四个页签：常规、凭证、权限与预警、核销设置。

（2）单击"编辑"按钮，根据图 7-7 所示系统参数选择各页签进行参数的设置，最后单击"确定"按钮，保存对账套参数的设置。

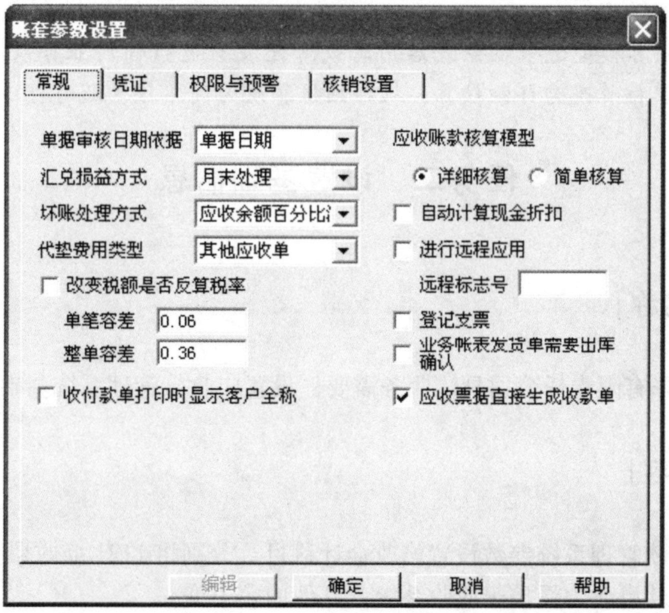

图 7-7　账套参数设置

栏目说明：

①常规选项设置单据审核日期依据、汇兑损益方式、坏账处理方式、代垫费用类型、应收账款核算模型、是否自动计算现金折扣、是否进行远程应用、是否登记支票、改变税额是否反算税率等。

②凭证选项设置受控科目制单方式、非受控科目制单方式、控制科目依据、销售科目依据、月末结账前是否全部生成凭证、方向相反的分录是否合并、核销是否生成凭证、预收冲应收是否生成凭证、红票对冲是否生成凭证。

③权限与预警选项设置是否启用客户权限、是否启用部门权限、是否根据单据自动报警、是否控制信用额度、是否根据信用额度自动报警。

④核销设置选项主要设置应收款的核销方式，即按单据核销、按产品核销两种方式。按单据核销，是指系统将满足条件的未结算单据全部列出，由您选择要结算的单据，根据您所选择的单据进行核销。按产品核销，是指系统将满足条件的未结算单据按存货列出，由您选择要结算的存货，根据您所选择的存货进行核销。如果企业付款时，没有指定具体支付是某个存货的款项，则可以采用按单据核销。对于单位价值较高的存货，企业可以采用按产品核销，即付款指定到具体存货上。一般企业，按单据核销即可。在账套使用过程中，您可以随时修改该参数的设置。

特别提示：

①选择不同的核销方式，将影响到账龄分析的精确性。

②如果使用单据日期为审核日期，则月末结账时单据必须全部审核。因为下月无法以单据日期为审核日期。

③在账套使用过程中，如果当年已经计提过坏账准备，则坏账处理方式参数不可以修改，只能下一年度修改。

④应收账款核算模型选项在系统启用时或者还没有进行任何业务（包括期初数据录入）才允许从简单核算改为详细核算；从详细核算改为简单核算随时可以进行。

任务二 设置基础信息

[任务名称]

根据河北新华有限责任公司具体业务需要，设置应收款管理系统基础信息。

[任务内容]

1. 根据应收款管理系统参数设置修改会计科目，分别将1121应收票据、1122应收账款、2203预收账款更改为受控于应收系统，其他内容不变。

2. 修改销售专用发票的编号方式为"手工改动，重号时自动重取"。

3. 基本科目设置见表7-1。

表7-1   基础科目设置

基本科目	编码	科目名称	基本科目	编码	科目名称
应收科目	1122	应收账款	销售收入科目	6001	主营业务收入
预收科目	2203	预收账款	应交增值税科目	22210102	应交税费——应交增值税（销项税额）

4. 结算方式科目设置。

现金——1001；现金支票——100201；转账支票——100201；银行汇票——100201；商业汇票——100201；电汇——100201 ；其他——100201。

5. 坏账准备。

提取比率为0.5%，坏账准备期初余额为526.5元，坏账准备科目为"1231 坏账准备"，坏账准备对方科目为"6701 资产减值损失"。

[任务要求]

完成应收款管理系统基础信息设置。

[知识链接]

为了满足业务需要，基础信息设置要为后期应收款发生、核销、审核等内容提供基础条件，主要内容包括凭证科目设置、坏账初始设置、账龄区间设置、单据类型设置、报警级别设置等五项。

[工作示范]

1. 凭证科目设置

（1）修改会计科目。

操作步骤：

点击"基础设置"/财务"/"会计科目"，点击"修改"，选择"应收票据"会计科目，如图7-8所示。

（2）修改销售专用发票的编号方式为"手工改动，重号时自动重取"。

操作步骤：

点击"基础设置"/"单据设置"，点击"单据编号设置"/"应收款管理"，选择"收款单"，如图7-9所示。进行销售专用发票编号修改。

（3）基本科目设置。

基本科目是指在核算应收款项时经常用到的科目，可以在此处设置应收业务的常用科目。

操作步骤：

单击"设置"/"初始设置"/"设置科目"，打开"基本科目设置"对话框，如图7-10所示。

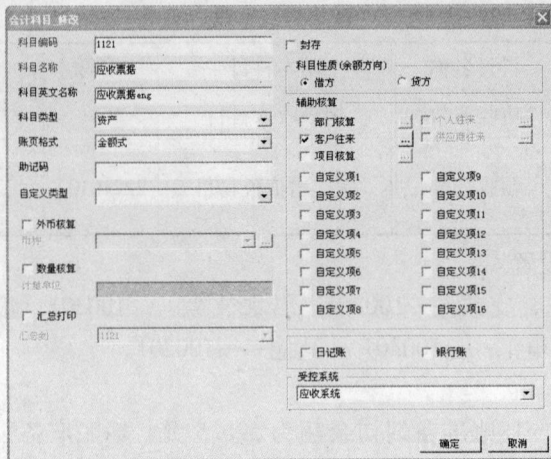

图 7-8　修改会计科目

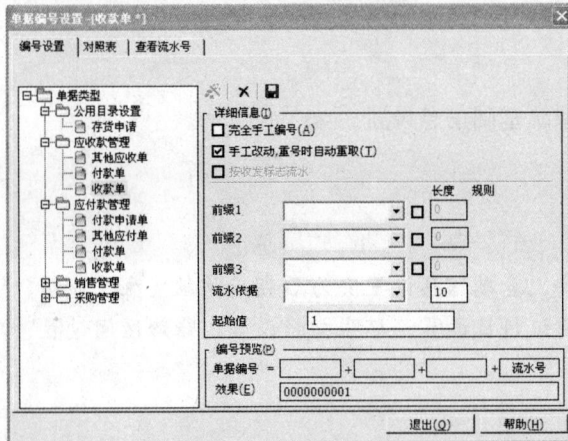

图 7-9　单据编号设置

图 7-10　基本科目设置

栏目说明：

①应收科目：输入最常用的核算本位币和外币赊销欠款的科目，如"应收账款"。

②预收科目：输入最常用的核算本位币和外币预收款款的科目，如"预收账款"。

③销售收入科目：输入最常用的核算销售收入的科目，如"主营业务收入"。

④税金科目：输入核算增值税的科目，如"应交税费——应交增值税（销项税额）"。

⑤销售退回科目：输入最常用的核算销售退回的科目，可以和销售收入科目相同。

⑥银行承兑科目：输入核算银行承兑汇票的科目，如"应收票据"。

⑦商业承兑科目：输入核算商业承兑汇票的科目，如"应收票据"。

⑧现金折扣科目：若企业在销售过程中有现金折扣业务，则输入现金折扣费用的入账科目，如"财务费用"。

⑨票据利息科目：输入核算应收票据利息的科目，如"财务费用"。

⑩汇兑损益科目：若客户往来有外币核算时，输入核算汇兑损益的科目，如"财务费用"。

（4）控制科目设置。如果企业的应收、预收科目根据客户的分类或地区分类不同分别设置了不同的明细科目，则可以先在选项中选择设置的依据，并且在此处进行具体的设置。

在初始界面的左边设置科目列表中单击"控制科目设置"，即可进行相应的控制科目设置，设置的科目必须是末级应收款管理系统受控科目。

（5）产品销售科目设置。如果不同的存货（存货分类）分别对应不同的销售收入科目、应交销项税科目和销售退回科目，先在选项中选择设置的依据，再在此处设置具体科目（销售收入和销售退回科目可以相同）。

（6）结算方式科目设置。结算方式已在设置页签中的"基础档案"/"收付结算"/"结算方式"中设置，这里主要针对已设置完成的结算方式，为其设置一个默认的结算科目。

操作步骤：

单击"设置"/"初始设置"/"设置科目"打开"结算方式科目设置"对话框。

输入结算方式、币种、本单位账号及科目，如图7-11所示。

消息中心 **初始设置**				
设置科目	结算方式	币 种	本单位账号	科 ...
基本科目设置	1 现金	人民币		1001
控制科目设置	201 现金支票	人民币		100201
产品科目设置	202 转账支票	人民币		100201
结算方式科目设置	3 银行汇票	人民币		100201
账期内账龄区间设置	4 商业汇票	人民币		100201
逾期账龄区间设置	5 电汇	人民币		100201
报警级别设置	6 其他	人民币	100201	
单据类型设置				

图7-11 结算科目设置

2. 坏账初始设置

应收款管理系统可以根据发生的应收业务情况，提供自动计提坏账准备金的功能。根据应收款管理系统选项中选取的坏账处理方式不同，相应的坏账准备设置也不同。

操作步骤：

（1）单击"设置"／"初始设置"打开"坏账准备设置"对话框。

（2）分别录入各项内容，如图 7-12 所示，设置完成后，点击"确定"按钮。

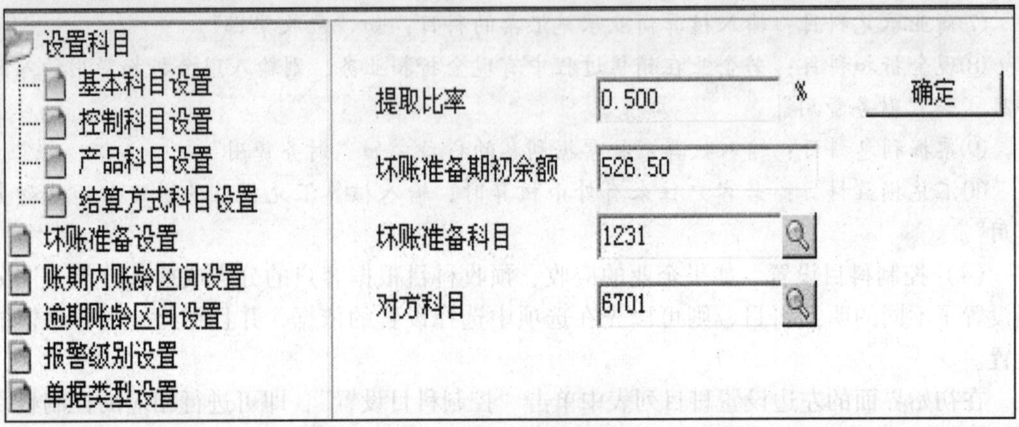

设置科目
　　基本科目设置
　　控制科目设置
　　产品科目设置
　　结算方式科目设置
坏账准备设置
账期内账龄区间设置
逾期账龄区间设置
报警级别设置
单据类型设置

提取比率　0.500　　%　　确定

坏账准备期初余额　526.50

坏账准备科目　1231

对方科目　6701

图 7-12　坏账准备初始设置

栏目说明：

①提取比率：输入计提的百分比。对于按应收余额百分比法计提坏账准备的可直接输入提取比例；按账龄分析法计提的，还应定义账龄区间及各区间的计提比例。

②坏账准备期初余额：在第一年使用系统时，直接输入期初余额；以后年度坏账准备的期初余额由系统自动生成，不能进行修改。

③坏账准备科目：直接输入或参照输入核算坏账准备的科目。

④对方科目：直接输入或参照输入坏账准备的对方科目。

⑤本年度计提完坏账准备后，各参数将不能修改，只能查询。下一年度使用本系统时，可以修改计提比例、区间、科目。如果在系统参数设置中选择坏账直接转销，则不用进行坏账准备设置。

3. 账龄区间设置

为了对应收账款进行账龄分析，评估客户信誉，并按一定比例估计坏账损失，应设置账龄区间。账龄区间设置包括账期内账龄区间设置和逾期账龄区间设置。

（1）账期内账龄区间设置。

账期内账龄区间设置是指用户定义账期内应收账款或收款时间间隔的功能，它的作用是便于用户根据自己定义的账款时间间隔，进行账期内应收账款或收款的账龄查询和账龄分析，清楚了解在一定期间内发生的应收款情况。

操作步骤：

单击"设置"／"初始设置"，打开"账期内账龄区间设置"对话框，应收款账期内账龄区间设置界面如图 7-13 所示。

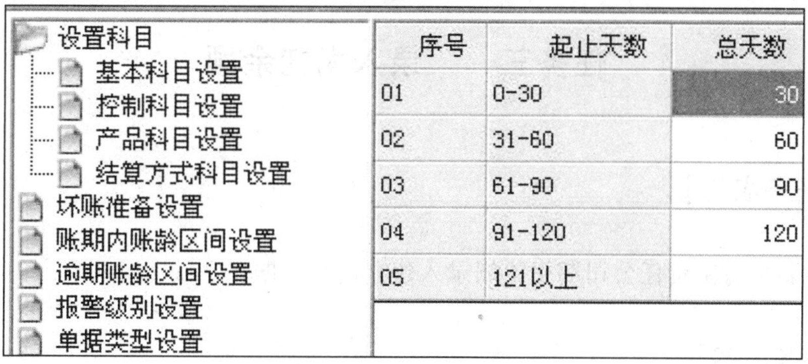

设置科目	序号	起止天数	总天数
基本科目设置	01	0-30	30
控制科目设置	02	31-60	60
产品科目设置	03	61-90	90
结算方式科目设置	04	91-120	120
坏账准备设置	05	121以上	
账期内账龄区间设置			
逾期账龄区间设置			
报警级别设置			
单据类型设置			

图 7-13 账期内账龄区间设置

栏目说明：

①序号：序号由系统生成，从 01 开始，您不能修改。序号为 01 的区间由系统自动生成，您不能修改、删除。

②总天数：直接输入该区间的截止天数。

③起止天数：系统会根据您输入的总天数自动生成相应的区间。

特别提示：

最后一个区间不能修改和删除。

（2）逾期账龄区间设置。

逾期账龄区间设置是指用户定义逾期应收账款或收款时间间隔的功能，它的作用是便于用户根据自己定义的账款时间间隔，进行逾期应收账款或收款的账龄查询和账龄分析，清楚了解在一定期间内发生的应收款、收款情况。其设置方法同账期内账龄区间设置。

4. 单据类型设置

系统提供了发票和应收单两大类型的单据。

如果同时使用销售系统，则发票的类型包括增值税专用发票、普通发票、销售调拨单和销售日报。如果单独使用应收款管理系统，则发票的类型不包括后两种。发票的类型不能修改和删除。

应收单记录销售业务以外的应收款情况。在本功能中只能增加应收单。应收单可划分为不同的类型，以区分应收货款之外的其他应收款，如应收代垫费用款、应收利息款、应收罚款、其他应收款等。

应收单的对应科目由自己定义。只能增加应收单的类型，而发票的类型是固定的，不能修改和删除。应收单中的"其他应收单"为系统默认类型，不能删除、修改，也不能删除已经使用过的单据类型。

5. 报警级别设置

通过对报警级别的设置，将客户按照欠款余额与其授信额度的比例分为不同的类型，以便于掌握各个客户的信用情况。

任务三　　录入期初余额

［任务名称］

将河北新华有限责任公司期初单据录入建立期初数据。

［任务内容］

本月有两笔期初单据需要录入如下：

1. 2013 年 6 月 13 日，向启明公司销售交换机 80 台，单价 1 000 元，价税合计 93 600 元，增值税专用发票票号 ZY11234。

2. 2013 年 6 月 15 日，向亚圣公司销售路由器 50 台，单价 200 元，价税合计 11 700 元。增值税专用发票票号 ZY21456。

［任务要求］

根据河北新华有限责任公司期初单据录入期初余额。

［知识链接］

1. 录入期初余额，包括未结算完的发票和应收单、预收款单据、未结算完的应收票据，以及未结算完毕的合同金额。

2. 期初余额录入后，可与总账系统对账，在日常业务中，可对期初发票、应收单、预收款、票据进行后续的核销、转账处理。

［工作示范］

操作步骤：

（1）单击"设置"／"期初余额"打开"期初余额—查询"对话框，如图 7 - 14 所示。

（2）单击"确定"按钮，弹出"期初余额明细表"对话框，单击"增加"按钮，弹出"单据类别"对话框，选择单据名称"销售发票"、单据类型"销售专用发票"、方向"正向"，如图 7-15 所示。

（3）单击"确定"按钮，弹出"期初销售发票"对话框，输入销售专用发票信息，如图 7-16 所示。

（4）保存后单击"对账"，会弹出如图 7-17 所示的"期初对账"窗口。

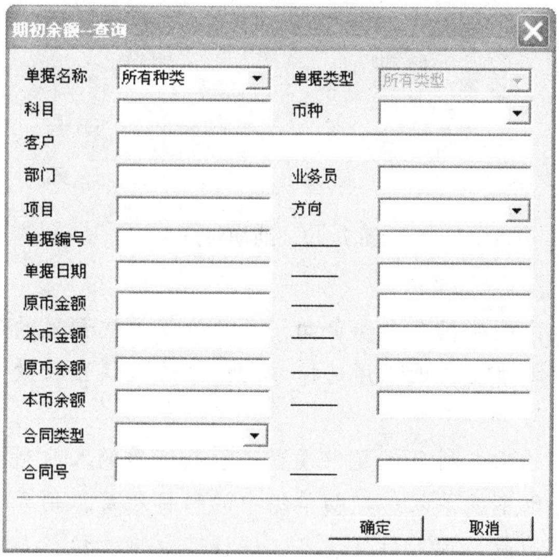

图 7-14 期初余额—查询

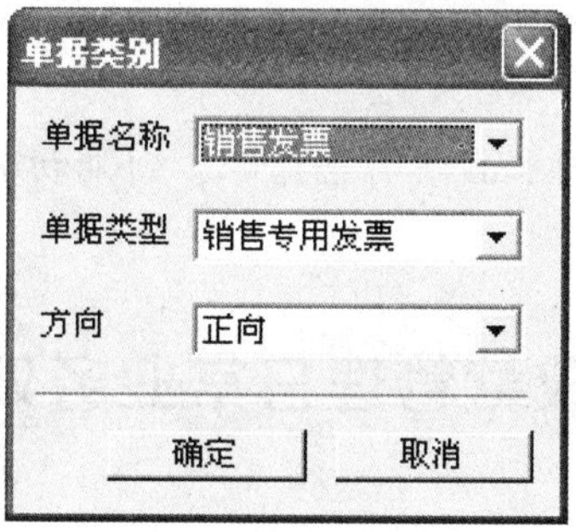

图 7-15 单据类别

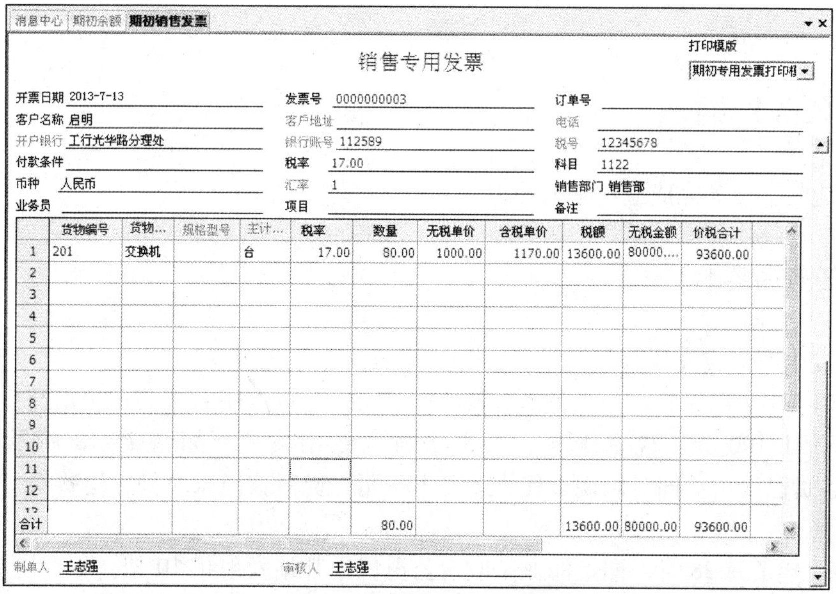

图 7-16 录入期初销售发票

消息中心 | 期初余额 | 期初对账

科目		应收期初		总账期初		差额	
编号	名称	原币	本币	原币	本币	原币	本币
1121	应收票据	0.00	0.00	0.00	0.00	0.00	0.00
1122	应收账款	105,300.00	105,300.00	105,300.00	105,300.00	0.00	0.00
2203	预收账款	0.00	0.00	0.00	0.00	0.00	0.00
	合计		105,300.00		105,300.00		0.00

图 7-17　期初对账

特别提示：

①发票和应收单的方向包括正向和负向，类型包括系统预置的各类型及用户定义的类型。如果是预收款和应收票据，则不用选择方向，系统默认预收款方向为贷，应收票据方向为借。

②如果在初始设置的基本科目设置中设置了承兑汇票的入账科目，则可以录入该科目下的期初应收票据，否则不能录入。期初单据中的科目栏目，用于输入该笔业务的入账科目，该科目可以为空，但最好录入科目信息，这样不仅可以执行与总账的对账功能，而且可以查询正确的科目明细账、总账。

③录入的期初单据日期必须小于该账套启用期间（第一年使用）或者该年度会计期初（以后年度使用）。

④若期初数据已作后续处理，或当月已结账，则期初数据不允许再进行增加、修改、删除，只能进行查询了。

学习子情境二　应收款管理日常业务处理

任务一　应收单据处理

[任务名称]

根据应收款业务完成应收单据处理。

[任务内容]

本月发生两笔应收款业务：

1. 2013 年 7 月 25 日，河北新华有限责任公司向北京启明有限公司售出交换机 50 台，不含税单价 1 100 元，税率 17%，开出增值税专用发票，如图 7-18 所示，发票号 ZY55454，货已发出。同时以现金代垫运费 300 元，货税款尚未收到，运费垫支凭证如图 7-19 所示。

2. 2013 年 7 月 28 日，向上海亚圣股份公司售出基站发射机 10 架，不含税单价 8 000 元，税率 17%，开出增值税专用发票，如图 7-20 所示，发票号 ZY55455，货已发出，货税款尚未收到。

河北省增值税专用发票　　NO ZY55454

河北
此联不做核销、扣税凭证使用
国家税务局监制

开票日期：2013年7月25

购货单位			
名　称：北京启明有限公司			
纳税人识别号：050000510222559			
地址、电话：北京市王府井大街266号　89976779			
开户行及账号：工行光华路分理处　112589			

密码区　略

货物或应税劳务名称	规格型号	单位	数量	单价	金额	税率	税额
交换机		台	50	1100.00	55000.00	17%	9350.00
合　计					￥55000.00		￥9350.00

价税合计（大写）　⊗陆万肆仟叁佰伍拾元整　　（小写）￥64350.00

销货单位	
名　称：河北新华有限责任公司	
纳税人识别号：050000510222566	
地址、电话：河北省新华区友谊大街99号　85327111	
开户行及账号：农行天山支行6228480631045889923	

备注：河北新华有限责任公司 050000510222566 发票专用章

收款人：李强　　复核：贾建斌　　开票人：王丹　　销货单位（盖章）

第一联 记账联 销货方记账凭证

图7-18　增值税专用发票（1）

运费垫支凭证

2013年 7月25日

收货单位	运单号	货物名称	发运数量	运费	保险费	其他	金额合计	经手人
北京启明有限公司		交换机	50	￥300			￥300	李振东
合 计							￥300	

图7-19　运费垫支凭证

河北省增值税专用发票　　NO ZY55454

河北
此联不做核销、扣税凭证使用
国家税务局监制

开票日期：2013年7月28

购货单位			
名　称：上海亚圣股份公司			
纳税人识别号：050000510222555			
地址、电话：上海市大沽路333号　85782222			
开户行及账号：建行大沽路支行　255677			

密码区　略

货物或应税劳务名称	规格型号	单位	数量	单价	金额	税率	税额
基站发射机		架	10	8000.00	80000.00	17%	13600.00
合　计					￥80000.00		￥13600.00

价税合计（大写）　⊗玖万叁仟陆佰元整　　（小写）￥93600.00

销货单位	
名　称：河北新华有限责任公司	
纳税人识别号：050000510222566	
地址、电话：河北省新华区友谊大街99号　85327111	
开户行及账号：农行天山支行6228480631045889923	

备注：河北新华有限责任公司 050000510222566 发票专用章

收款人：李强　　复核：贾建斌　　开票人：王丹　　销货单位（盖章）

第一联 记账联 销货方记账凭证

图7-20　增值税专用发票（2）

[任务要求]

完成应收单据处理。

[知识链接]

应收单据处理主要包括以下内容：
(1) 应收单据的录入。
(2) 应收单据审核。
(3) 应收单据复制。
(4) 应收单据修改。
(5) 应收单据删除。
(6) 应收单据查询。

[工作示范]

1. 应收单据的录入
(1) 录入销售发票。
操作步骤：
单击"应收款管理"/"应收单据处理"/"应收单据录入"，打开"单据类别"对话框。

选择单据名称"销售发票"，单据类型"销售专用发票"，单据方向"正向"（若输入的单据为红字单据，则可选择方向为负向），单击"确定"按钮，屏幕显示"销售专用发票"录入界面，录入销售专用发票中的所有内容，如图7-21所示。

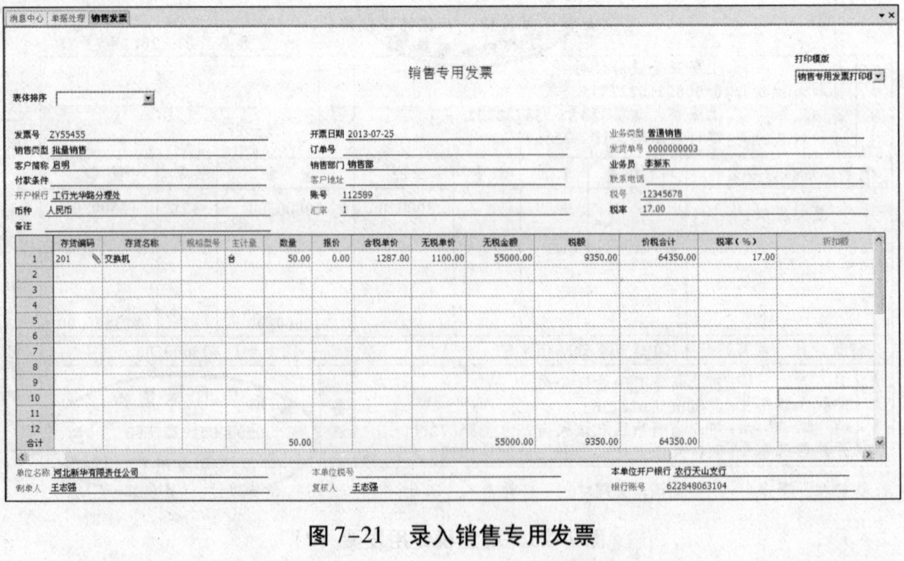

图7-21 录入销售专用发票

单击"保存"按钮，即可保存当前新增单据。

（2）录入应收单。

操作步骤：

单击"应收款管理"／"应收单据处理"／"应收单据录入"，打开"单据类别"对话框，如图7-22所示。

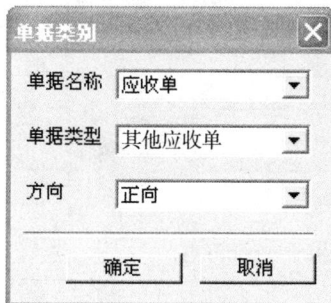

图7-22 单据类别

选择单据名称"应收单"；单据类型"其他应收单"；单据方向"正向"；单击"确定"按钮，屏幕显示"应收单"录入界面，如图7-23所示。

图7-23 应收单录入

2. 应收单据审核

录入的单据必须经过审核后，才能参与结算。

操作步骤：

（1）"应收款管理"／"应收单据处理"／"应收单据审核"，打开"应收单过滤条件"对话框，如图7-24所示。

（2）单击"确认"按钮，打开"应收单据列表"，单击"全选"按钮，最后单击"审核"按钮，如图7-25和图7-26所示。

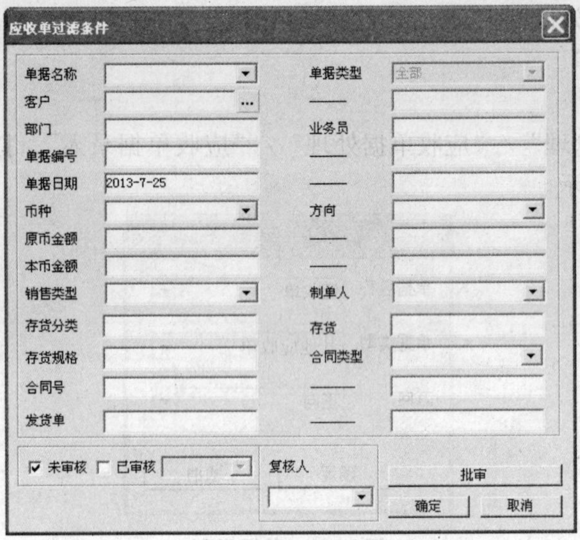

图 7-24　应收单过滤条件

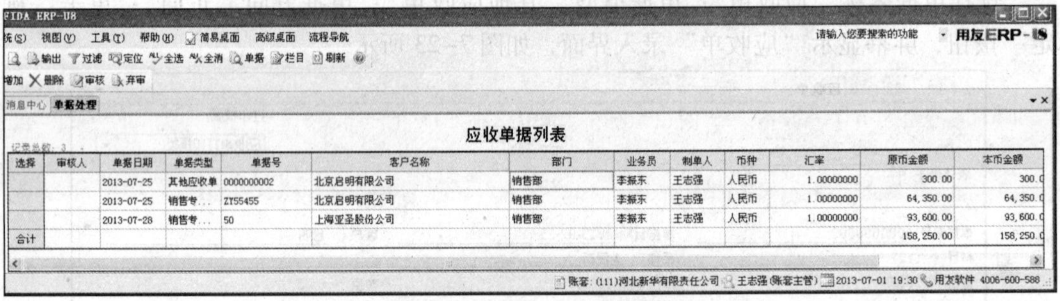

图 7-25　应收单据审核（1）

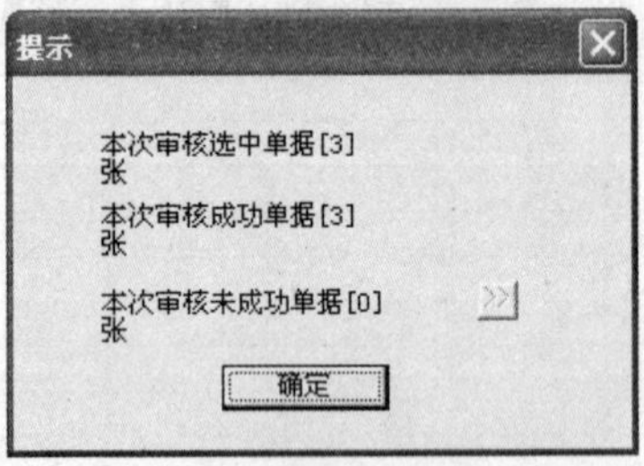

图 7-26　应收单据审核（2）

特别提示：

①当选项中设置审核日期的依据为单据日期时，若发现该单据日期所在会计月份已经结账，则系统将提示不能审核该单据，除非修改审核方式为业务日期。

②不能在已结账月份中进行审核及弃审处理。已经审核过的单据不能进行重复审核；未经审核的单据不能进行弃审处理。已经做过后续处理（如核销、转账、坏账、汇兑损益等）的单据不能进行弃审处理。

3. 应收单据复制

操作步骤：

若新增的单据与已录入单据相似，可通过单据复制功能，提高单据录入的效率。在

"应收单据录入"主界面，查找到被复制单据，点击"复制"按钮，即可将当前界面的单据复制到新增单据上，在新增单据上修改相关栏目后再将其保存。

4. 应收单据修改

操作步骤：

在"应收单据录入"主界面，查找到所需要修改的单据后，点击"修改"按钮进行修改。修改完成后，按"保存"按钮，即可保存当前修改结果。

特别提示：

①单据的名称和类型不能进行修改，已经审核过的单据不允许修改。

②若修改的客户有封存标志，则系统将提示不能保存当前的修改内容。

5. 应收单据删除

操作步骤：

在"应收单据录入"主界面，查找到需要删除的单据，点击"删除"按钮。如果正在查看某张单据，则可以直接单击"删除"图标将当前单据删除。

特别提示：

①从销售管理系统中传入的单据不允许删除。

②已经审核过的单据不允许删除。

6. 应收单据查询

操作步骤：

若只查看未审核的单据，在单据录入界面，选取要查询的单据，单击"确定"按钮即可。若要查看全部单据，在"单据查询"中查看这些单据，如图7-27和图7-28所示。

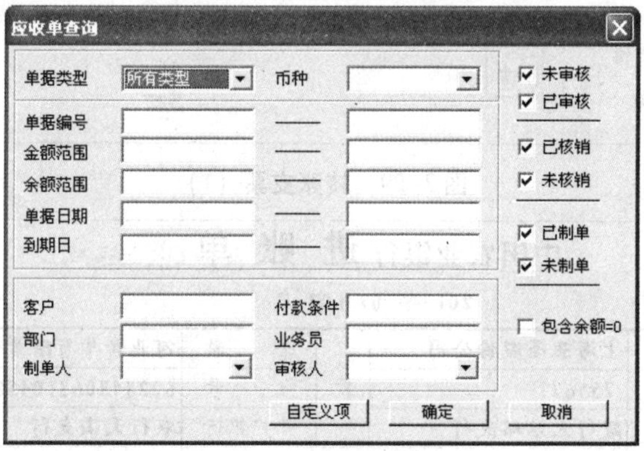

图7-27 应收单据查询

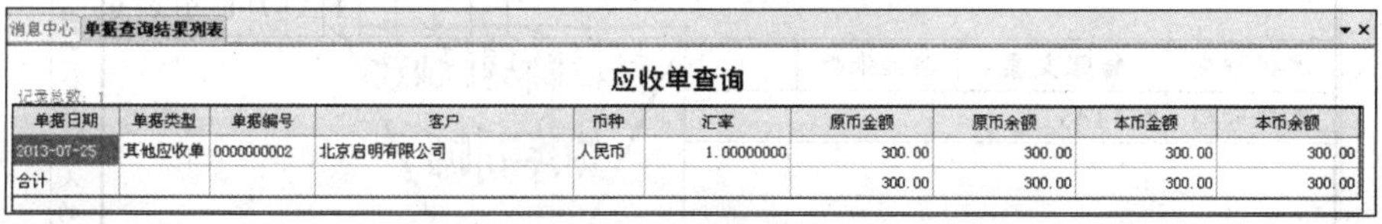

图7-28 应收单查询结果

特别提示：

如果输入了一张方向为贷的应收单，将生成一张红字的应收单，则可以在单据的"对应单据"栏输入红字单据对应的蓝字（方向为借）应收单的单据编号。

任务二 收款单据处理

[任务名称]

根据收到的应收款，完成收款单据处理。

[任务内容]

本月收到两笔应收款项：

(1) 7 日，收到上海亚圣股份公司交来的转账支票一张，金额 11 700 元，支票号 ZZ1145，用以偿还前欠货款，如图 7-29 和图 7-30 所示。

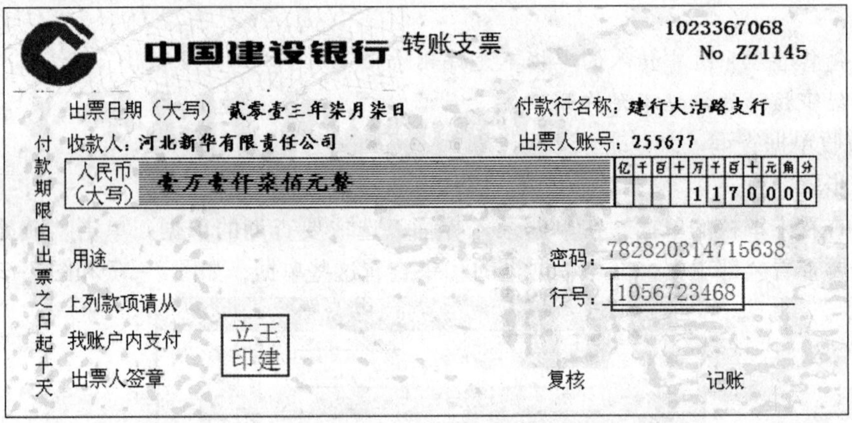
中国建设银行 转账支票
1023367068
No ZZ1145
付款期限自出票之日起十天
出票日期（大写） 贰零壹三年柒月柒日　付款行名称：建行大沽路支行
收款人：河北新华有限责任公司　出票人账号：255677

人民币（大写）	亿	千	百	十	万	千	百	十	元	角	分
壹万壹仟柒佰元整					1	1	7	0	0	0	0

用途　密码：782820314715638
上列款项请从　行号：1056723468
我账户内支付　立王印建
出票人签章　复核　记账

图 7-29 转账支票（1）

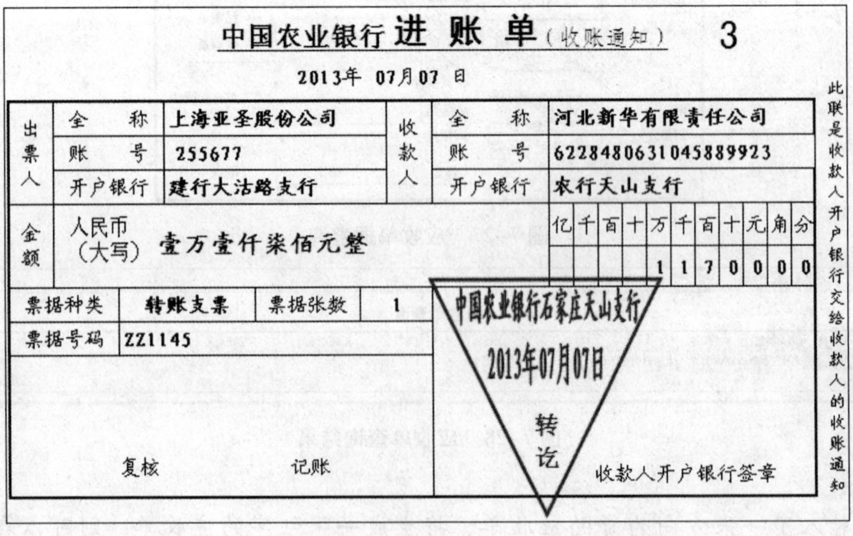
中国农业银行 进 账 单（收账通知） 3
2013年 07月07 日

出票人	全　称	上海亚圣股份公司	收款人	全　称	河北新华有限责任公司
	账　号	255677		账　号	6228480631045889923
	开户银行	建行大沽路支行		开户银行	农行天山支行
金额	人民币（大写）	壹万壹仟柒佰元整			亿 千 百 十 万 千 百 十 元 角 分 1 1 7 0 0 0 0
票据种类	转账支票	票据张数	1		
票据号码	ZZ1145				
复核	记账		收款人开户银行签章		

中国农业银行石家庄天山支行
2013年07月07日
转讫

此联是收款人开户银行交给收款人的收账通知

图 7-30 进账单（1）

（2）13 日，收到北京启明有限公司转账支票 1 张，金额 157 950 元，支票号 ZZ7767，用以偿还前欠货款，剩余款转为预收账款，支票交农行进账，如图 7-31 和图 7-32 所示。

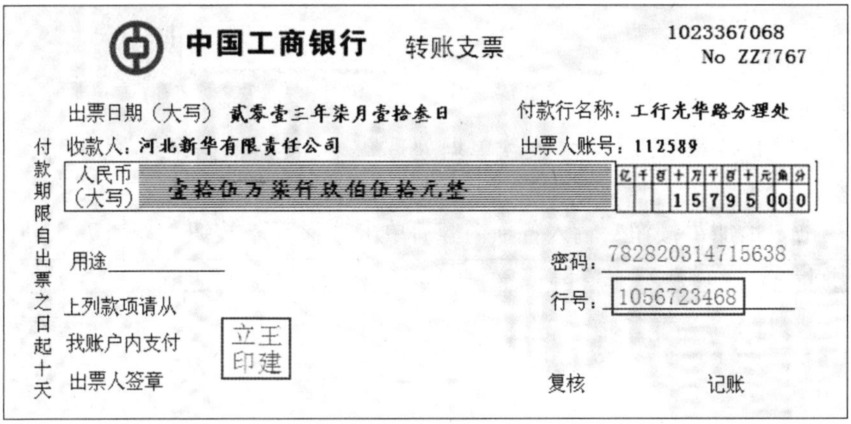
中国工商银行　转账支票　1023367068　No ZZ7767

出票日期（大写）贰零壹三年柒月壹拾叁日　付款行名称：工行光华路分理处

收款人：河北新华有限责任公司　出票人账号：112589

人民币（大写）壹拾伍万柒仟玖佰伍拾元整　15795000

用途　密码：782820314715638

上列款项请从我账户内支付　行号：1056723468

出票人签章　复核　记账

付款期限自出票之日起十天

图 7-31　转账支票（2）

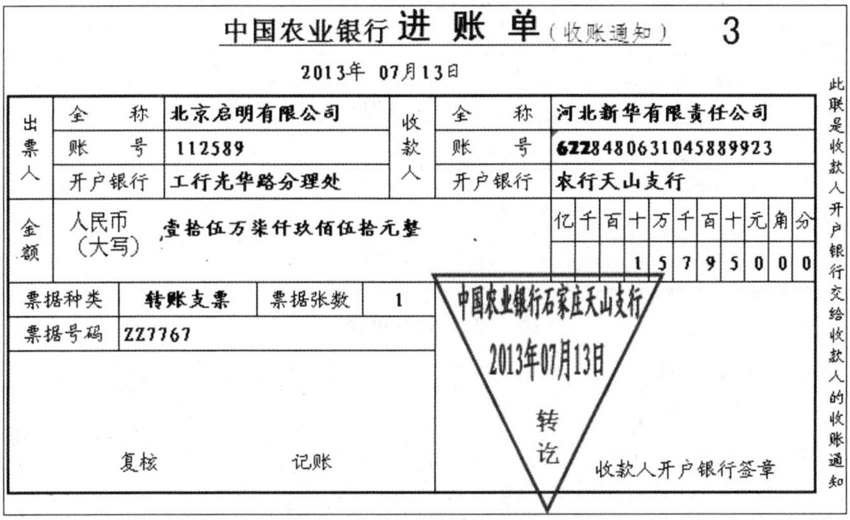
中国农业银行 进 账 单（收账通知）　3

2013年 07月13日

出票人	全称	北京启明有限公司	收款人	全称	河北新华有限责任公司
	账号	112589		账号	6228480631045889923
	开户银行	工行光华路分理处		开户银行	农行天山支行
金额	人民币（大写）	壹拾伍万柒仟玖佰伍拾元整			15795000
票据种类	转账支票	票据张数	1		
票据号码	ZZ7767				

复核　记账　收款人开户银行签章

中国农业银行石家庄天山支行 2013年07月13日 转讫

此联是收款人开户银行交给收款人的收账通知

图 7-32　进账单（2）

[任务要求]

完成收款单据处理。

[知识链接]

收款单据处理主要包括以下内容：

（1）收款单的录入。

（2）录入付款单。

（3）预收款的录入。

（4）收款单据的审核。

[工作示范]

1. 收款单的录入

操作步骤：

（1）单击"应收款管理"／"收款单据处理"／"收款单据录入"，打开"收款单"对话框。

（2）单击"增加"按钮，输入各项内容后单击"保存"按钮，如图7-33所示。

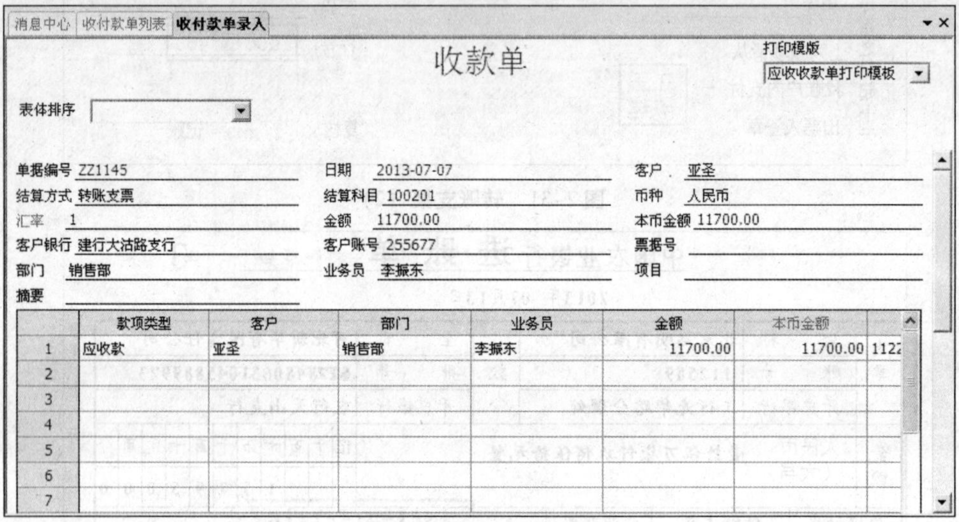

图7-33 收款单录入

（3）单击"审核"按钮，系统提示"是否立即制单"，单击"否"按钮，如图7-34所示。

（4）审核后，用户可点击"核销-同币种"按钮，即可实时进行手工核销，及币种相同的发票、应收单与收款单进行勾对。

2. 录入付款单

应收款管理系统的付款单用来记录发生销售退货时企业开具的退付给客户的款项。录入付款单时需要指明付款单是应收款项退回、预收款退回，还是其他费用退回。付款单可与应收、预收性质的收款单、红字应收单、红字发票进行核销。

图7-34 制单处理

3. 预收款的录入

操作步骤：

（1）单击"应收款管理"／"收款单据处理"／"收款单据录入"，打开"收款单"对话框。

（2）单击"增加"按钮，录入收款单表头各项内容。单击"款项类型"下拉三角按钮，选择"应收款"、金额为"93600"；再增加一行，单击"款项类型"下拉三角按钮，选择"预收款"、金额自动生成。然后单击"保存"按钮，如图7-35所示。

（3）单击"审核"按钮，系统提示"是否立即制单"，单击"否"按钮。

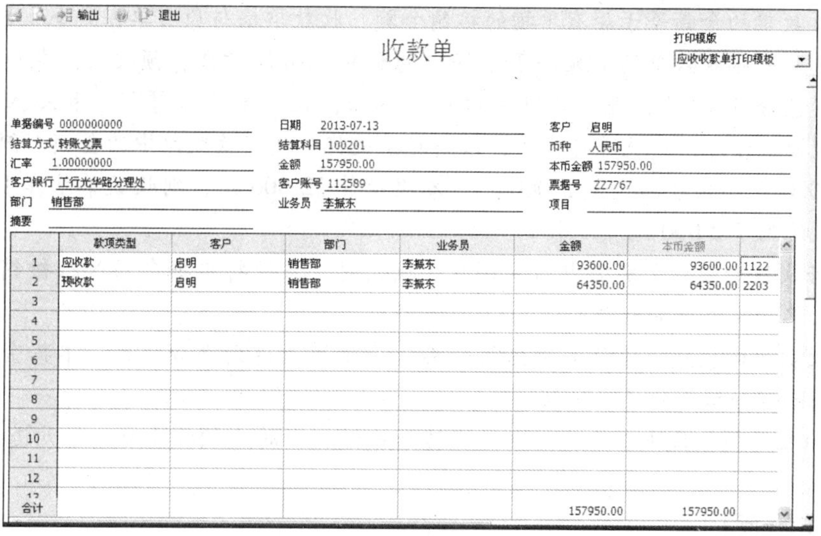

图 7-35 收款单

（4）单击"退出"按钮，退出。

4. 收款单据审核

操作步骤：

在"应收款管理"/"收款单据处理"/"收款单据审核"的"收付款单列表"对话框，系统提供手工审核、自动批审核的功能。"收付款单列表"对话框中显示的单据包括全部已审核、未审核的收（付）款单，可以进行结算单的增加、修改、删除等操作。

任务三 核销处理

［任务名称］

核销处理。

［任务内容］

7 月 26 日，用北京启明有限公司预收账款冲抵其应收款项。

［任务要求］

完成北京启明有限公司的核销处理。

［知识链接］

单据的核销分为以下几种情况：

（1）收款单的金额等于原有单据的核销金额，收款单据与原有单据完全核销。

（2）如果一张收款单的金额小于单据中的金额，而该客户有预收款，在核销时核销条件选中"包含预收款"，进入"单据核销"界面，在"本次结算"一栏输入结算单金额和预收款金额合计，系统进行核销，核销时系统优先使用收款单中的金额。例如，收款单金额10 000元，预收款金额5 000元，本次结算12 000元，则收款单结算10 000元，而预收款仅使用了2 000元。

（3）若收款金额大于单据中的金额时，核销时，系统将单据金额进行核销，系统自动保存收款单金额为剩余金额。

（4）收款单的金额小于原有单据的金额，应收单仅得到部分核销，单据金额减去核销金额，剩余部分留下次进行核销。

（5）如果用预收款冲应收款，应到"转账处理"中的"预收冲应收"处进行。

[工作示范]

操作步骤：

（1）单击"核销处理"/"单据核销"/"手工核销"，打开"核销条件"对话框。

（2）单击"客户"栏参照按钮，选择"启明"。

（3）单击"确定"按钮，打开"单据核销"对话框。在本次结算金额栏录入"93600"，如图7-36所示。

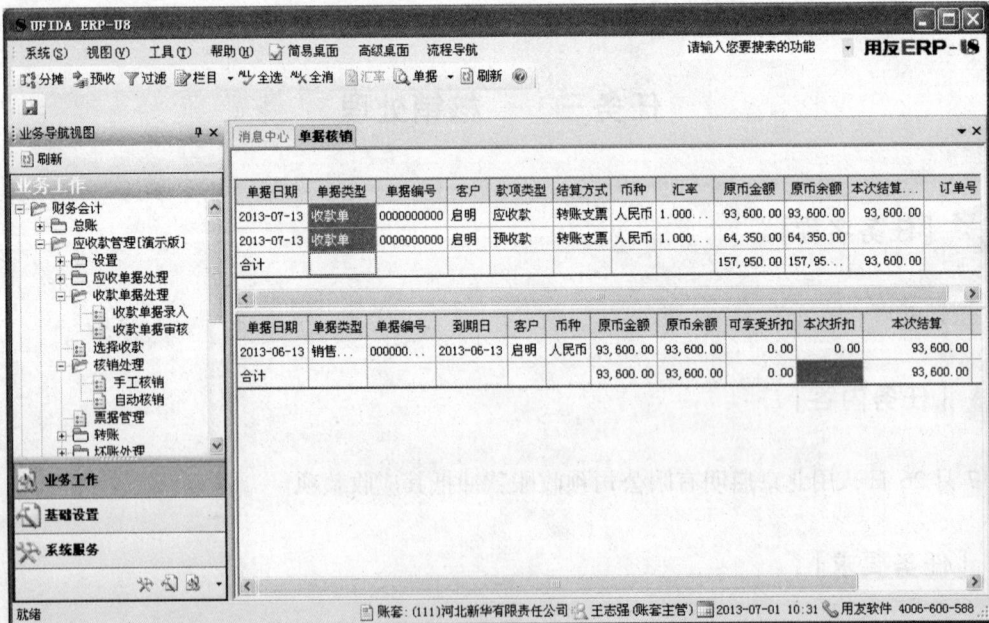

图7-36 单据核销

特别提示：

①只有应收款和预收款才允许核销，收付款单表体中款项类型为其他费用的记录不在收付款单列表中显示。

②应收款管理系统中选择收付款单类型为收款单时，被核销单据列表中可以显示的记录有：蓝字应收单、蓝字发票、付款单；选择收付款单类型为付款单时，被核销单据列表中可以显示的记录有：红字应收单、红字发票、收款单。

任务四　票据管理

[任务名称]

根据收到的商业汇票完成票据管理处理。

[任务内容]

7月21日，收到上海亚圣股份公司交来的两个月期限的银行承兑汇票一张，票号YH6656，面值20 000元，作为购货定金，如图7-37所示。

银行承兑汇票 3　　汇票号码 YH6656

出票日期（大写）贰零壹叁年柒月贰拾壹日

出票人全称	上海亚圣股份公司	收款人	全　称	河北新华有限责任公司		
出票人账号	255677		账　号	6228480631045889923		
付款人全称	建行大沽路支行		开户行	农行天山支行	行号	

汇票金额	人民币（大写）贰万元整	亿	千	百	十	万	千	百	十	元	角	分
					¥	2	0	0	0	0	0	0

汇票到期日（大写）	贰零壹叁年玖月贰拾壹日	付款行	行号	932678
承兑协议编号			地址	上海市大沽路333号

备注：　　复核　　记账

图7-37　银行承兑汇票

[任务要求]

完成相应业务票据管理处理。

[知识链接]

票据管理只包括票据贴现、背书、计息、结算、转出等情况。如果要实现票据的登记簿管理，必须将"应收票据"科目设置成为带有客户往来辅助核算的科目。

[工作示范]

1. 应收票据的增加、删除、修改

操作步骤：

（1）单击"日常处理"／"票据管理"，弹出"票据查询"对话框，输入各种条件，再单击"确认"按钮进入主界面。

（2）单击"增加"按钮，在票据增加界面输入各栏目的相关信息，如图7-38所示。

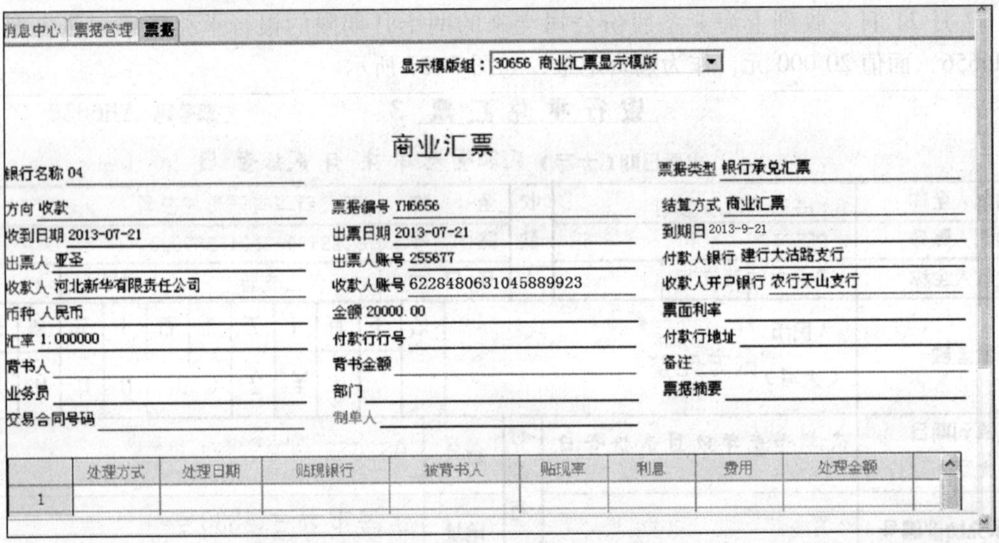

图7-38 商业汇票

（3）输入完成后，单击"确认"按钮，保存当前票据，则系统会生成一张收款单，可以在"单据结算"部分进行查询。

栏目说明：

①收到日期：收到该张票据的日期，该日期应该大于已经结账的日期。

②结算方式：输入票据结算所对应的结算方式，以便于生成收款单并进行收款统计。

③票据种类：票据的种类包括银行承兑汇票和商业承兑汇票。

④承兑单位：商业承兑汇票必须输入承兑单位。

⑤承兑银行：银行承兑汇票必须输入承兑银行。

⑥票面利率：若票据为带息票据，应该在此输入票据的票面利率。

⑦背书单位：如果增加的票据是经过背书转让的，应该输入背书单位。

⑧背书金额：经过背书转让的金额。背书的金额不一定等于票据的面值。

⑨签发日期：签发日期即实际签发票据的日期，不能大于收到日期。

⑩到期日：到期日应大于或等于签发日期。

当保存了一张票据后，系统会自动生成一张收款单，可以在单据结算中查看到该张收款单。收到的日期在已经结账月的票据不能修改、删除；票据所形成的收款单已经核销的不能修改、删除；已经进行过计息、结算、转出等处理的票据不能修改、删除。

2. 票据贴现处理

当单位有应收票据时，由于企业对现金的需要，可能会把所持有的应收票据进行贴现以取得所需现金。

操作步骤：

在"票据管理"的界面，选中要贴现的票据，单击"贴现"按钮即可对当前票据进行贴现处理。

栏目说明：

①贴现日期。贴现日期为向银行申请贴现的日期。贴现日期应大于已结账月以及该票据签发日期，小于等于本业务时间月。

②贴现净额。系统会根据输入的贴现率、贴现日期自动算出贴现净额。贴现率和贴现日期可以修改。

③利息。如果贴现净额大于票据余额，系统自动将其差额作为利息。

④费用。如果贴现净额小于票据余额，系统自动将其差额作为费用。

⑤结算科目。结算科目，即发生贴现业务时所对应的科目。结算科目一般为银行存款科目。

3. 票据背书处理

企业对票据进行背书处理的原因与票据贴现基本一致，都是为了取得所需现金。用本单位的应收票据来抵单位的一些应付或预付等款项。

操作步骤：

在"票据管理"界面，选中要背书的票据，单击"背书"按钮即可对当前票据进行背书处理。

栏目说明：

①背书日期。背书日期是将票据背书转让出去的日期。背书日期应大于已结账月，小于或等于当前业务月。

②背书金额。背书金额是背书票据所得到的金额。

③利息。如果背书金额大于票据余额，系统自动将其差额作为利息。

④费用。如果背书金额小于票据余额，系统自动将其差额作为费用。

⑤被背书单位。被背书单位的输入有两种方法：如果背书方式选择"冲销应付账款"，则被背书单位是对应的供应商，系统会提供供应商名称供参考；如果背书方式选"其他"，应在此直接输入被背书单位的名称。

⑥对应科目。如果背书的方式是"其他"，则应输入票据背书时所对应的相关科目。票据背书后将不能再对其进行其他处理。如果选择的供应商的控制方式是由总账控制，则票据背书时，不能选择"冲销应付账款"，只能选择"其他"；当背书方式为"冲销应付账款"时，如果背书金额大于应付账款，则将剩余金额记为供应商的预付款，并结清该张票据。

⑦票据处理。应收票据进行了背书以后，而该应收票据的客户没有如期付款，则需要作退票处理，或是对背书操作本身作退票处理。

4. 票据计息处理

如果票据是一张带息票据，就需要对其进行计息处理。其操作是在"票据管理"的界面，选中要计息的票据，单击"计息"按钮即可。

5. 票据结算处理

应收票据到期时，如果对方付款，则需要对票据进行结算处理。其操作是在"票据管理"的界面，选中对方已付款的票据，单击"结算"按钮即可。

6. 票据转出处理

在应收票据到期后，如果既没有结算，也没有进行贴现，那么应该将其从应收票据中转入应收款。在"票据管理"的界面，选中要转出的票据，单击"转出"按钮，即可对当前票据进行转出处理。票据转出后，将不能再对其进行其他处理。

要修改、删除票据有以下限制：收到日期在已经结账月的票据，不能修改或删除；所形成的收款单已经核销的票据，不能修改或删除；已经计息、结算、转出处理过的票据，不能修改或删除。

任务五　　转账处理

[任务名称]

根据北京启明有限公司的业务完成转账处理。

[任务内容]

7 月 26 日，用北京启明有限公司预收账款冲抵其应收款项。

[任务要求]

完成转账处理。

[知识链接]

转账处理主要包括以下几方面的工作：

1. 应收冲应收
2. 预收冲应收
3. 应收冲应付
4. 红票对冲

［工作示范］

1. 应收冲应收

应收冲应收是指当一个客户为另一个客户代付款时，用一个客户的应收款冲销另一个客户的应收款。实际上是应收款在两个客户之间进行转账。

特别提示：

①每一笔应收款的转账金额不能大于其金额。

②每次只能选择一个转入、转出单位。

③使用"全选"按钮将当前满足条件的所有单据的金额全部写入金额一栏。使用"全消"按钮将转账金额一栏清空。

2. 预收冲应收

预收冲应收是指处理客户的预收款和该客户应收欠款的转账核销业务。

操作步骤：

（1）单击"转账"／"预收冲应收"，打开"预收冲应收"对话框。

（2）选择客户为"北京启明有限公司"，单击"过滤"按钮，如图7-39所示。

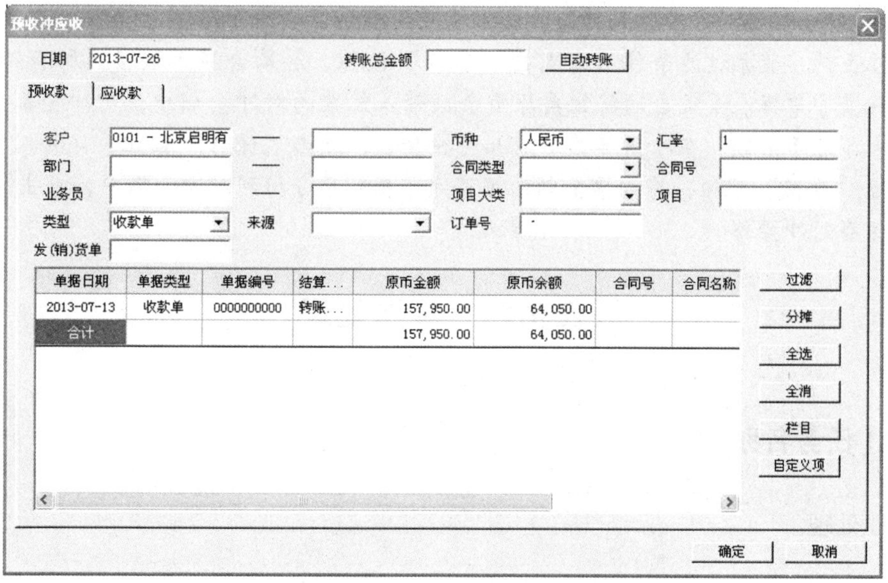

图7-39　预收冲应收

（3）单击"自动转账"按钮，完成预收冲应收自动转账。

3. 应收冲应付

应收冲应付是用某客户的应收账款，冲抵某供应商的应付款项，将应收款业务在客户和供应商之间进行转账，实现应收业务的调整，解决应收债权与应付债务的冲抵。

特别提示：

①每一笔应收款、应付款的转账金额不能大于其余额。

②如果在转账总金额中输入了数据，可以通过点击"分摊"按钮，自动将转账总金额按照列表上单据的先后顺序进行分摊处理，再次点击"分摊"按钮，系统将自动清空

所有单据上的转账金额。

③在应收页签中输入完客户后，若该客户档案中有对应供应商信息，则自动将该客户对应的供应商信息带出在应付页签中。可以修改应付页签中的供应商信息，即不限制必须对冲对应供应商的数据。修改应付页签中供应商信息不自动修改应收页签中的客户信息。

④双击当前单据，则该单据的余额被写入转账金额一栏，再次双击该单据，则该单据的转账金额一栏被清空。

4. 红票对冲

红票对冲可实现某客户的红字应收单与其蓝字应收单、收款单与付款单之间进行冲抵的操作。系统提供了两种处理方式：自动冲销和手工冲销。

自动对冲可同时对多个客户依据红冲规则进行红票对冲，提高红票对冲的效率。自动红票对冲操作时提供进度条，并提交自动红冲报告，据以了解自动红冲的完成情况及失败原因。手工对冲仅对一个客户进行红票对冲，可自行选择红票对冲的单据，提高红票对冲的灵活性。手工红票对冲时采用红蓝上下两个列表形式提供，红票记录全部采用红色显示，蓝票记录全部用黑色显示。

特别提示：

以手工对冲为例，在目录区树型列表中选择"应收款管理"/"转账"/"红票对冲"，系统弹出红票对冲条件对话框，输入需要进行红票对冲的客户、币种、方向，输入红票过滤条件、蓝票过滤条件后，点击"确认"按钮，屏幕会显示该客户所有满足条件的红字及蓝字单据。系统自动将红票原币余额带入红票的对冲金额中，对冲金额可修改，但不能大于原币余额。在冲销单据中输入对冲金额，点击"保存"按钮，保存对冲操作；也可通过"分摊"按钮，将红票金额依据蓝字单据顺序分摊到对冲金额中，点击"保存"按钮，保存对冲操作。

任务六　坏账处理

[任务名称]

坏账处理。

[任务内容]

计提本月坏账，如图 7-40 所示。

[任务要求]

完成坏账处理相关操作。

图 7-40 坏账损失确认通知书

[知识链接]

坏账处理主要包括以下几方面的工作：
1. 计提坏账准备
2. 坏账发生
3. 坏账收回
4. 坏账查询

[工作示范]

1. 计提坏账准备

企业应当依据以往的经验、债务单位的实际情况制定计提坏账准备的政策，明确计提坏账准备的范围、提取方法、账龄的划分和提取比例。对预计可能发生的坏账损失，计提坏账准备，计提坏账准备的方法由企业自行确定。系统提供的计提坏账的方法主要有销售收入百分比法、应收账款百分比法和账龄分析法。本企业采用应收账款百分比法。

操作步骤：

单击"坏账处理"/"计提坏账准备"，如图 7-41 所示。

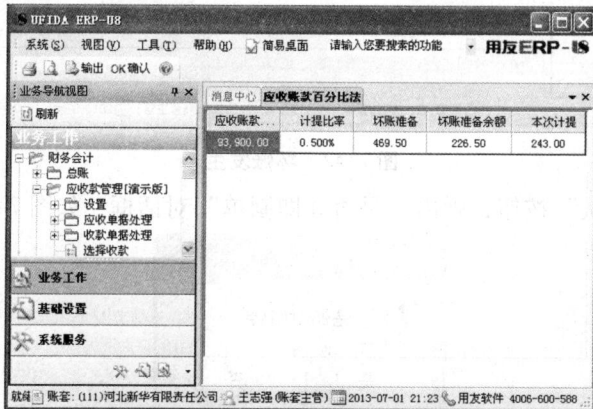

图 7-41 计提坏账准备

特别提示：

①初次计提时，首先应在初始设置中进行设置。设置的内容包括提取比率、坏账准备期初余额。

②应收账款的余额默认值为本会计年度最后一天的所有未结算完的发票和应收单余额之和减去预收款数额。外币账户用其本位币余额。

③计提比率在此不能修改，只能在初始设置中改变计提比率。

2. 坏账发生

坏账发生是在应收款项不能收回时进行的确认。通过坏账发生功能选定发生坏账的应收业务单据，确定一定期间内应收款发生的坏账，便于及时用坏账准备进行冲销，避免应收款长期呆滞的现象。

操作步骤：

（1）单击"坏账处理"/"坏账发生"对话框。

（2）单击客户栏参照按钮，选择"北京启明有限公司"，单击"确定"按钮，打开"坏账发生单据明细"界面。

（3）在"本次发生坏账金额"栏录入"300"元，如图7-42所示。

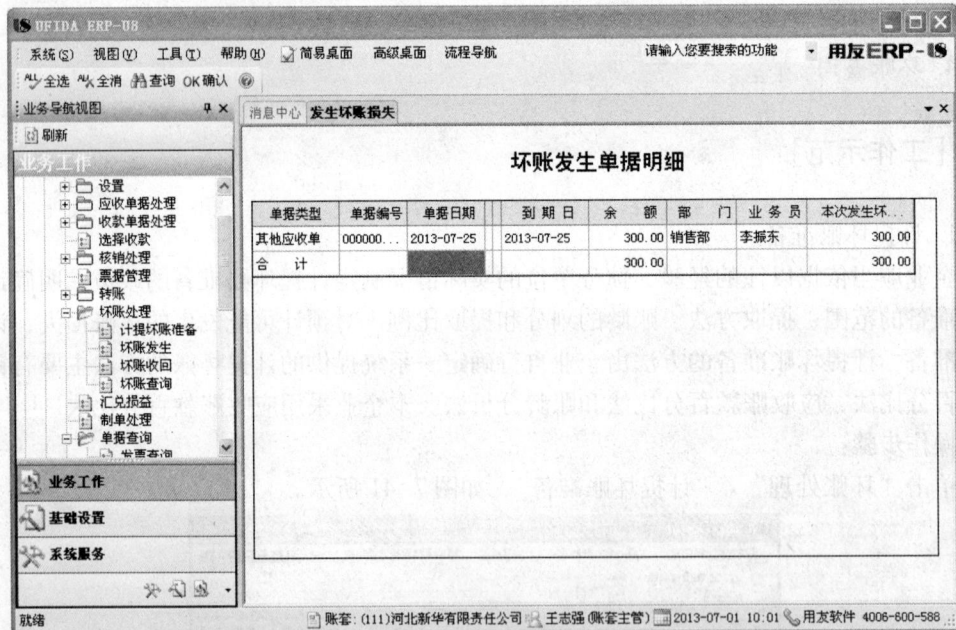

图 7-42　坏账发生

（4）单击"确认"按钮，弹出"是否立即制单"对话框，如图7-43所示。

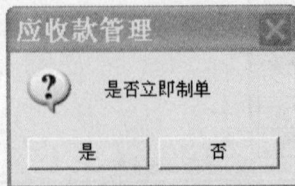

图 7-43　制单处理

（5）单击"是"按钮，生成一张转账凭证，单击"保存"按钮，如图7-44所示。

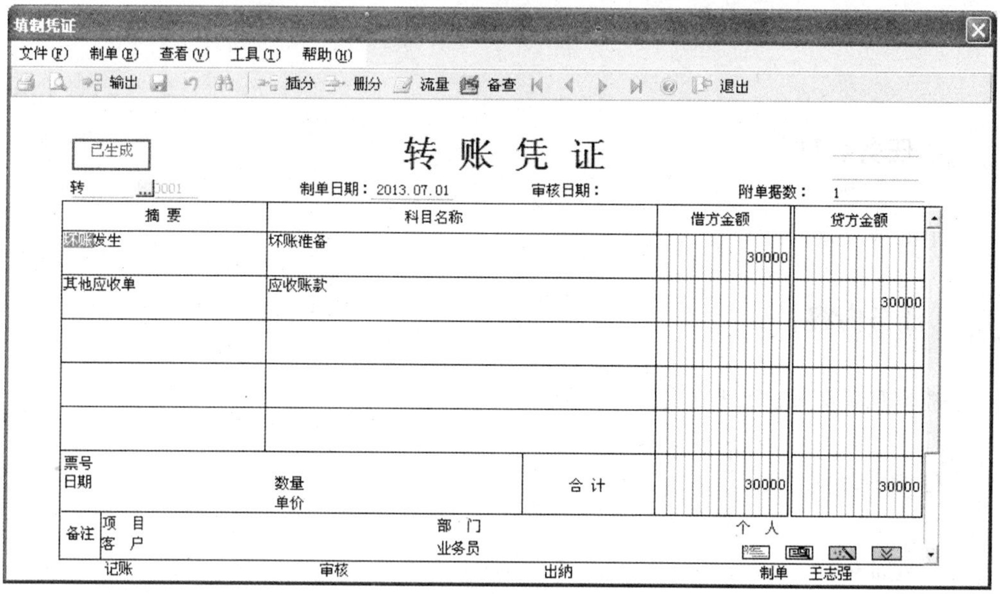

图7-44　坏账发生的记账凭证

3. 坏账收回

坏账收回指系统提供的对应收款已确定为坏账后又被收回的业务处理功能。通过坏账收回功能可以对一定期间发生的应收坏账收回业务进行处理，反映应收账款的真实情况，便于对应收款的管理。

操作步骤：

当被确定的坏账又被收回时，企业应首先在"收款单据录入"功能中录入一张收款单，该收款单的金额即收回的坏账的金额，该收款单不需要审核。然后在目录区树型列表中选择"坏账处理"/"坏账收回"，在坏账收回对话框中选择客户及结算单号按"确定"按钮，保存此次操作。

特别提示：

①录入坏账收回的款项时，不要把该客户的其他的收款业务与该笔坏账收回业务录入到同一张收款单中。

②坏账收回制单不受系统选项中"方向相反分录是否合并"选项控制。

4. 坏账查询

坏账查询指系统提供的对系统内进行坏账处理过程和处理结果的查询功能。通过坏账查询功能查询一定期间内发生的应收坏账业务处理情况及处理结果，加强对坏账的监督。

特别提示：

在目录区树型列表中选择"应收款管理"/"坏账处理"/"坏账查询"，屏幕会显示坏账发生和坏账收回的综合情况。如需了解详细的信息，可以按"详细"按钮，详细查看每一笔坏账发生的情况和收回的情况。

任务七　　制单处理及查询

[任务名称]

制单处理及查询。

[任务内容]

生成本月凭证并进行相关查询。

[任务要求]

完成凭证生成。

[工作示范]

1. 制单处理

系统在单据处理、转账处理、票据处理及坏账处理等业务处理的过程中都提供了实时制单的功能；除此之外，系统还提供了一个统一制单的平台，可以在此快速、成批地生成凭证，并可依据规则进行合并制单等处理，如图7-45至图7-48所示。

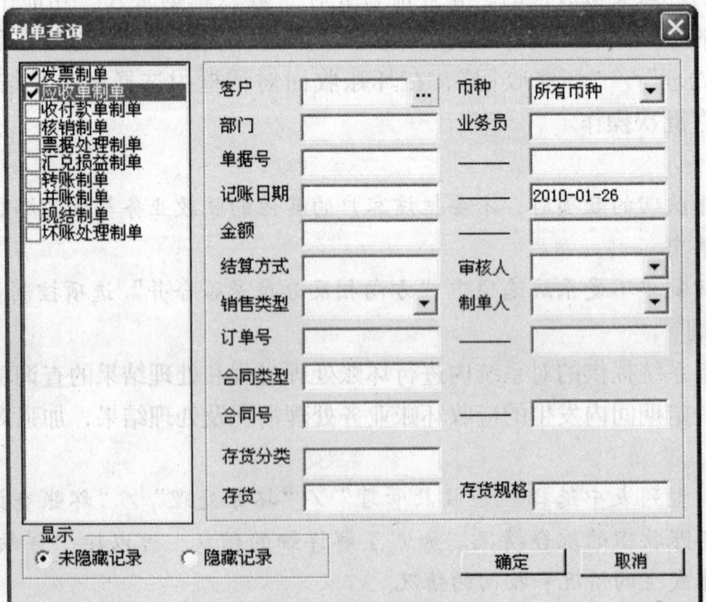

图7-45　制单查询

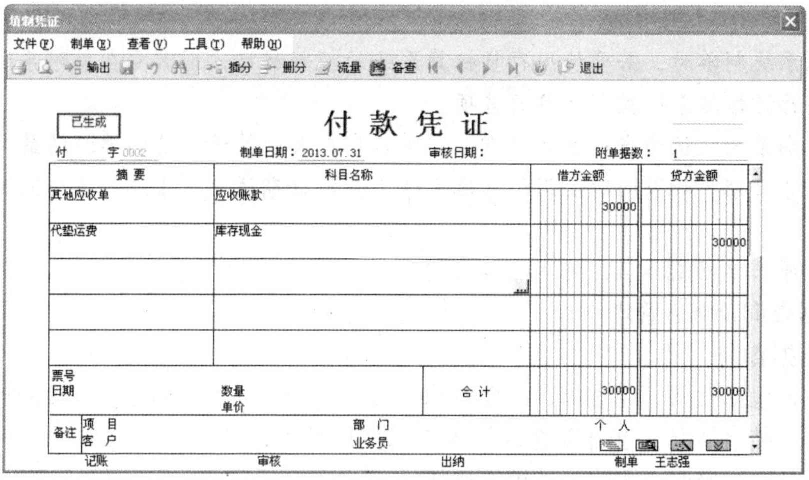

填制凭证

文件(F) 制单(E) 查看(V) 工具(T) 帮助(H)

输出 插分 删分 流量 备查 退出

已生成

付 款 凭 证

付 字 0002 制单日期：2013.07.31 审核日期： 附单据数：1

摘要	科目名称	借方金额	贷方金额
其他应收单	应收账款	30000	
代垫运费	库存现金		30000
票号 日期 数量 单价	合计	30000	30000

备注 项目 部门 个人

客户 业务员

记账 审核 出纳 制单 王志强

图 7-46 应收单制单

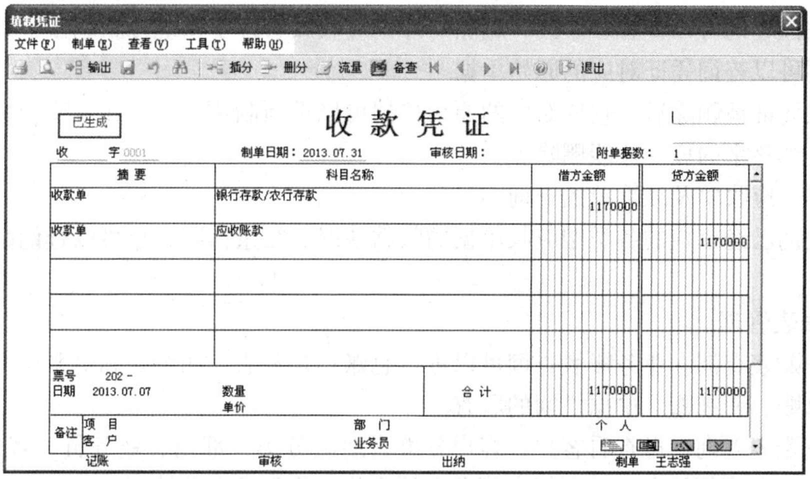

填制凭证

文件(F) 制单(E) 查看(V) 工具(T) 帮助(H)

输出 插分 删分 流量 备查 退出

已生成

收 款 凭 证

收 字 0001 制单日期：2013.07.31 审核日期： 附单据数：1

摘要	科目名称	借方金额	贷方金额
收款单	银行存款/农行存款	1170000	
收款单	应收账款		1170000
票号 202 - 日期 2013.07.07 数量 单价	合计	1170000	1170000

备注 项目 部门 个人

客户 业务员

记账 审核 出纳 制单 王志强

图 7-47 收款单制单（1）

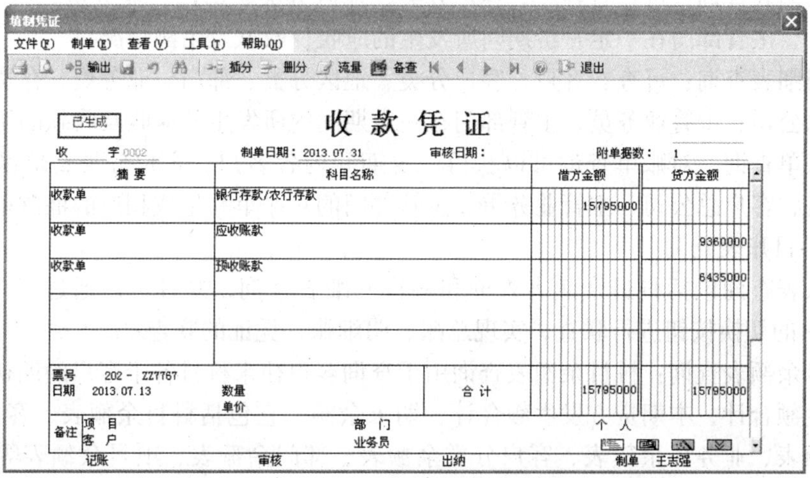

填制凭证

文件(F) 制单(E) 查看(V) 工具(T) 帮助(H)

输出 插分 删分 流量 备查 退出

已生成

收 款 凭 证

收 字 0002 制单日期：2013.07.31 审核日期： 附单据数：1

摘要	科目名称	借方金额	贷方金额
收款单	银行存款/农行存款	15795000	
收款单	应收账款		9360000
收款单	预收账款		6435000
票号 202 - ZZ7767 日期 2013.07.13 数量 单价	合计	15795000	15795000

备注 项目 部门 个人

客户 业务员

记账 审核 出纳 制单 王志强

图 7-48 收款单制单（2）

特别提示:

①在本系统制单时,若要使用存货核算系统的控制科目,则需要在总账系统选项中选择可以使用存货核算系统控制科目的选项。

②但日期系统默认为当前业务日期。制单日期应大于等于所选的单据的最大日期,但小于当前业务日期。如果同时使用了总账系统,制单日期还应大于总账系统同月同凭证类别的日期。

③一张原始单据制单后,将不能再次制单。

2. 单据查询及账表管理

(1) 单据查询。

单据查询包括发票、应收单、结算单和凭证的查询。可以查询已经审核的各类型应收单据的应收、结余情况,也可以查询结算单的使用情况,还可以查询本系统所生成的凭证,并且对其进行修改、删除、冲销等操作。

①凭证查询。

通过凭证查询可以查看、修改、删除、冲销应收款管理子系统传到总账子系统中的凭证,同时还可以查询凭证对应的原始单据。

当一张凭证被删除后,它所对应的原始单据可以重新制单。只有在总账子系统中未审核、未经出纳签字的凭证才能删除。

②发票、应收单及结算单的查询。

可以查询已经审核的各类型应收单据的收款情况、结余情况,也可以查询结算单的使用情况。

(2) 账表管理。

①业务账表查询。业务账表查询可以进行总账、余额表、明细账和对账单的查询,并可以实现总账、明细账、单据之间的联查。

业务总账表查询:可查看客户、客户分类、地区分类、部门、业务员、客户总公司、主管业务员、主管部门在一定期间内所发生的应收、收款及余额情况。

业务余额表查询:可查看客户、客户分类、地区分类、部门、业务员、客户总公司、主管业务员、主管部门在一定月份期间所发生的应收、收款及余额情况。

业务明细表查询:可查看客户、客户分类、地区分类、部门、业务员、存货分类、存货、客户总公司、主管业务员、主管部门在一定期间内所发生的应收及收款的明细情况。

②对账单查询。对账单查询可以获得一定期间内各客户、客户分类、地区分类、部门、业务员、客户总公司、主管业务员、主管部门的对账单并生成相应的催款单。

(3) 科目账表查询。

科目账表查询包括科目余额表查询和科目明细表查询,并且可以通过一个"总账"和"明细"的切换按钮进行联查,实现总账、明细账、凭证的联查。

①科目余额表查询:科目余额表查询用于查询客户往来科目各个客户的期初余额、本期借方发生额合计、本期贷方发生额合计、期末余额。它包括科目余额表、客户余额表、三栏式余额表、业务员余额表、客户分类余额表、部门余额表、项目余额表等七种查询方式。

②科目明细表查询:科目明细表查询用于查询客户往来科目下各个往来客户的往来明

细账。它包括科目明细账、客户明细账、三栏式明细账、多栏式明细账、客户分类明细账、业务员明细账、部门明细账、项目明细账等八种查询方式。

学习子情境三 应收款管理期末处理

任务 月末结账

[任务名称]

完成河北新华有限责任公司月末结账。

[任务内容]

月末结账。

[任务要求]

完成企业本月结账。

[知识链接]

应收款管理系统结账规则：

(1) 应收款管理系统与销售管理系统集成使用，应在销售管理系统结账后，才能对应收款管理系统进行结账处理。

(2) 当选项中设置审核日期为单据日期时，本月的单据在结账前应该全部审核。当选项中设置审核日期为业务日期时，截止到本月末还有未审核单据，照样可以进行月结处理。

(3) 如果还有合同结算单未审核，仍然可以进行月结处理。如果本月的收款单还有未审核的，不能结账。

(4) 当选项中设置月结时必须将当月单据以及处理业务全部制单，则月结时若检查当月有未制单的记录时不能进行月结处理。当选项中设置月结时不用检查是否全部制单，则无论当月有无未制单的记录，均可以进行月结处理。

(5) 如果是本年度最后一个期间结账，建议将本年度进行的所有核销、坏账、转账等处理全部制单，将本年度外币余额为零的单据的本币余额结转为零。

(6) 如果前一个月没有结账，则本月不能结账，一次只能选择一个月进行结账。

✎ [工作示范]

操作步骤：

1. 结账

（1）单击"应收款管理"／"期末处理"／"月末结账"，打开"月末处理"对话框，如图7-49所示。

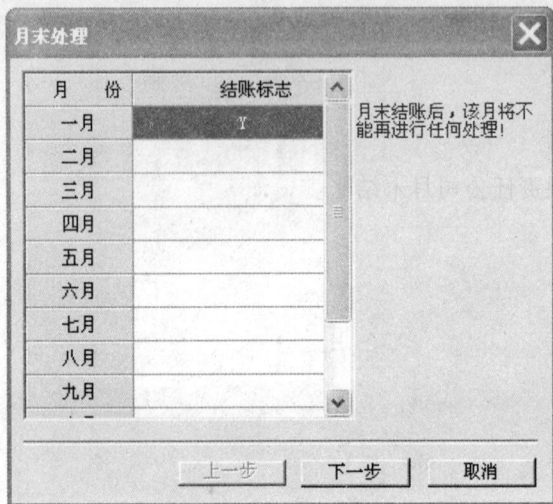

图7-49　月末结账

（2）选择结账月份，单击"结账标志"一栏。单击"下一步"按钮，系统提示月末结账检查结果。

（3）单击"完成"按钮，执行结账功能。

特别提示：

①每一笔预收款、应收款的转账金额不能大于其余额。

②应收款的转账金额合计应该等于预收款的转账金额合计。

③可以使用"分摊"按钮对当前各单据的转账金额根据输入的转账总金额进行分摊和取消分摊处理。

2. 取消操作

对原始单据进行了审核、对收款单进行了核销等操作后，如果发现操作失误，可通过取消操作功能将其恢复到操作前的状态，以便进行修改。系统提供了如下类型：恢复单据核销前状态、恢复票据的处理前状态、恢复坏账处理前状态、恢复转账处理前状态、恢复计算汇兑损益前状态。

特别提示：

①如果日期在已经结账的月份内，不能取消操作。

②如果该处理已经制单，应先删除其对应的凭证，再进行恢复。

③票据转出后所生成的应收单如果已经进行了核销等处理，则不能恢复；票据背书的对象如果是应付款管理系统的供应商，且应付款管理系统该月份已经结账，也不能恢复；

票据计息和票据结算后，如果又进行了其他处理，如票据贴现等，也不能恢复。

[知识拓展]

1. 应收单据处理

如果同时使用应收款管理系统和销售管理系统，则发票和代垫费用产生的应收单据由销售系统录入，在应收款管理系统可以对这些单据进行审核、弃审、查询、核销、制单等功能。此时，在应收款管理系统需要录入的单据仅限于应收单。如果没有使用销售管理系统，则各类发票和应收单均应在应收款管理系统录入。

2. 收款单据处理

（1）在一张收款单中，若选择表体记录的款项类型为应收款，则该款项性质为冲销应收款；若选择表体记录的款项类型为预收款，则该款项用途为形成预收款；若选择表体记录的款项类型为其他费用，则该款项用途为其他费用。录入收款单时需要指定其款项用途。

（2）如果同一张收款单包含不同用途的款项，应在表体记录中分行显示。对于不同的用途的款项，系统提供的后续业务处理不同。对于冲销应收账款，以及形成预收款的款项，需要进行核销处理，即将收款单与其对应的销售发票或应收单进行核销勾对，进行冲销客户债务的处理。对于其他费用用途的款项则不需要进行核销。

（3）若一张收款单中，表头客户与表体客户不同，则视表体客户的款项为代付款。

本情境主要概念

会计信息化 应收款管理 会计软件 数据流程

情境总结

应收管理模块的主要功能有：初始设置、日常业务处理、期末处理。本学习情境主要介绍了参数设置、基本信息设置、期初余额录入、单据处理、核销处理、坏账处理、制单生成。

重点难点

重点：期初余额录入、单据处理、核销处理。

难点：单据处理。

同步测试

（一）单项选择题

1. 在应收款管理系统中，可以将"应收款核算模型"设置为(　　)。

A. 详细核算　　　　　　B. 按单据　　　　　C. 月末处理　　　　　D. 按客户

2. 应收款管理系统的启用会计期间应满足的条件是(　　)。

A. 小于等于业务日期　　　　　　　　B. 大于等于业务日期

C. 大于等于账套的启用期间　　　　　D. 小于等于账套的启用期间

3. 在应收款管理系统中，票据执行转出后，系统自动生成一张已审核的(　　)。

A. 付款单　　　　　　B. 应付单　　　　　C. 收款单　　　　　D. 应收单

4. 在应收款的制单功能中，合并制单一次可以选择多个制单类型，但至少选择一个制单类型，其中可以进行合并制单的单据类型是( )。

    A. 坏账处理   B. 票据处理   C. 核销制单   D. 转账处理

    5. 在应收款管理系统的预收冲应收转账处理功能中，以下说法正确的是( )。

    A. 每一笔应收款的转账金额应大于其余额

    B. 红字预收款不能与红字应收单进行冲销

    C. 应收款的转账金额合计应该等于应付款的转账金额合计

    D. 每一笔应收款的转账金额不能大于其余额

    （二）多项选择题

    1. 在应收款管理系统中，无论做过( )中任意一种操作，就不能修改坏账准备数据，只允许查询。

    A. 录入起初余额   B. 坏账收回   C. 坏账计提   D. 坏账发生

    2. 在应收款管理系统中，转账处理功能主要包括( )。

    A. 应收冲应收   B. 应收冲预付   C. 预收冲应收   D. 红票对冲

    3. 在应收款管理系统中，系统提供的核销方式主要有( )。

    A. 自动核销   B. 单张核销   C. 多张核销   D. 手工核销

    4. 在应收款管理系统中，收款单用来记录企业所收到的客户款项，款项性质包括( )等。

    A. 预收款   B. 预付款   C. 应付款   D. 应收款

    5. 在应收款管理系统中，结算单列表显示的是款项类型为( )的记录，而款项类型为其他费用的记录，不允许在此作为核销记录。

    A. 预收款   B. 预付款   C. 应收款   D. 应付款

    （三）判断题

    1. 在应收款管理系统的应收冲应付的转账处理功能中，如果在转账金额中输入了数据则不能修改。

                                                                         ( )

    2. 在应收款管理系统中如果已经计提过坏账准备，则坏账准备的全部参数将永远不能被修改。

                                                                         ( )

    3. 在应收款管理系统中手工核销及自动核销一次均可对多个客户进行核销处理。   ( )

    4. 在应收款管理系统中系统默认的代垫费用类型为"其他应收单"。   ( )

    5. 在应收款管理系统中应收单是记录非销售业务所形成的应收款情况的单据，应收单的实质是一张凭证。

                                                                           ( )

本情境综合实训

【实训要求】

    本次实训内容涉及往来会计、出纳和会计主管 3 个工作岗位，采用学生分组训练的形式，每组 3 人，选举产生组长，组长分派组员岗位，阐明岗位分工及职责。

【情境引例】

    石家庄正道轮胎有限公司 2013 年 8 月 1 日启用应收款管理系统，账套信息如下：

    1. 修改会计科目 1121 应收票据、1122 应收账款、2203 预收账款受控于应收系统，总账科目期初余额及辅助明细内容不变。

    2. 修改销售专用发票的编号方式为"手工改动，重号时自动重取"。

    3. 本单位开户银行信息见表 7-2。

表7-2 　　　　　　　　　　　　　　本单位开户银行信息

编码	银行账号	账户名称	币种	开户银行	所属银行
01	0326662220003336710	石家庄正道轮胎有限公司	人民币	工商银行裕华路支行	工行
02	6013825003322667899	石家庄正道轮胎有限公司	美元	中行裕华路支行	中行

4. 应收款管理系统参数设置要求见表7-3。

表7-3 　　　　　　　　　　　　　应收款管理系统参数设置

控制参数	参数设置
应收款核销方式	按单据
单据审核日期	单据日期
坏账处理方式	应收账款余额百分比
代垫费用类型	其他应收单
应收款核算类型	详细核算
受控科目制单方式	明细到客户
非受控科目制单方式	汇总方式

5. 应收款管理系统初始化设置要求见表7-4。

表7-4 　　　　　　　　　　　应收款管理系统初始化设置要求

科目类别	设置方式
基本科目设置	应收科目：应收账款 预收科目：预收账款 销售收入科目：主营业务收入 应交增值税科目：应交税费——应交增值税（销项税额） 销售退回科目：主营业务收入 银行承兑科目：应收票据 现金折扣科目：财务费用 票据利息科目：财务费用 票据费用科目：财务费用 收支费用科目：销售费用
控制科目设置	所有客户的控制科目 应收科目：应收账款 预收科目：预收账款
结算方式科目设置	现金支票：人民币，科目为"银行存款" 转账支票：人民币，科目为"银行存款" 商业承兑汇票：人民币，科目为"银行存款" 银行承兑汇票：人民币，科目为"银行存款"

6. 坏账准备设置见表7-5。

表7-5   坏账准备设置

控制参数	参数控制
提取比例	0. 5%
坏账准备期初余额	1 000 元
坏账准备科目	坏账准备
对方科目	资产减值损失

7. 账龄区间设置见表7-6。

表7-6   账龄区间设置

起止天数（天）	总天数（天）
1 ~ 30	30
31 ~ 60	60
61 ~ 90	90
91 ~ 120	120
121 以上	

8. 石家庄正道轮胎有限公司 2013 年 8 月份发生如下经济业务：

（1）2 日销售给江苏中通贸易有限公司子午线轮胎 YH10 个，单价 30 元，开出普通发票，发票号 10023，货已发出。

（2）4 日销售给石家庄新华装饰有限公司子午线轮胎 EH10 个，不含税单价 40 元，开具增值税专用发票，发票号 25602，货已发出。同时用转账支票代垫运费 150 元，转账支票号 Z002。

（3）5 日收到江苏中通贸易有限公司交来的转账支票一张，金额 2 000 元，支票号 Z105，用以偿还前欠货款。

（4）7 日收到江苏中通贸易有限公司交来转账支票一张，金额 1 000 元，支票号 Z226，用以偿还前欠货款，剩余款转为预收账款。

（5）8 日销售给利成公司子午线轮胎 YH30 个，不含税单价 30 元，开出增值税专用发票，发票号 29026，货已发出。

（6）9 日利成公司交来转账支票一张，金额 5 000 元，支票号 Z225，作为预购子午线轮胎 YH 的订金。

（7）12 日利成公司取消了在本公司购买子午线轮胎 YH 的决定，本公司退回预收的 5000 元订金，转账支票号 Z323。

（8）18 日收到石家庄新华装饰有限公司银行承兑汇票一张，票据编号 3424，票据面值 6 318 元，票面利率 2%，签发日期为 2010 年 1 月 31 日，到期日为 2013 年 10 月 30 日。

（9）25 日将收到的石家庄新华装饰有限公司银行承兑汇票到银行贴现，贴现率为 3%。

（10）26 日，将石家庄新华装饰有限公司的 5 000 元应收款转入上海利成公司。

（11）27 日上海利成公司 8 日所欠货款无法收回，作为坏账处理。

（12）28 日，计提坏账准备。

【工作任务】

1. 应收款管理系统初始设置、日常业务处理。

2. 月末结账。

学习情境八　应付款管理系统

【职业能力目标】

专业能力：

运用应付款管理模块完成应付款管理系统的初始设置中参数设置、基础信息设置、期初余额录入等操作；能够进行票据处理、付款结算、转账处理，以及月末结算等工作；加强对往来款项的监督管理，提高工作效率。

职业核心能力：

能根据学习情境的设计需要来查阅有关资料，具有团结协作意识和严谨的工作作风。

【本情境结构图】

本情境结构如图8-1所示。

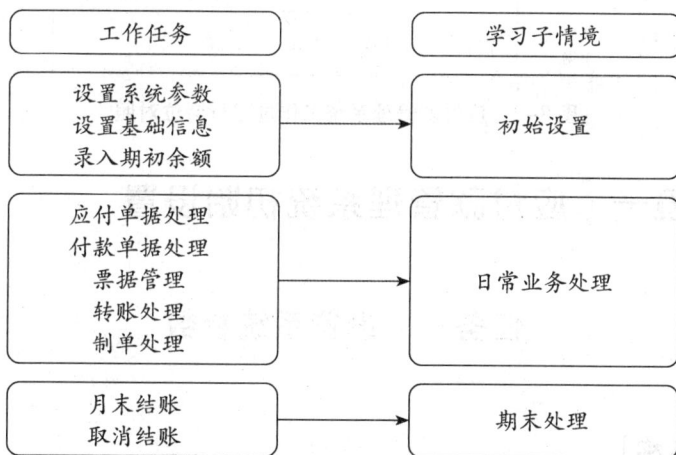

图8-1　学习情境八结构图

【引例】

某高职会计电算化专业学生小张大学毕业后被招聘到河北新华有限责任公司从事会计核算工作，正好赶上公司进行用友 ERP-U872 系统实施，由于上学时小张学习过用友软件，领导让他协助会计主管先完成应付模块的初始设置工作。你知道这是为什么吗？

【引例分析】

应付款管理系统主要用于核算和管理企业与供应商之间的往来款项，在系统中可以完成应付单据、付款单据的录入、处理、核销、转账、汇兑损益、制单等日常业务处理，及单据查询、账表管理、其他处理等功能。

[工作过程与岗位对照]

本学习情境的工作过程与岗位对照如图8-2所示。

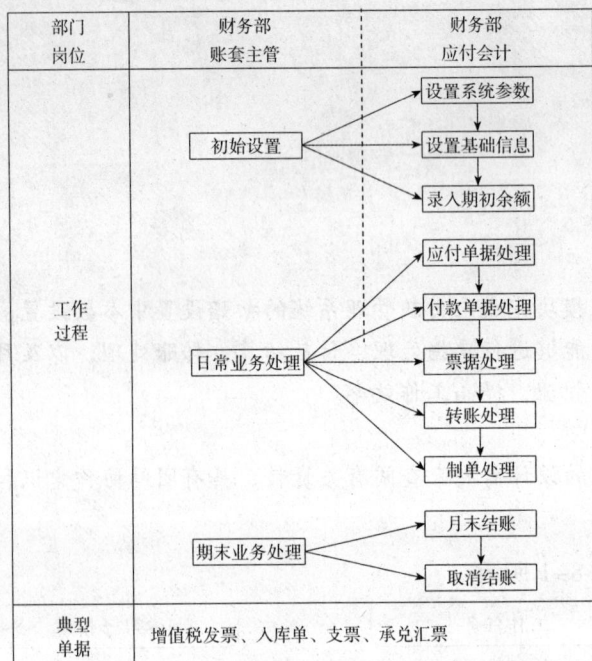

部门 岗位	财务部 账套主管	财务部 应付会计
工作 过程	初始设置	设置系统参数
		设置基础信息
		录入期初余额
	日常业务处理	应付单据处理
		付款单据处理
		票据处理
		转账处理
		制单处理
	期末业务处理	月末结账
		取消结账
典型 单据	增值税发票、入库单、支票、承兑汇票	

图8-2 应付款管理系统工作过程与岗位对照

学习子情境一 应付款管理系统初始设置

任务一 设置系统参数

[任务名称]

对河北新华有限责任公司应付款管理系统进行系统参数设置。

[任务内容]

根据业务需要，对应付款管理系统进行参数设置。

[任务要求]

完成该公司应付款管理系统的相关参数设置。

[知识链接]

系统参数是一个系统的灵魂，它将影响整个账套的使用效果，在启动应付款管理系统后应先在此设置运行所需要的账套参数，以便系统根据所设定的选项进行相应的处理。

[工作示范]

操作步骤：

（1）打开"账套参数设置"对话框。

（2）单击"编辑"，根据任务内容所示系统参数选择各页签进行参数的设置，最后单击"确定"按钮，保存对账套参数的设置，如图8-3所示。

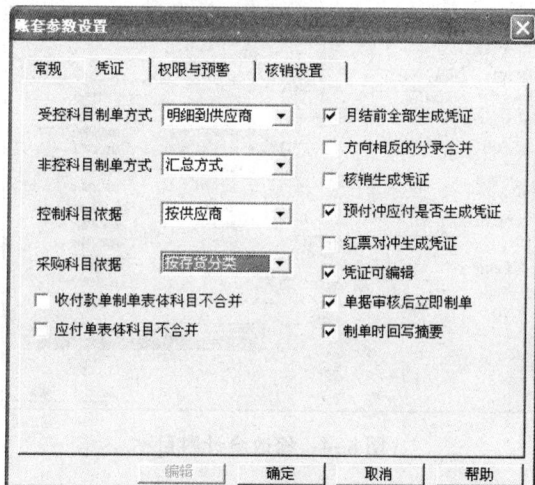

图8-3 账套参数设置

任务二 设置基础信息

[任务名称]

根据河北新华有限责任公司具体业务需要，对其应付款管理系统进行基础信息设置。

[任务内容]

（1）修改会计科目2201应付票据、2202应付账款、1123预付账款受控于应付系统，总账科目期初余额及辅助明细内容不变。

（2）账龄区间。

总天数分别为30天、60天、90天和120天。

@ [任务要求]

完成应付款管理系统中基础信息的设置。

[工作示范]

1. 会计科目设置

操作步骤：

点击"基础设置"/"财务"/"会计科目"，点击"修改"，打开"会计科目_修改"对话框，选择"应付票据"会计科目，如图 8-4 所示。

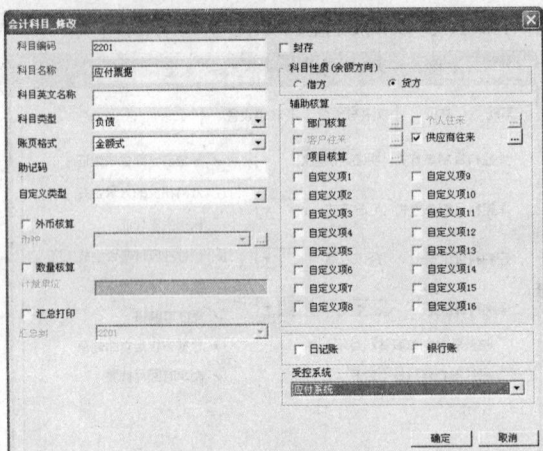

图 8-4　修改会计科目

2. 账龄区间设置

操作步骤：

（1）在应付款管理系统中，单击"设置"/"初始设置"，打开"账期内账龄区间设置"窗口。

（2）在"账期内账龄区间设置"界面中将"总天数"栏录入"30"，回车，依此方法继续录入其他的总天数，如图 8-5 所示。

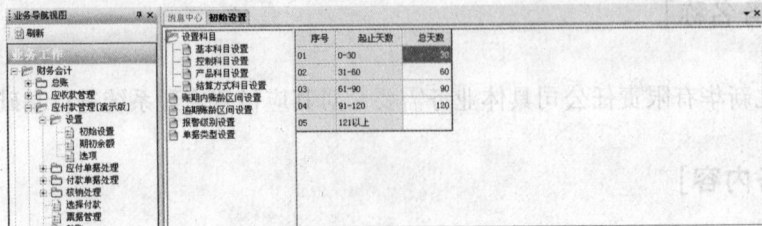

图 8-5　账龄区间设置

特别提示：

最后一个区间不能修改和删除。

任务三 录入期初余额

[任务名称]

录入河北新华有限责任公司期初单据，建立期初数据。

[任务内容]

本月期初单据需要录入如下：

2013年6月7日，向沈阳强盛有限公司购买线缆1 000件，单价40元/件，价税合计46 800元，增值税专用发票票号ZY88678。

[任务要求]

根据河北新华有限责任公司期初单据录入期初余额。

[知识链接]

录入期初余额，包括未结算完的发票和应付单、预付款单据、未结算完的应付票据以及未结算完毕的合同金额。这些期初数据必须是账套启用会计期间前的数据。

[工作示范]

操作步骤：

（1）打开"期初余额明细表"对话框，单击"增加"按钮，弹出"单据类别"对话框，选择单据名称"采购发票"、单据类型"采购专用发票"、方向"正向"，如图8-6所示。

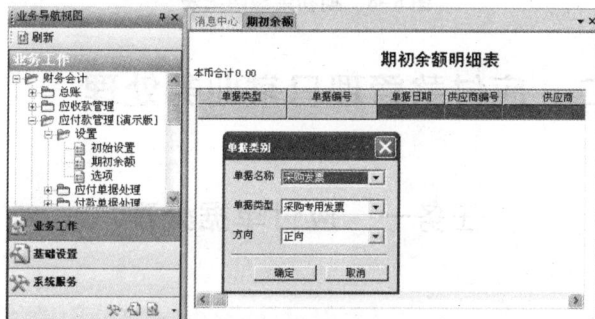

图8-6 单据选择

（2）单击"确定"按钮，弹出"期初采购发票"对话框，输入采购专用发票信息，如图8-7所示。

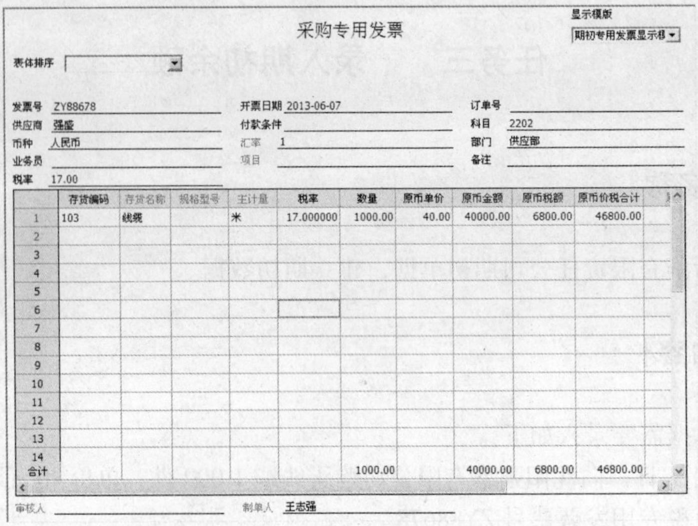

图 8-7　录入采购专用发票

（3）根据应付款期初余额表资料，录完采购期初余额。单击"保存"按钮，点击"期初余额"页签，单击"刷新"按钮得到如图 8-8 所示的期初余额明细表。

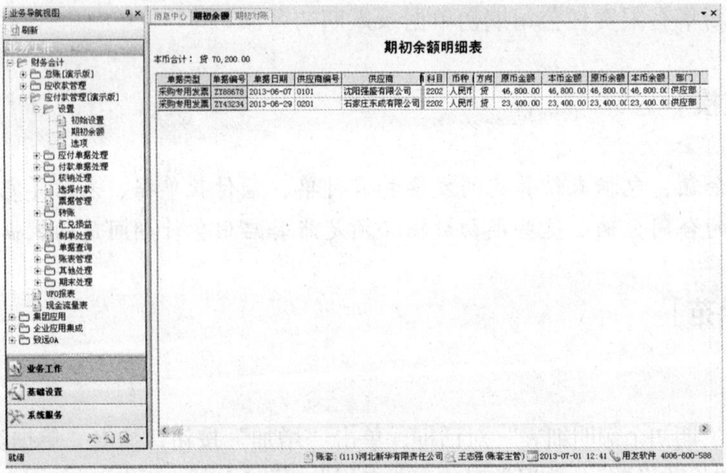

图 8-8　期初余额明细表

学习子情境二　应付款管理日常业务处理

任务一　应付单据处理

[任务名称]

根据应付款业务完成应付单据处理。

[任务内容]

2013年7月19日，供应部王思燕从沈阳强盛有限公司购入pcb电路板20 000平方厘米，不含税单价0.10元/平方厘米，取得专用发票，票号ZY22342，税率17%，货税款暂欠，材料已验收入库。

[任务要求]

完成应付单据处理。

[知识链接]

应付单用于记录采购业务之外所发生的各种其他应付业务，表头科目应该为核算所欠该供应商款项的一个科目。表体中的一条记录也相当于凭证中的一条分录。当输入了表体内容后，表头、表体中的金额合计应借、贷方相等。

[工作示范]

1. 应付单据的录入
操作步骤：
（1）单击"应付款管理"/"应付单据处理"/"应付单据录入"，打开"单据类别"对话框。
（2）选择单据名称"采购发票"，单据类型"采购专用发票"，单据方向"正向"（若输入的单据为红字单据，则可选择方向为负向），单击"确认"按钮，如图8-9所示。

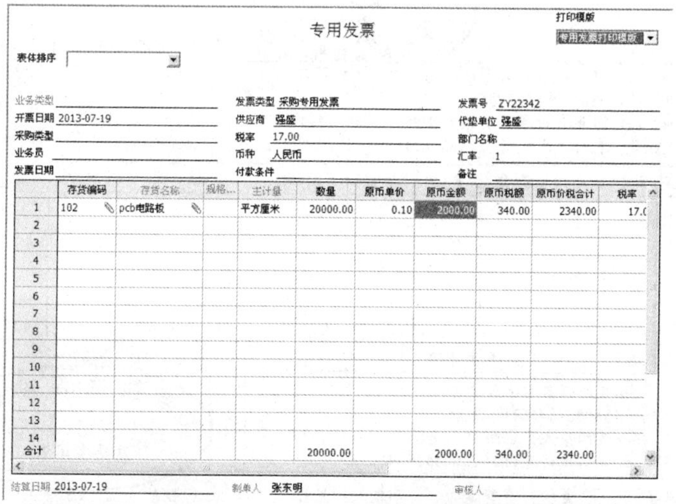

图8-9 采购专用发票录入

（3）单击"保存"按钮，即可保存当前新增单据。

2. 应付单据审核

操作步骤：

（1）单击"确认"按钮，打开"收付款单据列表"，单击"全选"按钮，最后单击"审核"按钮如图8-10所示。

图8-10　应付单据审核

（2）单击"审核"按钮，系统提示"本次审核成功单据〔2〕张"，如图8-11所示。

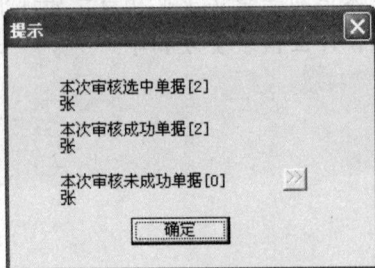

图8-11　应付单据审核

附原始单据，如图8-12、图8-13所示。

图8-12　增值税发票

材料入库单（记账凭单）

2013年7月19日

供货单位：**沈阳强盛有限公司**　　　　材料类别：**原材料**　　编号：**001**
发票号码：**21300786**　　　　　　　材料编号：**101**　　仓库：**原料库**

材料名称	计量单位	规格型号	数量		实际成本					
			应收	实收	单价	金额	运杂费	其他	合计	
pcb电路板	平方毫米		20000	20000						②财务
备注：				合计						

采购：**王思燕**　　检验：**王刚**　　保管：**刘永江**　　主管：**周永芳**　　财务：**王志强**

图8-13　材料入库单

任务二　付款单据处理

[任务名称]

根据应付款完成付款单据处理。

[任务内容]

2013年7月5日，支付沈阳强盛有限公司转账支票一张，金额58 500元，发票号ZZ66990，用以归还前欠货款，余款转作预付账款。

[任务要求]

完成付款单据处理。

[工作示范]

操作步骤：

（1）单击"应付款管理"／"付款单据处理"／"付款单据录入"，打开"付款单"对话框。

（2）单击"增加"按钮，录入付款单表头各项内容。单击"款项类型"下拉三角按钮，选择"应付款"、金额为"46800"；再增加一行，单击"款项类型"下拉三角按钮，选择“预付款”、金额自动生成，然后单击“保存”，如图 8-14 所示。

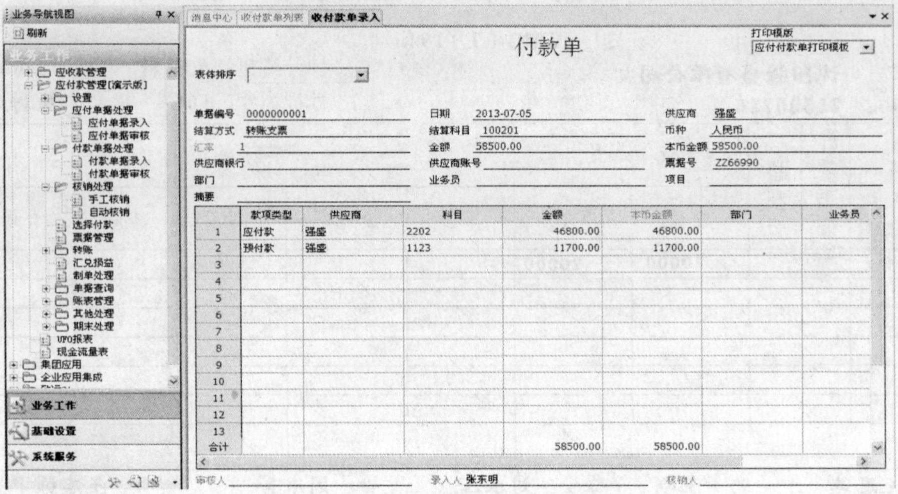

图 8-14　录入付款单

（3）单击“审核”按钮，系统提示“是否立即制单”，单击“否”按钮。

附原始单据，如图 8-15 所示。

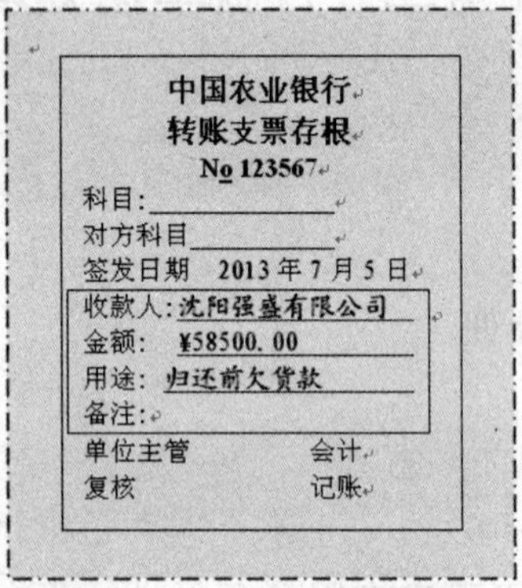

中国农业银行

转账支票存根

No 123567

科目:

对方科目

签发日期　2013 年 7 月 5 日

收款人: 沈阳强盛有限公司

金额:　¥58500.00

用途: 归还前欠货款

备注:

单位主管　会计

复核　记账

图 8-15　转账支票存根

任务三　票据管理

[任务名称]

根据收到的商业汇票完成票据管理工作。

[任务内容]

2013 年 7 月 21 日，供应部支付石家庄东成有限公司银行承兑汇票一张，用于归还前欠货款，票号 YH6589，面值 23 400 元，期限两个月。

[任务要求]

能顺利完成票据结算工作。

[工作示范]

操作步骤：

（1）单击“增加”按钮，在票据增加界面输入各栏目的相关信息，如图 8-16 所示。

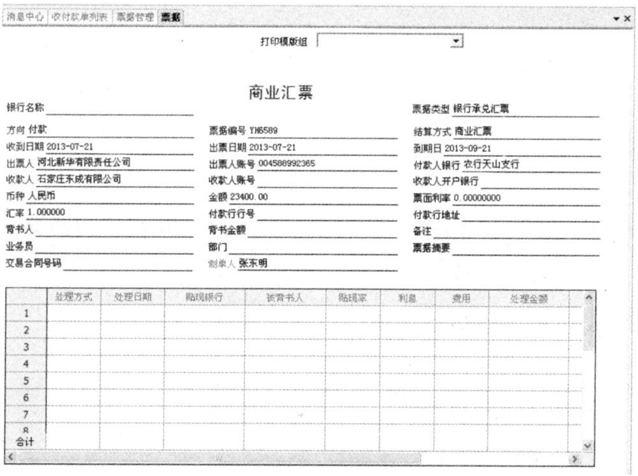

图 8-16　录入

（2）输入完成后，单击“确认”按钮，保存当前票据，则系统会生成一张付款单，可以在“单据结算”部分进行查询。

附原始单据，如图 8-17 所示。

银行承兑汇票 3　　　　汇票号码

出票日期（大写）贰零壹叁年柒月贰拾壹日

出票人全称	河北新华有限责任公司	收款人	全称	石家庄东成有限公司	
出票人账号	004588992365		账号	601328500355278996	
付款人全称	孙丹丹　行号		开户行	建行中山路支行	行号
汇票金额	人民币（大写）贰万叁仟肆佰元整	亿 千 百 十 万 千 百 十 元 角 分		¥ 2 3 4 0 0 0 0	
汇票到期日（大写）	贰零壹叁年玖月贰拾壹日	付款行	行号	6228480631045889923	
承兑协议编号			地址	石家庄天山大街29号	
		备注：		复核　记账	

图 8-17　银行承兑汇票

特别提示：

①签发日期在已经结账月的票据不能被修改、删除。

②票据所形成的付款单已经核销的不能被修改、删除。

③已经进行过计息、结算、转出等处理的票据不能被修改、删除。

任务四　转账处理

[任务名称]

根据河北新华有限公司的业务完成转账处理。

[任务内容]

2013年7月26日，用预付沈阳强盛有限公司的账款冲抵应付款项。

[任务要求]

完成沈阳强盛有限公司的转账处理。

[工作示范]

操作步骤：

（1）单击"转账"／"预付冲应付"，打开"预付冲应付"对话框。

（2）选择供应商为"沈阳强盛有限公司"，单击"过滤"按钮，如图8-18所示，输入转账金额58 500元。

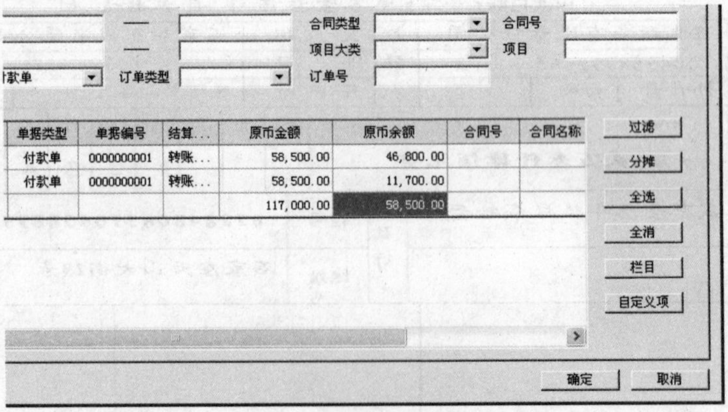

图8-18　预付冲应付

（3）单击"自动转账"按钮，弹出如图8-19所示的对话框。

（4）单击"是"，完成预付冲应付自动转账。

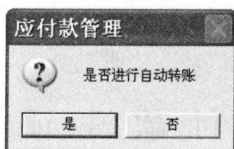

图 8-19 自动转账选择

任务五 制单处理

[任务名称]

制单处理。

[任务内容]

生成本月凭证。

[任务要求]

完成凭证生成工作。

[工作示范]

操作步骤：

（1）在应付款管理系统中，单击"制单处理"，打开"制单查询"窗口。

（2）单击"应付单制单"，如图 8-20 所示。

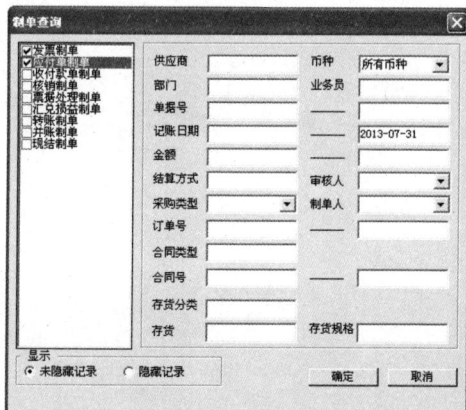

图 8-20 制单查询

（3）单击"制单"按钮，生成记账凭证，如图 8-21 所示。

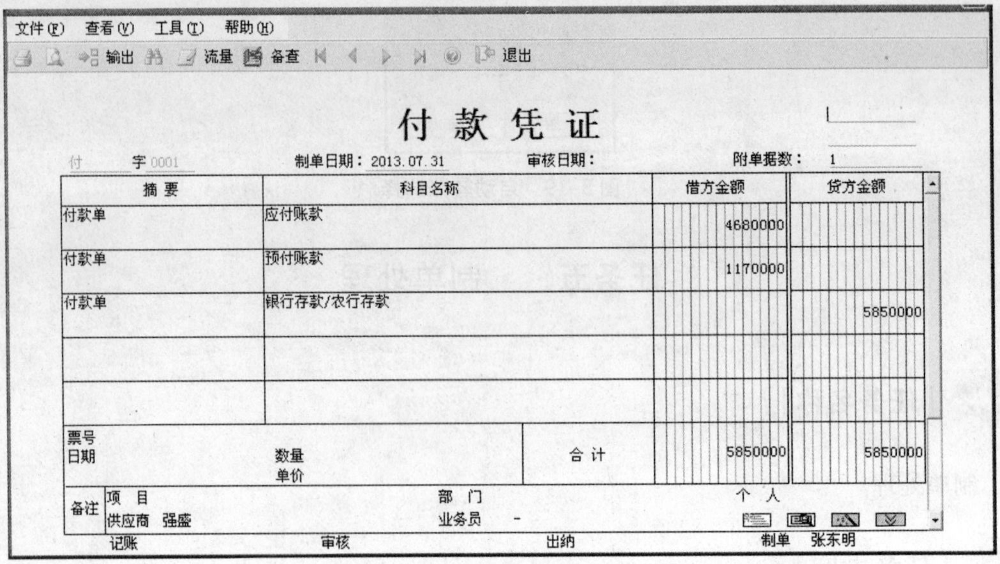

图 8-21 应付单制单

学习子情境三 应付款管理期末处理

任务 月末结账

[任务名称]

完成河北新华有限责任公司月末结账。

[任务内容]

月末结账。

[任务要求]

完成企业本月结账。

[知识链接]

应付款管理系统结账规则：

（1）应付款管理系统与采购管理系统集成使用，应在采购管理系统结账后，才能对应付款管理系统进行结账处理。

（2）当选项中设置审核日期为单据日期时，本月的单据在结账前应该全部审核。当选项中设置审核日期为业务日期时，截止到本月末还有未审核单据，照样可以进行月结处理。

[工作示范]

操作步骤：

1. 结账

（1）单击"应付款管理"/"期末处理"/"月末结账"，打开"月末处理"对话框，如图 8-22 所示。

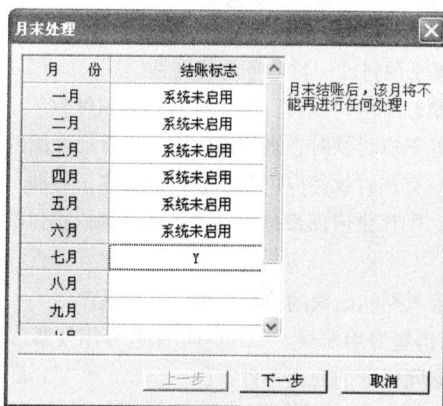

图 8-22　月末结账

（2）选择结账月份，单击"结账标志"一栏。单击"下一步"，系统提示月末结账检查结果。

（3）单击"完成"按钮，执行结账功能。

2. 取消操作

在应付款管理的各个业务环节，都可能由于各种各样的原因造成操作失误，系统提供了取消操作功能，使操作员在对原始单据进行了审核、对付款单进行了核销等操作后，可将其恢复到操作前的状态，以便进行修改。

系统提供了恢复付款单的核销前状态、恢复票据的处理前状态、恢复转账处理前状态、恢复计算汇兑损益前状态、恢复并账处理前状态等五项取消操作功能。

本情境主要概念

会计信息化　应付款管理　会计软件　数据流程

情境总结

应付管理模块的主要功能：初始设置、日常业务处理、期末处理。

重点难点

重点：期初余额录入、单据处理、票据管理。

难点：单据处理。

同步测试

（一）单项选择题

1. 在应付款管理系统中，关于账龄期间设置，以下说法中错误的是（　　）。

A. 最后一个区间不能修改和删除

B. 账龄区间不能修改和删除

C. 序号由系统自动生成

D. 系统会根据输入的总天数自动生成相应的区间

2. 在应付款管理系统中，如果期初余额为预付款，则应填付款单。付款单的款项类型主要包括（　　）。

A. 应收款　　　　　B. 应付单据　　　　　C. 预收款　　　　　D. 预付款

3. 在应付款管理系统中，不需准备的数据资料是（　　）。

A. 部门档案　　　　B. 供应商档案　　　　C. 客户档案　　　　D. 存货档案

4. 在应付款管理系统中，属于预付冲应付业务的规则是（　　）。

A. 想要进行红字预付冲销红字应付款时，则选择类型为预付款单

B. 当供应商的预付款小于等于应付款时，则该供应商最终自动冲销的金额以应付款总额为准

C. 系统自动对冲的原则是对有预付款和应付款的客户进行挨个对冲

D. 当预付款小于应付款时，则该供应商最终自动冲销的金额以预付款总额为准

（二）多项选择题

1. 在应付款管理系统中，录入期初余额的单据类别主要包括（　　）。

A. 其他应付单　　　B. 销售专用发票　　　C. 采购专用发票　　　D. 其他应收款

2. 在应付款管理系统中，删除凭证的前提条件有（　　）。

A. 未在总账中记账　　　　　　　　　B. 未审核

C. 未经出纳签字　　　　　　　　　　D. 未核销

3. 初次使用应付款管理系统时，应将启用应付款管理系统时未处理完成的所有供应商的（　　）录入到应付款管理系统中。

A. 预收账款　　　　B. 预付账款　　　　C. 应付账款　　　　D. 应收账款

（三）判断题

1. 在应付款管理系统中应付和预付科目必须是有"供应商"往来且受控于应收系统的科目，如果应付科目预付科目按不同的供应商分别设置，则可在"控制科目设置"中设置。（　　）

2. 在应付款管理系统中，在系统启用时或者还没有进行任何业务处理的情况下才允许从详细核算改为简单核算；从简单核算改为详细核算随时可以进行，但要慎重。（　　）

3. 在应付款管理系统中，只能增加应付单的类型，而发票的类型是固定的，不能修改和删除。应付单中的"其他应付单"为系统默认类型，不能删除修改。（　　）

主要参考文献

［1］胡生夕．ERP 供应链管理系统［M］．大连：东北财经大学出版社，2014.

［2］王新玲，刘丽，彭飞．用友 ERP 财务管理系统实验教程［M］．北京：清华大学出版社，2012.

［3］赵建新，何晓岚，周宏．用友 ERP 供应链管理系统实验教程［M］．北京：清华大学出版社，2012.

［4］汪刚，沈银萱．会计信息化［M］．北京：高等教育出版社，2012.

［5］胡生夕，姜明霞，刘轶卿，等．ERP 供应链管理系统［M］．北京：高等教育出版社，2012.

［6］张洪波．会计信息化［M］．北京：高等教育出版社，2011.

［7］孙晓平，张玉臣，伊静，等．会计电算化实用教程［M］．北京：化学工业出版社，2008.